グローバル支援の人類学

変貌するNGO・市民活動の現場から

信田　敏宏
白川　千尋 編
宇田川妙子

Anthropology of Global Assistance

Field Reports on Changes in NGO and Civil Society Activities

昭和堂

目次

第Ⅱ部　アクターの多層性

序論　グローバル支援の人類学

信田敏宏

1　NGOとの出会い

一九九七年、マレーシアの先住民オラン・アスリの村でフィールドワークを行っていた私は、ある一人のNGO関係者と出会った。彼、コリン・ニコラスさんはCOAC（Center for Orang Asli Concerns, オラン・アスリ研究センター）というNGOの主宰者であった。

コリンさんは、大学時代、オラン・アスリの村でフィールドワークを行った経験を持ち、オラン・アスリ研究者としても知られている社会活動家である。森林伐採やダム建設、高速道路建設や開発などの問題が起きているオラン・アスリの村があると聞けば、その村に駆けつけ、状況の把握や情報収集につとめるなど、現場主義に徹した支援を行っている。また、開発に伴う強制移住や土地問題など、オラン・アスリが置かれている悲惨な状況を、テレビや新聞などのメディア、シンポジウムやワークショップ、本の出版などを通じて、国内世論や国際世論に訴える活動も展開している。さらに、国内のNGOや国際的なNGOとの関係も深く、ボルネオ島側のサバ・サラワクの先住民が中心になって立ち上げたJOAS（Jaringan Orang Asal SeMalaysia, マレーシア先住民ネットワーク）などの先住民系NGOと連携して、先住民の権利に関するワークショップを開催したり、政府との交渉や裁判闘争について実務的なアドバイスをしたりするなど、オラン・アスリの人たち、サバ・サラワクの先住民の人たちをエンパワーメントする活動にも関わっている。

私自身が最初に関わったNGOは、POASM（Persatuan Orang Asli Semenanjung Malaysia, オラン・アスリ協会）というオラン・アスリ自身が立ち上げたNGOである。調査助手のアサットさんがPOASMの活動に関わっていて、私も半ば成り行きでその活動に付き合うことになったのがNGOに関わるきっかけであった。当初は、消極的な関わりであったが、そのPOASMの年次集会でコリンさんと初めて出会ったのである。

その後、コリンさんとの付き合いが継続し、オラン・アスリが抱えている問題について多くの情報を提供してもらった。それらの情報から、オラン・アスリが置かれている現状の深刻さを知り、当時取り組んでいた開発やイスラーム化などの問題も、調査村だけの問題ではなく、オラン・アスリ全体の問題として考えるようになっていった。また、土地権や先住民の権利の問題など、コリンさんのCOACが取り組むさまざまな課題は、私自身の研究テーマに広がりを持たせている。

長期調査終了後も継続調査でマレーシアに短期で訪問するたびに、コリンさんに連絡をとり、森林伐採や開発などの問題が起きているオラン・アスリの村への訪問に同行させてもらったり、先住民関連のワークショップに参加させてもらっている。また、拙書（*Living on the Periphery: Development and Islamization among the Orang Asli in Malaysia,* 2009）をCOACから出版してもらったり、国立民族学博物館の国際シンポジウムに彼を招聘したこともあった。現在では、大学関係者よりも、さまざまな情報を持ち、かつ現場での活動が多いNGO関係者と交流する機会が増えていっているというのが、私の現状である。

一方、村の方はどうかというと、アサットさんはその後、兄のアヨフさんとともにPOASMの幹部となり、ますます積極的にPOASMの活動に関与するようになっている。そのため、村の人たちもPOASMを介してワークショップに参加したり、政府に対する抗議活動などに参加するようになった。また、村の若い女性ジェニタさんは、コリンさんの助手としてCOACの活動に参加するようになり、現在は、オラン・アスリの村で村びとととともに手作りの校舎を建てて、教育支援に従事している。村では、ＰＯＡＳＭが行っている活動やオラン・アスリ全体が抱えている問題についての話題が村びとの会話のなかに普通に出てくるようになった。このように、村の人たちがＮＧＯ活動に深く関わるという状況は、私が村でフィールドワークを始めたころには予想もしなかったことであり、私自身のフィールドワークにとってもＮＧＯは無視できない存在となってきている。

2　オラン・アスリとＮＧＯ

私がフィールドワークを開始した一九九〇年代後半、オラン・アスリはマレーシアの国家的開発の波にさらされていた。彼らが暮らしていた森は切り開かれ、立ち退きを余儀なくされるという状況にあったのである。それまで泣き寝入りすることが多かったオラン・アスリはＰＯＡＳＭやＣＯＡＣなどのＮＧＯの支援を得て、行政当局に直訴するデモを行ったり、土地の権利回復を求めて裁判を起こしたりするなど、先住民運動を展開するようになった。一九九〇年代に始まったこうした動きは、初めはごく少数の人々が関わる程度だったが、二一世紀に入ると次第に若い世代を中心に、人数が増えていった。従来、親族や村内での限られた人間関係のなかで生活を営んできた彼らであったが、先住民運動を通じてネットワークを広げ、村や地域、さらには民族の境界を越えて人間関係を広げつつある。

森林伐採や強制移住、開発や土地権の問題は、オラン・アスリの人々にとって国家と対峙しなければならない大きな脅威であり、それまでの村や親族のつながりだけでは解決ができない問題であった。対応する手立てがわからず、開発の犠牲者となっていた彼らに手を差し伸べたのがＮＧＯだったのである。彼らは、国家という巨大な力に対峙するため、同じような問題を抱えるオラン・アスリの人々やサバ・サラワクの先住民と協力・連携し、村や民族を越えたネットワークを形成し、より大きな勢力を構成していった。ＣＯＡＣやＪＯＡＳのようなＮＧＯは、こうした人々の連帯を支える仲介者の役割を果たしており、人々の関係を取りむすぶ結節点となっているように見えた。

3　共同研究会の立ち上げ

こうしたＮＧＯをめぐる状況は私のフィールドだけに特有のことではなく、世界各地でフィールドワークを行っている人類学者であれば、ある程度、経験している事柄なのではないかと思われた。実際、周囲で、そのような話を耳にしたりすることも多くなってきた。

とりわけ、一九九〇年代以降、人類学者たちは、フィールドワークの傍らで、ＮＧＯなどの支援のアクターによるさまざまな活動や、活動に関わるフィールドの人々の姿を目の当たりにし、支援のアクターと何らかの関わりを持たざるを得ない状況に置かれるようになっている。とくに、少数民族や先住民の研究をしている人類学者は、一九九三年の国際先住民年の制定などにより、世界的に先住民運動が高まっていくなか、先住民支援のＮＧＯと接する機会が増えている。先住民支援のローカルＮＧＯは、現地の事情に通じていることもあり、人類学者たちが調査を進めていく上での必要不可欠な情報源となったり、ときには研究のパートナーとなったりしている。また、ＮＧＯの活動に積極的に関わり、支援の必要性を感じ、自らＮＧＯを立ち上げて、支援活動に従事する人類学者たちも増えてきている。

さまざまなアクターが交錯するフィールド状況は、研究する側の人類学者と研究される側の人々だけがいる従来のフィールド状況とは大きく異なるものであり、これまでの人類学の枠組みでは捉えきれない複雑なものになってきている。そこには、今までいなかった人々やアクターが存在し、今までになかった価値観や権利意識が入り込んできている。ＮＧＯが登場して以降のフィールド状況の変貌は、新たな視座から民族誌的に把握・理解する必要があり、ミクロなレベルで状況を見ていかなければならないと、私自身、深く感じるようになった。

以上のような私の研究関心を、当時、同僚であった白川千尋さんに話したところ、賛同を得て、意気投合し、理論面での補強をお願いした宇田川妙子さんとともに、共同研究を立ち上げるべく、他地域の状況やＮＧＯと人類学の関係性などについて議論を重ねることになった。

宇田川さんと白川さんとの議論ではまず、これまでのNGOに関する研究は、NGOの組織論や類型論、鳥瞰図的なNGOネットワーク論などが大半を占めているのが実情であり、「NGOはこうあるべきだ」という規範や理念について議論する研究が多く、グローバルな組織とローカルな組織や現場との間の複雑な影響関係などのNGO活動の現場を十分に把握しきれているとは必ずしも言えないだろうということを確認した。また、国際関係論や国際政治学を中心に、国際的なレベルでのNGO活動や国際関係のなかでNGOが果たす役割などを中心的なテーマとした研究は行われているが、逆に、世界各地で展開されているNGO活動が実際に現場でどのように行われているのかといったことに焦点を当てた実態的な研究は決して多くはないということも問題点としてあげられた。さらに、NGO活動の現場でも新しい電子メディアの影響により人々の関係性が大きく変質してきているが、そうした局面の変化を視野に入れた研究も、今のところあまり出てきていないのではないかとの課題も見えてきた。

こうした議論をふまえ、国立民族学博物館に於いてNGO活動の現場に関する人類学的な共同研究プロジェクト「NGO活動に関する人類学的研究――グローバル支援の時代における新たな関係性への視座」を立ち上げた。私が研究代表者を務めることになり、共同研究会のメンバーには、宇田川さんや白川さんから推薦を受けたメンバーや、NGO活動に深く関与し、自らNGOを立ち上げて支援活動を実際に行っている人類学者の方々を中心に声かけを行った。

共同研究では、NGO活動の現場における人々の新たな関係性を人類学のミクロな視点を活かしてローカルな現場から解明していくことを研究の第一の目的とし、そうしたNGO活動の現場におけるミクロな状況をふまえた上で、グローバルに展開されている支援活動のメカニズムの解明へと迫っていくことを最終的な目的として設定した。また、新しい電子メディアを通じて人々が国境を越えて直接むすびつく「草の根レベルのグローバリゼーション」（清水二〇〇七：一六八）が進行するなかで、国民国家や世界秩序の変革・再編にNGOをはじめとする市民社会の諸アクターがどのような役割を果たしているのかを探究することも、将来的な目標とした。

4　NGOをめぐる時代状況

ここでは、本書での議論の前提となる時代認識やNGOをめぐる世界の動きについて触れておきたい。

NGOは、第二次世界大戦後の国連発足時から、たとえば経済社会理事会で国際NGOに「協議的地位」が与えられていたように、国連憲章第七一条によって国連の協議の場に参加することが認められていた。しかし現実には、米ソ対立や国家の利害のなかで、NGOの権限は大幅に制限されていた（目加田 二〇〇三：八―九）。ところが、一九九〇年代初頭、東西冷戦が終結し、国家の枠組みだけでは解決が難しい人権、環境、開発などのグローバルな問題に焦点が当てられるようになると、NGOをめぐる状況に大きな変化が生じた。一九九二年にリオデジャネイロで開催された地球サミット（国連環境開発会議）以降、国際NGOだけでなく小規模なローカルNGOにも参加の門戸が開かれるようになったのである（目加田 二〇〇三：九）。さらに、一九九九年のシアトルでのWTO（世界貿易機関）閣僚会議に対する抗議デモ、二〇〇一年からの世界社会フォーラムの開催といったように、国際社会におけるNGOの台頭が目立つようになってきた。

こうしたなか、NGOは、ときには単独で、ときには国家や国連などの公式の支援のアクターと協力しながら、地域や国、民族やジェンダーなどの境界にとらわれない新しい支援活動を世界各地で展開するようになってきている。

一方、グローバリゼーションによって人の移動が活発化し情報が加速度的に広がり、インターネットなどの新しい電子メディアが国家の領域を超えて人々を瞬時に結びつけ、社会の周縁にいる人々をもグローバルな社会的ネットワークへと巻き込んでいくようになった。

こうした時代状況に呼応する形で世界各地のローカルな現場で支援活動を続けてきたNGOもまた、インターネットを利用して情報を発信し、グローバルなネットワークを構築し始めている。たとえば、こんにちでは、別々の国に属するＮＧＯ関係者が、国連の動向や行政への対応策について情報交換をしたり、基本的人権や支援のあり方などについて議論することは当たり前のこととなった。

同様のことは支援を受ける側にも起こっている。たとえば、先住民たちは先住民支援のＮＧＯのウェブサイトを通じて国連で議論されている先住民の権利についての情報を得たり、自分たちと同様の問題や不満を持っている仲間が世界各地にいることを知るようになっている。ＮＧＯを介して生まれた新たなネットワークで結びついた先住民たちは、自分たちの権利を守るための方策や行動について、意見や情報を交換することが以前にも増して容易になってきている。

また、自然災害や難民問題など、ある場所で支援が必要な事案が発生すると、ＮＧＯは現場に駆けつけ、そこで得た情報をインターネットを通じて世界中に発信する。その情報を受け取った人々は、遠い異国で起きている事案を身近な問題として捉え、なかには、支援金を寄付したり、ボランティアとして現場に赴くなど、実際に支援活動に参加する人も出てきているのである。

5　共同研究会の開始

そもそもＮＧＯ活動の現場に関する人類学的研究は、私自身のフィールドワーク経験に基づく個人的関心から生まれたものであったが、そうした問題意識を共同研究会の場で、実際に議論していくと、問題関心や探求の対象は次から次へと広がり、なかなか焦点が絞り込めず、研究会が進むにつれて議論自体が混沌とした状況となっていった。

たとえば、ＮＧＯとは何かという議論をしたことがあったが、明瞭な答えはすぐさま得られなかった。それぞれのＮＧＯは、活動方法から目的、運営資金の出所、構成メンバーの出自にいたるまで、その形態は多様をきわめているため、一言で定義することは容易ではなかったのである。

共同研究会にとってさらに大きな問題だったのは、メンバーの視点や研究の方向性にばらつきが見られたということであった。あるメンバーは、支援する側のＮＧＯ関係者や支援活動に従事する人類学者の意識や目的に関心を持ち、また別のメンバーは、対象をＮＧＯに限ることなく、市民社会論や協同組合などのアソシエーションの世界的な動きに対しての視座を展開するなど、議論の方向性が当初想定したものとは違って、拡散していくようになっていった。私自身、マレーシア先住民とＮＧＯの関係についての研究をめざしていたのが、議論を重ねるうち、人類が行ってきた助けあいや分かちあいの歴史に対しても深く掘り下げていきたいと思うようになるなど、ＮＧＯに関連する事柄は良い意味で発展し、悪い意味でまとまりを持たず、結局、いったい何をめざすのか分からなくなるときもしばしばであった。

そこで、ＮＧＯ活動の現場について個々のメンバーが研究を進めていく上での共通の視点、視座が必要ではないかと考えるようになり、「グローバル支援」という支援のかたちに注目することにしたのである。

6　グローバル支援

当初、「グローバル支援」は、ＮＧＯなどの非公式のアクターを中心に地球規模で展開する支援活動を指していた。つまり、国境を越えて活動の場を広げている国際ＮＧＯなどを念頭において、従来の国家主体の開発援助の時代とは違う新たな時代のキーワードとして「グローバル支援」を捉えていたのである。実際、グローバル化に伴い、地域や国、民族やジェンダーの境界にとらわれない新しいタイプの支援活動が地球上の隅々にまで広がりを見せるようになっていた。

しかし、研究会開始当初から、このような「グローバル支援」の定義に対して疑問が投げかけられていた。それは、「グローバル支援」という新たな造語が、現象を捉えるだけの言葉ではなく、具体的な意味を持った言葉として説得力を持たせるべきであるとの要請でもあった。

こうした事情から、「グローバル支援」について総合討議を行い、メンバーの間で認識を深めていく必要があった。加藤剛さんによる問題提起は、グローバル支援についてのメンバーの認識を大きく前進させるものであった。加藤さんは、グローバル支援はグローバルに展開する支援活動だけを意味するのではなく、普遍的でグローバルに受け入れられている価値やそれに基づいた活動にコミットする支援活動をも意味しているのではないかと提起した。グローバルに受け入れられている価値とは、人権、環境保全、貧困、疾病、教育、災害、民主主義などであり、それらの課題を解決するために行う支援活動を「グローバル支援」と位置づけたのである。

こうした議論を受けて、本書では、「グローバル支援」を次のように定義している。すなわち、「グローバル支援」とは、単にグローバルに展開する支援活動を意味するだけでなく、貧困削減、環境保全、疾病対策、教育、先住民の権利、災害支援など、普遍的でグローバルに受け入れられている課題や価値に基づき、主として人々のエンパワーメントをめざす支援活動を意味している、ということである。こうした考え方は、メンバーの間で共有され、本書での議論の基盤となっている。

とはいえ、「グローバル支援」によりもたらされるグローバルな価値と、支援を受ける立場の人々が従来持っているローカルな価値との間には、依然としてさまざまな葛藤やせめぎあいが存在することもまた事実である。こうした価値の相克を乗り越えていくことは、文化相対主義を原理とする人類学にとって大きな課題であり、それは支援を実践する本書の執筆者たちにとっても同様であろう。

7　本書の概要

本書では、共同研究の当面の成果として、メンバーそれぞれが、以上のような「グローバル支援」という概念を念頭に置きながら、NGOなどの支援のアクターの多様性や多層性、さらには支援の現場において新たな関係性が構築される様相を、世界各地の事例に基づき記述している。

本書の第Ⅰ部では、開発援助や市民社会に関する議論、互酬性などの人類学の理論などを援用しながら、本書での視座を提示している。加藤論文が議論しているのは、政府開発援助の誕生の歴史であり、「開発」という概念の誕生の歴史である。それは、とりもなおさず、まさに世界史的な視座から、「グローバル支援の源流」を探る試みであり、本書での諸論文が議論を進めていく上での羅針盤の役目を果たす論考となっている。加藤論文によって、読者は、グローバル支援の時代という今日的状況が持つ歴史的意味について認識を深めることができるであろう。鈴木論文は、近年盛んに議論されている「グローバル市民社会」論を念頭に置きながら、ポランニーの『大転換』における理論を再考している。そして、互酬、再分配、贈与などの概念を援用しながら、グローバル支援により構築される人々の関係性について考察を加え、さらに、NGOの支援活動をグローバルな互酬と捉える見方を提示している。三浦論文は、本書の議論で鍵となる「市民社会」概念の歴史を丹念に振り返りつつ、フィリピンとセネガルの協同組合の事例を比較し、東南アジアやアフリカなどの非ヨーロッパ社会における「市民社会」概念の意義について検討を加えている。福武論文は、NGO活動をテーマとした人類学の民族誌的アプローチを再検討しながら、NGOによる支援活動を評価する理論的枠組みを提示し、グローバル支援の現場に関わる人類学者の貢献の可能性について考察している。

第Ⅰ部の概論編に続き、第Ⅱ部では、支援の現場における（人類学者自身も含む）多様なアクターに焦点を当てた論考を配置している。これらの論考は、グローバル、ナショナル、ローカルなどのさまざまなレベルにおけるアクターの多様性や多層性に着目する論考となっている。白川論文は、日本における国際協力NGOの担い手たちに注目し、NGOの担い手たちを、世界を股にかけて活動する「拡大型」と、地域に根ざした活動を展開する「限定型」に分類しつつ、NGOの担い手たちに関する調査報告などに依拠しながら、日本の国際協力業界やNGO活動の実態に迫ろうとしている。杉田論文は、グローバル支援における「学生ボランティア」に焦点を当て、学生が支援活動に参加する意義や背景をインタビューや質問票調査を基に考察している。そして、互恵性（鈴木論文で言及されている互酬性と同義）が、学生ボランティアの支援活動への参加を考える際の重要な概念になると論じている。子島論文は、パキスタンのスラムにある学校を支援する日本のNGOの事例を取り上げ、幅広い層の多様な人々が支援活動に参加し、活動の方向性もまた多様化している様子を活写している。増田論文は、自身もメンバーであるNGOの「まなびあい」という関わり方について取り上げ、支援する側であった者が支援相手との双方向の関係性のなかで、自らの当事者性を自省し、新たな実践を生み出していくプロセスを記述している。そして、「まなびあい」という試みは、支援相手だけでなく、支援者自身も変わる可能性があることを指摘している。綾部論文は、タイ北部の先住民NGOで働くリス男性のライフ・ヒストリーを手がかりに、綾部自身のNGO活動への関わりや先住民NGOの社会的な位置づけについて触れながら、人類学者としての自己とNGOワーカーとの相同や異同を描き出している。

第Ⅲ部では、新たな理念や実践が交錯する支援の現場において、フィールドの人々の関係性はどのように変容しているのか、そして、人々はいかにして新たな関係性を構築しているのかということに焦点を当てた論考を配置している。関根論文は、南太平洋のソロモン諸島において有機農業普及活動を進める日本のNGOの支援活動を取り上げ、活動を進めていく際に生じるさまざまな困難と向き合う人々の姿を描きながら、なぜ活動が持続しないのか、活動を持続させるためには何が必要なのかなど、NGOによる支援活動の持続可能性について考察を加えている。宇田川論文は、イタリアにおいて「第三セクター」と呼ばれる非営利の市民組織の活動、具体的には「社会的協同組合」の活動を取り上げ、多様な人々が関わり、新たな関係性が構築される場となっている、社会的共同組合の活動の実態とその活動が内包している問題点や可能性について述べている。宇田川論文で示されている社会的協同組合の事例を通して、私たちは、人はいかにして互いに助け合う社会をつくることができるのか、ということの一端を知ることができるであろう。渡邊論文は、韓国の放射性廃棄物処理場建設計画をめぐる住民運動のプロセスを記述し、建設に反対する地域住民の声に耳を傾け、彼らに寄り添いながらも、研究者として社会問題に向き合うとはどのようなことなのか、研究者ができる「支援」とは何かを問うている。小河論文は、タイ南部のインド洋津波被災地における、イスラーム系、キリスト教系という宗教を異にする二つの国際NGOの支援活動について取り上げ、それぞれの支援活動に対する住民の反応や支援活動が被災地社会に与える影響、さらには、住民や支援のアクター間での関係性の変化や新たに構築された関係性について記述している。中川論文は、アルジュン・アパドゥライの「グローバル市民社会」および「草の根グローバリゼーション」に関する議論と、それに対立するパルタ・チャタジーの「政治社会」および「下からのグローバリゼーション」に関する議論を対比させながら、フランスの農民支援アソシエーションやアソシエーションに関わりを持たない大多数の農民の「個人主義」的な行動について、実例をあげながらも、理論的な考察を試みている。「グローバル支援の人類学」は、NGOなどの一部の人々による市民社会的な活動だけに注目してそれを描くだけでなく、同時に多数派が示す政治社会的な実践にも注目する必要があるという趣旨の主張は、注目に値する。

本書は、支援というものが親族や村社会という枠を越え、さらには、国境を越えてグローバルに広がっている今日的状況のなかに、個々のNGO活動の事例を位置づけようとしている。つまり、フィールドワークで得た個別のNGO活動の事例を、より広い空間と時間軸のなかに位置づけなおすことにより、これまでにない視点でNGO活動を多面的に明らかにしようとする試みなのである。

8　今後の展望

先に少し触れたが、現在、主に先進国に暮らす市民のなかには、海外で支援活動を行うNGOに寄付をしたり、ボランティアとして支援活動に参加したりする人々がいる。また、身近にいる家族や親族、仲間を助けるだけでなく（あるいは、身近にいる人たちを助けることなく）、遠くの地に暮らす見知らぬ他者に対して親近感を持ち、協力の手を差し伸べている人々もいる。

研究会での議論のなかで、私は、このような人間のグローバルなレベルでの協力行為は、人類の歴史を振り返っても、近代以降の比較的最近になって出現してきた現象なのではないかと考えるようになった。大げさに言えば、こうした現象はこれまでの人類の歴史のなかでは目にすることができなかったものであり、人類史の新たな局面を意味するものではないだろうかと思ったのである。こうした問題関心は、共同研究会の当初の目的とは外れるものだが、人間の新たなイマジネーションが生み出すグローバルな助け合いの形を視野に入れることは、グローバル支援やNGO活動について考えていく上でも有意義なことになるのではないかと考えている。

オラン・アスリを対象としたフィールドワークでNGO活動に接し、共同研究会での議論を経て、私のなかでは人類の助け合い、分かち合いという問題関心が大きなウエイトを占めるようになっていった。フィールドの人々の思いや、彼らが活動する姿は、支援とは何か、さらには人間らしさとは何か、人間とは何かという根源的な問いへと私を向かわせるきっかけとなっていった。

約二〇万年前に誕生した現生人類（ホモ・サピエンス）は、世界中に拡散し、戦争や競争の時代を生きながらも、協力や助け合い、分かち合い（シェアリング）によって現在まで生き延びてきた。戦争や競争ばかりをしていたら、人類は、どこかの段階で絶滅してしまい、今日まで生き延びてこなかったにちがいない。人類が何とか生き残ってこられたのは、過酷な状況のなかでも、お互いに協力し、助け合い、分かち合おうという精神、心を持ち続けてきたからではないだろうか。このようなことを考えているのは、もちろん、私だけではない。近年、考古学、霊長類学、脳科学、心理学などの分野で、人類がその進化の過程で受け継いできた「協力行動（利他的行動）」や「分かち合い」への注目が集まっている。たとえば、脳科学や霊長類学では、共感を生み出す脳の神経細胞ミラーニューロンが注目され（山極 二〇一四：一五一―一六二、イアコボーニ 二〇〇九）、心理学やミーム学の分野でも利他主義について盛んに論じられている（佐倉 二〇〇〇、二〇〇一、ブラックモア 二〇〇〇）。人類学においても、助け合いを直接的に扱った研究は多くはないが、狩猟採集社会ばかりでなく、都市や農村においても、家族や親族の助け合いや協力行動に関しては多くの研究蓄積がある。それゆえ、こうした研究領域に対して、共同研究会で議論した「グローバル支援の人類学」が貢献できる可能性はおおいにあるのではないかとひそかに期待している。

本書での議論は、残念ながらまだまだその境地には達していないのだが、今後は共同研究の成果を発展させ、「グローバル支援」の未来の形を追究するとともに、助け合いや支援が人類にもたらす影響について、さらなる探求を続けていきたい。

【参考文献】

イアコボーニ、M　二〇〇九『ミラーニューロンの発見――「物まね細胞」が明かす驚きの脳科学』塩原通緒訳、早川書房。
NHKスペシャル取材班　二〇一二『ヒューマン――なぜヒトは人間になれたのか』角川書店。
加藤剛　二〇一四「『開発』概念の生成をめぐって――初源から植民地主義の時代まで」『アジア・アフリカ地域研究』一三（二）、一一二―一四七頁。
加藤剛編　二〇〇七『国境を越えた村おこし――日本と東南アジアをつなぐ』NTT出版。
カルドー、M　二〇〇七『グローバル市民社会論――戦争へのひとつの回答』山本武彦他訳、法政大学出版局。
佐倉統　二〇〇〇『わたしたちはどこから来てどこへ行くのか?――科学が語る人間の意味』ブロンズ新社。
佐倉統　二〇〇一『遺伝子vsミーム――教育・環境・民族対立』廣済堂出版。
清水展　二〇〇七「グローバル化時代に田舎が進める地域おこし――北部ルソン山村と丹波山南町をつなぐ草の根交流、植林、開発の取り組み」加藤剛編『国境を越えた村おこし――日本と東南アジアをつなぐ』NTT出版、一六五―一九八頁。
信田敏宏　二〇一〇「『市民社会』の到来――マレーシア先住民運動への人類学的アプローチ」『国立民族学博物館研究報告』三五（二）、二六九―二九七頁。
ブラックモア、S　二〇〇〇『ミーム・マシーンとしての私（上・下）』垂水雄二訳、草思社。
目加田説子　二〇〇三『国境を超える市民ネットワーク――トランスナショナル・シビルソサエティ』東洋経済新報社。
山極寿一　二〇一四『「サル化」する人間社会』集英社インターナショナル。

第Ⅰ部　グローバル支援への視座

第1章　グローバル支援の歴史的位置づけ

――「開発援助」の生成と変容

加藤剛

1 「グローバル支援」以前

1-1 ODAの不思議

本書の「序論」にあるように、グローバル支援とは、NGOなどの非政府アクターを中心に地球規模で展開する支援活動を指すだけでなく、貧困削減、環境保全、疾病対策、教育推進、先住民の権利擁護、災害支援など、普遍的でグローバルに受け入れられている課題や価値に基づき、主として人々のエンパワーメントをめざす支援活動を意味している。このような支援の出現、さらには人類学者によるグローバル支援やNGOとの関わりが顕著になるのは、冷戦後の一九九〇年代初頭以降のことである。にもかかわらず、本章の冒頭で「グローバル支援以前」について語るのは、グローバル支援を議論する前段階として、政府開発援助の誕生、いわゆるODAの誕生の歴史を理解することがきわめて重要だと考えるからだ。スイス人政治学者リストは『開発の歴史』と題された著書の冒頭で次のようにいう。

「建前として北と南の別なく国々が繁栄することが好ましいとされ、『開発』過程を加速させるためにあらゆる手立てを尽くすことが必要かつ急務だと、いったいいかにして考えられるようになったのか。というのも、何世紀もの間、誰も、あるいはほとんど誰も、他者の窮状を（慈善によってではなく）構造的な方策（structural measures）によって軽減しようなどと、わざわざ考えるようなことはなかった。とくに他者が異なる大陸に住む場合においては、なおさらのことそうだった。その成功の欠如がつねに批判に晒されるにもかかわらず、疑問の余地なく正しいとみなされているかにみえるこの務め、我々みなにとっての務め（collective task）の起源はいかなるものなのだろうか」（Rist 2014: 1）。

つまり、開発援助にしろグローバル支援にしろ、自分の家族や親族集団、あるいは共同体を超え、いわんや異なる大陸の「彼方」にいる「他者」の窮状を「構造的な方策によって軽減しよう」との取り組みが、洋の東西を問わず社会的に受け入れられるようになるのは、人類史的にはきわめて新しい現象なのだ。それもＯＤＡというのは、いわゆる浄財ではなく、税金という公の資金に支えられた「他者」の援助であってみれば、その国際的な受容ならびに展開は、やがてのグローバル支援の誕生を、人の意識と制度面の両方において用意するものだったといえよう。ＮＧＯ（Non-Governmental Organization）、非政府組織は、しばしば政府機関との対比、場合によっては対立関係において説明され、あるいは理解される。非政府組織という名称自体が、そのような認識を招きやすい。しかし、好むと好まざるとにかかわらず、しばしばＮＧＯの性格や活動は、政府のそれとの関係においてその処を得る。ルイスとカンジが引用する言葉を孫引きすれば、ＮＧＯは「それ（政府）に反対し、それを補い、あるいはそれを改革することはできても、それを無視することはできない」（Lewis and Kanji 2009: 26）。同様に、ＮＧＯの活動――本書の脈絡でいえばグローバル支援――についての考察も、政府による開発援助の誕生の歴史を無視するわけにはいくまい。本章が「グローバル支援以前」、なかでも「開発」という概念の誕生史と開発援助の歴史的展開過程にこだわるゆえんである。

1-2 「開発」概念の国際化の契機

開発、英語の development という言葉が一般に流通し、かつ「開発援助」が政治的アジェンダとして国際的に浮上する契機は、一九四九年一月二〇日のトルーマンのアメリカ大統領就任演説に求められる。演説によれば、トルーマン政権の主要外交政策は四つのポイントないし四点のプログラムから構成される。一九四五年一〇月に設立された国際連合の支援、第二次世界大戦により荒廃したヨーロッパ復興のために一九四八年に開始されたマーシャル・プランの継続、ソ連の脅威に対応し同時にドイツを抑え込むためのアメリカを含む軍事同盟、北大西洋条約機構（NATO）の結成（一九四九年四月）、そしてこれらに続く第四点目のプログラム、ポイント・フォー・プログラムとして発表されたのが、「低開発地域（underdeveloped areas）」への経済協力プログラムだった。最初の三プログラムは、既定路線の継承ないし実施だったことから目新しさに欠けるものだった。これに対してポイント・フォー・プログラムは、トルーマン演説において初めて口にされたこともあり、世界の耳目を集め、これ以降、「開発」という言葉が人口に膾炙することになった（より詳しくは加藤 二〇一四：一一四―一一五を参照）。エステヴァの言葉を借りれば、一九四九年一月二〇日のトルーマン演説をもって、新たな時代、「開発という時代（the era of development）」が幕を開けたのである（Esteva 1992: 2）。

本章の課題は、ポイント・フォー・プログラムそのものの考察ではない。むしろ、①それにいたるまでの道筋を歴史的に辿ること、②ポイント・フォー・プログラムの発表後、実際に援助が本格化するのは一九六〇年代に入ってからで、開発援助はどのような歴史経済的背景の下で始まったのかを検討すること、③冷戦後の一九九〇年代になるとODAの相体的重要性は低下し、一部の人がいう「PDA」（民間開発資金）が重要となるが、その背景と含意を考えること、④一九八〇年代後半からNGOの世界的な拡大がみられ、グローバル・イシューとしての環境問題が注目を浴びるようになるのだが、両者は同時代的かつ連動した現象である可能性を探ること、⑤開発援助のこれまでを振り返り、同時にその現在と今後について考えること、である。

2　ODAとNGO――奇妙な制度と奇妙ならざる組織

2－1　NGOという新しくも古い組織

政府開発援助、ODA（Official Development Assistance）という言葉が最初に使われたのは、欧州経済協力機構（OEEC）――のちの経済開発協力機構（OECD）――の下部組織の一つ、一九六〇年に設置された開発援助グループ（DAG）がこの名称を採用したことによる。[*1] 各種政府間資金取引のうち、途上国の経済・社会開発の促進を主目的とし、融資条件が厳しくない譲許的（concessional）なものをODAとした。一九六九年のことである（Führer 1996: 21）。

ODAという言葉が用いられるようになってからすでに半世紀近くが経った今日、ODAのあり方を批判する人はいても、ODAという制度そのものの存在を不思議に思う人はまずいないだろう。しかし今から一〇〇年前の人がこの制度のことを知ったらどうだろうか。名称自体がまだ存在しない時代のことゆえ、「発展途上国の経済発展や福祉の向上のために先進工業国の政府及び政府機関が発展途上国に対して行う援助や出資のこと」[*2] といった説明によって理解を求めることになる。このような説明を受けても、おそらくほとんどの人が、なんと奇妙な制度だと思ったのではないだろうか。その理由については本節の終わりで考えることにしよう。

ではNGOはどうだろうか。二〇世紀初頭を生きた人は、ODAだけでなくNGOという言葉も知らなかったに違いない。というのも、そもそも non-governmental organization という表現が公に使用された契機は、一九四五年に制定された国際連合憲章第七一条により、「経済社会理事会は、その権限内にある事項に関係のある民間団体（原文では non-governmental organizations）と協議するために、適当な取極を行うことができる」と規定し、「民間団体」に国連活動における協議資格を認めたことに発するからだ[*3]（Lewis and Kanji 2009: 8, 32）。とはいえ、NGOは略称で、民間やときには政府からの寄付金を主たる活動資金とし、教育、公衆衛生、貧困、人権などに関わる問題を改善・解決するべく活動している非政府組織だといえば、たとえＮＧＯという言葉は知らなくとも、少なくとも二〇世紀初頭の欧米人には、そのなんたるかは十分に理解してもらうことができ、したがって奇妙な組織だと思われることもなかっただろう。それというのも、一九世紀の欧米では、多くの民間組織、しばしばキリスト教精神に範をとる民間組織が、チャリティーやフィランソロピーと呼ばれる慈善・博愛活動に従事していたからである。なかでも一八世紀半ばから一九世紀後半にかけてのイギリスでは、「空前の規模で」「民間非営利の自発的弱者救済行為」（金澤 二〇〇八：三）が盛んだった。そして一部のキリスト教系組織は、宣教活動の一環として海外での活動にも従事していたのである（Twells 2009）。

この二、三〇年の間に、開発との関係でＮＧＯは急激・急速に世間の注目を集めるようになった。ルイスとカンジによれば、彼らのうちの一人がイギリスの大学院で開発について学んでいた一九八〇年代初頭、授業のための必読文献やゼミでの討論においてＮＧＯが話題に登場することはまったくなかったという。一〇年後の一九九〇年代初頭までには状況は一変し、開発においてＮＧＯはそれまでとは違う突出した重要性を担うにいたった（Lewis and Kanji 2009: 38）。さらにリッデルによれば、一九九〇年代前半にＯＤＡの総額は大きく減少したが、このような傾向はＮＧＯの「収入」にはみることができず、九〇年代を通じてそれは増加を続け、災害時などの緊急支援や開発援助におけるＮＧＯ活動の拡大につながったという。二〇〇〇年代初頭には個人や民間財団からのＮＧＯへの寄付は一〇〇億ドルを超え、これはその後も増え続けている。これに加えて、ＮＧＯに直接供与される公的資金やＮＧＯを介して実施されるＯＤＡプログラムとＯＤＡプロジェクトの額を計算に入れると、二〇〇四年現在の状況として、全ＯＤＡのほぼ三分の一に相当する大きさの額（約二三〇億ドル）がＮＧＯの責任下に置かれていた（Riddell 2007: 48）。近年にみるこのような大きな変化ゆえに、ＮＧＯはきわめて現代的な存在のように思われがちである。しかし世界の多くの地域にみる「伝統的」な互助組織や前述の宗教的慈善団体の存在が示すように、「ＮＧＯは（開発援助における）新たなアクターとして知られるようになった。しかし現実には、それは発明されたというよりは（むしろ）『発見された』

ものなのである」(Lewis and Kanji 2009: 25)。

2-2 ODAという現代的制度

話題をODAそのものに戻そう。二〇世紀初頭を生きた人、とりわけ世界の支配的立場にいた当時の欧米人、すなわち現在であればODAのドナー的立場にいる国の人々は、ODAは奇妙な制度だと考えたことだろう。どうしてか。一〇〇年前の世界は、当然のことながら現在のそれとは異なるものだった。一八七〇年代半ばの恐慌から第一次世界大戦勃発時(一九一四)までの四〇年ほどは、欧米日の列強による植民地の帝国主義的拡大期に当たり、ヨーロッパと南北アメリカを除く世界のほとんどの地域が、一握りの国により植民地として分割され、支配された。この時代を「帝国の時代」と呼んだホブスボームの指摘によれば、この間に世界の地表面積の約四分の一が、半ダースほどの国家により植民地として分割・分配され、あるいは再分割・再分配されたのである(Hobsbawm 1987: 59)。

このような状況の世界では、ODAのような制度が考案されることも、実現されることもなかった。ドナー国の意図がいかに善意に基づくものだとしても、他国の影響下にある地域——好例は一八二三年の「モンロー宣言」後、とくに一九世紀末以降、「アメリカの裏庭」と形容されるにいたるラテン・アメリカだ——や、ましてや他国の支配下にある植民地に、援助の手を差し伸べることなど考えられないからである。領土拡張主義的な帝国主義の時代であればなおさらのこと、そのような動きの裏には、ドナー国による己の勢力圏の拡大を狙う意図が隠されていると疑われても仕方がなかった。つまり、ODAが想像され、創造される歴史的な環境は、二〇世紀初頭の世界にはまだ整っていなかったのである。それがどのような環境だったかは、別の機会に論じることにしたい。

3　アメリカならびに世界経済にとっての援助の意味

3－1　第二次世界大戦後の覇者アメリカの悩み

開発援助との関係で、アメリカに備わっていたものの一つは経済力である。第二次世界大戦直後の時点で、アメリカは名目値における世界のＧＤＰの五〇％近くを一国で占めていたと推測され（松本 二〇〇八：七〇）、これは同時期の世界人口の六・五％にしかすぎない人々の手に、世界で生産される富の半分が集中していたことを意味した。つまりアメリカは、開発援助を率先遂行するだけの経済力を兼ね備えていたことになる。ただしアメリカによる富の集中的掌握は、アメリカ自身にとって手放しで喜べるものではなかった。

第一次世界大戦、第二次世界大戦ともに、ヨーロッパが主戦場となり、とくに後者では枢軸国が大陸ヨーロッパのほとんどを支配・制圧し、アジア・太平洋地域でも戦争が繰り広げられるなかで、連合国に軍事物資、工業製品、食糧、さらには種々の形で戦費を用意したのは、本国が戦場とならなかったアメリカだった。この間、アメリカの生産力は飛躍的に増大したわけだが、「銃後」の生産性の大幅な向上は、多くの労働力を兵士として戦場に送り出したにもかかわらず達成された。戦争の結果としてヨーロッパ諸国が経済的破綻状態にあったことは、戦後アメリカは、戦中に増大した生産力の受け皿を国際市場に求められないことを意味した。一九四七年の経済状況に関する当時の合衆国国務次官の推計によれば、英仏伊ならびに米英占領下のドイツが戦前の生活水準を取り戻すにはアメリカとの貿易に頼らざるをえず、貿易収支は五〇億ドルもの出超になる計算で、ヨーロッパ四ヵ国はこれを自力で賄うだけの体力を持ち合わせていなかった（Lens 2003: 356-357）。つまりアメリカ経済のために、そしてより広くはヨーロッパの窮乏化を防ぎ、共産主義の拡大を阻止するためにも、援助によりヨーロッパ経済の早期の復興と世界経済の発展を図ることが必要とされたのである。

援助がアメリカにとって重要だと感じられ、より一般的には世界経済にとって必要だとされた理由は他にも存在した。それは、第一次世界大戦後に生起した国際経済をめぐる一連の問題と関係していた。[*4] この経験の反省として、一九四四年の連合国通貨金融会議で締結され翌年に発効したブレトンウッズ協定では、アメリカが中心となって戦後の国際通貨体制を担うことになり、一定量の金とドルを交換可能にし、協定締結国通貨の為替レートを基軸通貨ドルに結びつける固定相場制度が立ち上げられた。新たに設立された国際通貨基金（ＩＭＦ）と国際復興開発銀行（ＩＢＲＤ）、いわゆる世界銀行は、協定締結国の為替レートの安定や健全な国際収支の維持と、戦後経済の復興ならびに発展に資するための融資を業務とした。一九四七年調印の「関税および貿易に関する一般協定（ＧＡＴＴ）」とともに、自由な貿易の体制構築をめざしたものである。

「ブレトンウッズ体制」と呼ばれる新たな体制の実装面での問題は、アメリカ一国だけが豊かだっただけでなく、基軸通貨となるドルがアメリカに貯めこまれ、世界市場で流通する量が決定的に少ないことだった。またアメリカは、第二次世界大戦終結時点で世界の金準備の七七％を保有するにいたるが、第一次世界大戦終結時にすでに約五〇％の世界の金準備を保有していたというように（Lens 2003: 264, 337）、程度の差こそあれ「独り勝ち」状況は第一次世界大戦後についても該当した。一九世紀後半の大陸横断鉄道建設や鉱山・油田開発の資金調達のため債務国となったアメリカは、戦争により債権国に転じ、大量生産と大量消費に基づく空前の経済的繁栄を謳歌したのである。

では、ドルはどのように放出されるにいたったのか。国際政治と同じように国際経済においても、物事は覇権国の思惑通りに進むとは限らない。とくに、第二次世界大戦後のアメリカによる「援助外交」は合衆国の世界戦略の一環を成すものであり、軍事的支援を含む援助を介したドルの放出は、必ずしも経済合理性を基準に展開されたものではなかった。この点をふまえた上で記すと、ドルの放出ないし意図せざる流出は概略以下のように進展した。戦後から一九五〇年代半ば頃までは、それは一つには、トルーマン・ドクトリン（一九四七）、すなわち「武装少数勢力や外部の圧力による支配の企てに抵抗している自由な諸国民」を支援するとの表明に基づき、冷戦につながる「封じ込め」政策に沿って進められた。東欧諸国の共産化とその影響が地中海沿岸のギリシャやトルコに及び始めたことに危機感を覚え、共産主義の拡大を防ぐ目的で、アメリカはまずこれらの国に軍事援助や経済技術援助の供与を始めたのである。NATOのための支出もこれに当たる。一九五〇年には朝鮮戦争が勃発し、三年にわたり多大な軍事費の支出を余儀なくされ、戦後は戦後で焦土の復興と韓国軍の梃入れに多くの援助を必要とした。「二つの中国」成立後の台湾支援もここに含めることができる。もう一つは、マーシャル・プラン（一九四八〜一九五一）がいう欧州復興のための援助や、日本、ドイツに対する「占領地域救済政府資金（GARIOA、一九四七〜一九五一）」、日本・韓国・沖縄への「占領地経済復興資金（EROA、一九四八〜一九五一）」などを通じた多額の物資・資金の提供であり、さらには西ヨーロッパおよび日本からのアメリカ向け輸出に有利な対ドル為替レートの設定と維持があった（Lancaster 2007: 28, Spero and Hart 2010: 16-17, Hetzel 1958）。このような政策の結果、欧州復興は比較的短期間のうちに達成され、多くの場合、生活水準は一九五二年頃までには戦前期のレベルに回復した（猪木 二〇〇九：五九—六二、六八—六九）。それだけでなく、西ヨーロッパと日本はアメリカへの輸出を拡大してドルを蓄えることが可能になり、やがて日米経済摩擦が起こることになった。アメリカが世界のGDPに占める割合も「順調」に低下して、大戦直後は名目値で五〇％近くだったものが、一九五〇年に四三・六％、五八年三八・六％、六五年三五・三％、七〇年には三〇・六％へと下がっている[*5]（松本二〇〇八：七〇—七一）。

3－2　途上国への開発援助の開始と国際政治

ドルの放出・流出における途上国に対するODA的援助の役割についていうと、一九四九年のトルーマンによるポイント・フォー演説にもかかわらず、さらには途上国からの援助の必要性の訴えかけにもかかわらず、実はアメリカによる途上国に対する開発援助が本格化するのは一九五〇年代半ば以降である。それ以前は、マーシャル・プランだけでなく、アメリカに主導された国際復興開発銀行（世界銀行）もヨーロッパの復興援助に注力し、途上国へ貸し出しするにしても、利子や返却期間などにおいて譲許的な条件を認めることはなかった。しかし一九四九年の中華人民共和国の成立と翌年の朝鮮戦争を経て、アメリカはソ連や中国周辺国への軍事援助を活発化させるようになる。他方、ソ連ではスターリンが一九五三年に死去し、ソ連共産党第一書記に就任したフルシチョフが一九五五年初頭までに実権を握るにいたり、途上国外交に変化がみられるようになった。東欧・中国・北朝鮮・ベトナム等の社会主義諸国との外交関係を重視し途上国に関心を払わなかったスターリンとは対照的に、フルシチョフはそれまでのヨーロッパにおける資本主義との対決姿勢から転じて「平和共存」を唱え、いまだに多くの国が反植民地闘争下にある「第三世界」に目を向けるようになった。フルシチョフは一九五五年一一月にはインド、ビルマ、アフガニスタンを訪れて新しい外交姿勢を明確にし、軍事援助とともに「第三世界」の国々に対する開発援助を開始した。そのショーケースとなったのが、一九五六年の資金援助表明と五八年の資金と技術援助をめぐる合意ののち、六〇年に着工されたエジプトのアスワン・ハイ・ダム建設の支援である。加えて一九五七年一〇月にアメリカに先駆けて人工衛星スプートニクの軌道打ち上げに成功したことは、共産主義体制が生み出す科学技術の先進性とそれを支える経済の力強さを世界に大きく印象づけることになった（Spero and Hart 2010: 213, Lancaster 2007: 63-66, Kanet 2010: 2-5）。

アメリカによる途上国への開発援助は、こうしたソ連の動きに対抗する形で本格化した。トルーマン政権（一九四五～一九五三）では実は途上国援助の優先順位は必ずしも高くはなく、開発は当該国の貿易収入や民間セクターの融資に基づく自助努力によることが想定されており、それが無理な場合には世界銀行の融資に頼るべきものとされた。ODA的無償援助は、限られた技術援助プログラムにみられただけだった。同様のことは、かつてのヨーロッパ植民地宗主国の植民地に対する態度についてもいえる。支配関係が継続している間は、なにがしかの援助を供与する必要があるとは受け止めても、独立したのちにも旧植民地に対して援助を続ける義務があるとは考えなかった（Spero and Hart 2010: 213-214, Lancaster 2007: 28-29）。これに変化が起こるのは、一方で冷戦ないし「平和共存」政策下の資本主義と共産主義の競争がヨーロッパの外へと拡大し、他方で独立し国連加盟が認められた新興国の数が増え、さらに一九五五年にはインドネシアのバンドンで新興国の連帯を謳い非西洋国家二九ヵ国の参加を得た国際会議、第一回アジア・アフリカ会議の開催があり、こうした新たな国際政治の趨勢をもはや無視することはできないと認識されてからのことである。一九五〇年から五五年の間の、「先進市場国（developed market countries）」による二国間供与に基づく外国援助の総額は年平均にして約一八億ドル（その多くはアメリカによる）、世界銀行のような多数国政府参加型（multilateral）の国際機関によるものは年間一億八〇〇〇万ドルだった。それがアメリカによる二国間供与だけでも一九五六年には二〇億ドル、一九六三年には三七億ドルに増加した（Spero and Hart 2010: 213-214）。

かくして援助は一九五〇年代と六〇年代に国際経済関係の新たな形として登場した。国家が自らの意志で譲許的な条件でもって他国に資金を提供することなど、歴史上いまだかつてないことだった。経済関係において多数国政府参加型機関が同様の役割を務めることもなかった（Spero and Hart 2010: 215）。

3−3　途上国援助の本格化へ向けて

アメリカの場合、援助に関する変化はアイゼンハワー政権（一九五三〜一九六一）の第二期に顕著となった。それ以前の一九五一年、それまでに起こった中華人民共和国の成立や朝鮮戦争の勃発を受け、マーシャル・プラン後のアメリカの援助は軍事援助を優先させる相互安全保障法（Mutual Security Act）に基づくものへと移行した。しかし、一九五七年に軍事援助とは区別され、共産主義勢力の「囲い込み」とも無関係に、途上国の経済発展のために譲許的条件で貸し出される開発融資基金（ＤＬＦ）が設けられた。一九六〇年にはアメリカの支持を受け、ソフト・ローン（最貧国などを対象とした緩やかな貸付条件の借款）の提供に専従する国際開発協会（ＩＤＡ）が世界銀行に設置された。援助をめぐる変化はケネディ政権（一九六一〜一九六三）に引き継がれただけでなく、同政権によって「開発の促進は、合衆国の外国援助においてその優先的地位が確立されたものとなった」。その過程において大きな役割を果たしたのが、持続的経済発展への「離陸」という言葉で有名となった経済学者ウォルト・ロストウの経済発展段階説である。ケネディ政権下の一九六一年に先の開発融資基金は国際開発協力部（ＩＣＡ）と統合され、非軍事の外国援助を統括するアメリカ合衆国国際開発庁（ＵＳＡＩＤ）が新たに設立された（Lancaster 2007: 65-67, 69, 71-73）。開発に役立てるための若い人材を派遣する平和部隊も同じ年に創設されている。それまでの一〇年間は軍事援助が優先されたのに対して、一九六一年には、アメリカ議会が二〇億ドル超の軍事援助予算に対して三〇億ドル以上の非軍事援助予算を認めるにいたった。非軍事援助には、外国通貨による約一〇億ドル相当の準備金も別途存在した。これは、外国政府に対する農産物の売却額で、購入国への経済援助や借款に当てられるものだった（Morgenthau 1962: 303）。

一九六〇年から六二年の間には、アメリカの働きかけ、とくにケネディ政権の働きかけにより、復興なった西ヨーロッパ――イギリス、デンマーク、スウェーデン、ノルウェー、フランス、西ドイツなど――そしてカナダ、日本において、それまでの各国国内援助関連組織を統合した政府開発援助機関（日本の場合はＪＩＣＡ）ないし援助を管掌する政府部署が設立されている（Lancaster 2007: 31, Spero and Hart 2010: 214）。一九六一年末の国連総会では、一九六〇年代を「国連開発の一〇年」とすることが決議され、一九六六年には二つの国連技術協力機関（一九四九年設立の国連拡大技術援助計画と一九五九年発足の国連特別基金）を統合して途上国の開発を多角的に支援する国連開発計画（ＵＮＤＰ）が発足した。

これら一連の出来事が示すように、「開発の時代」は一九四九年のトルーマンのポイント・フォー演説に始まるが、「開発援助時代」そのものは、それから一〇年後、一九五〇年代末・一九六〇年代初頭に始まったといえる。

4　「開発援助時代」の幕開けとその後の展開

4－1　「開発／低開発の発明」と世界認識の新たな枠組み

その端緒がどうあれ、ポイント・フォー・プログラムが発表されたことにより、「開発時代（development age）」（Rist 2010: 71, 78-79）ないし「開発という時代（the era of development）」（Esteva 1992: 6）が幕を開けた。トルーマン演説の重要性は、これが我々の社会・政治・経済の見方を根本的に変えることになったということである。それをリストは、「開発の発明」と表現し、エステヴァは「低開発の発明」という言葉で表した（Rist 2010: 71, 78-79, Esteva 1992: 6）。両者は、同じコインの裏と表のどちらを強調するかの違いである。

「低開発」という言葉の流通により、underdevelopedの状態を所与のものとして受け入れ、低開発がなぜもたらされたかの歴史的、構造的解明は不問に付され、人々は、いかに開発するか、いかに開発を支援するかに関心を振り向けるようになった。王侯貴族を有し、産業革命後は階級闘争や革命が熱く語られ、ときに行動にも移されたヨーロッパと違い、そもそも王や貴族階級を欠き、機会平等を説く階層社会アメリカでは、革命ではなく社会変化や社会変容が口にされ、そこでは変化をもたらす主体や思想に関わる議論は希薄だった。そのようなアメリカで生まれた「開発」概念は、近代化論的にいえば、構造機能主義的・目的合理的に理解されて、開発は経済発展を阻害する伝統や文化に代わって「西洋的価値志向」を移植し、近代的教育や近代的諸制度ならびにインフラを導入し、なによりも資本や技術をどのように注入するかの問題とされた。つまり、社会や社会変化はモジュール化されて認識されたのである。いかにも新世界の若い国、アメリカ的で「斬新な」見方だということができよう。

非西洋世界に目を転じると、ナショナリズム運動、独立運動における認識が、北／南関係を植民者／被植民者の対抗関係として捉えたのに対して、既開発／低開発の二分法は、両者の関係を支配／被支配の関係ではなく、ＧＮＰ・ＧＤＰに代表される同一線上の量的違いに基づく関係として捉え、征服、奴隷貿易、植民地化、帝国主義などを括弧に括ったまま考察することを可能にし、「国際関係を概念化するまったく新しい方法」を導入することになったのである（Rist 2010: 73-75）。これらの認識上の変化はすべて、決して事前に企図され予見されたことではなかった。それだけ既開発／低開発の概念が、アメリカが持つ政治経済面、思想面での覇権的な影響力もあって、第二次世界大戦後の脱植民地化過程とその後の世界を理解し生きる上で、政治家、経済人、一般人を問わず、いかに大きな魅力を備えていたかということである。

もちろん、既開発／低開発とは異なる認識枠が、ソ連に代表される共産主義イデオロギーによって提示はされていた。しかし、冷戦構造の定着するなか、ソ連も「第三世界」に影響力を拡げるために、アメリカおよび西側諸国に対抗して開発援助という同じ土俵で競争することになる。ソ連は東欧「衛星国」やアジア、アフリカの社会主義政権だけでなく、新興国で西側陣営に与しない国や中立を宣言する国に援助を供与し、ソ連式経済発展モデルの導入を支援した。さらに、新興国内で西側寄り政権の打倒をめざす勢力の軍事支援も開始している。一九六〇年代まで独立闘争が続いたアフリカや、アメリカが支援するイスラエルとの紛争を抱えた中東アラブ諸国は、ソ連がとくに力を入れた地域であり国々だった。一九七〇年代半ばまでのソ連の認識としては、帝政ロシア期からそれまでまったく足掛かりを持たなかったアジア・アフリカ諸地域の多くの国と親密な政治的関係を結ぶことができたことは、ソ連の経済援助、軍事援助の成功を意味していた。しかし現実には、一部の例外を除き経済援助が開発の助けとなった事例は少なく、むしろ世界戦略の必要性から、アメリカがそうしたと同じように、しばしば経済的自立ができない政権（たとえばキューバ共和国）あるいは不人気な社会主義政権（たとえばアフガニスタン民主共和国）を支えるために、膨大な援助を強いられることになった。「勝敗」が決したのは、ソ連の計画経済の破綻とそれに続く一九九一年のソ連の解体だった。

右の過程を詳しく追ったカネットは、ソ連崩壊が開発援助に与えた影響について次のように語る。

「（中略）発展途上世界に対するより広汎な衝撃には、単に主要援助源としてのソビエト連邦の消滅よりも大きなものがあった点に思いを馳せることが重要である。影響力と支配の獲得のためのゼロサム・ゲームだとかつては一般にみなされていたものにおいて、今やソビエト連邦と競うことはないとなった途端に、合衆国はおしなべて発展途上世界の多くに興味を失った。その結果は、合衆国による関与の低下だった」（Kanet 2010: 13）。

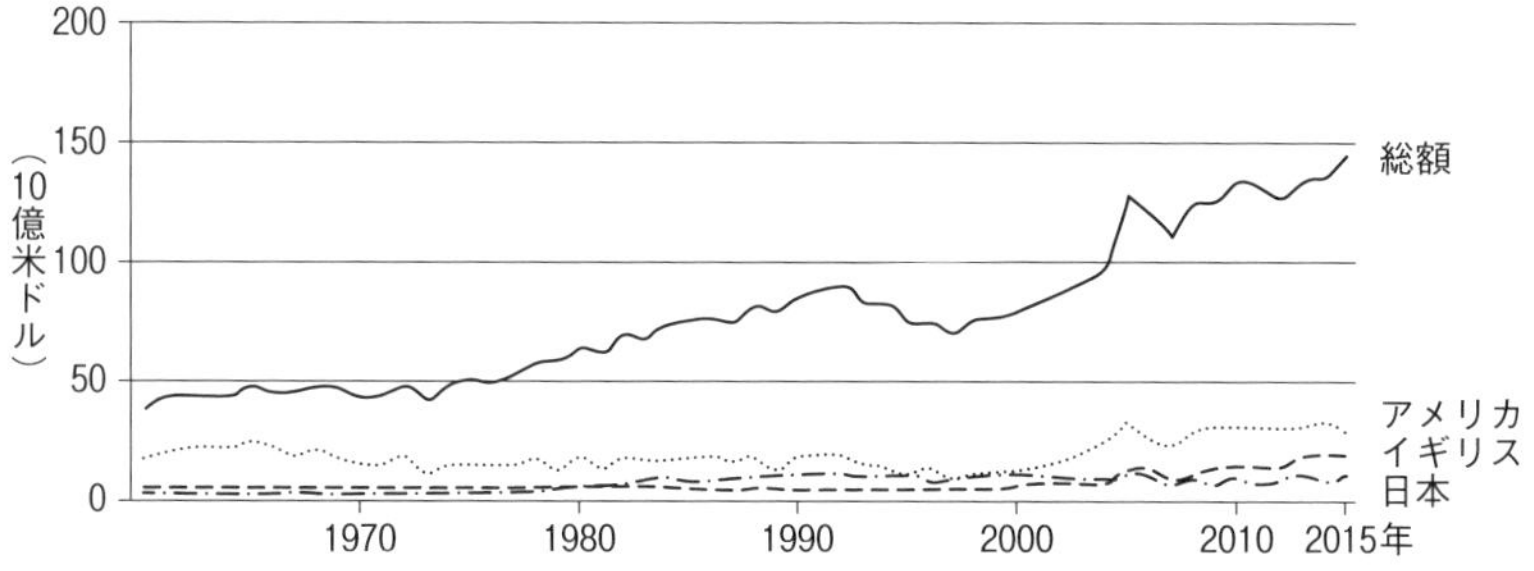

図 1-1　ＤＡＣ国供与によるＯＤＡ額の歴史的推移 1960 ～ 2015 年

注：2014 年の物価・為替レートに基づく。
出典：http://www.compareyourcountry.org/oda?cr=20001&cr1=oecd&lg=en&page=1（最終アクセス 2016 年 7 月 7 日）。

4－2　開発援助の歴史的推移

関与ないしコミットメントの度合いをＯＤＡの額として捉えると、まして民間セクターによる経済的関わりをも視野に入れると、カネットが結論づけるよりも実情はより複雑だと判明する。[*6] 以下では、ＯＤＡと民間資金を含む外国からの資金流入が、一九六〇年以降、歴史的にどのような趨勢を辿ったかを足早に概観しておきたい。いかなる開発プログラムも資金的裏づけなしには実行不可能であり、こうした検討は不可欠だと思うからだ。

まずＯＤＡである。二〇一四年の物価ならびに為替レートを基準に、ＤＡＣ（ＯＥＣＤ開発援助委員会）メンバーが供与したＯＤＡの年平均額を一九六〇年から二〇一五年まで通時的に示したのが図１－１であり、これを年代別にまとめたのが表１－１である。この表をみると、確かにカネットが述べるように、冷戦後の一九九〇年代のアメリカのＯＤＡ額は、それ以前の一〇年間の年平均に比べて一三・二％下がっている。しかしアメリカの「関与の低下」はこれ以前にもあり、それも九〇年代より大きなものが一九七〇年代にあった。一九六〇年以降のアメリカのＯＤＡのピークは一九六五年の約二三〇億ドルで、その後はベトナム戦争などによる財政逼迫や外交手段としての援助の有効性への疑問が高まったためだろう、一九七三年の約一〇八億ドルまで段階的に減少を続けた。以後、一五〇億ドルを挟んで増減を繰り返し、一九九〇年の一八二億ドルを最後に緩慢な下降局面に入った。

表1-1　ODA額の歴史的推移 1960～2015年

	アメリカ			イギリス			日本			ODA総額		
	中央値	年平均	増減率	中央値	年平均	増減率	中央値	年平均	増減率	中央値	年平均	増減率
1960年代	1983	1953.4		417	422.2		205	222.9		4370	4342.2	
1970年代	1410	1407.5	-27.9%	453	474.2	+12.3%	448	447.3	+100.7%	4544	4900.9	+12.9%
1980年代	1695	1608.2	+14.3%	454	450.7	-5.0%	870	893.8	+99.8%	7464	7290.4	+48.8%
1990年代	1370	1395.8	-13.2%	469	472.8	+4.9%	1155	1116.1	+24.9%	8046	8065.0	+10.6%
2000年代	2375	2298.6	+64.7%	802	914.6	+93.4%	998	1041.8	-6.7%	9429	11509.4	+43.1%
2010-2015	3174	3159.0	+37.5%	1396	1591.5	+78.1%	971	979.2	-6%	13575	13515.2	+17.4%

（1000万米ドル）

注：金額は2014年の物価・為替レートに基づく。1970年代、80年代、90年代、2000年代とDACメンバーは2、3ヵ国ずつ増えているが、新規メンバーの供出額は比較的少なく、ここでは年代別のDACメンバー数の違いは無視した。

出典：http://www.compareyourcountry.org/oda?cr=20001&cr1=oecd&lg=en&page=1の"ODA-USD billions（2014 prices & rates）"（2016年7月7日）より筆者作成。

一九六五年のピークを超えたのはその四〇年後、二〇〇四年（一三六億ドル）になってからのことである。その後、上がり下がりはありながらも、一九六五年の実績よりも高いレベルにとどまっている。ＯＤＡ総額に目を転じると、八〇年代から九〇年代にかけて一〇％以上増加している。ただし年次別統計をみると（図１‐１）、ここでも、一九六〇年以降漸増傾向にあった額は、おそらくソ連崩壊後の東欧諸国への援助拡大のためだろう、八〇年代末から一九九二年まで比較的大きな増加をみた。しかし、その後は減少に向かい、二〇〇三年まで九二年の数字を超えることはなかった。アメリカを筆頭に、ほとんどのドナー国は「援助疲れ（aid fatigue）」に陥ったといわれる（Burnell 2009）。いずれにしても、ＤＡＣ国が得た「平和の配当」、つまり冷戦終結による軍事費の削減分がＯＤＡに振り向けられることはなかったのである（Browne 1997: 25）。

表１‐１はまた、三つの国の間で供出額の変遷には大きな違いがあることを示している。アメリカと異なりイギリ

スと日本の場合、増加幅に開きがあるとはいえ、両国ともに一九八〇年代に比べて九〇年代に年平均額が増加している。もっともイギリスの増加は、一九八〇年代に供与額が減少したことへの揺り戻しに違いなく、一九九〇年代の年平均額は七〇年代のそれよりも少ない。一九八〇年代の減少は、一部には一九七〇年代の二度のオイル・ショックによる世界経済の低迷と、サッチャー政権期(一九七九~一九九〇)の新自由主義政策の下で小さな政府が指向され、これらの影響を反映したものだろう。日本のODAは一九七〇年代、八〇年代、九〇年代と順調に供与額を増やし、とくに八〇年代の伸びは驚異的である。これらは日本の高度成長とバブル景気に牽引されたものであり、その後の減額は、現在も進行中の「失われた二〇年」に負うところが大きい。

表1 - 1で顕著なのが最近一五年間の動きである。日本の供与額が減少を続けるなかで、アメリカ、イギリス、ODA総額ともに増加しており、それも二〇〇〇年代には大幅な増加を記録している。これは世紀転換期の二〇〇〇年九月に、国連で「ミレニアム開発目標(Millennium Development Goals, 略称MDGs)」――二〇一五年までに世界から極度の貧困と飢餓を撲滅し保健衛生、教育を充実する等の目標――が採択され、これを受けて二〇〇二年にメキシコで開催された国連開発資金国際会議において「モンテレー・コンセンサス(Monterrey Consensus)」が宣言されて、先の目標達成のための援助資金拡充の働きかけがなされたからである(Little 2010: 1091, Lancaster 2007: 56-57)。

このように、ODAの供与額の増減、それも大規模災害のような突発事態に対応するものではない「平時」におけるODA供与額の増減は、ソ連崩壊のような世界的な政治状況の変化だけでなく、新自由主義に代表される経済思想の潮流、供与国の経済状況や経済政策、強力な国際開発アジェンダの存在などに影響を受けるといえる。

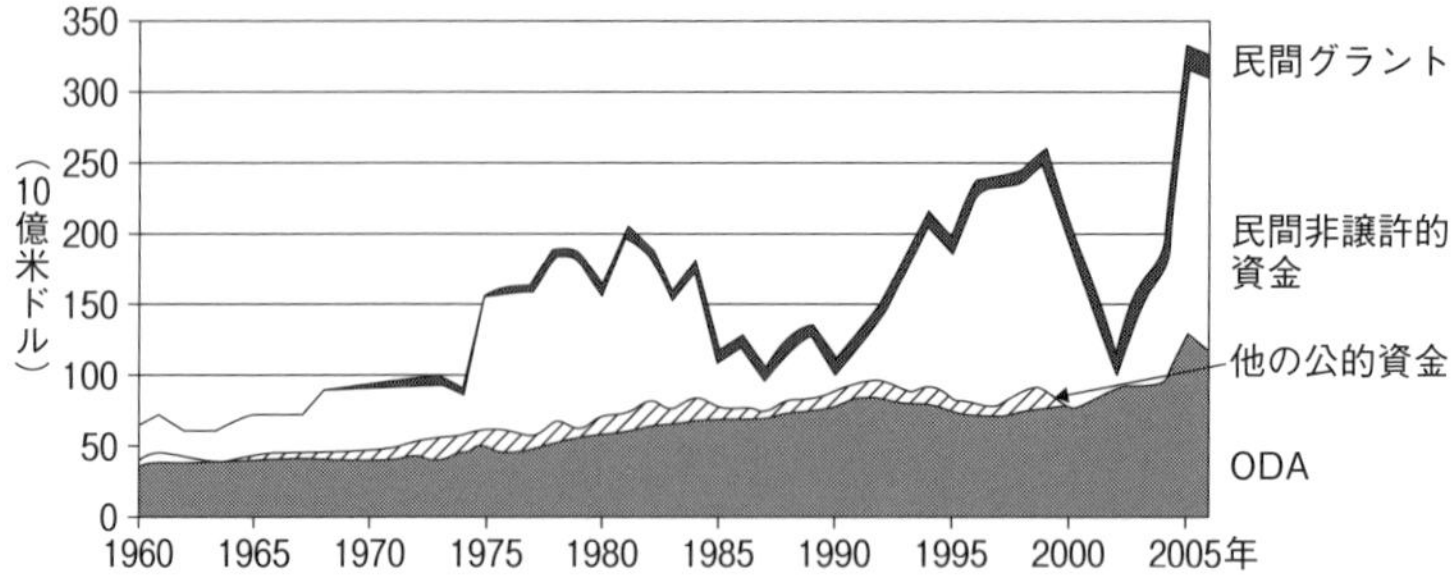

図1-2　DAC国から途上国に流れたODA、他の公的資金、民間資金の経年変化 1960～2006年

注：2006年時固定ドル価に基づく。
出典：Spero and Hart（2010: 220）より。

5　「民間支援」の増大

5－1　援助資金の多様化と重要性を増す民間資金

先進国と途上国の援助をめぐる経済的関係は、なにもODAに限られるわけではない。開発や経済援助に関する近年の論調では、民間資金の動向をも扱うことが一般化しつつあるかにみえる。とくにこれはアメリカの論調についていえる。図1－2は、DAC国から途上国に流れたODAならびに他の公的資金に加えて、民間資金の流れを一九六〇年から二〇〇六年について、二〇〇六年時固定ドル価に基づきグラフにしたものである。[*7] この四六年間、方向性としては増加傾向にあるODAに比べて（二〇〇五年以降については図1－1を参照）、民間資金の途上国への流入には二つの大きな波があり、かつODAや他の公的資金と異なり波の山と谷の間の上がり下がりが激しいこと、つまり世界経済の状況に敏感に反応し、短期で大きな金額が途上国に流入し、あるいはそこから流出する資金だということがわかる。財団などの無償供与を除く民間資金は利益を求めて動くゆえ当然ではあるのだが、次に記すように、その性格において二つの波には顕著な違いがある。

図1－2にみる二つの大波のうち、一つは一九七四年の上りから八五年の下りの間に生起し、もう一つは一九九〇年の上りに始まり、一九九〇年代後半のアジア通貨危機後の急落を挟んで二〇〇〇年代半ばまで続く。第

一の波が直接投資などのやや長い時間枠での投資対象国への経済的コミットメントが中心だったのに対して、一九九〇年代初頭以降の民間資金流入額の上昇は、冷戦の終結とそれに続くグローバル化、とくに途上国における株式市場・債券市場などの開設と取引の自由化、さらには為替取引の自由化によるものだった。換言すれば、「一九九〇年代に多くの途上国が、自国を債務国からエマージング・マーケット（新興成長市場）へと変えてくれる新しいグローバル金融システムへの参加国となった」（Spero and Hart 2010: 232）のである。

ODAとの対比でPDA（Private Development Assistance, 民間開発援助）とも呼ばれることがある民間資金には、外国直接投資、外国ポートフォリオ投資、民間財団などからのグラントやフィランソロピーが含まれ、場合によっては海外送金、すなわち途上国から先進国へ渡った出稼ぎ・移民や海外同郷会からの本国への送金が含まれる。統計収集が必ずしも容易ではない「民間資金」の全体像とその動きを知るのは簡単ではない。この点で役に立つのが、独自の推計値とはいえ、アメリカのハドソン研究所付設「世界繁栄センター（Center for Global Prosperity, 略称CGP）」が、二〇〇六年からほぼ毎年公表している『グローバル・フィランソロピー指標』である。二〇〇九年からは『グローバル・フィランソロピーならびに送金指標』と題して公表されている。[*8]

一部分で図1-2と重なるが、送金を含めた民間資金と公的資金の流れ、つまり先進国と途上国との「経済的関わり」の変化を一九九一年から二〇一〇年にかけて示したのが図1-3である。CGPの二〇一二年版『グローバル・フィランソロピーならびに送金指標』から転載した。[*9] 図1-3の「公的資金移動」はODAとその他の公的資金を含む。「送金」は世界銀行のデータをベースにCGPが関係機関の協力をえながら独自に推計値を計算したもので、フィランソロピーもOECDに報告されたデータをベースに同様の推計を施したものである。図1-3のフィランソロピーのグラフの破線部分はOECDのデータで、二〇〇五年からの実線部分はCGPの推計値である。

図1-3であらためて確認できるのは、世界的不況時を除きDACドナー国から途上国に流れる資金のうち、今や「公的資金移動」が占める割合がいかに小さいか、逆にいえば民間資金の割合がいかに大きいかということである。

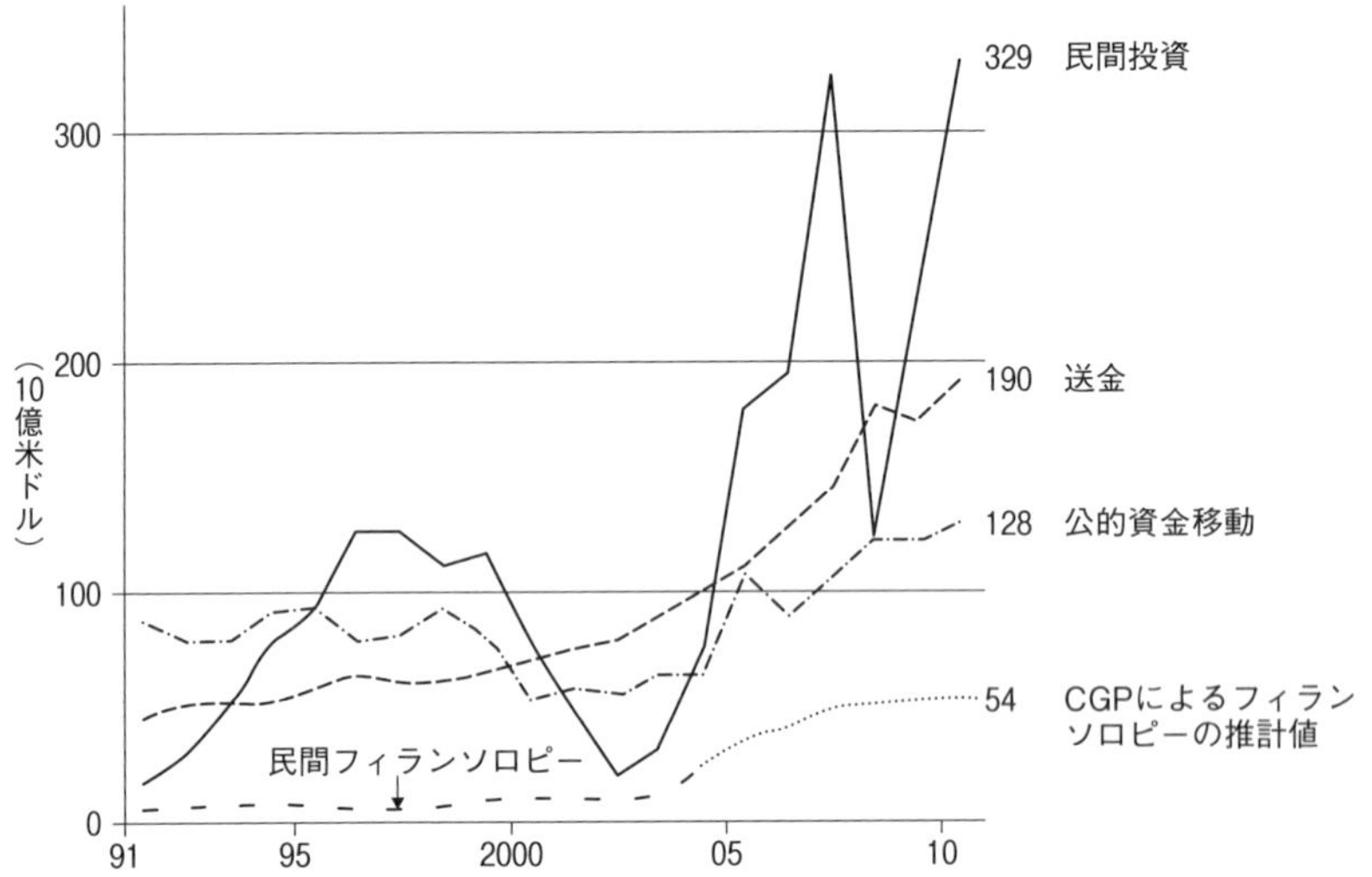

図 1-3　先進国と途上国との「経済的関わり」にみる変化

出典：*Index of Global Philanthropy and Remittances 2012*（2012: 15）より。

先進国から途上国への「資本移動」の中身をみると、一九六〇年代にはＯＤＡが全体の七〇％を占めていた。ＯＤＡに代表される援助関係予算そのものはその後も総額で増え続けたにもかかわらず（図１‐１、図１‐２）、二〇一〇年の時点でそれは「資本移動」の一三％をなすにすぎず（ＯＤＡと「その他の公的資金」を合計した図１‐３の「公的資金移動」では割合は一八％）、残りは「民間資金移動」が担っていた（Clinton 2011, *Index of Global Philanthropy and Remittances 2012* 2012: 6)。

５‐２　アメリカによる民間資金の意味づけ

右のような現実を受け、ＣＧＰはＯＤＡやフィランソロピーだけでなく、民間投資や送金をあたかも「外国援助」の一部のように位置づけている。これに違和感を覚える日本人は少なくないだろう。実際に日本における国際協力をめぐる議論において、こうした資金が勘案されることはほとんどない（小川 二〇〇七：一〇三‐一〇四）。ＣＧＰは、これらを含めた先進国から途上国へ流れる資金の総体を、先進国による途上国との「経済的関わり（economic engagement）」と一括りにして捉え、途上国の経済発展に及ぼす影響の重要性を強調している。

このような捉え方がなされる背景には、次のような状況が存在していよう。一つは、一九六〇年代のＯＤＡの本格化から二〇年が過ぎた一九八〇年代にもなると、ＯＤＡが開発に及ぼす積極的効果に疑問が持たれ始めたことである。その典型例は、世銀とＩＭＦが設置したタスクフォースによる報告書『援助は機能するか？』(*Does Aid Work?*)』(Cassen and associates 1994)（初版は一九八六年）の疑問形のタイトルで、答えは「イエス、しかし部分的においてのみ」(Browne 1997: 15) だった。それだけでなく、ＯＤＡの実質的な使われ方にも疑義が呈されるようになった。二〇〇五年の事例でいえば、総計一〇〇〇億ドルのＯＤＡのうち、六〇〇億ドルが債務救済、技術協力、緊急支援ないし人道支援に使われ、実際に開発プロジェクトや開発プログラムに振り向けられたのは四〇〇億ドルであり、うち半分は事務管理費、受入国の政治家や地方エリートへの不正規支払い、官僚への日常的な賄賂に使われ、実際に援助を必要とする貧困層にまで届いたのは、一〇〇〇億ドルのうちの二〇〇億ドルにすぎなかった (Desai and Kharas 2008: 157)。一方で、サッチャー政権（一九七九〜一九九〇）とレーガン政権（一九八一〜一九八九）が旗印とした新自由主義の拡大と規制緩和や民営化の流れがあり、民間資金の注入による経済発展が注目されるようになった (Spero and Hart 2010: 233)。ＯＤＡを用いた道路に象徴されるハードなインフラ建設や教育制度・施設の拡充などのソフトなインフラ整備よりも、先進国からの民間投資により途上国の民間セクターの経済活動を活発化し、もって経済発展を促進しようとするもので、「開発援助の民営化」といえないこともない。

ここで一つ疑問に思うのは、ＣＧＰに代表される民間資金を重視する議論は、きわめてアメリカ的な議論ではないかということだ。前述のように、このような議論が日本でなされることはあまりない。ヨーロッパ、なかでもＧＮＩ（国民総所得）の〇・七％をドナー国はＯＤＡに当てるとのＯＥＣＤのターゲットを総じてよく順守する北欧の国々や、オランダ、ベルギーなどでも、こうした議論は稀ではないかというのが個人的な印象である。表１‐２が示すように、全ＤＡＣ国が供与するＯＤＡ総額に占めるアメリカの割合は二三・七％と相対的に低いのに対して（ただし絶対額では最大）、民間投資や送金、フィランソロピーで占める割合の大きさは際立っている。それも、これらの民間資金のい

表 1-2　途上国との「経済的関わり」におけるアメリカの比重（2010 年）

	アメリカ	全 DAC 国	アメリカ / 全 DAC 国
ODA	30.35	128.49	23.7%
民間投資	161.2	329.0	49.0%
送金	95.8	190.0	50.4%
フィランソロピー	39.0	56.0	69.6%
合計	326.4	703.49	46.4%

（10 億米ドル）

出典：*Index of Global Philanthropy and Remittances 2012*（2012: 8, 15）より筆者作成。

ずれもが不況期の民間投資を除き、いまやＯＤＡの額よりも大きい。創刊号である二〇〇六年版『指標』が強調するのは、アメリカのＯＤＡ額は、ＯＥＣＤのターゲットを大きく下回るが、絶対額においては他の追随を許さないということだ。より一般的には、表１‐２が示すような実績を後ろ盾に、「外国援助（ＯＤＡ）だけに焦点を当てるのではなく、ある国が途上国に対してどのようなインパクトを与えているかのより有益な尺度は、その国が貧しい国々といかなる経済的な関わりを持っているかをトータルにみることである」（*Index of Global Philanthropy 2006* 2006: 14-15）と結論づける。つまり、アメリカは途上国に対して雅量（generosity）の大きな国だというのだ。

５‐３　先進国が期待するＯＤＡの新たな役割

右の議論をさらに一歩進めてＯＤＡと民間資金との望ましい関係を述べたのが、二〇一一年に釜山で開催された「第四回・援助の有効性に関するハイレベル・フォーラム」に出席したアメリカの国務長官ヒラリー・クリントン（当時）である。先に紹介した一九六〇年と二〇〇〇年代初頭では先進国から途上国への「資本移動」において、いかにＯＤＡの割合が劇的に低下し民間資金のそれが増大したかを指摘したあと、クリントンは次のように続ける。

「これはなにを意味するのでしょう。まず、政府開発援助が途上国に流れる資源のほんの少ししか代表するものでないとすれば、これをどのように使うかについて考えを新たにする必要があります。それは、持続可能な進歩を引き起こす触媒の役目を果たすべきだと、私は信じます。（外国）企業が途上国でビジネスを行う上において妨げとなるようなリスクの軽減を助け、（途上国の）政府や国内金融機関が地元の中小企業にクレジットの貸出しを拡大するように支援し、（これらの国の）政府とともに（人びとの）――とくに女性の――（社会的）前進を阻んでいる構造的な障害を取り除くために努力し、（中略）そして政府が市民によりよく奉仕する能力を強化できるように技術的な支援を提供する、といったことです。

要するに、援助から投資へ、なかんずく、具体的な見返りをめざす投資へと、私たちのアプローチと思考を今後ともにシフトさせていくことが必要です。そして、私たちはこのことについてきわめて正直である必要があります。というのも、賢明な投資家は自分の投資先を注意深く選ぶからです」（Clinton 2011）。

クリントンが述べているのは、開発援助における官民連携（public-private partnership）ということだ。それも、企業にとって援助対象国への投資がしやすい環境作りのための連携である。このように再構築されたＯＤＡが途上国にとって重要なのは、「賢明な投資家は自分の投資先を注意深く選ぶから」に他ならない。官民連携下に位置づけられたＯＤＡや、外国直接投資、外国ポートフォリオ投資、送金などを「外国援助（foreign aid）」と呼ぶかどうかは別にして、これらを含む先進国と途上国との「経済的関わり」の総体が、今や後者の経済発展に大きな影響――それが正ないし負の影響かについては意見が分かれるにしても――を及ぼすとの認識について、異を唱える人はいないだろう。

悪くいえば、民間投資の「露払い」のごときＯＤＡの新たな位置づけは、アメリカだけの話ではない。イギリス、ドイツ、オーストラリア、カナダ、日本にもみられる傾向である。[*10] かつてのマーシャル・プランがヨーロッパ諸国の復興支援という利他主義的ともいえる動機だけでなく、アメリカ企業の市場確保という表にあらわれない目的をも内包していたように、現代の開発援助はマーシャル・プランよりもよりあからさまにドナー国の経済的利害を映しだしている。それだけ先進国の経済発展の余地が狭まり、市場としての途上国の重要性が増しているということだ。

このような趨勢の是非の議論は措くとして、ＯＤＡが本格化した一九六〇年代に比べ、開発援助を取り巻く環境は明らかにそして大きく変化した。それは経済進出を図るドナー国側だけでなく、援助の受入国側の変化をも意味している。第二次世界大戦後に独立した途上国の間では、旧植民地宗主国などからの外国資本は経済的植民地支配を招くものだとしてその受け入れを規制し、国家による経済統制と輸入代替政策を採るケースが少なくなかった。それとはおおいに異なる状況に、現在はある。

6 NGOの台頭とその背景

6−1 台頭期としての一九八〇年代後半

本章の第二節で、一九八〇年代初頭にイギリスの大学院で開発について学んだ研究者の経験として、授業のための必読文献やゼミの討論において、NGOが話題に登場することはまったくなかったとの思い出話に触れた。これによれば、一〇年後の一九九〇年代初頭までには状況は一変し、開発においてNGOはそれまでとは違う突出した重要性を担うにいたったという。ではどのようにしてNGOは開発に関わるようになり、なおかつその重要性を増していったのだろうか。ここでは、本書を通底するテーマであるNGOと国際的な開発との関わりについて、その歴史的側面から概観する。

助け合いの慣行や互助組織の存在は文化の違いを超えて古い歴史を持つ。であればこそ、こうした慣行や組織は地域や文化によりいろいろな名称で呼ばれてきた。だが第二節で述べたように、一九四五年に制定された国連憲章第七一条で non-governmental organizations という言葉が使われ、これ以降、任意の援助組織がNGOの略称で呼ばれるようになった。それぞれの政府によって代表される参加国の連合体であり、政府間協議・決定の場である国連で経済社会理事会に参画が認められた協議団体が、政府と区別されて「非政府組織」という言葉で総称されたのは当然といえば当然である。こうした誕生背景からいって、NGOは元々、国際的な活動に従事する民間の任意組織を指していた。開発との関係でＮＧＯが脚光を浴びるようになりその数が劇的に増えるのは、言葉の誕生からさらに四〇年ほどが過ぎた一九八〇年代後半および九〇年代のことである[*11]（Lewis 2010: 1056, 1058）。

開発分野におけるＮＧＯの国際的台頭の歴史的証言ともいえるものは、一九七三年にロンドンで創刊された雑誌『ワールド・ディベロップメント』の一九八七年秋季増刊特集号「開発における代案――ＮＧＯにとっての挑戦（Development Alternatives: The Challenge for NGOs）」にみることができる[*12]（これについてはLewis and Kanji（2009: 40-41）も参照）。

編者によれば、ＮＧＯが注目されるにいたった背景には、政府ならびに公的援助機関が開発の効果的推進や貧困削減に失敗したとみなされるにいたったこと、ドナー国政府の間に（新自由主義的な）「民間セクター」による開発や（国家以外のアクターを奨励する）多元的政治システムへのイデオロギー的選好――後述の「構造調整」政策に呼応――があったこと、他方でアフリカの飢饉に際して大量の義捐金がＮＧＯを介して被災地・被災者に届けられたことが、緊急支援におけるＮＧＯの実効力に人びとの注意を向ける契機となったという（Drabek 1987a: vii）。同じ特集号に寄稿したブロッドヘッドの意見では、「一〇年前の比較的目立たない存在から、非政府組織（ＮＧＯｓ）は一躍国際的な敬意を受ける存在へと躍り出た」が、その理由はＮＧＯが思っているような、開発をめぐる考え方や行動における非政府組織のユニークな貢献ゆえにではなく、過去二〇年間の公的開発援助の結果に対する公衆の幻滅、開発援助額の低下に伴う組織的・財政的制約、そして事務管理経費に課せられるようになったシーリングといった要因の方が大きい。ＮＧＯは「人間の顔」を持ち、公衆の支持があり、運営するプログラムは歴史的に最貧層をターゲットとしており、おまけに比較的低コストの運営スタイルをとっていることからすれば、ＮＧＯが魅力的な代案にみえたのは驚くにあたらないと指摘する（Brodhead 1987: 1）。のちにＮＧＯと開発について教科書を著したルイスとカンジは、ＮＧＯが開発分野で台頭した一九八〇年代後半を「魔法の弾丸」期、つまり発射すれば開発という的に必ず当たる弾丸、ＮＧＯが開発の特効薬と考えられた時期だと形容している（Lewis and Kanji 2009: 38）。またルイスによれば、一九八〇年代前半に開発援助に「構造調整」政策が導入され、規制緩和や民営化が援助供与の条件とされるなかで、NGOは政府機関よりもODAの執行において費用対効果の高い組織として世銀やIMFに注目されるようになったという（Lewis 2010: 1058）。つまり実力や実績よりもNGOに対する期待感の方が高かったわけで、裏を返せば政府経由のそれまでの開発援助のあり方に対し、一般的な失望がいかに大きかったかということだ。誤解のないように付言すると、一九七〇年代ないしそれ以前にNGOの存在がみられなかったわけではない（詳しくはLancaster（2007: 36-39）を参照）。一九八〇年代後半になってNGO、それも開発に関わるNGOが驚くべき増殖を遂げたということである。

あまりにも周りの期待が高いことを杞憂してのことだろう――実際その揺れ戻しとして一九九〇年代末にはNGOの成果の乏しさに対し強い批判が起こっている（Lewis and Kanji 2009: 24）――、ドラベックとブロッドヘッドはNGOの「ユニークな貢献」を語るについてきわめて消極的に聞こえる。しかし彼ら自身、特集号の元になったセミナーでNGO関係者により議論されたテーマとして、エンパワーメント、キャパシティ・ビルディング、セイフティ・ネット、参加型開発、人間中心の開発、持続可能な開発といった考えや、貧困削減、ジェンダー、環境のような開発ターゲット、さらには北のNGOと南のNGOのパートナーシップの必要性などに触れており（Drabek 1987b: x-xi, Brodhead 1987: 2）、NGOが掲げるこうした考え方や概念は、これらの語が投影する民衆に寄り添う姿勢を含めて、公的開発援助に失望していた人々にとって新鮮で魅力的に感じられたのではなかろうか。

6−2　エチオピア大飢饉と「人道支援元年」

NGOが世界的に注目されるようになった契機として、ドラベックはアフリカの飢饉をあげている（同様の指摘についてはBrowne（1997: 14）も参照）。ドラベックがいう飢饉は、エチオピア大飢饉のことを指すと思われる。日本では阪神淡路大震災が起きた一九九五年をもってボランティア元年とするが、エチオピア大飢饉が起こった一九八四〜一九八五年は国際的なレベルでの人道支援元年ということができるかもしれない。ビアフラ戦争時（一九六七〜

一九七〇）のナイジェリア南東部の飢饉でも、マスコミ報道が世界の注意を喚起する上で大きな役割を果たした。エチオピア大飢饉がこれと異なるのは、マスコミ報道に加えて世界的なミュージシャンの関与がみられたことである。マスコミ、具体的にはＢＢＣが報道したエチオピアの飢餓状況にショックを受けたミュージシャン、アイルランド人のボブ・ゲルドフとスコットランド人のミッジ・ユーロが、アフリカ飢餓救済基金を募るためにイギリスとアイルランドのロックやポップスを中心としたトップ・ミュージシャンからなるバンド「バンド・エイド」を結成し、『ドゥ・ゼイ・ノウ・イッツ・クリスマス』を作詞作曲して一九八四年のクリスマス前にチャリティ・ソングのシングルとしてリリースした。これは当初の予想をはるかに超えるミリオン・セラーとなった。

この翌年には、イギリスでの運動に触発されたハリー・ベラフォンテの発案で同様の企画がアメリカでも構想され、「ＵＳＡフォー・アフリカ」というグループ名のもとにアメリカの著名なアーティストが結集し、マイケル・ジャクソン、ライオネル・リッチー作になる「ウィ・アー・ザ・ワールド」を録音、一九八五年三月にリリースして世界的な大ヒットとなった。いずれの場合もレコードは多額の救済基金をもたらしただけでなく、飢饉の悲惨と人道支援の必要性に対する人びとの認識を深め、レコードを購入するだけでなく個人的に寄付する人も多くみられた。ＯＤＡと異なりこれらの基金は、ほとんどがＮＧＯを介して援助対象地域・援助対象者に流れたと考えられ、ドラベックが語るように、公衆へのＮＧＯの露出度を高めたと考えられる。

7　グローバル・イシューとしての環境問題の登場

7－1　国連主催「ストックホルム会議」が開かれるまで

本来、飢饉への対応では、危機的状況への対処だけでなく、飢饉克服後の社会再建をも射程に入れることが望まれる。しかしマスコミが好んで取り上げるのは、世間の関心を引く、痩せ細って目が異常に大きくみえ、腹部が膨れた栄養失調の子どもの写真であり、マスコミにしても世間一般にしても、どうしても「いま、ここ」の一過的現象に注目する傾向にある。飢饉がしばしば政治状況や民族紛争と連動しているという難しさとともに、社会再建などという「地味な話題」はなかなかニュースになりにくい。エチオピア大飢饉へのグローバルな関心も、より継続的な関わりを意味する開発援助のそれへとつながった形跡はない。この点で、開発援助に対する人々の関心を惹起したのは、飢饉のように、援助の供与側と受け手側が基本的に先進国と途上国の違いに重なる一過的な人道支援ではなく、経済発展のレベルの別なくすべての国が等しく直面する地球規模の問題だった。それが環境問題である。NGOの台頭を理解する上で重要であるゆえ、環境問題が「問題」となった過程を以下に辿ることにしたい。

第二次世界大戦後、環境問題が世界的な注目を浴びるようになったのは、一九六二年に出版された『沈黙の春』において、レイチェル・カーソンが、DDTに代表される化学的農薬の残留性と生態系、野生生物への影響を指摘し、産業化や科学の発展がもたらす環境破壊を糾弾したことに始まる。『沈黙の春』の出版から一〇年が経った一九七二年、スウェーデンの首都ストックホルムで「国際連合人間環境会議」、通称「ストックホルム会議」が「かけがえのない地球（Only One Earth）」をキャッチフレーズとして開催された。[*13] この会議が画期的だったのは、社会主義陣営は不参加だったものの、世界の一一三ヵ国が参加し、国連主催によって開催された世界で初めての環境問題に関する国際会議だったことである。さらに会議開催提案国のスウェーデンは開かれた会議を志向し、民間団体の参加を歓迎したことから、多くのNGOとその関係者が参加した。本会議以外に環境フォーラムが開かれ、専門家を交えて人口増加、大気汚染、自然資源の大量消費の問題が議論されるとともに、市民フォーラム（英語名称はPeople's Forum）が設けられて、デモ、行進、歌、環境問題ダイアローグなどを通じて環境保護に関係する活動を展開した。

この会議を契機に、多くの国が環境関係の省庁を設立するようになったといわれ、一九七〇年代初頭までには環境問題がもはや政治的に看過できない課題へと発展したことを示している。会議の成果として、環境保全を謳う「人間環境宣言」や環境保全のために必要とされる「環境国際行動計画」が採択され、加えて環境問題を専門的に扱う国連の機関として「国連環境計画（UNEP）」がケニアのナイロビに設立されることになった。環境問題をめぐっては、環境保護を唱える先進国と開発優先を主張する途上国の利害が衝突しやすく、まさにこうした利害衝突がストックホルム会議でも起こった（Norman and Carr 2009: 406）。両者の立場を取り持つ形となったのがインドのインディラ・ガンジー首相（当時）で、途上国の貧困削減と環境保護は不可分な関係にあり、これを解決するには途上国は先進国からの援助を必要とするとの本会議での演説は、広く賛意をもって受け止められた。

7−2 「地球サミット」と環境問題への本格的取り組み

このような画期的な成果をあげたにもかかわらず、ストックホルム会議は環境問題を世界的に共有される政治アジェンダへとただちに押し上げることはできなかった。二回目の国連主催の環境会議、「国際連合環境と開発会議」、別称「地球サミット」が開催されたのは、ストックホルム会議から二〇年を経た一九九二年だった。地球サミット後は、二〇〇二年にヨハネスブルグで「持続可能な開発に関する世界首脳会議」が開催され、その一〇年後には「国際連合持続可能な開発会議」、別称「Ｒ·ｉｏ＋20」がリオ・デ・ジャネイロで開催されたのと対照的である。ブラウンの言葉を借りれば、「（ストックホルム）会議後の少なくとも一五年間、国際コミュニティは環境問題に対する関心を失ってしまった。問題が重要でないということではなく、環境問題は北の国にはみえにくく、南の国は自由な（経済）成長を制限しかねないと懸念したからだった」（Browne 1997: 12）。その代わりにむしろ援助ドナー国の関心は、環境問題や資源枯渇とも関係する途上国の「人口爆発」に集中し、家族計画拡充のための支援が活発化した。このような指摘以外に、ブラウンは次のようにも述べる。「一九八〇年代になり温暖化の兆候が明らかになり始めるとともに、ドナー国はこの現象のグローバルな意味合いを理解するようになり、環境問題は開発アジェンダのトップへと踊りでた」（Browne 1997: 12）。

事実、人工衛星写真によりオゾンホールの存在と拡大がマスコミにより視覚的かつ劇的に紹介されたのは一九八〇年代半ばのことであり、同じ時期に二酸化炭素と温室効果ガスが問題視されるようになった。一九八八年には、国連環境計画と世界気象会議が、国際的な専門家から構成される「気候変動に関する政府間パネル（IPCC）」を共同で設立し、このパネルは地球温暖化に関する一九九〇年の第一次評価報告書から始まり、一九九五年、二〇〇一年、二〇〇七年、二〇一四年とこれまでに五つの評価報告書を公表している。一九九二年の地球サミットの大きな成果の一つも地球温暖化に関係していた。地球温暖化の防止に関わる国際環境条約、「国際連合気候変動枠組条約」がサミットで採択され、これは一九九四年に発効、翌年には条約の実装面を議論・交渉する第一回「気候変動枠組条約締約国会議（COP1）」がベルリンで開催され、この会議は場所を変えて毎年開催されている。一九九七年のCOP3では京都議定書を採択、二〇一五年のCOP21ではパリ協定が採択された。*14

こうみてくると、ブラウンが述べるように、環境問題、なかでも地球温暖化問題が、一九八〇年代末からグローバルに共有される「自分ごと」の問題とみなされるようになり、一九九二年の地球サミットを一大転機として温暖化防止へ向けての国際的な取り組みが種々開始されたことがわかる。本章の議論との関係で、地球サミットはさらに二つの意味で重要である。一つは、この会議を含む国連主催の環境会議がこれ以降「開発」の文字を冠していることで、まさに「環境問題は開発アジェンダのトップへと踊りでた」ことを示している。それも二〇〇二年と二〇一二年の会議では「持続可能な開発」をタイトルの中心に据えている。この概念についてはあとで取り上げる。もう一つは、ストックホルム会議が先鞭となったNGOの国際環境会議への参加が、地球サミットでは一般化したことで、一七二ヵ国（うち一〇八ヵ国では国家元首ないし政府首脳が代表）の参加を得た会議には、約二四〇〇のNGOが参加登録し、会議と並行して進行したNGO「グローバル・フォーラム」には一万七〇〇〇人の代表が集った。これに対してストックホルム会議に参加したNGOの数は三〇〇にも満たなかった（Norman and Carr 2009: 406, 407, 409）。

7－3　環境問題がNGOにとって意味したこと

地球サミットに参加するNGOの数が増えた背景には、これまで何度か触れたように、そもそもNGOの数自体が一九八〇年代後半以降、大きく増加したことがあげられよう。ただし、この増加を数字的に示すのは難しい。世界をカバーした信頼できる統計はないに等しく、どこにも登録せずに活動しているNGOも多いからだ。せいぜい、国際援助を得ている既登録のNGOが数十万、すでに確立された大きなNGOが約三万五〇〇〇存在するとの二〇〇〇年の国連推計があるくらいである（Lewis 2010: 1056）。NGO設立の歴史的な傾向を統計的に示すとなると、さらなる困難に直面する。

冷戦終了後、民主化や人権、市場経済の促進を目的とするNGOが、ODAや西側諸国の財団の支援を受け、旧ソ連や東欧の国々に数多く設立されており（Lewis and Kanji 2009: 37）、同様のことは旧社会主義圏の途上国や途上国一般でもみられたと考えられる。これらの動きがNGOの増大をもたらしたことは疑いない。だが他に重要だったものこそ、図1－2の最初の大波にみる開発援助と民間支援の拡大に伴う環境問題の「問題化」だろう。環境NGOに関して編まれた書物の「序章」の言葉を借りれば、「実際のところ、ほとんど全ての環境NGOやネットワーク、連合組織は一九八〇年代に立ち上げられた」のであり、急拡大しつつある国際環境問題関連の文献のなかで、環境NGO（への言及）に関係して目立つ現象の一つは、その数と組織・財政規模におけるとてつもない増大である（Princen and Finger 1994: 1）。プリンセンとフィンガーによる編著の刊行は地球サミットの二年後、一九九四年のことで、それ以降の環境NGOのさらなる増大は想像するに余りある。

考えるに、開発という形で人間が自然に関与することにより起こる環境問題は、NGOの設立や活動と結びつきやすい。排出ガスが典型だが、開発による環境問題は先進国、途上国ともに引き起こす問題であり、その結果は貧富の差とは関係なく、あるいはローカルとグローバルの別なく、すべての国と人に及ぶ。熱帯の森林消失も、熱帯だけの問題に止まらず、地球温暖化という形で熱帯以外の地域にも影響を与える。それゆえに、環境問題に関わるNGOの設立や活動は世界の異なる地域に広がり、多くの人びとの支持を得ることになる。

水俣病や公害一般の事例を振り返ってもわかるように、利潤を追求する企業はややもすると、社会の共有財産ともいえる環境に対する企業活動の負荷を軽視する。そうした企業活動に枠をはめるのが法律だが、企業の経済活動、とくに大企業のそれを政府は支援する傾向にあり、必ずしも産業汚染などへの対応が迅速だとはいえない。両者を環境保護へと突き動かすエージェントとして重要なのが、ステークホルダーたる「市民」の一翼を担うNGOだ。環境保護をめぐる立法や、一九九〇年代になって注目を浴びるようになる企業の社会的責任（CSR）――アウトソーシングにおける劣悪な労働環境に代表される人権問題以外に、環境問題への責任がCSRとの関係でよく問われる――なども、NGOと世論の介在なくして実現不可能だっただろう。

7－4　「持続可能な開発」概念の登場とその含意

緑の党を持ち出すまでもなく、冷戦後のイデオロギーなき時代にあって、環境保護や環境主義は、先進国、途上国の両方に、ある種の理想的な社会と理想的なライフスタイルのイメージを提示する。それは、資本主義が勝利し、物質的豊かさを求めて暴走しかねない開発主義、経済発展至上主義へのアンチテーゼとなり得る。ODAによるにしろ、民間支援によるにしろ、あるいはNGOによるものにしろ、今やいかなる開発援助も環境保護との両立を考えざるを得ない。問題は、両者は必ずしも並び立たないということだ。このジレンマを救ったものこそ、「持続可能な開発」という概念だった。

「持続可能な開発（sustainable development）」が広く知られようになったのは、国連が設置した「環境と開発に関する世界委員会」、通称ブルントラント委員会が、一九八七年にまとめた最終報告書『地球の未来を守るために（*Our Common Future*）』（Bruntland et al. 1987）のなかでこの語を用いたことによる。環境汚染と資源枯渇という将来あり得べきシナリオを見据え、開発をどのように考えたらよいかをまとめた報告書で、持続可能な開発とは、「将来の世代が自らのニーズを充足する能力を損なうことなく、今の世代のニーズを満たす開発」のことをさす。これ以降、持続可能な開発は、環境と開発に関する国連主催の国際会議の中心的なテーマとなり、一九九二年にリオ・デ・ジャネイロで開催された地球サミットの目的も、環境劣化を防ぐための持続可能な開発をめざすグローバルな枠組みを作ることにあり、その一つが二一世紀に向けて取り組むべき課題「アジェンダ21」だった（Norman and Carr 2009: 406)。

「持続可能な開発」の問題点の一つは、ブルントラント委員会の報告書には、持続可能な開発を実現するにはなにをしたらよいかの具体的な指示がないことだ。また、報告書のこの語の定義に「将来の世代（future generations）が自らのニーズを充足する能力を損なうことなく」とあるが、「将来世代」とは何世代にわたるものかの説明がなく、持続可能といっておきながら時間幅が曖昧にしか示されていない。将来世代のニーズがなにかについても語ることができない。結果として、「持続可能な開発」は、あたかも開発プロジェクトのための免罪符のように理解することが可能であり、それも「リサイクル」という言葉と同じように、用いる人によってさまざまな意味内容を仮託可能な「使い勝手のよい」概念なのである。意味が曖昧な「持続可能性」をなんらかの形で表現していれば——その体現を保証する役目をＮＧＯはしばしば担うことになるのだが——開発は肯定されるからだ（Rist 2014: 192-194)。

既述のように、科学の力を借りた開発が環境にもたらす問題は、すでに一九六二年に出版された『沈黙の春』によって指摘され、さらに一九七二年には民間のシンクタンク「ローマクラブ」の依頼によりまとめられたドネラ・Ｈ・メドウズ他著の『成長の限界』が出版されて、現行の人口増加と経済発展のテンポが続くとすると、地球資源の有限性を前提とするとき成長は遅くとも一〇〇年以内に限界に達すると警鐘を鳴らした。翌年の一九七三年にはエルンスト・シューマッハーの『スモール・イズ・ビューティフル』が刊行されて、大量生産・大量消費を旨とする経済は、資源面でも汚染の自浄能力においても限界がある地球には対応できるものではなく、いわば「足ることを知る経済」の実践を提唱した。そして環境問題がグローバル・イシューとして登場するなかで、開発のあり方、経済発展の追求がもたらす問題が問いかけられることになった。しかし、一九八七年に世に出た「持続可能な開発」は、これらすべてを中和させるだけの概念的魅力と威力を持ち、現在でも持ち続けている。リストがグンナー・ミュルダールの言葉を転用してあげている「用語法外交（diplomacy of terminology）」（Rist 2014: 193）の勝利である。

8　開発援助の行方

8－1　いつ「援助が終わる」「援助を終える」のかという難問

一九六一年九月、第三五代アメリカ大統領J・F・ケネディーは、大統領就任後、初めて国連総会で演説し、開発に関係して次のように語った。

「政治的主権は、貧困、識字、疾病に対処する方策を欠いては、まがい物にすぎません。民族自決は、未来に希望がなければ、スローガンにすぎません。それゆえ、他の国々が自助たれと支援するために（help others help themselves）、これまで進んで資本と技術を提供してきた我が国は、一九六〇年代を『国連開発の一〇年』と公式に呼ぶことをここに提案します」（kennedy 1961b）。

この演説に先立つ半年前、ケネディーはアメリカ議会に外国援助政策に関する長文の特別メッセージを送り、そのなかで一九六〇年代の重要性について以下のような認識を示している。

「これらの少開発国（less-developed nations）の多くは、自らの足で永続的に立つことができるために必要な経済的、社会的、政治的力や自立的成長を獲得せんとするとば口にあります。一九六〇年代は、多くの少開発国が援助を必要としない成長へと移行する時代として、（中略）きわめて重要な『開発の一〇年』となることが可能であり、またそうならなければなりません。（中略）我々は次のように伝える必要があります。少開発国に対しては、もし彼らが、必要とされる国内改革と自立のための努力を惜しまないのであれば、そして他の産業国に対しては、もしこれまでよりも大きなスケールでより大きな（援助供与の）努力をなす用意があるのであれば、すべての国が自助を叶えることができ、もはや外国援助が必要とされることのないその日をめざして、我々は来たるべき開発の一〇年のあいだに少開発世界の運命に決定的な方向転換をもたらすべく努めます、と」（Kennedy 1961a）。

ケネディーは「開発援助時代」の幕を開けた人である。この特別メッセージは一九六〇年代に託された楽観的な見通しで溢れている。かくまで楽観的な見通しをもって「国連開発の一〇年」が始まったとすれば、それから二〇年以上がたち三度目の「開発の一〇年」に入った一九八〇年代になって、ODAの成果に失望した人が多くいたとしても不思議ではない。メッセージでなによりも驚くのは、自立的成長ないし援助を必要としない成長（self-sustained growth）は達成可能であり、「すべての国が自助を叶える（self-reliant）ことができ、もはや外国援助が必要とされることのないその日」、そうした究極の日（ultimate day）が遠くない将来に到来すると想定していることである。今日の世界において、そのような日がそれほど遠くない将来、実現すると想定する人はどれだけいるだろうか。

実は開発援助において、そしておそらくどのような援助においても、一般的に難しいのは、それを始めることではなく、いかに終わらせるかだ。援助の理想は、援助を与え続けることでも援助を受け続けることでもない。いずれ援助がなくとも自立できるような援助が理想だろう。中国の諺だとされるものをたとえに使えば、「魚を一匹やれば一日食いつなぐことができるが、魚の捕り方を教えてやれば一生食いはぐれることはない」（Lancaster 2007: 37）。上から目線のいい回しは措くとして、心持ちとしてはそうした援助だ。「開発業界」でよくいわれるエンパワーメント、キャパシティ・ビルディング、参加型開発、プロジェクトのオーナーシップ（主体性）なども、考え方としては同じ方向を向いている。

援助の終え方は、本書に登場するＮＧＯのように、手作りの比較的小さなＮＧＯであればあるほど、遅かれ早かれ直面せざるを得ない問題である。時間的・財政的制約や活動の継続・継承面からいって、いつまでも同じ主体が援助を続けることは難しいからだ。これの逆の極にあるのが、Oxfam International に代表される巨大国際ＮＧＯである。Oxfam は二〇一一年の収入が一二億五〇〇〇万ドル、スタッフ六〇〇〇人を擁し、世界の一〇〇近い国で活動を展開している。多国籍化した巨大国際ＮＧＯは、児童福祉や子どもの人権擁護など人道支援分野で活動するものが多い(Morton 2013: 346)。一部のＯＤＡと財団からの寄付金以外に、インターネットを通じてグローバルに寄付を募っており、その収入の大きさは活動に対する一般の支持を示すものと理解される。こうした組織による援助と多くのステークホルダーを抱える組織そのものに終わりがくるとしても、それは遠い将来のことだろう。

8－2　開発援助の将来的検討課題

今後の行方を注意深く見極める必要があるものに、ＯＤＡを中心とする公的開発援助がある。確かに図1－1や表1－1は、ＯＤＡ供与額が基本的には増加傾向で推移してきたことを示す（ただ、この一五年の増加は、国連主導のミレニアム開発目標達成のための援助促進キャンペーンに負うところが大きい）。しかし一九七〇年代から兆候がみえ始める先進国の経済成長鈍化、九〇年代に本格化する製造業・サービス業の海外アウトソーシング、グローバル化のもとで二〇〇〇年代以降目につくようになった多国籍企業誘致のために起こる国家間の法人税率の低減競争、最近露呈した多国籍企業や一部の大金持ちによる租税回避のためのタックスヘイブンへの富の係留、他方でグローバル化のなかで国内格差の拡大による中間層の縮小――これらはすべて、先進国政府にとって歳入の減少を意味する。一方、先進国の多くは、日本を先頭として一般に少子高齢社会に向かっており、格差是正に要する支出を含め社会福祉のための歳出が増加していくことになる。このアンバランスは財政赤字を生むわけだが、このような状況下では、援助は終わらないまでも、やがては縮小していかざるを得ない。図1-2の一九七〇年代半ばに始まる第一の大波は、主として石油産出国のペトロダラー・リサイクルによるものだが、一九九〇年代に本格化する民間支援の増大は、こうした変化への対応でもあると考えられる[*15]。

近年の国際経済における新たな現象は、一部の南の国々の経済的台頭である。具体的には、ブラジル、中国、インドが顕著で、これにインドネシア、メキシコ、南アフリカ、トルコなどが続く。国連開発計画の『人間開発報告書二〇一三 南の台頭――多様な世界における人間開発』によれば[*9]、この一五〇年間で初めて、ブラジル、中国、インドのGDPの合計値が北の国のカナダ、フランス、ドイツ、イタリア、イギリス、アメリカのGDP合計値にほぼ等しくなった。二〇五〇年までには、前者のそれはG7のGDP合計値をはるかに凌ぐと予想されている（Malik 2013: 1-2）。この状況の反映としてあらわれてきたのが、南南協力、経済成長著しい南の国々による他の南の国々への開発援助である（Tomlinson 2013）。中国の経済援助、開発援助が典型だが、そこでは本書がいうグローバル支援の精神、「普遍的でグローバルに受け入れられている価値や課題に基づき、人々のエンパワーメントをめざす支援」の精神が必ずしも重視されるわけではない。南南協力、南南援助がどのような理念を展開していくのかが注目される。安易なパラレルを考えるわけではないが、開発援助の多様なあり方を比較するためには、旧ソ連邦による開発援助の理念と実践も検討する必要がある。

二一世紀の開発援助の風景は、一九六〇年代に「開発援助時代」の幕が明けたときと比べて、明らかに異なる多様な様相を呈している。通底するのは、国による援助のあり方、のちの民間による援助のあり方も、時々のグローバルな政治経済状況と密接に絡みあっているということだ。NGOによる援助のあり方、基本的に他者からの寄付をベースにするNGOの援助のあり方がどこまでそのような絡み合いから自由なのかは、事例を通し、時代を通して、検討するに値する問いかけである。

【追記】

この論考は、『アジア・アフリカ地域研究』に投稿中の論文「開発援助の歴史的展開――先進国・途上国関係のグローバルな理解を目指して」を本書のために部分的に要約ないし割愛し、一部を本書の趣旨に合うように書き換えたものである。

【注】

＊1　OEECはマーシャル・プランに関係して一九四八年に欧州一六ヵ国が立ち上げたもので、ヨーロッパ復興後の一九六一年にOECDとして発展改組され、DAGもDAC（開発援助委員会）へと組織換えした。

＊2　https://ja.wikipedia.org/wiki/%E6%94%BF%E5%BA%9C%E9%96%8B%E7%99%BA%E6%8F%B4%E5%8A%A9（最終アクセス二〇一五年一〇月一九日）。

＊3　第七一条の日本文と英文については以下を参照。http://www.unic.or.jp/info/un/charter/text_japanese/; http://www.un.org/en/documents/charter/chapter10.shtml（最終アクセス二〇一五年一〇月一九日）。

＊4　「一連の問題」とは、ドイツに課せられた過重な賠償金、英仏が抱えた膨大な対米戦時債務、ドイツの賠償金を当てにした債務支払い・取り立ての目論み、ヨーロッパの戦後復興景気を期待して流れ込んだ外部資金、ヨーロッパ政治経済の不安定化に伴う外部資金の引き揚げとニューヨーク株式市場への流入、株式バブル破裂と大恐慌、大恐慌後の関税・為替に関する国際協調体制の崩壊、結果としての経済圏のブロック化などを指す。

＊5　GARIOA・EROAの簡単な説明については、http://www.mofa.go.jp/mofaj/gaiko/oda/hanashi/story/1_2.html（最終アクセス二〇一六年四月二一日）を参照。金と交換可能なドルの流出過多はアメリカにとって新たな問題を生み出し、これが一九七一年のニクソンショックや七三年の固定相場制に代わる変動相場制の一般化につながった。

＊6　カネットの指摘以上に重要なのは、ソ連崩壊は欧米的開発モデルへのイデオロギー的アンチテーゼの消失を意味していたことである（Rist 2014: 178）。

＊7　図の「他の公的資金」とは、国の機関が行う民間の輸出信用や直接投資に対する金融や国立銀行による世界銀行債購入などの

ことであり、「民間資金」は非譲許的資金（通常の利子を伴うローンで、外国直接投資、外国ポートフォリオ投資を含むと思われる）と民間グラント（フィランソロピーを含む無償ないし贈与資金のことであろう）である。ここでの「民間資金」には後述の海外送金は含まれていない。

＊8　『指標』のタイトルの変更は、労働力の国際移動の増加に伴い一九九〇年代末以降その額が増大し、他の資金に比べて世界の景気変動の影響を受けることが少なく、経済支援を必要とする人ないし家族に直接届くことから貧困削減や教育支援の効果が顕著であり、途上国にとって貴重な外貨をもたらすなど、海外送金が経済発展に及ぼす影響を重視してのことである。二〇〇六年から二〇一三年までの『指標』は http://www.hudson.org/research/10180-center-for-global-prosperity-s-indices-of-global-philanthropy（最終アクセス二〇一六年三月二一日）から閲覧可能である。

＊9　現時点での『指標』の最新版は二〇一三年版 *Index of Global Philanthropy and Remittances 2013* だが、それ以前と異なり、これには四つの新興経済大国（ブラジル、インド、中国、南アフリカ）の援助供与に関する統計が含まれている。この変化は、UNDPが同年に公表した『人間開発報告書（*The Rise of the South: Human Progress in a Diverse World*）』（http://hdr.undp.org/sites/default/files/reports/14/hdr2013_en_complete.pdf）において、世界経済に占める新興経済大国の比重が増大しているとの指摘を受け、南から南への開発援助も検討対象に加えたものと考えられる。開発援助は北から南へ、あるいは第一世界ないし第二世界から第三世界へ、の一方向で捉えてきた従来の視点と袂を分かつ重要な変化だが、ここではそれ以前の統計との比較・整合性を考え、統計がOECDドナー国だけに限定される二〇一二年版を取り上げる。一見、図1‐3には問題があるように思える。図1‐1のODA総額との齟齬である。図1‐1では一九九〇年代後半の波が二〇〇〇年代前半の波より低いのに対して、図1‐3のODAではこれが逆になっている。ただし、図1‐3の「公的資金移動」には、ODA以外に図1‐2の「他の公的資金」も含まれており、適切な比較は図1‐1ではなく図1‐2との比較である。両者を比べると波の上下はほぼ合致している。

＊10　二〇一五年二月一〇日に安倍政権下で閣議決定した「開発協力大綱」も、「触媒としての開発協力」を謳っている。「大綱」については http://www.oecd.emb-japan.go.jp/news/ODA.html（最終アクセス二〇一六年八月一九日）を参照。新たな大綱と関係する世界的な状況については、「ODA転換」（『朝日新聞』二〇一五年二月一一日）「どう変わるODA（上）非軍事の軍支援懸念も」（『朝日新聞』二〇一五年二月一一日）「どう変わるODA（下）官民が連携『国益』追求」（『朝日新聞』二〇一五年二

月一二日）を参照。

＊11　ＮＧＯ以外にも非営利組織（ＮＰＯ）、民間任意団体（ＰＶＯ、Private Voluntary Organization）などの名称も存在し、これらを括るものとして、近年、ＯＥＣＤやＤＡＣは市民社会組織（ＣＳＯ、Civil Society Organization）という名称を用いている。本章では、ＮＧＯの流通性の高さを考えこの語で統一した。

＊12　The Multi-Disciplinary International Journal Devoted to the Study and Promotion of World Development との副題を持つこの雑誌は、一九七三年二月の創刊号の内容をみる限り、元々は同年一月のイギリスのＥＵ加盟を見据え、イギリス連邦諸国の経済発展に関わる情報交換メディアとして企画されたものだと思われる。巻頭言は当時のイギリス海外開発大臣の手になる。

＊13　「ストックホルム会議」については、開催四〇周年を記念した次の二つの記事、Black（2012）とGrieger（2012）を参考にした。

＊14　一九七〇年代半ばまで学界にも根強くあった「地球寒冷化」説を含め、地球温暖化をめぐる議論の歴史とその防止に関する国際的な取り組みの概観については、差し詰めウィキペディアのエントリー、History of climate change science（https://en.wikipedia.org/wiki/History_of_climate_change_science（最終アクセス二〇一六年一〇月二一日））が役に立つ。

＊15　アメリカの要請により一九七三年にサウジアラビア、一九七五年にはＯＰＥＣの他のメンバー国も、原油市場の取引をアメリカ・ドルで行うと決定したことから、ペトロダラーと通称される。これらの国が獲得したドルは、アメリカ国債の購入やアメリカの銀行に預けられることが期待された。このアレンジに対してＯＰＥＣの湾岸諸国が得た「見返り」は、アメリカからの武器供与と対イスラエルの安全保障だった。これについての詳しい説明とペトロダラーの還流がアメリカならびに世界経済にとって持った意味については、http://ftmdaily.com/preparing-for-the-collapse-of-the-petrodollar-system/（最終アクセス二〇一六年三月二三日）を参照。全編は四つの長文の解説から成る。

【参考文献】

猪木武徳　二〇〇九『戦後世界経済史　自由と平等の視点から』中央公論新社。

小川秀樹　二〇〇七「世界のＯＤＡの趨勢と日本」『立法と調査』二六六：一〇三―一一五頁（http://www.sangiin.go.jp/japanese/

annai/chousa/rippou_chousa/backnumber/2007pdf/20070406103.pdf（最終アクセス二〇一六年七月二三日）。

加藤剛　二〇一四「『開発』概念の生成をめぐって――初源から植民地主義の時代まで」『アジア・アフリカ地域研究』一三（二）：一一二―一四七頁（http://www.asafas.kyoto-u.ac.jp/dl/publications/no_1302/AA1302-01_kato.pdf）。

金澤周作　二〇〇八『チャリティとイギリス近代』京都大学学術出版会。

松本典久　二〇〇八「グローバリズムの研究――戦後の世界経済を中心に」『慶応義塾大学日吉紀要　人文科学』二三：六九―一二五頁。

Black, R. 2012. Stockholm: Birth of the green generation. BBC News Science & Environment, 4 June 2012. URL: http://www.bbc.com/news/science-environment-18315205（最終アクセス二〇一六年九月一五日）

Brodhead, T. 1987. NGOs: In One Year, Out the Other? *World Development* 15（Supplement）: 1-6.

Browne, S. 1997. The Rise and Fall of Development Aid（Working Papers No.143）. Helsinki: UNU World Institute for Development Economics Research. URL: https://www.wider.unu.edu/sites/default/files/WP143.pdf（最終アクセス二〇一六年三月一八日）

Bruntland, G. H. et al. 1987. *Report of the World Commission on Environment and Development: Our Common Future*. New York: United Nations. URL: http://www.un-documents.net/our-common-future.pdf（最終アクセス二〇一六年一〇月三〇日）

Burnell, P. 2009. Foreign Aid: Down but Not Out. URL: https://www.wider.unu.edu/publication/foreign-aid-down-not-out（最終アクセス二〇一六年八月二日）

Cassen, R. and associates 1994. *Does Aid Work?: Report to an Intergovernmental Task Force*（Second Edition）（First Edition, published in 1986. by Clarendon Press）. Oxford: Oxford University Press.

Clinton, H. R. 2011. Keynote at the Opening Session of the Fourth High-Level Forum on Aid Effectiveness in Busan. South Korea. URL: http://m.state.gov/md177892.htm（最終アクセス二〇一六年七月一四日）

Desai, R. M. and H. Kharas 2008. The California Consensus: Can Private Aid End Global Poverty *Survival* 50（4）: 155-168. URL: https://www.brookings.edu/wp-content/uploads/2016/06/08_private_aid_kharas.pdf（最終アクセス二〇一六年三月二四日）

Drabek, A. G. 1987a. Editor's Preface *World Development* 15（Supplement）: vii-viii.

Drabek, A. G. 1987b. Development Alternatives: The Challenge for NGOs-an Overview of the Issues *World Development* 15 (Supplement): ix-xv.

Esteva, G. 1992. Development. In W. Sachs (ed.), *The Development Dictionary: A Guide to Knowledge as Power*. London and New York: Zed Books, pp. 6-25.

Führer, H. 1996. *The Story of Official Development Assistance: A History of the Development Assistance Committee and the Development of Co-operation Directorate in Dates, Names and Figures*. Paris: Organization for Economic Co-operation and Development. URL: http://www.oecd.org/dac/1896816.pdf（最終アクセス二〇一五年九月三〇日）

Grieger, A. 2012. Only One Earth: Stockholm and the Beginning of Modern Environmental Diplomacy. Environment & Society Portal (Rachel Carson Center for Environment and Society) Arcadia 2012 no. 10. URL: http://www.environmentandsociety.org/node/3867（最終アクセス二〇一六年九月一五日）

Hobsbawm, E.J. 1987 *The Age of Empire 1875-1914*. London: Weidenfeld and Nicolson.

Index of Global Philanthropy 2006 2006. Washington, D. C. : The Hudson Institute, The Center for Global Prosperity. URL: http://www.hudson.org/content/researchattachments/attachment/982/globalphilanthropy2006.pdf（最終アクセス二〇一六年三月一八日）

Index of Global Philanthropy and Remittances 2012 2012. Washington, D. C. : The Hudson Institute, The Center for Global Prosperity. URL: http://www.hudson.org/content/researchattachments/attachment/1015/2012indexofglobalphilanthropyandremittances.pdf（最終アクセス二〇一六年三月一八日）

Index of Global Philanthropy and Remittances 2013 With a Special Report on Emerging Economies 2013. Washington, D. C. : The Hudson Institute, The Center for Global Prosperity. URL: http://www.hudson.org/content/researchattachments/attachment/1229/2013_indexof_global_philanthropyand_remittances.pdf（最終アクセス二〇一六年三月一八日）

Kanet, R. E. 2010. Four Decades of Soviet Economic Assistance: Superpower Economic Competition in the Developing World ACDIS Occasional Paper. Urbana-Champaign: ACDIS, the University of Illinois. URL: https://www.ideals.illinois.edu/

bitstream/handle/2142/27702/FourDecadesofSovietEconomicAssistanceSuperpowerEconomicCompetitionintheDevelopingWorld.pdf?sequence=2（最終アクセス二〇一五年一一月一五日）
Kennedy, J. F. 1961a. Special Message to the Congress on Foreign Aid, March 22, 1961. URL: http://www.presidency.ucsb.edu/ws/?pid=8545（最終アクセス二〇一六年一〇月一一日）
Kennedy, J. F. 1961b. Address by President John F. Kennedy to the UN General Assembly. URL: http://www.state.gov/p/io/potusunga/207241.htm（最終アクセス二〇一六年一〇月一一日）
Lancaster, C. 2007. *Foreign Aid: Diplomacy, Development Domestic Politics*. Chicago and London: The University of Chicago Press.
Lens, S. 2003.（1971.）*The Forging of the American Empire From the Revolution to Vietnam: A History of U.S. Imperialism*. with Foreword by Howard Zinn. Chicago: Haymarket Press.
Lewis, D. 2010. Non-governmental Organizations, Definition and History. InK. A. Helmut and S. Toepler（eds.）, *International Encyclopedia of Civil Society*. New York: Springer, pp. 1056-1062. URL: https://www.researchgate.net/publication/302391474_Nongovernmental_Organizations_Definition_and_History（最終アクセス二〇一六年八月一〇日）
Lewis, D. and N. Kanji 2009. *Non-Governmental Organizations and Development*. London and New York: Routledge.
Little, H. M. 2010. The Role of Private Assistance in International Development. *New York University Journal of International Law and Politics* 42（4）: 1091-1109. URL: http://nyujilp.org/wp-content/uploads/2013/02/42.4-Little.pdf（最終アクセス二〇一六年三月一五日）
Malik, K. 2013. *Summary Human Development Report 2013 The Rise of South: Human Progress in a Diverse World*. New York: United Nations Development Programme. URL: http://hdr.undp.org/sites/default/files/hdr2013_en_summary.pdf（最終アクセス二〇一六年一〇月二〇日）
Morgenthau, H. 1962. A Political Theory of Foreign Aid. *The American Political Science Review* 56（2）: 301-309.
Morton, B. 2013. Case Study 7: An Overview of International NGOs in Development Cooperation. In B. Tomlinson, *Working with Civil Society in Foreign Aid: Possibilities for South-South Cooperation?* Beijing: UNDP China, pp. 325-352. URL: http://www.

cn.undp.org/content/dam/china/docs/Publications/UNDP-CH11%20An%20Overview%20of%20International%20NGOs%20in%20Development%20Cooperation.pdf（最終アクセス二〇一六年九月一五日）

Norman, E. S. and D. Carr 2009. Rio Summit. In R. Kitchin and N. Thrift（eds.）, *International Encyclopedia of Human Geography* Volume 9. Oxford: Elsevier, pp.406-411. URL: http://www.emmanorman.net/publications_27_550724830.pdf（最終アクセス二〇一六年一〇月一日）

Princen, T. and M. Finger 1994. Introduction. In T. Prince and M. Finger（eds.）, *Environmental NGOs in World Politics: Linking the local and the global*. London and New York: Routledge, pp.1-25.

Riddell, R. C. 2007. *Does Foreign Aid Really Work?* Oxford: Oxford University Press.

Rist, G. 2014. *The History of Development: From Western Origins to Global Faith*, translated by Patrick Camiller, fourth edition. London: Zed Books.

Spero, J. E. and J. A. Hart 2010. *The Politics of International Economic Relations, Seventh Edition*. Boston: Wadsworth.

Tomlinson, B. 2013. *Working with Civil Society in Foreign Aid: Possibilities for South-South Cooperation?* Beijing: UNDP China.

Twells, A. 2009. *The Civilizing Mission and the English Middle Class, 1792-1850: The 'Heathen' at Home and Overseas*. Basingstoke and New York: Palgrave Macmillan.

第2章　グローバルな互酬を構想する

鈴木紀

1　NGO支援とグローバル市民社会

本章の目的は、NGOの支援活動によって世界の人々の間にどのような関係が築かれるのかという問題について理論的な検討を試みることである。そして私たちがグローバル支援に向きあうときに求められる具体的な心がまえについて論じてみたい。

日常用語で支援とは、ある人が他の人を助けることを意味する。そこには支援者と被支援者が存在し、前者から後者に物・金・知識・労働・感情・時間などさまざまな資源が提供される。この資源の移転を契機に、両者の間にどのような関係が発展するのだろうか。支援活動に関する民族誌的研究を集めた論集『社会支援の民族誌』(Schlecker and Fleischer eds. 2013) では、学術的な支援 (support) の定義が見られる。支援とは「遭遇であり、その遭遇のなかで、相互性と意図的行為の関係性が相互作用を通じて継続的に再定義される」(Schlecker 2013: 2) とされている。この抽象的な定義が強調するのは、支援の核心は、他者を助けようとする「意図的行為」そのものではなく、その行為によって支援者と被支援者の間に生じる相互的で、可変的な関係性に他ならないという点である。この主張をもっと簡潔に表現すれば、支援とは助けることではなく、付き合うことだといえよう。この意味では、支援を研究するとは、その付き合いの進展を見ていくことであるといえる。

それではグローバル支援によって育まれる人々の付き合い方を明らかにすることは、どのような意義があるのだろうか。本書の序論で信田は、グローバル支援の意味として、「単にグローバルに展開する支援活動を意味するだけでなく、貧困削減、環境保全、疾病対策、教育、先住民の権利、災害支援など、普遍的でグローバルに受け入れられている課題や価値に基づき、主として人々のエンパワーメントを目指す支援活動」と説明している。ここで重要なのは、グローバルに展開する支援活動だけでなく、グローバル支援の基盤となる「グローバルに受け入れられている課題や価値」が存在するという認識である。それらが共有されている社会をここではグローバル市民社会と呼ぼう。

とはいえグローバル市民社会に関する確定した定義はない。グローバル市民社会は、日本語文献では地球市民社会と呼ばれることもある。大方のNGO研究者の間で了解されているその意味は、たとえば、「国の内外を問わず、自発的に公益の実現をめざすNGOの活動領域が地球市民社会であり、地球市民社会の台頭はすなわち、国際的なNGOの活動領域の拡大を意味している」（目加田 二〇〇四：八）というものであろう。実質的にNGOの活動領域とグローバル市民社会を同一視する立場である。これに対し、そもそも市民社会は、非政府・非営利目的の市民によって組織された諸団体の集合名詞にすぎないのか、それとも「市民が活動を組織したり討論したりする空間」（高柳・馬橋 二〇〇七：一四）なのかという問いかけも行われている。後者の立場から功刀は、「地球市民社会は（NGOなどの（引用者注））アクターで（構成されるので（引用者注））はなく、NGOや地域グループなどの市民社会組織と一般市民が国境を超え行動する公共スペースである」[*1]（功刀 二〇〇六：一九）と述べ、「市民社会の究極的構成員は、個人としてあるいは集団の一員として、私的にまた公的に行動する一般市民」（功刀 二〇〇六：二〇）と言い切っている。

以上の議論を受け、本章で私たちはNGO活動とグローバル市民社会とを同一視する立場は取らない。むしろNGOとともに、NGOには属さない一般市民もグローバル市民社会の構成員とみなすことにしたい。一般市民のなかでもとくに寄付やボランティア活動などの形でNGOを支援する者と、NGOの支援を受ける者の役割が重要だが、そうしたＮＧＯとの積極的な関わりをもたずとも人類共通の問題を認識し、行動しようとする市民ならだれでもグローバル市民社会を構成すると考えたい。また、右記の引用では、グローバル市民社会をある種の「活動領域」や「空間（スペース）」と表現している点に留意したい。たしかにグローバル市民社会の位置取りと構造を空間的に理解しておくことは重要である。しかし、より重要なのは、グローバル市民社会をプロセスとして捉える発想ではないだろうか。私たちの関心は、グローバル市民社会が人類全体に及ぼす変化だからである。

その意味では、グローバル市民社会の研究に先鞭をつけた『グローバル市民社会』年報の創刊号で、編者のアンハイアーらが、この概念が曖昧で論争の余地があることを認め、グローバル市民社会とは何かを論争すること自体が、グローバル市民社会の到来に寄与するという見解を述べていることは重要である（Anheier, Glasius, and Kaldor 2001）。この洞察は現在でも有効だろう。本章で私たちは、グローバル支援によって形成される世界の人々の互酬的な関係に焦点を当てる。そうすることで、筆者や読者がグローバル市民社会の一員として行動する際に考慮すべき課題を提示してみたい。それは、アンハイアーらが期待する通り、より明確にグローバル市民社会を形成するための一助となるだろう。

本章の構成は次の通りである。次節では、ＮＧＯによるグローバル支援の役割を近代以降の市場社会の成立というマクロレベルにおいて検討する。ポランニーの『大転換』[*2]（二〇〇九）を参照し、近代以降の歴史は、自己調節的な市場の拡大とそれに対する社会の防衛という二重運動を軸に展開したという理論に着目する。そして市場経済がグローバルに拡大する現代における二重運動を構想しながら、そのなかでＮＧＯの支援活動がどのような役割を担うのかを検討する。第三節では、視点を個々のＮＧＯの支援活動というミクロレベルに移し、ＮＧＯ活動が世界の人々の間にどのような関係を生み出すかを考察する。ＮＧＯ支援を贈与の一形態とみなすスティラットとヘンケルの議論（Stirrat and Henkel 1997）を土台に、ＮＧＯを支持する先進国の市民とＮＧＯの支援をうける途上国の市民の間でどのような関係が成立するのかを展望する。以上の議論をふまえ、結論では、グローバル市民社会の一員として私たちはＮＧＯによるグローバル支援にどう関わるべきかを提言する。

2　ポランニー再訪

グローバル化が進む現代におけるNGO支援の役割を理解するためには、経済史家ポランニーの理論的洞察が参考になる。とくに彼が提示した社会統合の三類型と、主著『大転換』の主要なテーマである経済と社会の二重運動について、ここで確認しておこう。

ポランニーは経済が社会に埋め込まれているという立場から、経済を分類する際に、その社会に支配的な財の移動形態に着目した。その結果、周知のごとく、互酬・再分配・交換の三類型を提唱した（ポランニー 一九八〇）。互酬とは特定二点間の授受であり、その動きを支えるのは二点間相互の対称性（シンメトリー）であるとされる。再分配は、周辺から中央へ、中央から周辺への双方向の動きを意味し、社会における中心性の存在が前提となる。交換は、社会のなかの任意の二点間の授受である。任意とは交換の相手がそのつど変わりうることを意味しており、相手が特定されている互酬とはその点が異なる。相手が変わるのは、各人が利益の最大化をめざして、もっとも利益があがる相手を絶えず求め続けるからである。つまり交換とは、競争的な市場制度が支配的な社会において成立する類型である。

ポランニーはこの三類型を社会進化と混同しないよう警告する。たしかに、市場における交換が支配的な社会統合の形態になったのは産業革命以後のことだが、その後、その他の類型が消滅したわけではない。たとえば互酬は友人間の贈り物として、再分配は団体の会費や国家の税制度として、現在も機能している。

この類型論を土台に、ポランニーは一九世紀以降に顕著になった市場社会への批判を『大転換』で展開した。大転換とは、第一に、産業革命によって引き起こされた市場制度の卓越を意味する。しかし、それには民衆の破局的混乱が伴っていた。イギリスにおけるその混乱をポランニーは次のように描写している。

「進歩が国を覆いつくしたときには、もはや労働者は、いわゆるイギリスの工業都市と呼ばれた新たな荒廃の地へと押し込まれていた。農村の人々は、人間性を奪われて、スラムの住人と化していた。家庭は、破滅の淵に沈みつつあった。そして国土の大部分は、「悪魔のひき臼」が吐き出した粉炭と廃物の山に埋もれて、急速に視界から消えつつあった」（ポランニー 二〇〇九：六七―六八）。

この引用箇所にある「悪魔のひき臼」という表現に注目したい。ポランニーが悪魔と呼ぶのは、自己調整的市場という制度およびそれを崇拝する態度のことである。それは、財の生産と分配の秩序が市場によって自動的に統制され、方向づけられる経済システムを意味し、そこでは生産物だけでなく労働、土地、貨幣もが商品となる。そして臼でひかれるのは、農村共同体の住民同士の社会関係、および人間と自然が一定のバランスの下に形成していた田園的景観である。その結果、「進歩」すなわち市場交換される商品の増大の裏側で、孤立した労働者が都市の劣悪な環境で暮らすことを余儀なくされるに至った。そうした産業革命の負の側面をポランニーは「悪魔のひき臼」とたとえたのだ。

しかしながらポランニーは、大転換にもう一つの意味を与えている。市場の拡大に伴う混乱を阻止しようとする対抗運動の成立である。彼はそれを社会防衛の原理と呼び、それは「人間、自然および生産組織の保全を目標とし、市場の有害な作用によってもっとも直接的に影響を受ける人々、すなわち労働者階級および地主階級を中心にそれ以外の人々の支持にも依拠しながら、保護立法、競争制限的組織、その他の介入方法を手段として利用した」と説明する（ポランニー 二〇〇九：二四〇―二四一）。ポランニーは、このような市場拡大の動きと抑制の動きの両面性を備えた力を二重運動（a double movement）と名づけ、一九世紀以降の市場社会はこの運動を軸に展開したと主張する。

『大転換』の初版は一九四四年のため、ポランニーの分析は二〇世紀前半で終わっているが、現在でもポランニーが注目される理由は、まさにこの二重運動という概念に負うところが大きい。二〇〇一年版（邦語訳は二〇〇九年）の『大転換』にポランニーの業績に関する紹介文を寄稿したブロックは、ポランニーの現代における妥当性と有効性について論じる文脈で、新自由主義が支配的な時代において、それに対抗する抗議行動が世界中に広がっていることを指摘している（ブロック 二〇〇九：x）。同様にバウムは、ポランニー理論が、市井の人々が経済制度を変化させる潜在力をもつことを明らかにしたと評価し、人々に希望を与え、行動を促す効果をもつ点にポランニーの現代的意義を見出している（Baum 1996: 62）。

それでは商品、資本、情報が世界をめぐるグローバル市場経済が拡大する現代において二重運動とはどのように展開するのだろうか。とりわけ社会防衛とはどのように実現されるのだろうか。まず『大転換』のなかで一九世紀の社会防衛としてポランニーが言及しているのは、彼が擬制商品として批判した労働、土地、貨幣の市場取引を制限する方策であったことを思い出そう。これらを現代の文脈に置けば、たとえば、農地改革による自作農の創出、ナショナル・トラスト運動による生態系の保全、トービン税による国際通貨取引の抑制といった制度が該当しよう。そして、こうしたグローバル経済に批判的な諸制度の確立を国際的に推進する世界社会フォーラムなど、いわゆる下からのグローバリゼーションといわれる一連の運動（フィッシャー・ポニア編 二〇〇三）を現代の社会防衛運動として想起することができる。

しかしここで検討したいのは、もう少しポランニーの理論に寄り添った議論である。ポランニーが社会防衛（social protection）というとき、そもそも社会とは何を意味しているのだろうか。実は『大転換』のなかで、彼は社会について詳しく論じてはいない。しかし、第三章で市場交換の弊害を「悪魔のひき臼」として断じた後、続く第四章で、市場交換が支配的になる以前の経済の秩序について考察し、本節ですでに述べた互酬と再分配について言及している。このことから、「悪魔のひき臼」の犠牲になったのは、直接的には農村の生活や景観だが、根本的にはそれらを支えていた社会統合の原理である互酬と再分配だとポランニーが想定していたと推測してみたい。つまりポランニーにとっての本来の社会とは、現代社会よりも互酬と再分配の比重が重く、市場交換の機能が小さい社会と想像することができよう。

そうであるならば現代における社会防衛を考えるときに私たちが構想すべきなのは、グローバルな市場交換に対置されるグローバルな互酬とグローバルな再分配ということになるだろう。グローバルな再分配の例として、国際連合やその諸機関、およびその他の国際組織をあげることができる。これらの組織では加盟国の分担金が組織の中央に集められ、その再分配として政策が実施されていくからである。しかし国際機関のなかには、UNCTAD（国連貿易開発会議）やUNEP（国連環境計画）のように、自己調節的なグローバル市場の成長を抑制する機能を果たす機関も存在するが、世界銀行やIMF（国際通貨基金）、WTO（世界貿易機関）のように、グローバル市場の拡大と安定化を目的とする機関も存在する。したがって再分配を行うからといって市場交換の弊害を是正すると単純に考えることはできない。重要なのは再分配の中心に位置する権力が、何を志向するかにかかっている。また、これらの国際機関は、いうまでもなく国家を単位とするものであり、市民の声が直接反映されないという限界をもつ。それゆえにグローバルな再分配制度ではあるが、そこに「擬似的」という形容詞をつけるべきかもしれない。市民が参加できるグローバルな再分配制度としては、たとえば国際平和研究学会（IPRA）などの学術的組織や、世界フェアトレード機構（WFTO）などの業界団体が存在するが、いずれも参加資格は研究者や貿易事業者など特定の市民に限定されている。したがって広範な市民が参加可能な本格的なグローバルな再分配制度の構築は未完のアジェンダであるといえよう。

これに対しグローバルな互酬はすでにさまざまな形で機能しており、より大きな可能性があるといえよう。その具体例として、本書の関心であるグローバル支援を行うNGOをあげることができる。しかし互酬関係を構成する単位はNGOばかりではない。自治体の姉妹都市関係、さらには国際里親制度のような個人間の付き合いもグローバルな互酬に含めることができよう。こうした制度によりNGO間、都市間、個人間で交流が実現し、それによって双方の市民の信頼関係が強まるのならば、グローバルな互酬それ自体がグローバル市民社会の実体化を促進する効果があるといえる。NGOのグローバル支援による互酬については、次節で詳しく検討する。

さらにグローバルな互酬の重要性は、それがグローバルな再分配や市場交換にもたらす影響においても認められる。

グローバルな互酬と再分配の接点として、NGOと国連機関との関係を指摘できる。現在の国際NGOは、国連憲章第七一条に謳われた「民間団体」を起源としており（高柳・馬橋二〇〇七：一二）、その影響力は国連制度とともに育ってきたともいえる。一九九〇年代以降の国連会議におけるNGOの並行フォーラムは、両者の間の批判的かつ有機的な関係の表現といってよいだろう。グローバルな互酬と市場交換との関係性の一例としては、フェアトレードをあげることができる。フェアトレードは公正な貿易のことであり、通常の貿易では不利な立場にある小規模生産者を、主として先進国の消費者が商品の購入を通じて支援する制度である。一見、貿易という市場交換をしているように見えても、その取引のなかには、貿易を媒介するNGOやフェアトレード企業によって生産者と消費者の互酬的関係が埋め込まれている。[*3]

一般市民が個人として、国家や国際機関の政策および国際貿易体制に影響を与えることは困難だが、既存のNGOに参加したり新たなNGOを結成したりしながら、同じ問題意識をもつNGOとネットワークを築くことで、影響力を高めることができる。地雷の廃絶を訴えたICBL（地雷禁止国際キャンペーン）や、途上国の対外債務の削減を求めたジュビリー二〇〇〇運動などを想起したい。

本節ではポランニーの学説を基に、グローバル経済の拡大に対する社会の防衛という課題を提示した。そしてその防衛の一つの着実な方法はグローバルなレベルで互酬を活性化させることにあるという見通しを指摘した。NGOのグローバル支援の意義も、こうした文脈において理解することができよう。次節では個々のNGOのグローバル支援を互酬という点からさらに詳しく検討してみたい。

3　贈与としてのNGO支援

従来、国際開発は先進国政府と途上国政府の二国間、もしくは国際機関を中心に多国間の政策として進められてきた。しかし開発の重点が、産業育成から貧困緩和へ、大規模インフラ整備から住民参加や社会的弱者のエンパワーメントへとシフトするにつれて、NGOの役割が増大した。現在、国際開発におけるNGOは、国家や国際機関による開発援助に対する批判勢力としてだけでなく、協働のためのパートナーとしても重要になっている。こうした国際開発におけるNGOの主流化をふまえ、スティラットとヘンケル(Stirrat and Henkel 1997)は、国際開発に携わるNGOの支援を一種の贈与とみなし、NGOの活動が媒介する南北の市民の関係性について興味深い考察を発表している。ここでは彼らの主要な論点を二点確認しておこう。

第一の論点は、この贈与は一貫した性質をもたず、送り手から受け手へと移行するにつれて、その性格を大きく変えるという点である。NGOの支援活動は、少なくともNGO自体を支援する北の市民(以後、NGO支援者[*4])、北のNGO、南のNGO、NGOの支援をうける南の市民(以後、NGO受益者)の四者によって成立する。スティラットとヘンケルは、コピトフの「モノの文化的履歴」概念(Kopytoff 1986)を援用し、四者それぞれの間の贈与は性格が異なると主張する。すなわちNGO支援者の贈与は、一般に使用目的に限定がなく、見返りを求めない慈善(チャリティ)として行われるが、その贈与が北のNGOから南のNGOに渡る際には、使用目的が特定され、着実な成果の達成が求められる事業資金へと性格を変える。そしてこの傾向は南のNGOとNGO受益者の間でさらに強まる。その結果、贈与の流れの末端に位置するNGO受益者は、南のNGOの支援を受給する際にさまざまな条件[*5]を課されることになる。またこうした事業資金の一部は、南のNGOの政治資源と化し、NGO受益者はそれらのNGOの庇護下におかれ、支配をうける場合もあるという。つまり贈与としてのNGO支援は、複数の媒介者を経て、慈善から支配へと性質を変えるとスティラットとヘンケルは警告する。

第二の論点は、NGOの支援が支援者から受益者への一方的な贈与であるという前提を批判し、NGO受益者からNGO支援者への反対給付を想定すべきだという主張である。つまりNGO支援は双方向的に資源が移動する互酬に他ならないという考え方である。とくにスティラットとヘンケルが批判を集中するのは、NGO支援者によるNGO

への寄付を、見返りを求めない慈善、すなわち「純粋な贈与」であるとする考え方である。たしかにNGO支援者は、寄付した額に対応する物質的、金銭的な報酬を南北のNGOや、NGO受益者から受け取るわけではない。しかし著者らは、NGO支援者はさまざまな象徴資本の形で返報を受けているし、そうでないとしても、そうした返報が「将来期待される返報（delayed repayment）」として存在すると指摘する。たとえば、見ず知らずの途上国の人々へのチャリティに応じる者は、「自分達が生き、その一部を構成している不道徳な世界のなかにあって、道徳的な人間としてその世界を超越できるという確信」（Stirrat and Henkel 1997: 79）を受け取ることができると述べる。さらに、こうした反対給付も、南のNGO受益者から北のNGO支援者へと流れており、その内容は第一の論点で述べた贈与の質の変容に対応して、具体的な返報から抽象的な返報へと性質を変えると主張する。こうした議論を要約し、著者らはモースの『贈与論』（モース 二〇〇九）に言及しながら、NGOの支援にも贈与の霊であるハウが存在すると断言する。[*6]

グローバルな互酬を構想する私たちの関心からすれば、スティラットとヘンケルがNGO支援を北から南への一方的贈与ではなく、反対給付を伴う互酬であるとみなす点は受け入れやすい。しかしその互酬には「ねじれ」があり、NGO支援者の善意がそのままNGO受益者に届いていないという点には憂慮せざるをえない。以下では、この互酬の「ねじれ」についてさらに検討していくことにしたい。

彼らの議論では、「ねじれ」は慈善から支配への変換と理解されている。しかし論文中ではこれを裏づける綿密なデータは提示されていない。慈善についてては、イギリスの人々がNGOを支援する際に抱く一般的な動機を推測して述べているにすぎず、支配についてては、スリランカの農村開発NGOへの言及があるものの、詳細は明らかにされていない。そこでここでは、彼らの議論を文字どおり受け取ることは慎み、この「ねじれ」を別の形で規定しておきたい。

NGO支援者のNGOへの寄付は、象徴資本やその他の形で返報が得られようと、得られまいと、サーリンズのいう一般化された互酬（generalized reciprocity）（サーリンズ 一九八四：二三二―二三四）であるといえる。サーリンズによれば、これは、送り手から惜しみなく与える援助のことであるが、受け手の返報の義務はあいまいである。返報について時期や量の規定はなく、漠然とした互酬が期待されているだけであるという。それに対し、南のNGOとNGO受益者の関係は、支配従属関係が見られようと、見られまいと、均衡のとれた互酬（balanced reciprocity）（サーリンズ 一九八四：二三四―二三五）が基本であるといえる。これは、受け取ったものの慣行的な等価物が、ある一定の短い期間内に返報されることを必須条件としているような互酬である。NGO受益者は、一定期間内に受けた支援に相当する返報を南のNGOに返せないと、立場が弱くなり、NGOへの政治的従属を免れないことになる。このように、スティラットとヘンケルの指摘したNGO支援の「ねじれ」は、一般化された互酬から均衡のとれた互酬への変換と読み替えておこう。

それではこの「ねじれ」をどのように考えればよいだろうか。とりあえず「ねじれ」を解消し、南北の市民がNGOの支援活動に関して同一の理解を共有できることが望ましいと想定してみよう。その場合、選択としてはNGO支援を一般化された互酬として一貫させる方法と、均衡のとれた互酬として一貫させる方法の二つが考えらえる。

まず全体を一般化された互酬にするとは、北のNGOから南のNGO、そしてNGO受益者への支援を、明確な返報を求めない慈善的なものにするということを意味する。この方法は、たとえば、地震や台風などの自然災害の被災者への緊急支援や、難民に対する人道支援などでは有効だろう。しかし一般の農村開発などでこの方法を採用することは多くの弊害をもたらす。なんの義務も課されずに支援を受け取るだけでは、NGO受益者はその支援に依存するようになり、いわゆる自助努力のインセンティブを弱める可能性がある。こうした支援で短期的な物資の欠乏を補うことはできるが、長期的な生産性の向上にはつながりにくい。そもそも現在の国際開発で、チェンバース（一九九五）らが提唱した参加型開発や受益者のエンパワーメントが重視され、受益者自身の主体的な行動や価値観の変化が求められているのは、過去の慈善的な援助の弊害の反省に立っているからである。

次に、全体を均衡のとれた互酬にする場合を考えてみよう。これは、とりわけNGO支援者と北のNGOとの関係を、より契約的なものにすることを意味する。目的や受益者を特定した事業に対してNGO支援者からの寄付を集め、北のNGOはそれに対する説明責任を果たすために、成果を逐一支援者に報告することが必要になる。こうした関係性は、プロジェクトの成果を「商品」として売る「サービス産業」としてNGOを捉えた伊勢崎の考え方（伊勢崎一九九七：二二〇―二二一）とも共鳴する。しかしこの方法にも問題がないわけではない。過度の説明責任の追求は、成果の捏造や誇張を招く可能性がある。NGO支援者が納得できる情報は開示するが、そうでないものは隠蔽されてしまう危険性である。また、そうした情報公開の問題を克服できた場合でも、この方法はNGO支援者の動機を維持する点で問題があるかもしれない。サーリンズは、均衡のとれた互酬は一般化された互酬よりも〈非人格的〉であるという（サーリンズ 一九八四：二三四）。成果が比較的短期間でフィードバックされる支援は、一見機能的だが、NGO支援者に長期的なコミットメントを促す力は弱いかもしれない。

このように、NGO支援の過程を、一般化された互酬、均衡のとれた互酬のどちらかに統一する試みは、それぞれに一長一短がある。そこで「ねじれ」は必ずしも是正しなくてもよいとする立場も可能になるかもしれない。しかしその場合には、スティラットとヘンケルが描いた問題をどう回避するか検討しなければならない。彼らが指摘する慈善から支配への変換、あるいは私たちの表現では、一般化された互酬から均衡のとれた互酬への変換という問題が深刻なのは、北のNGO支援者が、自分たちの支援が南のNGO受益者の窮状を生み出していることを知らずに、支援の意味を自分本位に解釈し、それをポジティブな価値をもつ象徴資本として受容ないし期待してしまうからであろう。したがってNGO支援者は、南のNGOとNGO受益者の間の社会関係の問題や、その問題を是正する試みについて知る必要がある。そのためには、北のNGOによる支援成果の公正な監査と、それに基づく対策の実施、およびそうした取り組みの情報公開がきわめて重要になる。またNGO支援者自身も、当該NGOを信用して寛大な支援を行うこと自体に問題はないが、その支援の限界や副作用についてもっと敏感であるべきだろう。この結果、NGO支援者が受け取る象徴資本とは、慈善活動に寄与したことから生じる自尊心ではなく、支援の正負両面の成果を受け入れることから生じるNGO受益者とのある種の連帯感と考えるべきであろう。モースの表現を借りるならば、北のNGO

支援者にとって重要なのは、自分が送ったハウが南のNGO受益者に確実に届いており、彼らが受け取ったハウを直ちにすべて返せずとも、返す努力をしていることを想像できることなのである。

以上、スティラットとヘンケルの議論を土台に、NGO支援による南北市民間の互酬のあり方について考察した。NGO支援をグローバルな互酬とみなすことは可能だが、それにはNGOの支援者と受益者の間で互酬の性格が一変するという問題がつきまとう。それを打開するいくつかの方法にも一長一短がある。したがってグローバル支援を手がける北のNGOは、支援を向ける問題の性質に応じて適切な互酬の形を意識する必要があるといえる。そしてどのように互酬をイメージするにせよ、その限界を知っておくことが重要になる。

4　NGO活動への関わり方

本章では、グローバルな互酬としてのNGO活動がグローバル市民社会の成熟のために果たす役割を考察してきた。論を結ぶにあたり、いま一度、グローバル市民社会の性格について検討しておこう。本章の冒頭で「グローバルに受け入れられている課題と価値」の存在を想定し、それらを共有する人々がつくる社会としてグローバル市民社会概念を導入した。しかし、グローバル市民社会における価値の共有とは、所与のものではなく、構築されるものである点に改めて注意を喚起しておきたい。

グローバル市民社会の存在意義を戦争の抑止に見出すカルドーは、グローバル市民社会に対する多様な視点を考察している。彼女自身は社会活動家の立場から、世界に民主化を広げ、グローバルな法の支配の確立をめざすコスモポリタニズム（世界市民主義）を規範として受け入れることを標榜している。しかしグローバル市民社会の捉え方はこれに限定されるものではない。たとえば、小さな政府を求める新自由主義者にとってグローバル市民社会の意義は、福祉などの国家機能を代替する社会サービスセクターの充実という点にある。あるいはアイデンティティの多元性を重視するポストモダニストにとっては、コスモポリタニズムの西洋中心主義が批判の対象となり、文化的差異に対して開かれたより大きな共同体主義こそがグローバル市民社会の核心になるという（カルドー 二〇〇七：一四―一二）。そして、こうしたさまざまな視点が交錯するなかで、必要なのは、「言葉を集める」ことであるとカルドーは提案する（カルドー 二〇〇七：二二六）。彼女は、議論を通じてグローバル市民社会において一定の価値が共有可能であるという信念を抱いているのだ。

それでは私たちは、どのようにこの議論に参加できるのだろうか。本章では、グローバル支援を行うNGOの活動に関わることがその一つの方法であること、そしてその際に次の二つの点に留意すべきことを示した。

第一に、NGO支援者は、自分の行う支援が一方的な贈与ではなく、双方向の互酬であることを想像することである。しかも互酬の形は一つではない。NGOを信用してその活動全般を支援することも重要だが、ときにはNGOの活動のなかから自分が重視する特定の活動への支援を表明し、それによってNGOにメッセージを送ることも重要である。支援の対価としてNGO支援者が手にする返報も多様である。当面の問題を解決することができれば、それはなによりの返報だ。そこまでいかなくとも、少しでも他者の力になれたという自負の念を抱くこともできるし、小さな成果を確認して、その成果への自身の貢献を喜ぶことも可能である。あるいは、支援の困難さをNGOスタッフやNGO受益者と共有し、問題解決に対する使命感の高まりを感じることも一つの返報といえるだろう。これらの返報は、自分も問題の解決のエージェントになれるという感覚に根ざす、いわば観念的なものだが、実質的な返報が将来自分にもたらされることを期待することもできるだろう。[*7] その期待感は、グローバル市民社会の一員であることの恩恵に他ならない。

第二の留意点は、NGOの支援活動をグローバルな互酬と捉える以上、グローバル社会全体の動態を十分に意識すべきだということである。NGOの活動は特定の問題の改善、解決を目標に組織されているが、その問題の原因は何か、そしてその問題を解決するために他のアプローチがあるかを検討する必要がある。この点で、ポランニーの社会統合の三類型をグローバルな規模で意識することが有効であろう。グローバルな市場交換とグローバルな再分配によってなにが生じているのかを分析し、批判すべきアクターや組織だけでなく協働すべきアクターや組織を見定めることが望ましい。私たちは、支援するNGOを選ぶとき、そのNGOの問題意識や資源を検討するだけでなく、グローバルな世界に対する視野の広さと戦略の明確さを考慮するべきである。

私たちはもはや世界と関わらずに生活することはできない。そのことに気づき、その生活を少しでも安心できるものにしたければ、グローバル支援を実践するNGOに関与すべきである。そうすることで私たちの活動の場は、身近な市民社会からグローバル市民社会へと拡大する。

【注】

＊1　引用部分の（　）内は引用者の補足。

＊2　『大転換』（二〇〇九）では著者Polanyiの名前をカタカナでポラニーと表記している。そのため同書の書誌情報としての著者名はポラニーと表記する。しかしその他の多くの日本語文献は彼の名前をポランニーと表記しているので、本文中ではポランニーと表記する。

＊3　一般的にフェアトレードは、生産物の最低買い取り価格の保証、長期的取引、生産者への支援資源（援助）の提供という要素を含む貿易であり、こうした生産者への便宜を消費者がフェアトレード商品購入を通じて支える仕組みである。消費者は、これにより搾取のない労働条件で生産され、環境への負荷の少ない商品を購入できるという便宜を受けることができる。

＊4　スティラットとヘンケルは主に資金提供者を想定して議論しているが、本章では以後、物の提供、ボランティア活動、署名、集会やイベントへの参加など多様な形でNGOの活動に関わる者をNGO支援者と呼ぶことにする。

＊5　スティラットとヘンケルは条件の内容を明示していないが、開発資源の受容と引き換えに受益者に要請されるさまざまな負担としては、支援プログラム履行のためのワークショップへの出席、労働の提供、募金への協力などを考えることができる。

＊6　ニュージーランドのマオリ族の間で信仰されている霊の名称。モースは、贈与にともなってハウも送り手から受け手へ移行す

るが、ハウが送り手へ戻りたがるために、贈与の受け手は返済の義務を意識すると考えた。

＊7　正確な数字は残っていないが、東日本大震災後に各国政府からの支援とは別に、アメリカ、欧州、アジア諸国の民間支援団体から、復興活動への資金提供がなされたという報告がある（国際協力NGOセンター編 二〇一二：七八）。

【参考文献】

伊勢崎賢治　一九九七『NGOとは何か——現場からの声』藤原書店。

カルドー、M　二〇〇七『グローバル市民社会論——戦争へのひとつの回答』山本武彦・宮脇昇・木村真紀・大西崇介訳、法政大学出版局。

功刀達郎　二〇〇六「NGOと地球市民社会の黎明」功刀達郎・毛利勝彦編『国際NGOが世界を変える——地球市民社会の黎明』東信堂、三—二二頁。

国際協力NGOセンター（JANIC）編　二〇一二『東日本大震災と国際協力NGO——国内での新たな可能性と課題、そして提言』。

サーリンズ、M　一九八四『石器時代の経済学』山内昶訳、法政大学出版局。

高柳彰夫・馬橋憲男　二〇〇七「拡大するNGO・市民社会の役割」馬橋憲男・高柳彰夫編『グローバル問題とNGO・市民社会』明石書店、一〇—二五頁。

チェンバース、R　一九九五『第三世界の農村開発——貧困の解決　私たちにできること』穂積智夫・甲斐田万智子監訳、明石書店。

フィッシャー、W・F／T・ポニア編　二〇〇三『もうひとつの世界は可能だ——世界社会フォーラムとグローバル化への民衆のオルターナティブ』大屋定晴・山口響・白井聡・木下ちがや監訳、日本経済評論社。

ブロック、F　二〇〇九「紹介」K・ポラニー著『大転換——市場社会の形成と崩壊』野口建彦・栖原学訳、東洋経済新報社、xxii—lii頁。

ポラニー、K　二〇〇九『大転換——市場社会の形成と崩壊』野口建彦・栖原学訳、東洋経済新報社。

ポランニー、K　一九八〇『人間の経済I——市場社会の虚構性』玉野井芳郎・栗本慎一郎訳、岩波書店。

目加田説子　二〇〇四　『地球市民社会の最前線――ＮＧＯ・ＮＰＯへの招待』岩波書店。

モース、Ｍ　二〇〇九『贈与論』吉田禎吾・江川純一訳、筑摩書房。

Anheier, H., M. Glasius and M. Kaldor 2001. Introducing Global Civil Society. In H. Anheier, M. Glasius and M. Kaldor (eds.), *Global Civil Society 2001*. Oxford, UK: Oxford University Press, pp. 3-22.

Baum, G. 1996. *Karl Polanyi on Ethics & Economics*. Montreal: McGill-Queen's University Press.

Kopytoff, I. 1986. The Cultural Biography of Things: Commoditisation as Process. In A. Appadurai (ed.), *The Social Life of Things*. New York: Cambridge University Press, pp. 64-91.

Schlecker, M. 2013. Introduction. In M. Schlecker and F. Fleischer (eds.), *Ethnographies of Social Support*. New York: Palgrave Macmillan, pp. 1-15.

Schlecker, M. and F. Fleischer (eds.) 2013. *Ethnographies of Social Support*. New York: Palgrave Macmillan.

Stirrat, R. L. and H. Henkel 1997. The Development Gift: The Problem of Reciprocity in the NGO World. *Annals of American Academy of Political and Social Science* 554: 66-80.

第3章　市民社会と協同組合

——フィリピンとセネガルの農村アソシエーション

三浦敦

1　非ヨーロッパ社会と「市民社会」

今日「市民社会」という語は、世界各地のさまざまな開発や社会運動の場で使われている。この語はもともと古代ギリシアの概念に由来するが、しかし現在ではきわめて多義的となって議論の混乱を招いている。本章は、市民社会の一翼を担っている協同組合について、フィリピン（ボホール州、一九九八―二〇〇五年調査）とセネガル（ティエス州、二〇〇九年以降調査中）の状況を分析することで、非ヨーロッパ社会での市民社会概念の意義を検討することを目的とする。しかしその前にまず、ヨーロッパにおけるこの概念の歴史を整理し、そこで何が問題だったのかを見ておくことにする。

2　「市民社会」概念の歴史

「市民社会」という語は、古代ギリシア語の「コイノーニア・ポリティケー（κοινωνία πολιτική）」のラテン語訳、「ソキエータス・キウィリス（societas civilis）」に由来する欧米語の日本語訳である。この語の歴史はその意味内容により、「国家」を意味した古代ギリシアから一八世紀まで、市場社会またはブルジョワ社会を意味した一九世紀から一九七〇年代まで、そして国家とも市場とも異なる第三の領域を指すようになる一九七〇年代以降の、三つの時期に大きく分けることができる。*1

2-1　古代ギリシアから一八世紀

古代ギリシアのコイノーニア・ポリティケーは、政治共同体＝国家を意味する。アリストテレスは『ニコマコス倫理学』（アリストテレス 二〇一四）と『政治学』（アリストテレス 二〇〇一）において、経済活動は家という私的領域で奴隷が行うべき活動であり、自由民は経済的利害（個人的欲求）から離れて、最高善である幸福（よく生きること＝徳にしたがって生きること）を求めて、家や村を包括する政治共同体を形成すると論じ、幸福の実現の基礎を人々の間の友愛（フィリア（φιλία））に求めた。しかしまた、なかには善の追求を忘れ私的利益を求める悪しき国家もあり、また大きな貧富の差は友愛を損ない幸福の追求を妨げるとも指摘した。

キケロはコイノーニア・ポリティケーをラテン語でソキエータス・キウィリス societas civilis（civilis ＜ civis（都市＝国家））と訳した。アウグスティヌスはこの語を、キリスト教的に読み直して「神の国」に対して世俗の国を指すのに用い、市民社会＝国家を神の秩序＝教会に従うものとした。このように市民社会という語は、中世を通じて、アリストテレスに従って国家という意味で用いられ続けた。

市民社会概念の変容は、ルネサンス期から徐々に始まる。まず神学では、世俗権力（＝国家）は教会とは相補的とされるようになり、たとえばメランヒトンは神が権威を与えた世俗権力への政治的抵抗を認めなかった（『アウグスブルク信仰告白』）。そして、マキャヴェッリが『君主論』（マキャベリ 二〇〇一）で支配機構としての国家（伊 Stato, 英 State）概念を提起する一方、大航海時代に公海（＝国家の外部）での交易が活発化すると、商人の政治的比重が増し国家外領域が法の問題として浮上した。また「進歩」という語もこの時期から使われ始め（ル・ゴフ 二〇一一：五五）、それまで「原初の理想状態が堕落する過程」と想定された「歴史」は、「野蛮状態の社会が理想状態に向けて進歩する過程」と考えられるようになった。他方エラスムスは、civilis と同じく civis に由来する civilitas（羅、仏 civilité）という語を礼儀作法、すなわち上流階級にふさわしい都市的で洗練された、周囲に配慮する社交的な振舞いの意味で用い、民衆の粗野な振る舞いと対比した。[*2] やがてその礼儀作法を身につけた人々は、「文明人（仏 civilisé, 英 civilized）」と呼ばれるようになった。

一六世紀の宗教改革でヨーロッパが宗教的に分裂すると、新たな権力正当化の論理として社会契約論が現れる。そこでは進歩史観に沿って、自然状態にあった人々が社会契約によって国家 civil society を設立するとされ、一七世紀前半にホッブズはこの国家を State と同一視した。この国家は、一七世紀後半のロックにとっては土地所有者たちが所有権を守るために設立するものであり、一八世紀のルソーにとっては、「文明人」が一般意思を実現するために設立するものであった（ただしルソーは文明人を否定的に評価した）。一八世紀には歴史は、粗野な野蛮人が礼儀作法を身につけて高度な社交性を持つ文明人に成長する過程と見なされ、国家 civil society は文明化社会 civilized society とも重ねられた。ミラボー（革命家ミラボーの父）が社交性 sociabilité という意味で、文明 civilisation（< civilité）という語を最初に使ったのもこのころである。他方、モンテスキューは、この「洗練された振舞い」の担い手として、イングランドでは台頭してきた商人たちに、フランスでは高等法院を支配した貴族に、それぞれ注目し、彼らを中心とする中間集団に専制の牽制を期待した。これは当時の王権が、王が特許状を与えた種々のアソシエーション（社団＝中間集団）を基礎としていたことを反映していた。そしてスコットランド啓蒙において、ファーガスンは『市民社会史』（Ferguson 1966）で市民社会の語を文明化社会と区別せずに用い、スミスは『国富論』（スミス 二〇〇〇―二〇〇一）で市民社会という語はもはや用いずに文明化社会を商業社会 commercial society と同義に用いた。フーコーは、ファーガスンの市民社会概念がホモ・エコノミクス概念と表裏一体の関係にあり、個人的利害の主体性と法権利の主

体性とを統合する、統治テクノロジーの表れであると指摘する（フーコー 二〇〇八：三六四―三六五）。

2-2　一九世紀から一九七〇年代

市民社会概念は、一八二一年出版のヘーゲルの『法の哲学』（ヘーゲル 二〇〇〇―二〇〇一）から大きく転換する。ヘーゲルは societas civilis の独語訳であった bürgerliche Gesellschaft をスミスの商業社会[*3]、すなわち人々が自らの欲望に従って活動する市場経済の領域（「欲望の体系」）と規定し、個人を愛によって結びつけて人格を一体化させる家族とも、真の自由の実現を可能にする国家 Staat とも区別される、中間領域とした。人々は、その中間領域で活動するコルポラツィオン（自治的な地域団体や職業団体）への参加と行政（ポリツァイ）を通して、私的利害を公的利害に媒介するのである。このヘーゲルの議論に示唆を得て、マルクスは『ドイツ・イデオロギー』（マルクス&エンゲルス 一九九八）で、市民社会を資本家たちのブルジョワ社会として労働者の社会と対立させた。

同じころ、ヨーロッパ各地で中間集団であるアソシエーションの活動が活発化する。[*4]アソシエーションは人々が自発的に参加しお互いに連携する自主管理的な共同組織で、一九世紀には活発化した社会主義運動の合言葉となった。アソシエーションの一種である協同組合も、資本主義経済を乗り越える組織とみなされ、とくにイギリスのロッチデイルの消費協同組合でつくられたロッチデイル原則は、ヨーロッパ中で注目され今日の協同組合原則の起源となった。またトクヴィルは『アメリカのデモクラシー』（トクヴィル 二〇〇五―二〇〇八）で、発達したアソシエーションがアメリカの民主主義を支えていると指摘した。デュルケムもこうした中間集団を、私的な家族と公的な国家を媒介する役割を持つものとして注目した（デュルケム 一九七四）。一方プルードンは、株式会社に基礎を置いて発展した第二帝政期の資本主義は、まもなく労働者のアソシエーションが中核を担う産業共和制に移行するとして、アソシエーション社会の到来を予言した（Proudhon 1857）。各地でのアソシエーション社会主義の運動は、やがて国際協同組合連盟（ＩＣＡ）の結成につながる。『贈与論』を著したモースも、協同組合運動家として活躍した。この、共同して貧困をなくして行こうとする協同組合の活動は、相互信用やNGOの活動と合わせて、「政治経済 économie politique」（一九世紀までは今日の経済学を意味した）との対比で、「社会的経済 économie sociale」と呼ばれた。

資本主義が未発達のロシアで社会主義革命が起きたことは、マルクス理論の再考を促した。そのなかでグラムシは、ブルジョワ社会 società borghese を下部構造と規定し、市民社会 società civile と政治社会から成る上部構造と対立させ、市民社会に種々のアソシエーション、学校、裁判所、さらにメディアの活動を含め、そのヘゲモニー形成における役割に着目した（グラムシ 一九八一）。そしてハバーマスは『公共性の構造転換（初版）』（ハバーマス 一九七三）で、メディアが資本に支配されることで、討議の場である公共空間は資本の論理に従属すると指摘した。

2-3　一九七〇年代以降

一九七〇年代になると、東欧や中南米の民主化運動が「市民社会」という語で論じられ、市民社会概念は再び転換する。[*5] ここでの市民社会は、国家 State でもブルジョワジーや市場でもなく、民主化と公正で平等な社会という善を求める人々の、社会的活動領域である。この動きを受けハバーマスは『公共性の構造転換（第二版）』（ハバーマス 一九九四）序文で、社会学者オッフェに倣って civil society を Zivilgesellschaft と訳し、同書初版での結論を翻し、種々のアソシエーション＝市民社会組織や社会運動、メディアからなる市民社会の、公共空間の活性化と民主化に向けた役割に着目した。さらに『コミュニケイション的行為の理論』（ハバーマス 一九八五—一九八七）において、現代社会では、国家や市場などシステム合理性が機能するシステム的世界（国家と市場）が、日常生活でのコミュニケーション的合理性が機能する生活世界を植民地化すると主張した。ここでは市民社会は、コミュニケーション的合理性に基づきつつシステム的世界に対抗する社会的活動領域なのである。

この時期の市民社会への着目には、福祉国家モデルの限界の露呈と、新自由主義政策による国家の縮小という背景もある。国家がその財政負担で国民の生活を保障する一方で、個人の人生も規格化する福祉国家モデルは、一九七〇年代に財政的にも社会的にも行き詰まり、人々は多様化した主題ごとに自己決定をめざす「新しい社会運動（NSM）」を通して、国家による規格化に対抗し、貧困削減が大きな社会的課題に浮上した。そうしたなか、新たに新自由主義的政策が各国で導入される。NGO・NPOなどのアソシエーションは、国家の失敗と市場の失敗（さらには家族の失敗も（上野二〇一一：一四））を前にして、人々が政府や市場から自主管理・自己決定を取り戻す社会運動の一翼を担ったが、同時に縮小された政府の機能を補う組織（政府の安価な／無給の下請け）ともなった。世銀も、民主化におけるアソシエーションの役割に注目し、パットナムのネオ・トクヴィル的アプローチ（パットナム二〇〇一）を強調して、民主化と貧困削減をめざして途上国で市民社会組織を後押しした。ここには、民主主義的理念を掲げる一方で政府や企業に率先して搾取される、市民社会組織の矛盾がある。コッカは、非民主主義国家では市民社会は抗国家的運動の拠点となるが、民主主義国家では強い市民社会と強い国家はお互いを必要とすると指摘する（Kocka 2002: 30）。一九八〇年代には先進工業国では個人主義化が進行してNSMも衰退するが、そのなかで人々は改めて、アソシエーションやボランティアにアイデンティティと新たな共同性を求めはじめた（島薗二〇〇四：四四一―四四二）。さらにカルドーは、国家を与件としない「グローバル市民社会」の重要性を指摘する（カルドー二〇〇七）。

2-4　市民社会論の問題系

今日の市民社会論では、ネオ・トクヴィル的アプローチとグラムシ的アプローチが注目されている。ネオ・トクヴィル的アプローチは市民社会組織を民主主義の基盤とみなすが、同様の視点からサラモンは現状を「アソシエーション革命」と呼び（サラモン&アンハイアー一九九六）、NPOは政府よりも低い取引費用で公的サービスを提供できるとした。とはいえ、二〇世紀の自主管理社会主義の失敗や、協同組合企業が資本主義社会においていまだ支配的になりえていないという事実から、かつてのプルードンの予言に反して、アソシエーションが現代の社会システムのなかではまだ多くの課題を持つことも明らかである。他方、グラムシ的アプローチは権力過程とヘゲモニーに注目し、そこに支配のメカニズムや、イデオロギー効果を通した主体の形成作用を見出そうとする。

この二つのアプローチは、一方が市民社会を民主主義の基礎となる平等的な領域とみなし、他方が権力過程によって支配が実現する領域とみなしている点で、互いに対照的である。しかし同時にこの二つのアプローチはともに、市民社会を現代社会の重要な構成要素とみなし、長い市民社会概念の歴史から、どのように公的利益が実現されるのかという問題を受け継いでいる点で、共通している。

アリストテレスは公的利害と私的利害は背反すると考え、アレントも貧困を私的領域の問題と考えた（アレント一九九四）。しかし他方で近世以降は、公共性の基礎として社交性・社会関係性と公共財が重視され、私的利害（＝経済的利害）と公共的利害（＝政治的利害）の統合が問われてきた。市場はその一つの方法である（とされる）が、「連帯」もまたその一つである。連帯はコミュニケーション的合理性を通じて、空間的にも社会的にも異なる人々を私的利害の相違を超えて結びつけ、社会的ジレンマを回避する。世界的な人や情報、資本のネットワークが国境を越えて密になった今日では、システム的世界による抑圧で生まれ世界中に連鎖する不平等や不公正の解消は、当該の社会の人々だけではなく世界中の人々の公的利益である。こうして、国境を越えたコミュニケーション的合理性の実現をめざして連帯を求める、「グローバル支援」が要請されることになる。

しかし現実はそう簡単には進まない。市民社会は普遍的価値を追求しようとしているように見えるが、実際にはさまざまな社会的カテゴリーにより分断されており（しかもときとして排外的だった）、しばしばそれぞれの社会のエリートが主導的な役割を果たしてきている。また、アソシエーションの活動領域も多様であり、民主化を指向するものもあれば反民主的なものもある。しかも、古代ギリシア以来のヨーロッパの民俗概念に由来する公的利害と私的利害の区別は、非ヨーロッパ社会に分析枠組みとしてそのまま適用できるかどうかは自明ではない。

公的利益の実現をめざす市民社会は、非ヨーロッパ社会ではどのような役割を果たしているのだろうか。以下では、そのなかでも活動領域が明確で各地に設立されている協同組合を取り上げて、この点を考察する。協同組合が市民社会組織かどうかは議論が分かれている。アメリカでは協同組合は経済組織とされ、市民社会組織とは区別されている。しかしヨーロッパでは協同組合はNGOとともに、社会的経済を構成する組織とされてきた。実際、協同組合が守るべき基本的な組織原理として、一人一票の原則（株式会社における一株一票の原則に対して）など、組織の経済的利益よりも組合員の福祉の優先を述べたICAの協同組合原則や、協同組合がめざすべき方向性を再確認した一九九二年のベーク報告（ベーク 一九九三）に見るように、協同組合は利潤の追求よりも、まず民主的手続きというトクヴィル的理念に基づいて、各組合員の経済生活の改善と公正の実現をめざしている。それでは協同組合は、現実にどのように組合員の私的な経済生活を改善し公正を実現するのだろうか。そこでは公的利益とは何を指しているのだろうか。

3 東南アジア市民社会論とフィリピンの協同組合

フィリピンはNGO大国として知られ、とくに一九八六年のエドサ革命では、多くのアソシエーションが独裁者マルコス大統領の追放と民主化に大きく貢献した。それ以来、民主化への市民社会の役割はフィリピン研究の重要なテーマの一つとなっている。

3－1 フィリピンの市民社会

東南アジアでは独立後に各国で権威主義体制が続いたため、政権奪取をめざす非合法な反政府活動はあったが、市民社会組織の活動は大きく制限されてきた。しかし一九九〇年代にはさまざまなアソシエーションの活動が活発化し、ヨーロッパでは市民社会組織とはされないエスニック・グループや宗教組織も、民主化運動に大きな役割を果たした（Lee 2004: 11-12）（しかし独裁者が追放され民主化したとたん、市民社会は方向を見失い分裂していった（Alagappa 2004: 39））。こうした展開を受けて、ヨーロッパとは異なる東南アジア的市民社会の可能性も議論されるようになった。

フィリピンは政府の機能が弱い国家として知られるが、NGO大国となったのも、不十分な政府機能をNGOで補う必要があったからである。スペイン植民地時代以来フィリピンは、土地など富の所有者であるエリートと土地を持たない農民・労働者の間で、経済的格差がきわめて大きく（二〇一四年のジニ係数は四六％）、市民社会にはエドサ革命以降の民主化の推進とともに、貧しい農民の経済状況の改善も期待されてきた。とはいえ市民社会組織の発達はほぼ都市に限られている（Clarke 2013: 123）。高い経済的地位と高い教育レベルを持つ都市エリート層の間では、新自由主義的政策を信奉するビジネスエリートと、キリスト教の慈善思想の影響の下でcivil societyという英単語の理念を理解し受け入れている市民社会派エリートとが、互いに対立している。市民社会組織の大半を担っているのは、実はこの市民社会派エリートであり、その市民社会は、コッカのいう抗国家的市民社会ということができるものである。一方、教育レベルが低く慣習的世界に生きる農民たちについて、フィリピンの政治学者のモハーレスは、「市民社会」という英語由来の概念を理解せず、市民社会をめぐる議論から排除されており、その点で都市エリートたちと対立していると指摘する（Mojares 2006: 46-47）。このような分断を政治学者の日下は、（都市エリートによる）「市民的公共圏」と（貧困層による）「大衆的公共圏」として概念化する（日下 二〇〇八：四二三）。フィリピンの市民社会論では、この分断状況の解消および公正と平等の実現を市民社会に期待するが、農村協同組合にそれは可能なのだろうか。

3－2　フィリピンの協同組合

フィリピンの本格的な近代的協同組合は一八九八年からのアメリカ支配下で始まる。政府は農業生産性向上と農民の市場社会への統合のために、農村信用組合を設立して資金を供給したのである。また、都市では教会が中心となって数多くの協同組合が設立された。そして独立後もこの政策は継続された。しかし二〇世紀を通じて都市の協同組合は成果を上げたものの、農村の協同組合は成果を上げなかった。一九八六年の民主化を受けて制定された新憲法でも協同組合は重視され、協同組合庁（CDA《シーディエイ》）が設立された。しかし現在も機能している協同組合（大半は信用組合）

は全国で、ＣＤＡに登録された協同組合全体の三割に留まり（二〇〇七年のＣＤＡ統計による）、農村ではその割合はさらに低くなる。

ボホール州の農村協同組合の状況も同様である。グローバル支援も含むＮＧＯなどの支援者やＣＤＡは、協同組合の機能停止の原因を、債務を返済せず協同組合原則も尊重しない農民の怠惰や教育不足に求める。たしかに二〇世紀初頭以来、協同組合活動の行き詰まりの主要原因は組合員のローン未返済なので、怠惰な農民への教育は必要に見える。しかし農民は、日常生活では必ずしも怠惰ではない（「怠惰な農民」という主張は、一八世紀ヨーロッパの礼儀作法をめぐる議論での、農民のステレオタイプと共通する）。農民がローンを返済しないのはむしろ、本来は生産に投資するはずのローンを、病気など予期しない出費に使わざるを得ないからである。しかも、協同組合ローンは協同組合と組合員の一対一の関係で成立し、一人の組合員の利得は他の組合員の利得と無関係なため、協同（この場合はローン返済）へのインセンティブは働かず、協同による組合員のレジリエンス強化も不可能である。この状況で、予期しない出費で家計の悪化した組合員に市場の規範に従って契約通りの債務返済を求めることは、結果として農民の身ぐるみを剥ぐこととなり、貧しい農民の生活状況をさらに悪化させ、大きな貧富の差からくる社会の分断状況を強化する。

一方農民たちは（実はＣＤＡ職員も）、返済の延滞を異常とは考えていない。協同組合の資金の大半は政策金融からのローンなので、農民にとって協同組合ローンは政府資金のばらまきと同義だからである。このばらまきのメカニズムは前植民地期の資源分配と類似している。前植民地期には、地域首長は威信財など外部資源を支持者に配分しつつその生活を守り、人々はそれと引き換えに首長を政治的に支持した（W. Scott 1994: 167-168）。二〇世紀に土地私有制が導入されると、これらの首長は近代的な土地所有者となり、権力基盤を人々の支持から土地に移した（J. Scott 1972: 19-30）。とはいえ、公と私の分離というヨーロッパ的概念の上に立つ現代国家システムでは、政治リーダーとなるには選挙で選ばれる必要がある。そこで地域エリートは、かつての首長のように資源をばらまいて支持者の買収・確保を図るため、パトロン＝クライアント関係が発達する。協同組合のリーダーも同様であり、協同組合ローンはリーダーへの政治的支持の代償であり農民生活の保障と認識されるため、延滞や無返済も問題ないと思われているのである（そしてリーダーも新たな政治的地位により新たな経済資源へのアクセスが可能となる）（三浦 二〇〇五：八七）。このような社会関係はさまざまな文化的価値によって規定される。たとえば農民はよく「俺は貧しくてお金がないんだよ」という発言をする。これは事実の表明ではなく、社会的上位者から便宜を引き出すゲームなのであり、それにどう応えるかがこの社会での礼儀作法なのである。ここでは、合意よりも彼らが考える正義の実現が、対話の目的＝コミュニケーション的合理性となる。このゲームによるリーダーを通じた政府資金のばらまきは、リーダーの公的役割とリーダー個人の私的利益の区別を曖昧化するため、近代行政制度のシステム合理的規範では汚職となるが、不安定な農村に生きる農民のレジリエンス強化には貢献する。

このように農民は、正義を求めたコミュニケーション的合理性に基づき自分たちの生活を保障する、前植民地的規範に基づくモラルエコノミーを生きている。これに対し信用組合の金融活動は市場経済のシステム合理性に基づいており、協同組合を支援するＮＧＯや政府機関は、研修などを通じて市場の規範を農民のハビトゥスにしようとする。その結果、農村協同組合は、現代市場メカニズムに従うエリートや外部社会と、モラルエコノミーの世界に生きる農民をつなぐブローカー*6として、相矛盾する二つの経済規範の下に置かれる「商人のジレンマ」に直面する。しかし商人のジレンマの場合は、商人が社会のマージナルな存在であることによりそのジレンマが最小化されるが（Evers 1994: 7-10）、協同組合の場合は、そのスタッフ自身も農村社会の一員なので、返済しない農民を非難しつつも農村社会の規範は無視できず、それゆえ外部からの強制なしには返済（つまり社会の分断）は強要できない。結果としてこの「協同組合のジレンマ」は、協同組合の破綻という形でしか解決しない。機能している協同組合が少ないのは、このことの反映である。

それでは農民は、生産性向上に必要な投資資金をどこから調達するのだろうか。実はそれは、家族か近隣の有力者という、日常生活の規範に基づく相互扶助ネットワークからなのである。とくに家族という親密圏は、その内部で無利子かつ無期限で資金調達ができるため、資金プールの役割を果たしている。

3－3　フィリピン農民と「市民社会」

このようにフィリピンの農村には、都市とは異なる独自のコミュニケーション的合理性に基づく公論の場＝公共空間が存在し、都市エリートが主張する公的利益は農民の利益を代表しない。ここで、政治人類学における政治的フィールド（紛争などの一回的な事件に巻き込まれる人々や社会組織、物質的・非物質的資源の総体からなる領域）とアリーナ（その一回的な事件には直接巻き込まれてはいないがその背景となっている、人々や社会組織、諸資源からなる領域）の区別を参照すれば（Swartz 1966: 6-18）、農民たちの活動の政治的フィールドは、「市民社会」という語が流通するアリーナからは排除されているということができる。市民社会というヨーロッパ的概念は、都市エリートに貧困や不平等の問題に気づかせるが、農民に対してはエリート主義的でもあり、市民社会の名でなされる外部の都市エリートたちの組織（政府、ＮＧＯ、国際機関）からの農村協同組合への支援は、現代市場システムのヘゲモニー機能と資金供給機能を担うだけである。そこでは市民社会組織は農民と対話しないので、ハバーマス的な対話により農民のレジリエンスを強化して経済格差の縮小をめざすことはできないし、農民間の協同活動も促進しないため、農民たちの間に利害の共有による連帯は生まれず、社会的ジレンマ状況が引き起こされることになる。その代わり農民たちは親族や有力者との個人的連帯に頼るが、こうして生まれるパトロン＝クライアント関係は、農民や政治リーダーの私的利害と議会で表明される公的利害の相違を曖昧にし、汚職や農民の抑圧を引き起こしうる。しかしそれでも、パトロン＝クライアント関係や家族の縁故関係は農民たちにフィリピン的なコミュニケーション的合理性を保障し、レジリエンス強化の可能性を与えるのである。

4　アフリカ市民社会論とセネガルの農民組織

アフリカでも、多くの国でアソシエーションの活動が活発である。独立当初、アフリカの多くの国は国家建設の鍵として農村協同組合の設立を推進した。しかしやがて政治家が国家資源を私物化する、新家産制と呼ばれる権威主義体制がつくられていくと、こうした官製協同組合も政府による農村収奪の手段となり、そして権威主義体制の行き詰まりとともに崩壊していった。他方、一九八〇年代からは自主的アソシエーションが次々と結成され、アフリカ市民社会の活動として注目されている。これらのアソシエーションには、東南アジアと同様、宗教組織やエスニック・グループと関連するなど、西欧的な市民社会概念とは異なるものも多い（遠藤 二〇〇二：一五〇―一五四）。

4－1　セネガルの市民社会

セネガルの現代的協同組合は、植民地期に政府が各地につくった原住民備蓄組合（société indigène de prévoyance）に始まる。しかしそれは植民地体制の末端組織であり、自主的アソシエーションではなかった（これは、私的利益を追求する国民には公的利益を代表する政府の指導が不可欠とするフランス的地方自治の考えと、植民地政府の農民蔑視・アフリカ人蔑視の結合物だった）。独立とともにセネガルは協同組合国家の建設をめざしたが、その協同組合も官製組合であり一九七〇年代には機能停止に陥った。他方、このころから海外出稼ぎ帰りの若者たちが農村に自発的なアソシエーションをつくり始め（これらは、政府が設立した協同組合と区別するために「協同組合」とは呼ばれていない）、一九八一年に構造調整プログラムが導入されると、政府機能の縮小を補うために、世銀などの国際ドナーもこうした農民組織を支援し始めた。その結果、自主的な農民組織は一九八〇年代末から急速に増加し（De Janvry et Sadoulet 2004: Ch. VI-p. 9-11, Ch. VIII-p. 1）、政府機能を補完する一方、オールタナティヴ経済を唱える国際ＮＧＯからの支援の受け皿ともなった[*7]。

これらの農民組織を束ねる全国組織として有力なのがＦＯＮＧＳ《フォンス》（セネガルＮＧＯ連盟）である。ＦＯＮＧＳは一九七六年に一二の自主的農民組織により結成され、当初は加盟組織にコンサルティングを行っていた。そして構造調整導入後に加盟する農民組織が増えると、穀物銀行、村落間の生産物の相互融通、マイクロファイナンスなど活動範囲を広げていった。しかし一九九〇年代にはＦＯＮＧＳは、その能力を超える四〇〇〇もの村をカバーするようになったため、活動の見直しを行い、その結果、小規模家族制農業を支援することが現実的であるという結論に至った。とはいえこの結論は、大規模農業を支援する海外ドナーや政府の方針と対立し、この主張を政府に提示する場も存在しなかった。そこでＦＯＮＧＳは、一九九四年に他の八つの全国的農民組織の協力も得て、政治ロビー組織ＣＮＣＲ《セヌセエール》（全国農民協力協同評議会）を結成した。当初、ＣＮＣＲは政府と対立したが、構造調整に懐疑的であるなどの点で姿勢が一致したために、政府はほどなくＣＮＣＲを政策パートナーとして認知した。その後、ＣＮＣＲは国内の大半の農民を傘下に置き、ときには大資本寄りの政府と対立しつつも（とくに二〇〇〇―二〇一二年のワド政権時代）、政府の権威は認めたうえで、農業政策や土地政策、農林牧畜業基本法についての提言を行ってきている。また国際機関や欧米のＮＧＯもＣＮＣＲをパートナーとして重視し、小規模家族制農業を重要と考え新自由主義的な農業政策に批判的な、欧米の専門家やＮＧＯからの支援も得られるようになり、ＣＮＣＲの立場は強化された[*8]。

このようにＣＮＣＲは、政府から注意深く距離をとって政治家による私物化を回避しつつ、農民たちのヘゲモニーを握りその利益を代表することに成功した。ＣＮＣＲの展開について調査をしたＦＡＯのマケオンは、その理由を、国家の権威を認めつつ、運動の統一性を維持して各界にネットワークを構築し、ときに秩序立った農民の大動員を行うという、巧みな戦術を指摘する。しかしまた同時に、ＣＮＣＲ参加組織のなかには民主的な代表選出や意思決定がなされない組織も多いという問題も指摘する（McKeon et al. 2004: 19）。

4-2　セネガルの農民組織

それではCNCRを支える農民組織は、どのように農民の利益を実現しているのだろうか。二〇〇二年と二〇〇三年に全国二五〇の農村で調査を行ったド・ジャンヴリとサドゥレによれば、一九八〇年以降に生まれた農民組織は大きく、メンバーだけを対象にサービスをするメンバー組織（これは協同組合的組織である）と、メンバーを含め村民全体を支援の対象とする村落組織に分けることができるが、大きな村や経済的に恵まれた村ではメンバー組織が、小規模あるいは経済的に恵まれない村では村落組織が、それぞれつくられる傾向が強い（De Janvry et Sadoulet 2004: Ch. VI-p. 7）。またどちらの場合も伝統首長との関係が農民の農民組織参加と強い相関を示し、農民組織のリーダーも伝統首長や外部の有力者と関係を持っている一方、メンバー組織のリーダーは近代的な教育を受けたものが多い（De Janvry et Sadoulet 2004: Ch. VII-p. 5, Ch. VIII- p. 4-5, 9）。

セネガルではエリートへの土地集積は発達しなかったものの、フィリピンと同様に伝統首長が独立後も政治的リーダーとなり、パトロン＝クライアント関係を通じて国家資源を収奪した。しかし一九八〇年代から、教育を受けた官僚や資本家など、中央で活躍し海外ドナーともつながりのある者が、伝統首長と協力しつつ新たな地域エリートとして台頭してきた（Blundo 1998: 5, Dahou 2002: 241-242）。こうした新しいエリートの台頭は農民の新たな資源へのアクセスを可能とするが、また同時に農民組織内部に常に対立や紛争を引き起こしてもいる（Blundo 1994: 117）。

ここで協同組合的農民組織の実例として、ティエス州の野菜栽培地域にあるFONGS傘下のアソシエーションである、ニャイ農民組織連合（UGPN《ユージェペーエヌ》）を見てみよう。UGPNは一九九〇年代に結成された組織で、新タイプの地域エリートの指導部の下、現在四二の村落ごとのメンバー組織（その半数は伝統首長や宗教指導者かその親族がリーダーとなっている）を束ねている。この組織のもともとの役割は種子購入に際しての政府補助金の受け皿となることであるが、外国政府やNGOの支援で農業生産力の強化支援や市場開拓をするブローカーでもある。このうち生産力強化をめざす活動としては、たとえばドナーからの資金援助を元にモーターポンプを購入して農民に配布するなどの活動を行い、マーケティング活動では、EUの品質基準をクリアすることで、共同販売のセネガル国内やヨーロッパ市場での販路拡大に努めている。

ここでは次の二点が重要である。第一は、生産力強化のための農家への資金援助・技術協力にあたって、分益小作的システムを採用することで、農民のフリーライダー化を防ぎ生産の失敗の危険を最小化している点である。この分益小作的システムでは、UGPNが生産に投資したのちに売上から投資額を引いて利益を農民と折半するが、投資者(つまりUGPN)にも生産活動への関与というインセンティブを与えるため、農民とUGPNの間にコミュニケーション的合理性を重視した協力関係がつくられる。この方法は、二〇世紀前半にセネガルで農地が拡大した時期に自然発生的に各地に現れた、ナヴェタンという季節労働者(小作)の利益分配システムと類似しており、人々はこのシステムだと農民も投資者もともに利益が得られると述べている。農民組織の生産へのこうした積極的な関与は、もともと一九七〇年代に生まれた自発的農民組織の多くがコンサルティングを中心としていたことを背景としており、生産に関与しないフィリピンの信用組合とは異なっている。第二は、海外ドナーからの支援が、資金に加え会計やマーケティングなどスタッフ研修でも行われる点である。これはグローバル市場参入に不可欠な技術であり、農民組織の国家以外の資源へのアクセスを可能にするものである。しかしこれはまたシステム合理的な資本主義的ハビトゥスの導入でもあり、連帯の美名のもとに欧米のビジネスに利用されて終わる危険もある。UGPNも、欧米での有機認証の取得のために欧米の認証機関に多額の審査費用を支払ったが、その成果は明確ではない。

4-3　セネガル農民と「市民社会」

このようにセネガルの農民組織は、グローバル基準を導入しつつも、農家経営へのモラルエコノミー的介入によってリスクを分散させることで、協同組合のジレンマの最小化と農民のレジリエンスの強化を図っている。そしてこうした姿勢が可能なのは、対話の場において、もともとの農村の規範に従って伝統首長や年配者の意見を重視しつつ農民の正義を追求するという、独自のコミュニケーション的合理性を追求することで、農民からの信頼を勝ち得ているからである。この際の追求する正義は、CNCRが農民共通の公的利益であり農民のアイデンティティとして提示した、小規模家族制農業というセネガル農民の歴史的な生活形態を支えるものであり、それはシステム合理性に基づく新自由主義的大規模農業と対立するものである。そして、小規模家族制農業という目標を追求するCNCRの明確で巧みな戦略は、農民をまとめあげるのに功を奏す一方、新自由主義に批判的な海外NGOにも支持され、農民組織は海外NGOの支援のもとでコミュニケーション的合理性とシステム合理性をうまく組み合わせながら、中央政府からは距離を置いた経済戦略を追求している。今のセネガルでは、こうした農民組織や支援NGOのネットワークが、一般の農民やメディアなどから「市民社会 société civile」と（いうフランス語で）呼ばれている。これは、先に述べたコッカのいう、民主主義国家型の市民社会ということができる。そしてこの「市民社会」という語がそれぞれの村につくられた農民組織や全国的農民組織の活動家たちに使われるとき、それは、農民たちの活動にオールタナティブな政治経済システムへの志向という普遍的な価値を装わせることで、公と私を区別する現代国家システムの外観を取る政府に対して、農民がヘゲモニーを握るためのキーワードとなっているのである。その経済活動はといえば、農産物の主要な販路である国内市場では競合する商人たちの妨害にあったり、政府や企業の圧力をうけたりするなど、必ずしも順調ではなくその競争力も高いとは言えないが、それでも農民組織による農業経営支援は、農民のレジリエンス向上には貢献している。

しかしここには二つの排除の問題がある。第一は、「農民」の公的利益を実現する市民社会から、大農民や零細農民が除外されている点である。実際、全農民の二〇％を占める零細農民についてFONGSは、すでに農外収入の割合が多いため農業支援以外の方法が必要だ（すなわち、FONGSの支援対象ではない）と指摘する（FONGS 2013: 21）。第二は、農民組織の多くが伝統首長とつながりを持ち、パトロン＝クライアント関係を発達させていることが隠されている点である。セネガルの農民たちの市民社会の活動というフィールドは、非市民社会的社会領域という政治的アリーナのなかではじめて機能できるのである。その意味でフィリピンと同様に、公的利益と私的利益を区別することは難しく、農民の利益のリーダーによる私物化という危険が常にあるが、この点も公的発言からは排除される。その点で、海外ドナーによる監視は農民組織の私物化の危険の回避に貢献するが、他方で海外ドナーによる農民の収奪の可能性も孕んでいる。

5　市民社会と「市民社会」概念の機能

非ヨーロッパ社会の市民社会組織は民主化への貢献が期待されているが、実際には必ずしも民主化を支えるとは限らない。協同組合の場合でも、フィリピンでは農民の生計向上にも民主化にも貢献せず、セネガルでは農民の生活向上には貢献しつつ、政府に対する農民のヘゲモニーも強化しているが、民主化という点では問題を持つ。

この二つの国で市民社会のあり方が大きく分かれたのは、農民組織が農民という立場を再確認しその共通利害を明確化できたかどうかにあった。しかしその背景には、両者の歴史の相違がある。フィリピンではスペイン植民地時代以来の大きな貧富の格差と、アメリカ植民地支配下でのアメリカ的な民主主義と資本主義のイデオロギーの富裕層への浸透で、農民と都市エリートの利害が分断されており、この分断と前植民地期に由来するパトロン＝クライアント関係が、協同組合の経営戦略を条件づけている。これに対しセネガルでは土地エリートが未発達で貧富の差がそれほどではなかったことと、農民の間ですでに普及した分益小作システム、および構造調整による政府の縮小が、農民組織の経営戦略を条件づけている。こうしたなか市民社会という語は、公と私の区別を前提とする現代国家システムというアリーナにおいて、フィリピンではヨーロッパ的経済システムをエリートが社会に浸透させるための手段として、セネガルでは農民の利害をヨーロッパ的用語に乗せて政府に主張するための道具として、それぞれヘゲモニー構築の際の使いやすいキーワードとしての役割を果たしている。
現実の社会においてはブローカーとしての市民社会組織の活動は、経済と社会のグローバル化に対する地域社会の反応ということもできる。ヨーロッパの政治思想において市民社会という語が前提としてきた公と私の区別は、非ヨーロッパ社会では必ずしも自明ではないが、それでも「市民社会」という理念は、グローバル化のなかでとくに抑圧された人々に目を向かせる契機となる。しかし他方で、市民社会組織の活動は非市民社会的、あるいは慣習的な諸社会関係というアリーナを前提として成立しており、しかもそこでは「公的」利益を政治的フィールドで主張するために、排除も伴っている。すなわち、市民社会概念は新たな独自のアリーナを形成し、独自の利害の配分構造を作り出しているのである。そこでは市民社会の活動が実現をめざす公的利益は、誰を排除するのだろうか、そして市民社会の理念はどのように実現できるのだろうか。

【注】

＊1　市民社会概念の歴史については優れた研究が少なくない（たとえばリーデル 一九九〇、Arato and Cohen 1992, エーレンベルク 二〇〇一、植村 二〇一〇など）。本章もそれらの研究に依拠しているが、多くの論じるべき重要な点を紙幅の都合で省略した。また、これらの各論者の間でも本章との間でも相違点があるが、本章ではその点も論じられない。

＊2　「キウィリタース（シヴィリテ）」は、中世の宮廷での騎士的（＝武人的）な規範であるクルトワジー（仏 courtoisie）に取って代わった、武力を否定する都市的価値観である。一七世紀には、シヴィリテは表面を取り繕うものとして蔑まれ、かわりに個人の内面に由来するとされた「礼節（仏 politesse）」が重視されるようになり、今日のヨーロッパでも公共空間の構造化の鍵となっている(Miura 2003: 75-76)。なお、近年では文化 culture と文明 civilization は同義とされるが、一八世紀ではむしろ対立概念だった（エリアス 一九七七：六九）。

＊3　植村（二〇一〇）は、ヘーゲルが依拠したドイツ語版の訳者ガルヴェは、ファーガスンの civil society もスミスの commercial society も bürgerliche Gesellschaft と訳しており、ヘーゲルは『国富論』のガルヴェ訳を用いた指摘する。なおヘーゲル以前に

すでにプーフェンドルフのドイツ語訳で、societas civilis は bürgerliche Gesellschaft と訳されている。

＊4　フランスでは、フランス革命時にル・シャプリエ法（一七九一年）により、政治機能を持つ中間集団が禁止されたためアソシエーションの発達は遅れた。しかしそれでも一九世紀初頭より多くの小アソシエーションが生まれ（Agulhon 1977: 31-32）、社会改革の思想の普及に大きな役割を果たした。その後、一九〇一年にアソシエーション法が制定され、それまでの結社に関わる制約は撤廃された。

＊5　日本の市民社会論は、マルクスの市民社会概念をヘーゲルやロックに外挿するなど理論的に破綻していたが、そこには日本独特の市民社会への関心が現れている。

＊6　ボワセベンは、社会的行為を行うにあたって動員できる資源を、第一次資源（財産、肩書き、才能などの、行為者が直接使える資源）と第二次資源（第一次資源を持つ人々との社会関係）に分け、第一次資源を分配する人を「パトロン」、第二次資源を分配する人を「ブローカー」と呼んだ（ボワセベン　一九八六：一九一―一九二）。政治人類学では、この第二次資源を操作する人のなかでもとくに、地域社会と外部社会、あるいは異なる二つの社会をつなぐことで政治的あるいは経済的利益を得ているブローカーが、地域社会に新たな価値を持ち込むなどにより、社会変化を引き起こすアクターとして注目されてきた。本章で取り上げている協同組合の特徴の一つは、この地域社会と外部社会をつなぐブローカー性にある。

＊7　一九九〇年代に欧米のＮＧＯが採用した参加型アプローチは、住民にドナーの開発枠組みを押しつけたが、農民自身の状況改善能力やその方法は考慮しなかった（McKeon 2004: 22）。ＣＮＣＲはこうした援助に対し自主性の回復を試みたのである。

＊8　セネガルでは四つの強力なイスラム教団があり、政治的にもきわめて強い影響力を持ち、その傘下に多くの市民社会的組織や企業もつくられている。そして二〇世紀を通じて彼らの下に広範な土地が集積してきた。ＦＯＮＧＳは政党や教団からは距離を取ろうとしているが、傘下の農民組織の活動は教団のネットワークから切り離されているわけではない（が、この点の詳細な議論は本章ではできない）。

【参考文献】

アリストテレス　二〇一四『ニコマコス倫理学』（アリストテレス全集一五）、内山勝利他編、岩波書店。

アリストテレス　二〇〇一『政治学』牛田徳子訳、京都大学学術出版会。

アレント、H　一九九四（一九五八）『人間の条件』志水速雄訳、筑摩書房。

上野千鶴子　二〇一一『ケアの社会学』太田出版。

植村邦彦　二〇一〇『市民社会とは何か――基本概念の系譜』平凡社。

エリアス、N　一九七七（一九三九）『文明化の過程（上）』赤井慧爾他訳、法政大学出版局。

エーレンベルク、J　二〇〇一（一九九九）『市民社会論――歴史的・批判的考察』吉田傑俊訳、青木書店。

遠藤貢　二〇〇二「アフリカをとりまく『市民社会』概念・言説の現在――その位置と射程」平野克己編『アフリカ比較研究――諸学の挑戦』アジア経済研究所、一四八―一八六頁。

カルドー、M　二〇〇七（二〇〇三）『グローバル市民社会論――戦争への一つの回答』山本武彦他訳、法政大学出版局。

日下渉　二〇〇八「フィリピン市民社会の隘路――『二重公共圏』における『市民』と『大衆』の道徳的対立」『東南アジア研究』四六（三）、四二〇―四四一頁。

グラムシ、A　一九八一（一九七五）『グラムシ獄中ノート』V・ジェルラターナ編、獄中ノート翻訳委員会訳、大月書店。

サラモン、L／H・K・アンハイアー　一九九六（一九九四）『台頭する非営利セクター――一二ヵ国の規模・構成・制度・資金源の現状と展望』今田忠監訳、ダイヤモンド。

島薗進　二〇〇四「社会の個人化と個人の宗教化――ポストモダン〈第二の近代〉における再聖化」『社会学評論』五四（四）、四三一―四四八頁。

スミス、A　二〇〇〇―二〇〇一（一七七六）『国富論』（全四巻）、水田洋監訳、岩波書店。

デュルケム、E　一九七四（一九五〇）『社会学講義：習俗と法の物理学』宮島喬・川喜多喬訳、みすず書房。

トクヴィル、A　二〇〇五―二〇〇八（一八三五・一八四〇）『アメリカのデモクラシー』（全四巻）、松本礼二訳、岩波書店。

パットナム、R　二〇〇一（一九九三）『哲学する民主主義――伝統と変革の市民的構造』河田潤一訳、NTT出版。

ハバーマス、J　一九七三（一九六二）『公共性の構造転換』初版、細谷貞雄訳、未来社。

ハバーマス、J　一九九四（一九九〇）『公共性の構造転換』第二版、山田正行訳、未来社。

ハバーマス、J　一九八五―一九八七（一九八一）『コミュニケイション的行為の理論』（全三巻）、河上倫逸他訳、未来社。

フーコー、M　二〇〇八（二〇〇四）『生政治の権力』慎改康之訳、筑摩書房。

ベーク、S　一九九三（一九九二）『変化する世界における協同組合の価値――第三〇回ICA東京大会に対する報告書』生協総合研究所訳、コープ出版。

ヘーゲル、F　二〇〇〇―二〇〇一（一八二〇）『法の哲学――自然法と国家学の要綱（上・下）』（ヘーゲル全集 九）、上妻精他訳、岩波書店。

ボワセベン、J　一九八六（一九七四）『友達の友達――ネットワーク、操作者、コアリッション』岩上真珠・池岡義孝訳、未来社。

マキャヴェッリ、N　二〇〇一（一五三二）『君主論』佐々木毅訳、講談社。

マルクス、K／F・エンゲルス　一九九八（一八四五―一八四六）『草稿完全復元版ドイツ・イデオロギー』渋谷正編訳、新日本出版。

三浦敦　二〇〇五「現代社会におけるアソシエーション的ユートピア――フランスとフィリピンにおける協同組合の社会的位置」『文化人類学』七一（一）、七二―九三頁。

モース、M　二〇一四（一九二四）『贈与論　他二編』森山工訳、岩波書店。

リーデル、M　一九九〇（一九七五）『市民社会の概念史』河上倫逸・常俊宗三郎編訳、以文社。

ル・ゴフ、J　二〇一一（一九八八）『歴史と記憶』新装版、立川孝一訳、法政大学出版局。

Agulhon, M. 1977. *Le cercle dans la France bourgeoise 1810-1848*. Paris: A. Colin.

Alagappa, M. 2004. Civil Society and Political Change: An Analytical Framework. In M. Alagappa (ed.), *Civil Society and Political Change in Asia: Expanding and Contracting Democratic Space*. Stanford: Stanford University Press, pp. 25-57.

Arato, J. and A. Cohen 1992. *Civil Society and Political Theory*. Cambridge (MA): MIT Press.

Blundo, G. 1994. Le conflit dans « l'Entente » In J. P. Jacob et Ph. Lavigne Delville (dirs.), *Les associations paysannes en Afrique: Organisation et dynamiques*. Paris: Karthala, pp. 99-120.

Blundo, G. 1998. Logiques de gestion publique dans la décentralisation sénégalaise: Participation factionnelle et ubiquité réticulaire. *Bulletin de l'APAD* 15 (version en-ligne).

Clarke, G. 2013. *Civil Society in the Philippines: Theoretical, Methodological and Policy Debates.* London: Routledge.

Dahou, T. 2002. De l'encadrement à la libéralisation: Les pouvoirs locaux se réapproprient le développement rural. In M. C. Diop (dir.), *La société sénégalaise entre le local et le global.* Paris: Karthala, pp. 227-255.

De Janvry, A. et E. Sadoulet 2004. *Organisations paysannes et développement rural au Sénégal.* Rapport soumis à la Banque Mondiale.

Evers, H. D. 1994. The Traders' Dilemma: A Theory of the Social Transformation of Markets and Society. In H. D. Evers and H. Schrader (eds.), *The Moral Economy of Trade: Ethnicity and Developing Markets.* London: Routledge, pp. 7-14.

Ferguson, A. 1966 (1767). *An Essay on the History of Civil Society*, edited by D. Forbes. Edinburg: Edinburg University Press.

FONGS 2013. *Les exploitations familiales sénégalaises investissent et se modernisent: Synthèse d'étape 2.* Thiès: FONGS.

Kocka, J. 2002. Civil Society and the Role of Politics. In G. Schröder (ed.), *Progressive Governance for the XXI Century.* Den Haag: Kluwer Law International, pp. 27-35.

Lee, H. G. 2004. Introduction. In H. G. Lee (ed.), *Civil Society in Southeast Asia.* Singapore: Institute of Southeast Asian Studies.

McKeon, N. et al. 2004. *Peasant Associations in Theory and Practice.* Civil Society and Social Movements Programme Paper 8. Geneva: UNRISD.

Miura, A. 2003. Sociability and Associations in Rural French Jura: Justice, Property Rights and Moral Economy. *Senri Ethnological Studies* 81: 69-98.

Mojares, R. 2006. Words That Are not Moving: *Civil Society* in the Philippines. *Philippine Quarterly of Culture and Society* 34 (1): 33-52.

Proudhon, P.-J. 1857. *Manuel du spéculateur à la bourse*, 4e édition. Paris: Garnier Frères.

Scott, J. 1972. The Erosion of Patron-Client Bonds and Social Change in Rural Southeast Asia. *Journal of Asian Studies* 32 (1): 5-37.

Scott, W. 1994. Prehispanic Filipino Concepts of Land Rights. *Philippine Quarterly of Culture and Society* 22 (2): 165-173.

Swartz, M. 1966. Intoroduction. In M. Swartz (ed.), *Local Level Politics: Social and Cultural Perspectives.* Chicago: Aldine, pp. 1-46.

第4章　NGOの人類学は何をめざすのか

――民族誌アプローチとアナーキスト人類学の動向

福武慎太郎

1　NGOの人類学の射程

本章では、これまでのNGO（Non-Governmental Organization, 非政府組織）の人類学的研究をふりかえりながら、これからのNGO研究のめざすべき方向について考える。人類学におけるNGO研究は、主として開発援助の現場を対象とする民族誌的記述を通じて行われてきた。民族誌（ethnography）という手法は、グローバルな開発援助システムのなかでNGOを取り巻くさまざまな行為主体――政府、国際機関、「北」のNGO、「南」のNGO、そして地域住民――がおりなす権力関係を記述することで、開発援助の構造的な問題を明らかにしてきた。民族誌アプローチは、開発学（development studies）という分野において、開発と貧困、紛争と難民、人権、環境問題といった地球規模の諸課題に取り組むNGOについて、個々の事例から検証し、ローカルな価値や当事者の権利に配慮した支援を模索することが期待されてきたと言える。

ただし、民族誌アプローチは、開発援助のあり方の構造的な問題を明らかにする一方で、「ではどうすれば良いのか」という問いに答えてきたとは言い難い。それは開発援助との関わりに限定してNGOが議論されてきた傾向とも無関係ではない。ＮＧＯを取り巻く構造的な問題を議論するためには、開発援助の分野に限定することなく、人権、民主主義、反グローバリズムなどの社会運動の諸実践も含め、ＮＧＯというラベルのもとでの多様性を明らかにしつつ、その目的と実践を考える必要がある。

以下、はじめに開発援助の現場をめぐる人類学的研究のなかでＮＧＯがどのように理解されてきたかを概観する。ＮＧＯ実践は、開発援助の批判的研究のなかで、当初は大規模な開発プロジェクトへの対抗運動として見られていた。しかし一九九〇年代後半から次第に増えはじめた民族誌的研究によって、グローバルな開発援助システムからけっして自由ではありえないＮＧＯの状況が指摘されるようになった。ＮＧＯ実践を開発援助の分野だけでなく、人権や民主主義運動など市民社会運動も含めて捉えるのであれば、これについても人類学は豊富な研究の蓄積がある。ただし人類学は民族誌的事実を重視し、西欧社会で発展してきた人権や民主主義という思想をフィールドに持ち込むことを自文化中心主義的として批判する傾向がある。

しかし本来、人権、民主主義という理念は、文化相対主義を掲げマイノリティの権利を擁護する現代の人類学のあり方と対立するものではない。むしろ多様な価値に関する研究に基づき、緻密な批判的検討を行いながら、より普遍性を持った価値に関する議論へ寄与する役目を担っていると考えられる。近年、狩猟採集民社会や遊牧民社会など「国家なき社会」の政治経済システムについて研究してきた人類学を、反グローバリズム運動の実践知として再創造する試みが米国の人類学者デイヴィッド・グレーバーによって行われている（cf. Graeber 2011）。本章の後半では「アナーキスト人類学」と呼ばれるグレーバーの仕事を紹介することを通じて、これからのＮＧＯ研究は、グローバルな政治経済システムをめぐって、ローカルな場から構造的な問題を明らかにする民族誌の手法と、オルタナティブな実践のあり方を探求する新たな理論の構築の両輪で進められていく必要性を指摘したい。

2　開発とNGO

2-1　大規模開発プロジェクトに対するオルタナティブとしてのNGO実践

人類学においてNGOが記述の対象となったのは、何よりも「開発」の場面においてだった。アメリカ合衆国第三三代ハリー・S・トルーマン大統領は第二次世界大戦後の一九四七年、特別教書演説のなかで、それまでの孤立主義から世界の政治経済への積極的な介入へと舵をきることを言明した。同時にトルーマンは、世界を開発先進国（developed countries）と開発途上国（developing countries）に分け、前者が後者を経済的、技術的に支援するというビジョンを提示した。これにより第二次世界体制後の国際秩序として、東西冷戦と「開発援助レジーム」[*1]が誕生した。人類学者の主たるフィールドであった旧植民地世界では、多くの国民国家が独立し、この開発援助レジームのなかで開発途上国と呼ばれるようになった。開発レジームは、植民地主義終焉以後の西側諸国の人類学者に、アカデミズムのなかでの存在理由を与えると同時に、開発に伴う社会変容という新たなテーマを人類学に与えることになった。

世界銀行などの国際機関、そして欧米や日本の開発援助機関によるさまざまな開発事業が進行するようになった一九七〇～一九八〇年代、社会科学の分野では国際開発を「北」による「南」の搾取構造を正当化する「新しい植民地主義」として分析するようになった。人類学者もまた調査地において、開発が現地社会にもたらす社会変化を記述し、批判的に考察するようになった（cf. プライス 一九九一）。一九九〇年代になると、フーコー的な権力概念に基づく開発論が登場する。たとえばエスコバルは、開発を西側資本主義諸国が「第三世界」として構築された地域への支配を正当化する言説として捉え論じた（Escobar 1995）。ファーガソンは、アフリカのレソト共和国における開発プロジェクトを事例として、開発の言説が、脱政治化された知識を生産し、貧困などの問題を解決するための技法を提供する様を示した（Ferguson 1994）。新マルクス主義や従属論に基づく開発批判と、エスコバルやファーガソンの言説アプローチの違いは、開発主体を、フーコー的な理解に基づく匿名性の権力としてみるところにある。従属論によると開発プロジェクトの真の目的は、当該社会における資本主義諸国や多国籍企業による搾取を推し進め、新たな領域を世界システムに統合することにあった。他方、言説アプローチは、開発が資本主義による支配という明白な意図を持っているとは考えない。開発の専門家は、自らの知識と方法が、途上国の貧困問題を解決可能にすると信じている。開発の失敗を、専門家の「意図せざる結果」としてみる言説アプローチは、その後の開発を批判的に捉える人類学においてロールモデルとなった（Ferguson 1994: 9-21）。

それでは、こうした開発援助レジームのなかでＮＧＯはどのような理解をされてきたのだろうか。

国連憲章第七一条は、政府以外の組織で国境を越えて活動する団体を、国連の経済社会理事会との協議資格を持つ団体として認め、それらを初めて「ＮＧＯ」と表現した。すなわちＮＧＯの名づけ親は、「政府」の側であった。しかしその後、非政府の視点・立場から公正な社会の実現をめざす多くの市民団体がこの名称を用いるようになった。とくに米ソの冷戦体制が崩壊した一九九〇年代以降、貧困、環境、自然災害、紛争と難民、そして人権侵害などの地球規模の諸問題に取り組む団体がＮＧＯと呼ばれるようになった。こうした潮流のなか、多く誕生したＮＧＯは「連帯革命」（Salamon 1994）と呼ばれるなど、資本主義諸国による新自由主義の推進や経済のグローバル化に対抗するもう一つのグローバル化、すなわち地球市民の誕生を予感させる動きとして期待された（福武 二〇〇七b：二八〇―二八一）。

この潮流のなかで、ＮＧＯによる開発実践は、大規模開発プロジェクトに対する草の根の地域活動として、好意的に見られてきた。こうしたＮＧＯの立場を代表する論客の一人がロバート・チェンバースである。チェンバースは、開発の専門家たちが持つバイアスに注目し、そうしたバイアスをできる限り廃し、現地住民に寄り添うＮＧＯのあり方を論じた（チェンバース 一九九五）。

開発学におけるチェンバースの功績は、途上国の人々の暮らしについての知の構築プロセスの、方法論的問題点を明らかにした点にある。チェンバースは、開発事業の担当者の多くが依拠する調査法である大規模なアンケート調査の問題点を指摘した。さらに、人類学者による長期参与観察も批判の対象とした。そしてNGOの草の根の地域実践から生まれた参加型農村開発（PRA）という調査法を紹介した。PRAは現在にいたるまで改良が加えられ発展を遂げている。

この文脈において、NGOは、第二次世界対戦後の国際秩序の一つである開発援助レジームに対し、ローカルな文脈で対抗する運動として理解できる。こうした草の根の運動のバイブル的テキストの一つが、パウロ・フレイレの『被抑圧者の教育学』[*2]である。ラテンアメリカ世界における「解放の神学」の影響を受け発展したフレイレの思想や実践は、途上国の農民たちが知識を獲得し、権力を批判する力を獲得する方法を提供した。フレイレの思想の影響を受けたNGOの実践において何よりも重要なのは、支援される人々が知識を獲得し、自らの生活を向上させていく力を獲得することだった。

国際保健の分野でもフレイレの思想を反映した草の根の保健活動が一九六〇年代以降、第三世界でひろがっていく。この運動は後に一九七八年、カザフスタンのアルマアタで開催されたWHOの国際会議で、プライマリ・ヘルスケアと呼ばれ、「二一世紀までにすべての人々に健康を（Health for All）」をスローガンに、世界戦略として採択された。まさにNGOの実践から生まれた思想が、国際機関に採択された瞬間だった。

ところが現実には、多国籍企業の思惑も働き、ほとんどの開発途上国でプライマリ・ヘルスケアは実現しなかった。こうした状況のなかで国際保健に関わるNGOは、途上国における保健医療行政が多国籍企業の思惑に支配されるなか、地域に根ざし、当該国政府の保健医療政策とは異なる、住民参加型の保健医療を実践する。この分野においてはデビッド・ワーナーの『医者のいないところで』（ワーナー 二〇〇九）や『Helping Health Workers Learn』（Werner and Bower 1982）が、NGOワーカーにとって必読テキストとなり、村落保健ボランティアを育成することがNGOにとっての主なミッションとなった（ワーナー&サンダース 一九九八）。

このように、貧困撲滅をめざす大規模な開発プロジェクトが、実際には目的を達成できていないと批判を受けるなか、NGOによる草の根実践は、それにかわるものとして理解され、評価されてきた。こうしたNGOの立場は、地域社会の文化や価値を尊重する人類学者の立場に近いものと理解され、NGOもまた地域社会に寄り添おうとする人類学者の態度を好意的に捉え、互いに協力関係が構築されるものと理解してきたと思われる。

2-2 NGO実践に対する批判アプローチ

前節で述べたように、NGOの活動は、政府や国際機関による大規模な開発事業のオルタナティブな実践として見られてきた。しかし一九九〇年代以降のNGOをとりまく状況を見ていくと、必ずしもNGOと政府を対比的に位置づけることができない。NGOの専売特許であった参加型開発は、すでに国際機関や政府系のプロジェクトでも盛んに導入されている。NGO職員が政府や国際機関に転職するなど、人的交流も盛んだ。もはやNGOの手法と政府の手法に明確な違いは存在しないように思える。それでもなお、NGOを政府への対抗運動として捉える言説はいまなお支配的である。

筆者自身、こうした社会変革をめざす対抗運動としてNGOの可能性に魅力を感じ、二〇〇〇年代初頭にその世界に飛び込んだ。筆者が参加したのは国際保健を専門とするNGOで、インドネシアからの独立が正式に決まったばかりの東ティモール民主共和国に派遣された。その事前研修の際に、ワーナーとサンダースの『いのち・開発・NGO』（一九九八）を読むことを勧められ、興奮しながら読んだことを覚えている。しかし実際に働き始めると、国連行政下の保健省やJICAとの交渉、事業計画書や報告書の作成など、きわめて官僚的な開発援助システムに埋没しているNGOの日常に、社会変革という運動に参加しているのだという実感は薄れていった。日々の業務のなかで現地の人たちとの交流は少なく、日本人同士の関わりがほとんどだった。そして何よりも、私の担当した職務がローカルスタッフの管理や指導が中心であったため、組織で働くことの規律とマナーをローカルスタッフに理解してもらうことに直面せざるをえず、そのことが私を悩ませた。

たとえば女性ローカルスタッフたちの遅刻や無断欠勤が問題になったことがあった。理由を聞くと彼女たちは子どもや親族の病気を口にした。しかしオフィスを離れ、彼女たちと雑談をしているとき、他のスタッフにはいわないという条件で、なぜ急ぎの仕事がないにもかかわらずオフィスにいなければならないのかと逆に問われた。たしかに当時、予定していた活動が諸事情で暗礁に乗り上げたため、我々は彼女たちのためにかわりとなる当座の仕事を用意しなくてはならないという状況だった。そして日々、紙芝居やゲームなど保健医療教育のための教材づくりをしてもらっていた。

彼女たちは東ティモールでの国連暫定行政の職員と同様に、午前八時に出勤して、午後〇時から二時まで昼休みをとり、そして午後四時まで勤務することになっていた。彼女たちが不満に思っていたのは午後の勤務だ。彼女たちは昼休みには自宅に戻って食事をとっていたのだが、食後に再びオフィスに戻り、絵を描いたり色紙を切り貼りしたりすることが、重要な仕事であるとは思えなかったのだ。

いま思えば、彼女たちは、労働を時間で計測するという資本主義社会におけるルールに対し疑問を呈していたのだと理解できる。こうした不満は国連行政下で働くティモール人の間で常にささやかれていた。農民は、仕事がなければ休む。日差しの強い午後は睡眠と休息をとる。彼らにとって、決められた一定時間、自分の身体を提供するという労働形態は、初めての経験だったのだ。

当初、私はそこまで深く考えず、NGO本部の求める時間数を確保しつつ、ティモールの農村社会のリズムに適合するように就業時間を変えた。NGO側の要望と彼女たちの要望の折衷案だ。しかしNGOの現地スタッフが交替して新しい代表がやってきたとき、彼は、私の対応はローカルスタッフを甘やかしているにすぎない、と批判した。私たちNGOはいつまでもいるわけではない。私たちが撤退した後、行政や別のNGOで働きたいと思うなら、組織で働くための常識を彼女たちは学ばなければならないと、彼は言った。以降、ローカルスタッフは、出勤・退出時間を出勤簿で記録し、遅刻や無断欠勤をするとどんな理由かにかかわらず減給すると伝えられた。結果、彼女たちの遅刻と無断欠勤はほとんどなくなった。

このような現場体験を経て、私は、NGOは社会変革の担い手であると自信をもって主張することができなくなった。私が所属していたNGOは、プライマリ・ヘルスケアというラディカルな草の根保健運動を理念として掲げていたが、現実的にはJICAの受託事業として、保健省をカウンターパートとし、開発援助システムのなかに適合しつつ事業を継続していた。そして革新的な言説とは裏腹に、きわめて資本主義的、官僚組織的な労働倫理をローカルスタッフに求めていた。そうした労働倫理が参加型開発の言説と矛盾していないかどうかなど、考えることはない。NGOによる参加型開発の現場は人々に「自立し、自らの頭で考え行動せよ」と命令すると同時に「規則に従え」とも命令している。[*3]

NGOによる参加型開発の理想と現実をめぐる批判的な検討は、開発学のなかで、とくに実務に関わってきたNGO研究者によって行われてきた（cf. Cooke and Kothari 2001）。一九八〇年代後半以降、NGOへの期待の高まりとともにODAや国際機関からNGOへ流れる資金は増大・常態化し、NGOのドナーへの依存度を高めることになった。一九九〇年代後半以降のNGO論は、国際開発においてNGOを取り巻く権力関係――ODA、国際機関、「北」のNGO、「南」のNGO、「受益者」と呼ばれる「南」の人々――を問題化することが主流となっている（Edwards and Hulme 1996a, 1996b, 藤岡・越田・中野 二〇〇六、溝上 二〇〇七など）。多くの南のNGOにとって最重要課題は組織の存続と職員の雇用確保であり、その結果、真の受益者は支援の対象者からNGO職員に取って代わられたという批判さえある。ロジカル・フレームワークと呼ばれるドナーへの報告フォーマットを使いこなす人材を求める開発マネジメントは、「北」の視点を一方的に押しつけるものだという批判などは、その最たる例である（木村 二〇一〇：三三五）。

NGOについての民族誌も登場するようになった。たとえばヒルホルストの『NGOの本当の世界（*The Real*

World of NGOs)』(Hilhorst 2003)は、NGOの現実を的確に捉えている。彼女は本書においてフィリピン北部山岳地帯のローカルNGOの日常に焦点をあて、フィリピンの戦後政治、先住民運動、そして開発事業それぞれの言説に彩られたフィリピンNGOの実態を明らかにしている。マルコスの戒厳令下における水力発電ダム建設計画に対する反対運動を契機に、フィリピン北部の山岳地帯新人民軍、フィリピン共産党、民族民主戦線が関与し、先住民運動と重なり合いながら、反政府的な社会運動のフィールドであり続けた。一九八〇年代以降の民主化の流れのなかで、こうした運動が住民参加型の開発の言説を帯び、脱政治化したNGOへと、変容していく様をヒルホルストは記している。そして左翼的政治活動、社会運動、開発の言説が、一つの組織体のなかで錯綜するNGOの日常を、民族誌的手法で鮮やかに描き出した(Hilhorst 2003, 2007)[*4]。

デヴィッド・ルイスらの論集『開発のブローカーと翻訳者(*Development Brokers and Translators*)』(Lewis and Mosse 2006)もまた、開発実践を行うNGOの批判的研究として位置づけることができるだろう。この論集においてルイスらは、「脆弱な国家」におけるブローカーの役割に注目しつつ、ブルーノ・ラトゥールのアクター・ネットワーク理論を援用し、開発実践を「翻訳」という観点から捉えることを提唱する。たとえば本書に収められたナウタの論文は、南アフリカのあるNGOの事例を取り上げ、その歴史、政治、経済的なコンテクストのなかでNGOによる実践を位置づけ、日常のなかでNGO像がつくられていく様を明らかにする(Nauta 2006)。

こうしたNGOの民族誌から見えてくるのは、開発実践に関わるNGOの多面性である。これまでNGOというラベルのもとで一括りにされてきた開発援助組織が、NGOを取り巻く言説や実践を追う民族誌のなかで、NGOの当事者の語りとは異なる、さまざまな顔を持つことが明らかになった。その結果、国家や国際機関による大規模開発事業のオルタナティブと単純に位置づけることのできないNGOの実態が浮き彫りにされることになる。

3　グローバルな価値とNGO

開発学の領域においてNGO研究は、NGOの実務者の視点から内省的な議論が展開されてきた。たとえば木村(二〇一〇)は、一九八〇年代後半以降の、開発学におけるNGO論の動向を、批判理論の視点から整理し論じた。そこではNGO研究が、NGOを取り巻く権力関係を問題化しながらも、「NGOは今後どうするべきか?」との問いに対して解決策どころか方向性さえ見出せなく、行き詰まり感があると指摘している(木村 二〇一〇:四〇)。構造的な問題に気づきながらも、オルタナティブを創造するのが難しい状況が国際開発領域にはあるのかもしれない。

開発援助システムという構造にがんじがらめのNGOという悲観的な視点は、国際開発領域においてのみNGOを理解することから生じている。チャーノヴィッツは、地球規模の「NGOの台頭」を、第二次世界大戦後の国際開発レジームのなかでのみ論じるのではなく、一八世紀後期から始まる奴隷制廃止を求める運動などさまざまな国家的枠組みを超えた市民の平和実践という大きなうねりのなかで理解するべきとしている(Charnovitz 1997)。そして、二〇世紀以降、グローバルに育まれて共有されてきたものとして人権や民主主義などの普遍的価値がある。

人権は、紛争と難民、移民問題、貧困、教育などさまざまな地球規模の諸問題のなかで、苦境にある人々について考えるにあたって鍵となる概念である。「世界人権宣言」の背景には、第二次世界大戦中のヨーロッパにおけるユダヤ系市民への迫害、ホロコーストの衝撃があった。こうした人種、民族に基づく差別を許してはならないという願いから、人権という価値は誕生した。人権には民族の権利、マイノリティの権利も含まれており、事実、国際的な人権運動は、少数民族や先住民の権利に目を向けてきた。この文脈において人権は、世界の諸民族の文化を研究対象とし、文化相対主義を掲げてきた人類学にも共有可能な価値であった。

一方で人権という概念は、欧米で生まれた普遍主義的な価値として人類学の批判の対象となってきた。人権という価値が民族文化と対立するのは、それが女性や子どもなど社会的弱者の権利を侵害していると見られるときである。たとえば女子割礼（ＦＧＭ）の慣習をめぐる論争はその典型である（cf. 大塚 一九九八）。アラブやサハラ以南のアフリカの一部で行われるこの慣習は、女性の身体への直接的暴力であるとして、欧米の人権団体はその廃絶を求めている。こうした欧米の人権団体による活動に対し人類学者は、その自文化中心主義的な態度を批判し、文化として擁護をする立場をとった。ただし人類学の内部においても、民族文化にひそむ暴力性を擁護する、もしくは判断を留保する人類学者の姿勢への批判が多くある（Scheper-Hughes 1995）。人権という普遍主義的価値とローカルな文化の狭間での人類学者の葛藤の典型例が、こうした儀礼的暴力をめぐる議論で見られる（田中 一九九七）。

一九九〇年代以降の紛争下の性暴力をめぐる議論においても、人権団体による語りに対する批判的検討が人類学者によって行われた。一九九〇年代の旧ユーゴ／ボスニア紛争において、敵対する民族集団に属する女性に対しレイプが行われたことをめぐり、なぜ戦争において男性は女性をレイプするのかという問題が盛んに議論された（cf. Mackinnon 1994）。一九九六年のルワンダ内戦においても、多くのフツ人女性がツチ人民兵によって誘拐、レイプされたことが人権団体などの注目を集め、とくに誘拐した女性を捕らえ続けることを、普遍的人権やフェミニズムの言説では「強制された結婚（forced marriage）」や「性奴隷（sexual slave）」と呼び、紛争下の性暴力の一形態として問題を訴えた。こうした人権ＮＧＯの報告において、暴力の発生の要因が、しばしば「家父長制文化」にあると表現されるように、男性中心の社会による、女性に対する暴力の普遍性が指摘されている（Nowrojee 1996）。

こうしたグローバルな人権言説に対し、人類学の領域から批判的な議論が展開された（Das 1995, Hayden 2000）。これらの研究では、戦時下に起こった略奪婚などを事例として、人道主義や人権運動の言説が、当事者である女性自身の意思を表明する権利を奪っていることを指摘した。多くの事例において誘拐された女性たちは、事態が落ち着いた後も加害者である男性と暮らし続けることを望んでいたこと、なかにはレイプや誘拐ではなく自分の意思による結婚であったにもかかわらず、人道支援の語りが、紛争時の異教徒、異民族間の結婚はすべて強制されたものであるとの印象を与えることで、当事者である女性の声を奪っていると指摘した（Das 1995: 55-83, Hayden 2000: 34-36）。

人類学による紛争下の性暴力の言説をめぐる批判的考察は、儀礼的暴力をめぐる議論で集団的民族文化を擁護する立場とは対照に、当事者個人の意思表明や行動（エージェンシー）を擁護するという立場を示している。上記の人権NGOが指摘するような、紛争下の女性が加害者の元にとどまり続ける背景にあるエンパワーメントの欠如や選択肢のなさを、これらの人類学的研究がすべて否定するわけではない。問題は、このような人権の言説の前には、当該社会の女性が自らの意思について何を語ったとしても社会的弱者としてのラベルから逃れられないことにある（cf.辰巳二〇〇七）。同様の人類学の批判アプローチは難民経験についての語りにおいても見られる（Malkki 1995, 久保二〇一四）。

このように、人権を例にとってみれば、人類学は人権概念の持つ啓蒙的かつ西欧中心主義的な性格に対し、個々の事例から批判的な議論を展開してきた。しかしホロコースト後の西欧社会で誕生した近代人権思想は、その理念において、文化相対主義を掲げマイノリティの権利を擁護する現代の人類学のあり方と対立するものではない。むしろ多様な価値の有り様についての個別研究を土台として、緻密な批判的検討を加えながら、より普遍性を持った価値の創造へ寄与する役目を担っているといえる。人類学もまた、人権や民主主義といったグローバルに共有されうる価値と実践に対し、批判的な役割だけでなく、理論的な基盤を提供することが求められている。

4　アナーキスト人類学

NGO実践を、自文化中心主義的ではない価値の創造と、より大きな社会変革の運動の一部としてみる。デヴィッド・グレーバーは近年、反グローバリズムの実践と研究で注目を集めている人類学者の一人である。グレーバー自身、反グローバリズムの活動家でもあり、社会運動の現場を内側から記述するエスノグラファーであり、人類学をアナーキズムの運動の理論として再構成を試みる思想家でもある。グレーバーが提唱する人類学は「アナーキスト人類学」とも称される。

グレーバーによる社会運動の現場に関する民族誌『直接行動の民族誌（*Direct Action: An Ethnography*）』（Graeber 2009）は、二〇〇〇年四月にカナダのケベック・シティで開催された米州自由貿易地域（ＦＴＡＡ）の会議に反対する大規模な直接行動についての民族誌で、グレーバーはこの直接行動に参加する一活動家であると同時に、それを記述し、分析するエスノグラファーでもあった。彼自身のアフィニティ・グループに関する状況から、他のグループとの関係性、さらに高次のスポーク・カウンシルにいたるまで、運動の現場を立体的に描き出す。同書においては分析や理論的考察は最小限にとどめられており、むしろ反グローバル運動の記録としての民族誌的記述に徹している。

グレーバーによる反グローバリズム運動の民族誌が、当事者にどのように受け止められているのか定かではないが、否定的な声があがっていないとすれば、第一にグレーバー自身がメンバーの一人であり続けていること、そして第二に、人類学者として運動の重要な理論的基盤を提示しようとしていることにあるだろう。

人類学においてもアナーキズムは重要なテーマとなりつつある。かつての社会運動の理論基盤はマルクシズムであったが、現在の社会運動はアナーキズムだと言われる。アナーキズムはマルクシズムのような明確な理論体系を持たない諸実践だった。人類学者でもあり自身も反グローバリズムの運動に参加するグレーバーは、伝統的に非国家社会を研究対象としてきた人類学こそが、アナーキズムにとっての思想的基盤となりうると主張している（グレーバー二〇〇六）。実際にグレーバーは、その著書『負債（*Debt*）』のなかで、人類学における贈与交換論と多くの民族誌的事例をひもときながら、人類史を「負債」という視点から描きなおすことで、ＩＭＦ批判と債務国の債権放棄を主張する運動に思想的基盤を提供しようとしている（Graeber 2011）。

グレーバーのねらいは、行き詰まりをみせている国家的秩序と資本主義システムに代わる、未来の政治経済の構想の源泉として人類学を位置づけることにある。たとえばグレーバーは市場経済（market economy）に対し、「人間経済（human economy）」という概念を用いて、貨幣にかわる交換可能な価値の中心に人間をみる。グレーバーの提唱する経済システムは、マルクスの批判モデルとマルセル・モースの贈与交換論を基礎とした協同組合主義を組み合わせたような理論であり、必ずしも人類学者にとって新しい視座というわけではない。グレーバーの貢献は、非国家的空間をフィールドとしてきた人類学を、新たな世界史的段階を予測する実践知として刷新しようとしている点にある。

アナーキズムを議論の中心に据えようとしているのはグレーバーだけではない。ジェームズ・C・スコットの『ゾミア――脱国家の世界史（*The Art of Not Being Governed: An Anarchist History of Upland Southeast Asia*）』もまた、アナーキズムとNGO論の接続を考える上で示唆に富んでいる（スコット 二〇一三）。同書のなかでスコットは、ヴェトナムの中央高原からインドの北東部にかけて広がる、東南アジア大陸部の五ヵ国（ヴェトナム、カンボジア、ラオス、ビルマ、タイ）と中国の四省（雲南、貴州、広西、四川）を含む広大な山岳地域を「ゾミア（Zomia）」という新しい地域概念で呼び、ゾミア・スタディーズ（Zomia Studies）という新たな地域研究のあり方を示した。言語的にも民族的にも多様で約一億人の少数民族が暮らす山地社会を一つの「地域」として捉えることの意義は、国民国家単位で世界を理解する一般的な知のあり方だけでなく、米国の政策科学として始まった地域研究が暗黙の前提としてきた地域概念（東南アジア、中東、南米……）を見直す契機にもなっている。

NGO論との関連で注目に値するのは、東南アジア大陸部を含む世界各地の山地社会を、平等主義で非暴力を志向する自治社会としてみる視点である。スコットは山地社会に暮らす人々を「これまでの二〇〇〇年の間、奴隷、徴兵、強制労働、伝染病、戦争といった平地での国家建設事業に伴う抑圧から逃れてきた逃亡者、避難民、マルーン共同体の人々」と定義し、その生業、社会組織、イデオロギー、そして口承文化さえも、国家から距離を置くために選ばれた戦略と主張した（スコット 二〇一三：ix―x）。これまで国民国家における少数民族として、貧困や人権侵害の被害者として、そして紛争から逃れてきた難民として、支援が必要な社会的弱者として彼らは理解されてきた。スコットはこうした山地民を、伝統的にその地に暮らしてきた人々ではなく、国家の支配から自由を求めて逃れてきた人々と理解し、さまざまな背景を持つ人々で形成された、平等主義的で、多言語多文化的な社会と論じている。

スコットは山地民社会を移動性のなかにみる。「避難」や「移動」には、現代のグローバル化された地球社会において、ネガティブな意味合いがつきまとうが、支配や暴力からの自由を求める主体的な行動とみる視点がここにある。定住者の視点から理解するこれまでの知のあり方を問い直すスコットのゾミア論は、社会的弱者の置かれた境遇を理解し、支援のあり方を考える国際協力、開発学にも新たな視点を提供するものとなりうる。

アナーキズムを鍵となる概念として、グレーバーもスコットも、伝統的に人類学が研究対象としてきた「国家なき社会」の実践知――親族および婚姻制度、贈与交換、非文字文化、生業と生活様式など――に関する膨大な民族誌的記述を土台としながら、「もうひとつの」政治経済システムの可能性を示そうとしている。その知識の一つひとつは人類学を知るものであればけっして真新しい知識ではない。グレーバーとスコットが提唱する知の新しさは、古典的な人類学的主題を、国家と市場経済というグローバルな規範的価値とは別の、「もうひとつの価値」として再構成しようという点にある。彼らが提唱するように仮に人類学的知のある側面が、「国家」と「市場」なき社会を表象するものであるならば、人類学は国家的暴力を批判し、資本主義システムが生み出す格差の是正を求めるNGO実践の理論基盤となる可能性を秘めていると言えるだろう。

5　人類学とNGOはどのような世界をめざすのか

環境、人権、移民、難民問題、貧困など、さまざまなグローバル・イシューに取り組むトランスナショナルなNGOは、社会変革を担う主体として理解され、またNGOの当事者も自らをそのように理解し、発信してきた。ただし実際には、国家権力やグローバル企業を批判しつつも、現行の国家秩序、資本主義システムに代わる構想を持っているとはいえず、依然としてマルクス主義に代わる理論的言説を見出すことができない。構造的な問題に現場の人間は誰しも気づいているが、ではその構造的な問題を解決するためにどうすれば良いか、当事者は答えを見出せないでいる。NGOで働く私の友人が、かつて自らの仕事を「絆創膏をはるような」と表現したことがある。目の前で傷ついている人たちに応急処置を施しているだけで、ケガを負い続ける根本的な問題の解決には何もできないと言いたかったのだろう。根本的な問題について考えるには、日常の業務をこなすのに忙しすぎるのかもしれない。

人類学とNGOは似ている。植民地化とともに未開社会の研究として出発した人類学は、その初期こそ自文化中心主義的な側面もあったが、人類学者自身がフィールドワークを行うようになって以来、文化相対主義の立場から、マイノリティの文化、生活様式の保護を主張してきた。ボアズやモルガンなど、北米における先住民研究はマイノリティの法的擁護と重なっていた。「少数派に寄り添う」という点において、人類学とNGOは共通している。

人類学は、国家秩序の影響が最小限で、貨幣経済の浸透も緩やかな境域社会を伝統的に研究対象としてきた。そうした地域に暮らす人々は狩猟採集や遊牧、漁撈、焼畑など、国家的基盤でもある定着型農耕とは異なる生業を基盤とし、贈与交換経済のなかで生きる人々であることが多かった。こうした「国家なき社会」の政治経済システムを記述するなかで、人類学は現代社会に対し常に批判的な視点を提供してきたといえる。しかしながら、個別の民族誌的事例を提供し、現代社会を暗に批判しつつも、それに代わる全体的な構想を示してきたとは言い難い。

人類学とNGOのどちらにも、個別的問題に焦点を当てるだけではなく、全体性のなかで議論するときがきているのかもしれない。本章では、民族誌を手法とする人類学が、開発援助や人権の分野において一定の批判理論としての役割を担ってきたことを見てきた。支援の現場についての民族誌アプローチが今後も重要であることはいうまでもない。同時に、人類学的主題とアナーキズムを関係づける近年の試みが、単なる支配的な価値への批判にとどまらない、対抗的価値となりうる可能性を持っていることを指摘した。これまで以上に、さまざまなかたちで支援の現場に関わる人類学者が増えている現在、人類学は現場を取り巻く諸問題を明らかにすると同時に、NGO実践のための根拠となる実践知の構築にも寄与することが可能であると考える。

【注】

＊1　レジームとは、「国際関係の特定分野において、行為者たちの期待が収斂する、暗黙もしくは明示的な原理、違反、ルール、意思決定手続きのセット」として定義される。山本（二〇〇八）を参照。

＊2　日本語訳の初版は一九七九年で、若干の読みにくさがあったが二〇一一年、三砂ちづる氏による新訳が出版された（フレイレ二〇一一）。

＊3　筆者のNGO経験については既にその民族誌的記述を試みている（辰巳 二〇〇九）。

＊4　反政府運動が、あえて脱政治化された開発NGOの装いを戦略的に活用する例も、権威主義体制下で見られる。インドネシアのスハルト政権下では、組織としての存続から、環境NGOなどのかたちで存続を図った例も見られる。Aspinall（2005）などを参照。

【参考文献】

大塚和夫　一九九八「女子割礼および／または女性性器切除（FGM）――人類学者の所感」江原由美子編『性・暴力・ネーション』勁草書房、二五七―二九三頁。

木村力央　二〇一〇「NGO研究の批判理論の視点からのレビュー（一九八七年―二〇一〇年）」『国際開発研究』一九（二）、三一―四六頁。

久保忠行　二〇一四『難民の人類学――タイ・ビルマ国境のカレンニー難民の移動と定住』清水弘文堂書房。

グレーバー、D　二〇〇六『アナーキスト人類学のための断章』高祖岩三郎訳、以文社。

スコット、J・C　二〇一三『ゾミア――脱国家の世界史』佐藤仁監訳、みすず書房。

田中雅一編　一九九七『暴力の文化人類学』京都大学出版会。

辰巳慎太郎　二〇〇七「略奪婚――ティモール南テトゥン社会における暴力と和解に関する一考察」『文化人類学』七二（一）、四四

—六五頁。
辰巳慎太郎　二〇〇九「開発を翻訳する」信田敏宏・真崎克彦編『東南アジア・南アジア　開発の人類学』明石書店、一五七—一八四頁。
チェンバース、R　一九九五『第三世界の農村開発——貧困の解決——私たちにできること』穂積智夫・甲斐田万智子監訳、明石書店。
福武慎太郎　二〇〇七a「現地社会はNGOをどのようにみているのか——現地スタッフの雇用・管理に関する諸問題を事例に」金敬黙・福武慎太郎・多田透・山田裕史編『国際協力NGOのフロンティア——次世代の研究と実践のために』明石書店、九八—一二三頁。
福武慎太郎　二〇〇七b「NGO・市民社会」（グローバル化を読み解くためのキーワード）、村井吉敬／安野正士／デヴィット・ワンク／上智大学二一世紀COEプログラム編『グローバル社会のダイナミズム——理論と展望』（地域立脚型グローバル・スタディーズ叢書一）、上智大学出版、二八〇—二八一頁。
藤岡美恵子・越田清和・中野憲志　二〇〇六『国家・社会変革・NGO——政治への視点／NGO運動はどこに向かうべきか』新評論。
プライス、D　一九九一『ブルドーザーが来る前に——世界銀行とナンビクワラ・インディオ』斎藤正美訳、三一書房。
フレイレ、P　二〇一一『被抑圧者の教育学（新訳）』三砂ちづる訳、亜紀書房。
溝上芳恵　二〇〇七「国際協力NGOのバランシング・アクト——受益者・ドナーと組織のジレンマ」金敬黙・福武慎太郎・多田透・山田裕史編『国際協力NGOのフロンティア——次世代の研究と実践のために』明石書店、六八—九三頁。
山本吉宣　二〇〇八『国際レジームとガバナンス』有斐閣。
ワーナー、D　二〇〇九『医者のいないところで——村のヘルスケア手引書』河田いこひ訳、シェア＝国際保健協力市民の会。
ワーナー、D＆D・サンダース　一九九八『いのち・開発・NGO——子どもの健康が地球社会を変える』池住義憲・若井晋監訳、新評論。
Aspinall, E. 2005. *Oppsing Suharto: Compromise, Resistance, and Regime Change in Indonesia*. Stanford: Stanford University Press.
Charnovitz, S. 1997. Two Centuries of Participation: NGOs and International Governance. *Michigan Journal of International Law* 18 (2): 183-286.

Cooke, B. and Kothari, U. (eds.) 2001. *Participation: The New Tyranny*. London; New York: Zed Books.

Das, V. 1995. *Critical Events: An Anthropological Perspective on Contemporary India*. Delhi: Oxford University Press.

Edwards, M. and D. Hulme 1996a. *Beyond the Magic Bullet: NGO Performance and Accountability in the Post-Cold War World*. West Hartford: Kumarian Press.

Edwards, M. and D. Hulme 1996b. Too Close for Comport? The Impact of Official Aid on Nongovernmental Organizations. *World Development* 24 (6): 961-973.

Escobar, A. 1995. *Encountering Development: The Making and Unmaking of the Third World*. Princeton, NJ: Princeton University Press.

Ferguson, J. 1994. *The Anti-Politics Machine: Development, Depolitization and Bureaucratic Power in Lesotho*. Minneapolis; London: University of Minnesota Press.

Graeber, D. 2009. *Direct Action: An Ethnography*. Edinburgh; Oakland: AK Press.

Graeber, D. 2011. *Debt: The First 5,000 Years*. New York: Melville House.

Hayden, R. M. 2000. Rape and Rape Avoidance in Ethno-National Conflicts: Sexual Violence in Liminalized States. *American Anthropologist* 102 (1): 27-41.

Hilhorst, D. 2003. *The Real World of NGOs: Discourses, Diversity and Development*. Manila: Ateneo De Manila University Press.

Hilhorst, D. 2007. The Art of NGO-ing: Everyday Practice as Key to Understanding Development NGOs. In P. Opoku-Mensah, D. Lewis and T. Tvedt (eds.), 2007. *Reconceptualising NGOs and Their Roles in Development*. Aalborg: Aalborg University Press, pp. 297-326.

Lewis, D. 2007. The Future of NGO Research in Development Studies. In P. Opoku-Mensah, D. Lewis and T. Tvedt (eds.), 2007, *Reconceptualising NGOs and Their Roles in Development*. Aalborg: Aalborg University Press, pp. 363-381.

Lewis, D. and D. Mosse (eds.) 2006. *Development Brokers and Translators: The Ethnography of Aid and Agencies*. Bloomfield: Kumarian Press.

Nauta, W. 2006 Ethnographic Research in a Non-Governmental Organization: Revealing Strategic through an Embedded Tale. D. Lewis and D. Mosse (eds.), *Development Brokers and Translators: The Ethnography of Aid and Agencies*. Bloomfield: Kumarian Press, pp. 149-172.

Mackinnon, C. 1994. Rape, Genocide, and Women's Human Rights. *Harvard Women's Law Journal* 17: 5-1.

Malkki, L. H. 1995. Refugees and Exile: From"Refugee Studies" to the National Order of Things. *Annual Review of Anthropology* 24: 493-523.

Nowrojee, B. 1996. *Shattered Lives: Sexual Violence during the Rwandan Genocide and Its Aftermath*. New York: Human Rights Watch/Africa.

Opoku-Mensah, P. Lewis, D. and T. Tvedt (eds.) 2007. *Reconceptualising NGOs and Their Roles in Development*. Aalborg: Aalborg University Press.

Scheper-Hughes, N. 1995. The Primacy of the Ethical: Propositions for a Militant Anthropology. *Current Anthropology* 36 (3): 409-440.

Salamon, L. M. 1994. The Rise of the Nonprofit Sector. *Foreign Affairs* 73: 109-122.

Tvedt, T. 1998. *Angels of Mercy or Development Diplomats? NGOs and Foreign Aid*. Oxford: James Currey.

Salamon, L. M. 2007. Development NGOs Revisited: A New Research Agenda. In P. Opoku-Mensah, D. Lewis and T. Tvedt (eds.), 2007. *Reconceptualising NGOs and Their Roles in Development*. Aalborg: Aalborg University Press, pp. 25-54.

Werner, D. and B. Bower 1982. *Helping Health Workers Learn: A Book of Methods, Aids, and Ideas for Instructors at the Village Level*. Berkeley: The Hesperian Foundation.

第II部　アクターの多層性

第5章　関わりの継続性

――日本の国際協力ＮＧＯと社会的問題

白川千尋

1　被支援者の声

南太平洋の島嶼国ヴァヌアツで、保健省のスタッフからその活動や保健省の動向などについて話を聞いていたときのことである。外国からやってくる医療協力関係者のことに話題が及んだ途端、彼女は溜息混じりに次のようなコメントを口にした。

「ＮＧＯ、国連、外国政府機関のスタッフを問わず、外国人支援者たちは次々とヴァヌアツにやってきてプロジェクトをやっては去っていく。あなたがヴァヌアツにいたころからこの二〇年間、ずっとその繰り返し。そのようにさまざまな支援者たちがいろいろなプロジェクトを行い、首尾一貫していないから、ヴァヌアツの人々にとって真に意味ある成果がなかなか出ない。また、出たとしても短期的なものにすぎず、持続的な成果につながっていない。そして、自分たち保健省のスタッフはといえば、入れ替わり立ち替わりやってくる支援者たちの受入に奔走し、その意向に翻弄されるばかりだ……」。

私はヴァヌアツ保健省で一九九一年から二年間、青年海外協力隊員（ＪＯＣＶ）としてマラリア対策の活動に従事していたことがある。先のスタッフはそのころからの旧友で、彼女のコメントは二〇一四年八月に保健省を再訪したときに耳にしたものだった。そこで批判的に語られている外国人支援者のなかには、二〇数年前にＪＯＣＶとしてヴァヌアツで活動していた私自身も当然のことながら含まれてくる。したがって、コメントは決して他人事ではなく、非常に耳の痛いものだった。ちなみに、そこで批判的に語られている状況は、ヴァヌアツでは医療協力の分野だけにとどまらず、他の分野でも見られる一般性を帯びたものであり、たとえばヴァヌアツ教育省のスタッフからも、教育分野の支援活動に関する似たような内容のコメントを聞いたことがあった。

一方、久保忠行は、タイでミャンマー人難民の支援活動に携わっている人々をめぐって次のように述べている。

「難民に関わる部外者は、支援者としてのキャリアを積んだり、学位を取得したり、あるいは人生の経験や、キャンプ訪問といったちょっとした『思い出』に満足すると、二度と戻って来ないのがほとんどである。私が調査期間中に気がついたことは、難民から何かを得てステップアップしていく部外者に対して『取り残された』と感じる難民の姿である。何かを得て去っていく外国人に期待することは何もない」（久保 二〇一四：三四一）。

以上にあげたいくつかの例は、外部からやってくる支援者が被支援者と長期にわたって継続的に関わることなく、数年、もしくはそれよりも短い間隔で次々に変わっていくことが、ときとして被支援者の側に支援者に対する失望感や疎外感、不信感といった否定的な感覚や認識を醸成してしまう場合があることを示している。国際協力活動を実り多いものにしていくうえで、これは看過できない問題といえる。したがって、問題の改善を図るためには少なくとも、支援者が短期間で交代していくという事態がどのような背景の下に生じているのかを十分に理解しておく必要があろう。本来そうした試みはさまざまな観点から多角的に行うべきものだが、本章では手始めに、とりわけ日本の国際協力ＮＧＯの担い手たちの活動とそれを取り巻く社会的な状況に焦点を当て、考察を行いたい。*1 以下ではまず、日本のＮＧＯの活動のあり方にみられる違いに着目することから始める。

2　二つのタイプのＮＧＯ

一九七九年は日本の「ＮＧＯ元年」と呼ばれているという（金 二〇〇七：一六）。前年にカンボジアに侵攻していたベトナム軍はこの年に首都プノンペンを制圧。それまでカンボジアを支配していたポルポト政権を倒した。しかし、政権を追われたポルポト派らは、新たに実権を握ったヘン・サムリン政権とそれを支援するベトナム軍に武力で対抗したため、内戦状態に陥ったカンボジア各地からはおびただしい数の難民がタイとの国境地帯などに押し寄せた。この事態はマスメディアで大々的に報じられ、難民の窮状を知った日本の人々がタイで支援活動を始める。その過程で幼い難民を考える会、シャンティ国際ボランティア会（ＳＶＡ）、難民を助ける会、日本国際ボランティアセンター（ＪＶＣ）といった多くの国際協力ＮＧＯが生まれた。

ここであげたＮＧＯはいずれもカンボジア人難民の支援活動を行っていた。その活動は当初は緊急支援的な色彩の強いものだったといえる。しかし、その後、いくつかのＮＧＯは難民支援にとどまらず、難民を生み出している社会・経済的な問題の改善にも関心を向けるようになった。

たとえばＪＶＣは、「東南アジアにおける難民救援活動に取り組んだ後、（中略）意識的に難民を作り出している側のカンボジアをはじめとする旧インドシナ三国の復興協力に乗り出した。難民を生み出している構造的原因や国際政治に起因する援助の著しい不均衡など、より本質的な問題にふれるようになっていった」（熊岡 二〇〇一：九七）。

また、ＳＶＡも、「難民たちの背後にある問題は、単にイデオロギーの対立や民族紛争だけでなく、南北間の経済格差に起因する絶対的貧困とも複雑に絡み合っている。そしてそれが、人々の発展を抑圧し阻害要因にもなっている」

との認識に基づき（秦二〇〇一：八七）、難民支援から農村や都市スラムの問題の改善へと活動を展開させていった。

ＪＶＣもＳＶＡもともに緊急支援や難民支援から、より長期的な視点に立ったコミュニティ開発や社会開発へと活動の幅を広げている。しかし、金敬黙によれば、活動の対象地に関してみると、この二つのＮＧＯの間には「拡大型」と「限定型」という違いがみられるという（金二〇〇七：一八一一九）。

ＪＶＣはカンボジア人難民の支援を起点としてタイやカンボジア、ラオスで活動を行う一方、設立後の比較的早い時期からエチオピア、ソマリア、フィリピン、レバノンなどでも活動を実施している（ＪＶＣ「ＮＧＯの挑戦」編集委員会編一九九〇：二八五―二九四）。これに対して、ＳＶＡが活動を行っているのはアフガニスタン、カンボジア、タイ、ミャンマー、ラオスであり、[*2] ＪＶＣに比べると活動対象地が東南アジア大陸部諸国に集中している。この点をふまえて、金はＪＶＣを「拡大型」、ＳＶＡを「限定型」と位置づけている。ちなみに、彼の分類によれば、先に「ＮＧＯ元年」のころに生まれたＮＧＯとしてＪＶＣやＳＶＡとともに名前をあげた幼い難民を助ける会は「限定型」、難民を助ける会は「拡大型」に入る（金二〇〇七：一八―一九）。

この分類は、「ＮＧＯ元年」のころに設立されたＮＧＯはもとより、それ以外の時期に生まれたＮＧＯにも適用できる。たとえば一九九六年に設立された比較的新しいピースウィンズ・ジャパン（ＰＷＪ）は、イラクで活動を開始して以降、これまで世界の二六ヵ国・地域で活動を展開している。[*3] この点からすると、ＰＷＪは「拡大型」のＮＧＯに分類できよう。

一方、「ＮＧＯ元年」よりも前の一九七二年に生まれたシャプラニール＝市民による海外協力の会の場合、バングラデシュで二〇年以上にわたって農村の生活改善などの活動を行った後、同国での活動を継続させつつ、一九九〇年代半ばからはネパールでも活動を始め（定松二〇〇二：八、四五）、二〇〇〇年代からはインドでも活動を実施している。[*4] これら三ヵ国はいずれも南アジアの国々であり、この点をふまえるならば、シャプラニールは南アジアに特化した「限定型」のＮＧＯといえる。

活動対象地に関する以上のような違いは、各ＮＧＯの活動上の関心やポリシーの違いを反映していると考えられる。しかし、それに加えて人員や予算といった組織面での規模の違いも無視できまい。「限定型」のＮＧＯのなかには、先にあげたＳＶＡやシャプラニールのように、日本では相対的に規模の大きなＮＧＯもあれば、専従スタッフが数人以下の小さなＮＧＯもある。とはいえ、マジョリティを占めているのは後者ではないだろうか。これに対して、「拡大型」のＮＧＯは、ＪＶＣやＰＷＪのようにもっぱら規模の大きなＮＧＯである。世界各地で活動を展開させるためには多くの人員や予算が必要となってくるから、それも必然的な帰結といえる。小さなＮＧＯの場合、他のＮＧＯや機関と連携したり、業務委託をしたりしない限り、「拡大型」の路線を保つことは難しいだろう。

3　二つのタイプの担い手たち

ところで、金が提示した「拡大型」と「限定型」という分類は示唆的である。というのも、それはＮＧＯのみならず、その担い手として国際協力活動に携わる個々の人々に対してもまた適用できると考えられるからだ。ＮＧＯのみならず、国際協力機構（ＪＩＣＡ）などの政府系機関、国連などの国際機関、あるいは国際協力に関わるコンサルタント会社などのスタッフのなかには、多くの国々や地域で活動に取り組んだり、勤務したりした経験のある人々がたくさんいる。「最初はアジア、次はアフリカ」といった具合に、文字通り世界を股にかけて活動している人々も珍しくない。「拡大型」と「限定型」という分類に即していえば、こうしたタイプの人々は「拡大型」といえそうである。

一方、活動対象地が一つの国、もしくは東南アジアや南アジアといった比較的限られた地域の少数の国々に特化している人々もいる。こちらのタイプは「限定型」といえる。その例としてすぐに思い浮かぶのがペシャワール会の中村哲である。

　中村は一九八四年に日本キリスト教海外医療協力会（ＪＯＣＳ）からパキスタンのペシャワールに派遣され、ハンセン病の対策活動に取り組むようになる。ペシャワール会はその前年に彼の活動の支援を目的として設立された。彼はその後、ＪＯＣＳでの任期を終えた後もペシャワールにとどまり、ペシャワール会の支援の下、アフガニスタン人難民などに対する医療支援を続けるとともに、一九九一年からは国境を挟んだアフガニスタン側での活動にも着手した。それ以降、彼の活動は医療分野だけにとどまらず、灌漑用水路の建設をはじめとした農村開発の分野にも及んでいる。この間、彼は約三〇年もの長きにわたって一貫してこの地域で活動を行っている（中村 二〇一三：二四八―二五二）。

　こうした功績によって中村は二〇〇三年に、アジアで多大な社会貢献を行った個人や団体に贈られるフィリピンのラモン・マグサイサイ賞を受賞した。この賞の日本人受賞者としては他に、ネパールのヒマラヤ地域を対象とした文化人類学的研究に携わる一方、現地の人々の支援活動にも取り組んだ川喜田二郎がいる。彼が受賞したのは中村より約二〇年前の一九八四年だが、川喜田も中村と同じく「限定型」といえる。

　川喜田は一九五三年に日本山岳会によるマナスル登山隊の科学班隊員としてネパールに赴いて以降、同国で文化人類学的調査を重ねていたが、やがて調査対象地であるヒマラヤ山村の生活改善などにも取り組むようになる。そして、一九七四年にはそうした支援活動の母体としてヒマラヤ技術協力会を設立した。同会はその後、ヒマラヤ保全協会となって現在に至っているが、川喜田がマグサイサイ賞を受賞したのは、以上のようなネパールでの長期にわたる継続的な活動が評価されたことによる（川喜田編 一九九五：二〇六―二一一）。

　中村や川喜田の活動に関する一連の著作を読むと、二人がそれぞれの活動対象地やそこで暮らす人々に対して非常に強い愛着や関心をもっていることがうかがえる。この点からすると、彼らのもっとも大きな関心はアフガニスタン、パキスタン、ネパールといった特定の地域やそこに暮らす人々にあり、支援活動自体への関心はそれを凌ぐものではない印象を受ける。つまり、彼らにとって活動とは、あくまでも思い入れの深い地域や人々の窮状を打開するために必要なものにすぎず、支援活動自体が最大の関心事であるようにはみえないのだ。このことは、彼らが二、三年といったレベルをはるかに超えた期間、特定の地域や人々に関わり続けたという事実からも推し量ることができる。

中村や川喜田が「限定型」であるのと同じように、二人と関わりの深いペシャワール会やヒマラヤ保全協会も「限定型」のNGOといえる。それはペシャワールやヒマラヤといった特定の都市なり地域なりの名前が、NGOの名称に冠せられていることからもわかる。とすると、「限定型」のNGOのスタッフ（とりわけ中村や川喜田のような創設者や草創期からのコアメンバーといった中心的な担い手たち）のなかには、彼らのような「限定型」の人々が少なからずいると想定できるかもしれない。逆に「拡大型」のNGOの中心的な担い手たちの方には、「拡大型」の人々が多いとみることができるのかもしれない。

「拡大型」の人々は、ある意味当然だが、「限定型」の人々に比べると関心のある地域や人々が広い範囲に及んでいる。限られた地域や人々を超えて全世界、もしくは人類全体に関心をもっているという例さえあるだろう。こうした人々のなかには、活動の対象となる地域や人々に劣らず活動それ自体に大きな関心をもっているという者や、地域や人々を問わず窮状にある人々を支援することに関心をもっているという者もいる。そのような人々は、たとえば災害時の緊急支援や難民支援、国際医療協力などに専門的に携わっている人々に少なからずみられる。また、国際協力や開発関連の分野を専門的に学んでいる学生のなかにも目につく。これらの人々の主な関心の対象は国際協力活動にあるので、彼ら彼女らが活動を通じて関わりをもつ地域や人々は必ずしも特定の地域や人々に限定されず、ときと場合に応じて変わっていく。そのため、実際の活動対象地も必然的に「拡大型」になってゆく。

「拡大型」の人々について考える場合、以上に述べたような本人の個人的な関心や意図を無視することはできない。しかし、それと並んで、日本のNGOの置かれた社会的な状況、ひいては日本の国際協力業界を取り巻く状況にも着目する必要があると考えられる。次節以降ではこの点について具体的に述べる。

4 「寿退社」

会社などに勤めている女性が、結婚を機に退職することを指す「寿退社」という言葉がある。あるNGO関係者によれば、現在もそうであるか定かではないが、かつてこの言葉がNGOの担い手たちの間では、やや違った意味合いをもつものとして使われていたという。

それが退職を指し、めでたさを含意しているという点では、一般的に使われる「寿退社」と同じである。しかし、女性の結婚に伴う退職を指すこの言葉が、NGOの担い手たちの間では男性の転職に伴う退職を指すものとして使われていたという。この場合、転職先となるのは国際協力業界とは関係のない民間企業である。もう少し補足するならば、それまでの勤務先であるNGOよりも給与水準が高かったり、雇用期間が長かったりして、より安定した生活ができるようになるところ。NGOを辞めてそうしたところに首尾よく転職することのできた男性が、「寿退社」という言葉の対象となったのである。

もちろん国際協力業界にも、JICAをはじめとした政府系機関や各種法人、国際機関、コンサルタント会社といったように、「寿退社」の転職先に該当しそうなところはある。しかし、選択肢が豊富にあるとはいい難い。また、そのなかには雇用形態が数年の任期制のものも多い。したがって、任期のない終身雇用となると、選択肢はさらに限られてきてしまう。

それまでの勤務先のNGOとは異なる「同業他社」のNGOも、やはり「寿退社」の対象となる転職先には入ってこない。雇用条件が良いとはいえないNGOが多いためである。たとえば日本の国際協力NGOに関する二〇一〇年度の調査によると、調査対象となった有給職員のうち、全体の半数を超える五六％が年収三〇〇万円未満だった（四〇〇万円未満まで含めると七九％）。また、対象者のなかでもっとも多く（三〇％）を占めていたのが、年収二〇〇万円以上から三〇〇万円未満の者であった（外務省・JANIC 二〇一一：一二二）。
こうした状況との関連で溝上芳恵は次のように述べている。

「（日本のNGOの）給与額は概して少なく、それゆえスタッフの継続的勤務は難しいものとなっている。賞与や手当てを含んだ有給専従スタッフの平均年収は三〇〇万円未満であると考えられており、この額は、独身や共働きでない限りは十分とはいえない。また、雇用に関する規定や手当、社会保障などについても整備は進んでいるものの、雇用企業と比べると、不十分な部分も多い」（括弧内引用者補足）（溝上 二〇〇七：八三）。

溝上はさらに、有給スタッフの数が九人以下のNGOが全体の七割を占めていることに触れつつ、日本のNGOの特徴として「収入の割には仕事量が多い」ことも指摘している（溝上 二〇〇七：八四）。これらの点に加えて、先述の政府系機関や法人などと同じように雇用形態が数年の任期制のものも少なくない。以上のような状況であるから、大半のNGOは「寿退社」という言葉の対象となる転職先から外れてしまうことになる。また、NGO以外に目を転じてみても、すでに触れたように国際協力業界のなかでの選択肢は豊富ではない。そのため、それ以外の業界の民間企業が「寿退社」の中心的な対象となってくるのだ。

このように、NGOの担い手たちのなかでの「寿退社」という言葉の使われ方からは、NGOの雇用環境の厳しさを垣間みることができるが、この言葉の使われ方に関してもう一つ付け加えておくと、そこでは一般的な場合とは異なり、女性ではなく男性が対象となっている点が興味深い。普通「寿退社」というと、晴れて結婚が決まり、会社などを退職する女性を祝して使われる。そこでは「結婚＝ゴール」であり、女性にとって会社はゴールに至るステップの一つにすぎないことが示唆されている。逆に男性にとっては「会社＝ゴール」であることや、会社で働き続ける男性がその世界のメインアクターであること、それに対して会社にとどまり続けない女性はメインアクターではないことなども暗示されている。

これらを念頭に置くならば、NGOの担い手たちのなかでの「寿退社」という言葉の使われ方からは、男性にとっては「NGO＝ゴール」ではなくステップの一つにすぎないこと、逆に女性にとっては単なるステップにとどまらないこと、NGOの分野では女性がメインアクターであるのに対して男性はそうでないことなどが暗示されていると捉えることもできる。たしかに前出のNGOに関する二〇一〇年度の調査によると、代表者や事務局責任者に関しては女性より男性が多いものの、職員に関しては女性の方が多数を占めている（外務省・JANIC 二〇一一：一一〇－一一一、一一八）。また、各NGOのウェブサイトのスタッフ紹介ページなどをみると、中心的なスタッフの半数以上が女性という例も珍しくない。したがって、「女性＝メインアクター」という点に関していえば、当たっているといえるかもしれない。

しかし、女性にとって「NGO＝ゴール」かといえば、とりわけ昨今は一概にそうともいえない。男性と同じようにNGOから次のところへ転職していく女性も多い。NGOは男性だけでなく、女性にとってもステップの一つ、別の表現を使えばキャリアパスの一つになっている場合があるといった方が良いだろう。溝上は先に引用した部分での給与水準の低さなどに関する指摘をふまえて、次のように続けている。

「そのため、国際協力NGOでの勤務には長期的な見通しが立てにくいのである。こうした雇用環境が一因となり、事実国際協力NGOのスタッフの勤務年数は非常に短いものとなっている。同調査（国際協力NGOセンターによる二〇〇五年の調査）によれば有給スタッフの三六％が二年以内に、五六％が四年以内に退職しているという」（括弧内引用者補足）（溝上 二〇〇七：八三）。

NGOの有給スタッフの定着率の低さ（離職・転職率の高さ）に関するこの指摘は、男性、もしくは女性だけに限られたものではなく、男女双方を含むスタッフ全体に関するものである。

5　働き手をめぐる需給関係

このようにNGOの雇用環境は一般的に決して良いとはいえない状況にある。しかし、だからといって、NGOで働こうとする人々が減少しているかといえば、必ずしもそうではない。

その一因として考えられるのが、支援活動に対する昨今の社会的な関心の高まりである。阪神・淡路大震災が起きた一九九五年は、国内各地から被災地に駆けつけた数多くのボランティアの活動が大きな注目を集め、「ボランティア元年」と呼ばれるようになった（関 二〇〇八：九）。そして、それ以降、災害時の緊急支援だけにとどまらず、それ以外のものも含めて、困難な状況に置かれた人々に対する支援活動に高い関心が寄せられるようになっている。こうしたなかで国際協力に対する関心も増してきており、それがNGOで働こうとする人々の減少をくい止める一因になっている可能性がある。

また、より直接的な要因としては、国際協力や開発関連の分野を専門的に学べる大学が増えたことも無視できない。それに伴い、国際協力業界に職を求める卒業生や修了生が毎年一定数コンスタントに輩出されるようになった。そのなかにはNGOに就職しようとする人々も含まれる。

国際協力や開発関連の専門課程を設ける大学が目につくようになるのは、一九九〇年代前半からである。国際協力や国際開発と銘打った国立大学の大学院に限ってみても、一九九一年には名古屋大学に国際開発研究科が、一九九二年には神戸大学に国際協力研究科が、一九九四年には広島大学に国際協力研究科がそれぞれ開設されている（各大学HPによる）。また、一九九一年には埼玉大学の政策科学研究科（後に政策研究大学院大学として分離）に国際開発プログラムというコースが設けられている。

他方で、これは国立大学の大学院ではないが、以上の一連の例に先立つ一九九〇年には、日本貿易振興機構アジア経済研究所に国際協力の専門家の養成を目的とした開発スクールが開設されている。ちなみに、この年にはこの分野の学会組織である国際開発学会も設立されている。会員数は一九九三年には八七一人だったが、約二〇年後の二〇一四年には一六七八人に倍増している。[*5]

このように一九九〇年代前半には各地の大学に専門課程が次々につくられ、学会も設立されることで、日本でこの分野が専門的な学問分野として発展していく基盤が形づくられた。このころは、右肩上がりで増え続けた日本のODA供与額がアメリカを抜いて世界一位となり（一九八九年）、ほぼ毎年（二〇〇〇年まで）その座を占め続けた時期である。また、それに伴ってODAに対する一般の関心が高まり、多くのODA批判が提起されるようにもなった。こうしたなかで、世界最大の援助国となったにもかかわらず、それに見合った国際協力の専門家が質量ともに不足していることが問題視されるようになる。そして、とりわけ国立大学ではこの問題に対処するべく専門課程が開設されていった。たとえば前出の埼玉大学政策科学研究科の場合、「国内における開発援助の専門家が余りにも少ない」ことから、「海外協力にかかわる専門家を育成する」という「社会的要請」に応えるために、国際開発プログラムが設けられたという（埼玉大学大学院政策科学研究科・政策研究大学院大学 二〇〇一：一〇）。

一方、国際協力業界に職を求める人々のなかにはJOCVの経験者も多い。JOCVの派遣者数は事業が始まった一九六五年から増え続け、ここ二〇年ほどの間はほぼ毎年一〇〇〇人を超えるようになっている。[*6] また、JOCVを構成する職種は当初、理工系や技術系が中心だったため、それに関係する学歴や職歴のない者にとってJOCVは「狭き門」だったが、後に人文・社会系のバックグラウンドをもつ者でも応募できるような「村落開発普及員（現在はコミュニティ開発）」や「青少年活動」といった職種がつくられ、これらの職種のなかでの募集人員の数も格段に増えた。これがJOCV全体の派遣者数の増加を後押ししている。そして、それに伴い、人文・社会系のバックグラウンドをもつ者を中心に任期を終えて帰国したJOCV経験者で、専門課程への進学を経て（あるいは進学せずに直接）国際協力業界に就職しようとする者も増えている。

以上に述べてきたように国際協力業界で働こうとする人々は減っておらず、一九九〇年代以前と比べれば増えているといえる。しかし、それに見合った形で就職先も増加しているかといえば、そうとも限らない。とりわけ雇用条件が良いものについては豊富にあるとはいい難い。働き手をめぐる需要と供給の関係についてみると、むしろ「供給過剰」の印象を受ける。NGOで働こうとする人々が減少していない背景には、こうした事情があると考えられる。

ただし、このようにいうと、NGOで働くことが消極的に選択されているかのような印象を与えてしまうかもしれないが、もちろんそればかりではない。「雇用条件の良い仕事＝やり甲斐のある仕事」という具合に、両者が単純な比例関係にあるわけでないことはいうまでもない。雇用条件が厳しくとも、仕事としてのやり甲斐を重視してNGOで働こうとする者、いい換えるならばNGOで働くことを積極的に選択している者は、前出のペシャワール会の中村の例をもち出すまでもなく、私の身近にも見い出せる。こうした例からは、NGOが働く場としてある種の強みや魅力をもっていることがうかがえよう。

また、鈴木直喜は次のように述べている。


「待遇の面では芳しくないNGOでも、現場での活動経験が与えられるならば、この業界でキャリアアップする第一歩と考えられる。NGOで数年働いた後に、その経験を活かしてさらに待遇のよい国連や政府援助機関に応募する人もいる」(鈴木 二〇〇七：五七)。


このように、NGOが国際協力活動の経験を積む場と捉えられ、就職先として選択されることもある。

この場合、経験を積むという当初の目的が達成されれば、NGOからの「キャリアアップ」が模索されることになるが、それが実現したあかつきには、転職とともに本人の活動の対象地も変わってしまうことがある。それまで勤務していたNGOでA国を対象とした活動に携わっていたものの、新たな転職先では打って変わってB国での活動に取り組むようになるといった例である。このように個人の関心や意図とは別に、好むと好まざるとに関わらず、転職によって図らずも活動対象地が「拡大型」になっていくという場合があることも見落とせない。

もちろんNGOから国際機関や政府系機関へと「キャリアアップ」したり、複数のNGOを渡り歩いたりしながら国際協力業界でキャリアを重ねていく人々のなかには、勤務先は変われども活動対象地は変わらない、もしくは対象地が特定の地域や少数の国々に限定されているという「限定型」の人々もいる。しかし、たとえばNGOの場合、前出のNGOに関する二〇一〇年度の調査によると、有給専従職員の定期採用を行っているNGOは全体の一八％にすぎず、残りの八二％は欠員補充による採用のみである（外務省・JANIC 二〇一一：二七）。同様の傾向は国際機関などにもみられるが、そのため、たとえ活動対象地を限定し続けようという意図が本人にあったとしても、タイミング良くそれにかなった転職先をみつけることは簡単ではない。また、仮にみつけたとしても、国際協力業界の働き手をめぐる需給関係を念頭に置くならば、競合相手が多いため、そこに就職するのはさらに難しい可能性が高い。加えて、NGOスタッフの定着率の低さに関する先述の溝上の指摘を思い起こすならば、転職とともに活動対象地が自ずと「拡大型」になっていくという例は、NGOの担い手たちのなかに少なからずみられると想定できる。

6　問題の改善へ向けて

以上に述べてきたように、「拡大型」の人々が生み出されている背景には、個人の関心や意図とは別に、スタッフの定着率の低さや雇用環境の厳しさ、働き手をめぐる需給関係のアンバランスといった社会的な次元の問題が介在している面もあると考えられる。こうした状況の下では、川喜田や中村のように限られた対象地で長期にわたり活動を続けるということは、雇用条件の良いごく一部の「限定型」のNGOに職を得るなどしない限り難しいだろう。あるいは、たとえ雇用条件が良くなくとも、特定の地域や人々との長期にわたる関わり合いを重視し（そして雇用条件は度外視し）、そのＮＧＯにとどまって同じ地域や人々の間で活動を続けるか、である。

いずれにせよ、日本のＮＧＯの一員として、特定の地域や人々と息長く関わっていくことは、たとえ本人にそのような関心や意図があったとしても容易ではないようにみえる。こうした状況は問題であろう。本章の冒頭で触れたように、支援者が短期間で次々に変わっていくことは被支援者の側に否定的な作用をもたらす場合があるからだ。また、支援者の側にとってもプラスにならないことがある。たとえば久保は次のように指摘している。

「（難民キャンプの）所長やマネージャーとして赴任するのは先進諸国から派遣されるスタッフだが、彼らの多くは数年の任期を経て異なる地域へ異動になる。（中略）数年単位での異動は、（難民支援の）方法論に精通した専門家は赴任してくるが、地域の事情に精通した専門家は不在になるという傾向を生み出す」（括弧内引用者補足）（久保 二〇一四：一四九）。

つまり、特定の地域や人々への長期にわたる関わりが欠如することで、それらの地域や人々のことを深く理解する機会が失われ、「地域の事情に精通した専門家」がいなくなってしまう（育たなくなってしまう）わけである。

以上のような問題を打開することは簡単ではないだろう。なぜならそこには、ＮＧＯの個々の担い手たちの関心や意図といった個人的な次元を超えたところにある、これまでに指摘したような社会的な次元の問題が介在しているからだ。こうした社会的問題の改善は一朝一夕にできるものではない。したがって、それに対する継続的な取り組みと並行して、個人的な次元での取り組みもまた必要となってこよう。より具体的にいうと、支援者が短期間で変わっていくことによって被支援者の側にもたらされる問題に、個々の支援者が今いっそうセンシティブになること。ささやかではあるが、それが問題の打開へ向けた第一歩として不可欠ではないだろうか。[*7]

【注】

＊1　本章で試みるのは仮説提示的色彩の強い考察であり、アンケートや聞き取りなどで得た十分な質と量の一次情報に基づくその実証的な検証作業は今後の課題である。また、本章では日本のＮＧＯに対象を限定しているため、たとえば海外のＮＧＯの担い手である日本の人々などは考察の射程に入っていない。こうした点についても今後の課題としたい。

＊2　http://sva.or.jp/activity/oversea/（最終アクセス二〇一五年八月七日）。

＊3　http://peace-winds.org/about/history.html（最終アクセス二〇一五年八月七日）。

＊4　http://www.shaplaneer.org/about/history_table.html（最終アクセス二〇一五年八月七日）。

＊5　https://www.jasid.org/overview/overview_member（最終アクセス二〇一五年八月七日）。

＊6　http://www.jica.go.jp/volunteer/outline/publication/results/jocv.html#r04（最終アクセス二〇一五年八月七日）。

＊7　蛇足を承知で付言しておくと、私は支援者が短期間で次々に交代していくという流動性を完全に否定するつもりはないし、ましてや日本型の終身雇用を基準にものごとを捉えようとしているわけでもない。人材の流動性は組織、とりわけ一部のＮＧＯのような革新的な組織にとって重要であるばかりではない。当の個人にとっても、働く場や活動する場を変えていくことは、ある種の生き甲斐をもって生きていくうえで不可欠な場合がある。しかし、そうした流動性が翻って被支援者の側にはネガティヴな作用をもたらす場合もあることに、本章ではあえて目を向けようとした。以上のような問題は、日本のＮＧＯにとどまらず、政府系機関や国際機関などにも認められるものかもしれないが、この点に関する検証は今後の課題としたい。なお、雇用環境の厳しさを中心とする日本のＮＧＯを取り巻く社会的問題は、往々にしてＮＧＯの担い手（支援者）の視点から問題化されてきたが（e.g. 溝上 二〇〇七）、本章では支援者の活動の対象となる被支援者の側からみてもまた（とくに関わりの継続性との関連において）問題であることを示そうとした。

【参考文献】

外務省・特定非営利活動法人国際協力ＮＧＯセンター（ＪＡＮＩＣ）二〇一一『ＮＧＯデータブック二〇一一――数字で見る日本のＮＧＯ』外務省。

川喜田二郎編　一九九五『ヒマラヤに架ける夢――エコロジーと参画に基づいた山村活性化』文眞堂。
金敬黙　二〇〇七「なぜ、NGOは政治性と非政治性の狭間でゆれるのだろうか？――アドボカシー戦略とメディア表象の分析を中心に」金敬黙・福武慎太郎・多田透・山田裕史編『国際協力NGOのフロンティア――次世代の研究と実践のために』明石書店、一二一―三六頁。
久保忠行　二〇一四『難民の人類学――タイ・ビルマ国境のカレンニー難民の移動と定住』清水弘文堂書房。
熊岡路矢　二〇〇一「JVC　日本の開発NGOとしての自己省察――組織のあり方をめぐって」若井晋・三好亜矢子・生江明・池住義憲編『学び・未来・NGO――NGOに携わるとは何か』新評論、九七―一一四頁。
埼玉大学大学院政策科学研究科・政策研究大学院大学　二〇〇一『GSPSからGRIPSへ――四半世紀の軌跡』埼玉大学大学院政策科学研究科・政策研究大学院大学（http://www.grips.ac.jp/cms/wp-content/uploads/2012/06/gspstogrips_j.pdf 最終アクセス二〇一五年八月八日）。
定松栄一　二〇〇二『開発援助か社会運動か――現場から問い直すNGOの存在意義』コモンズ。
鈴木直喜　二〇〇七「国際協力の矛盾――企業戦士になるNGO実務者」金敬黙・福武慎太郎・多田透・山田裕史編『国際協力NGOのフロンティア――次世代の研究と実践のために』明石書店、三九―六七頁。
関嘉寛　二〇〇八『ボランティアからひろがる公共空間』梓出版社。
中村哲　二〇一三『天、共に在り――アフガニスタン三〇年の闘い』NHK出版。
秦辰也　二〇〇一「SVA　顔が見え、共感できる関係を――組織運営と運動づくり」若井晋・三好亜矢子・生江明・池住義憲編『学び・未来・NGO――NGOに携わるとは何か』新評論、八四―九六頁。
溝上芳恵　二〇〇七「国際協力NGOのバランシング・アクト――受益者・ドナーと組織のジレンマ」金敬黙・福武慎太郎・多田透・山田裕史編『国際協力NGOのフロンティア――次世代の研究と実践のために』明石書店、六八―九三頁。
JVC「NGOの挑戦」編集委員会編　一九九〇『NGOの挑戦（下）――日本国際ボランティアセンター（JVC）一〇年の記録』めこん。

第6章　参加するのは私たち
——学生たちが国際ボランティアに参加する動機と意義

杉田映理

1　本研究の問いと枠組み

本書のテーマであるグローバル支援には、当然のことながら多様なアクターが絡み合っている。グローバル支援のうち国際協力を行うＮＧＯ（非政府・非営利の市民組織）による支援に焦点を当てると、アクターとして近年、学生が参加する機会が急激に増えていることが注目に値する。多様なアクターは「支援する側・される側」という単純な二分法では分類できず、「支援」というキーワードで結ばれるスペクトラムに位置づけた方が実態に合っていると筆者は考える（図６‐１）。急浮上する学生ボランティアの存在は、支援の枠組みを決めるなど支援の中枢に位置するわけではないが、スペクトラムの「末端」に加わりながらも彼らは存在感を高めていると筆者は感じる。

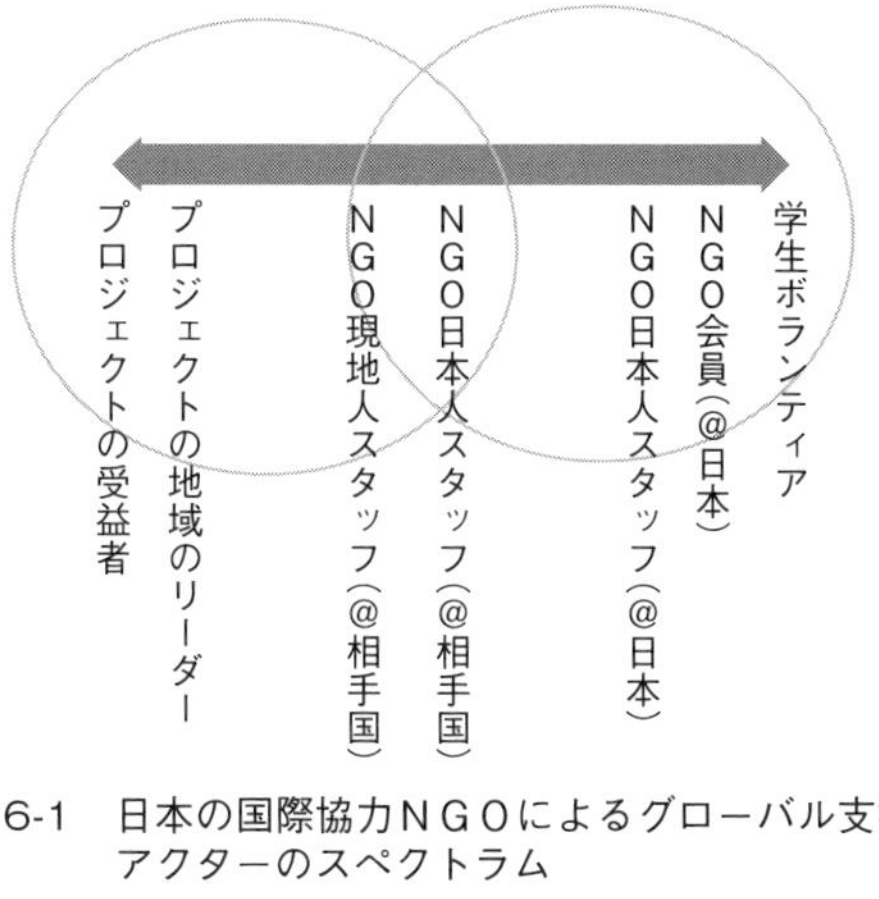

図6-1　日本の国際協力ＮＧＯによるグローバル支援アクターのスペクトラム

本章では、学生の国際協力活動への参加に焦点を当て、グローバル支援への学生参加の意義は何なのかを問うてみたい。急増する学生参加の背景、意義、および動機を、NGO側と学生側へのインタビューや質問票調査をもとに考察していく。そして、文化人類学における重要な概念である「互恵性」を分析の枠組みとして用いることで、学生参加の意義を浮き彫りにしたい。

2　国際協力に学生参加が急増した背景

2-1　日本の国際協力NGOとその変化

日本の国際協力NGOの数

国際協力活動を実施している日本のNGOの数は、どれくらいあるのだろうか。外務省の報告書には、国際協力に取り組む日本のNGOは四〇〇団体以上あるという記載が見られる（外務省国際協力局民間援助連携室 二〇一三）。一方、国際協力NGOセンター（JANIC）の「国際協力NGOダイレクトリー」に登録されているNGO数は、二〇一五年七月現在で三三〇ある（JANIC 二〇一五）。

JANICは、国際協力を行う日本のNGOのネットワーク化を図り、情報発信や活動支援を行うNGOである。JANICでは、国際協力を行うNGOのデータベースを作成し、上記のダイレクトリーをホームページで公開している。ダイレクトリーへの登録は申請制となっており、ダイレクトリーの登録にあたっては基準も設けているため、国際協力を行うNGOがすべて網羅されているわけではない。NGOの規模や継続性には幅があるなか、JANICの登録基準では、たとえば活動実績が一年以上および一会計年度以上あることが要件とされる。いずれにせよ日本のNGOだけでもかなりの数の団体が国際協力活動を実施しているのである。

表6-1　日本の国際協力ＮＧＯの変遷

1970年代	少数のパイオニア
1980年代	「インドシナ難民支援」をきっかけに急増（79～82年に43団体が設立される）
1990年代	公的機関による支援開始、第2の急増期（90～93年に143団体が設立される）
1990年代後半	設立数の減少、寄付減
2000年代	新たな挑戦。新世代によるＮＧＯの設立増加

出典：JANIC 2002を基に筆者加筆。

国際協力ＮＧＯの変遷

国際協力ＮＧＯの変遷に目を向けると、一九六〇年代・七〇年代にパイオニア的なＮＧＯが設立されている。つづいて、七〇年末から八〇年代にかけてインドシナ難民支援をきっかけに国際協力ＮＧＯ設立数の第一の急増期がくる（表6-1）（ＪＡＮＩＣ二〇〇二）。

第二の急増期は九〇年代前半である。日本の政府開発援助（ＯＤＡ）の供与額が世界一となり、ＯＤＡの質が問われた時期とも重なる。一九九〇年代以降に設立された団体には、ボランティアの参加を前提とした活動内容を持つものが多い。たとえば、一九九〇年設立の日本国際ワークキャンプセンター（ＮＩＣＥ）は、設立以来、学生を含む多くのボランティアを国の内外に派遣している（ワークキャンプについては、次項で説明したい）。

一九九五年一月の阪神・淡路大震災により人々の関心はその被災地支援に向く。そのため、九〇年代後半には、国際協力ＮＧＯの新規設立数や寄付には減少が見られた。

しかし、二〇〇〇年代に入り、自分自身が国際ボランティアに参加した、あるいは海外旅行等をした際に世界の貧困問題の現実を目の当たりにした若い世代が、自らＮＧＯを立ち上げている。たとえば、エイズ孤児支援ＮＧＯ・ＰＬＡＳは、団体代表の門田瑠衣子氏が大学院生時代にケニアでボランティアをしたときの経験から、「まずは自分にできることから始めよう」（ＰＬＡＳ二〇一四）と考えて設立したＮＧＯである。二〇〇〇年代に再び国際協力ＮＧＯの設立が増えた要因として、一九九八年のＮＰＯ法の施行の役割も大きいと考えられる。

国際協力ＮＧＯと学生ボランティア

学生がボランティアに参加することを主軸とする組織は、そうした変遷のなかで生まれてきた。たとえば、（特）国際ボランティア学生協会（ＩＶＵＳＡ）や日本財団学生ボランティアセンター（Ｇａｋｕｖｏ）は、団体名に「学生」が入っていることからわかる通り、学生が社会貢献をする場をつくることが組織の目的の一つとなっている。ＩＶＵＳＡは、一九九四年に国士舘大学の国際ボランティアサークルとして始まり、その後インターカレッジ化して二〇〇三年にはＮＰＯ法人化した。現在では全国八五大学の二七〇〇人の学生が会員として活動する一大組織となっている（ＩＶＵＳＡ二〇一五）。Ｇａｋｕｖｏは、日本財団の外郭団体として二〇一〇年に設立され、国内外に学生ボランティアを派遣する事業やボランティアを行う学生団体の企画に助成金を出すなどの事業を行っている（日本財団学生ボランティアセンター二〇一五）。

一方、いわゆるパイオニアあるいは老舗と呼べる国際協力ＮＧＯにおける、学生の国際協力活動への参加はどうなのか。たとえば日本国際ボランティアセンター（ＪＶＣ）（一九八三年設立）は海外ボランティアについて、下記のようにホームページに掲載している。

「各国の活動地には有給の専従スタッフを駐在させており、ボランティアを派遣するようなことはあまりしておりません。これは、なるべく現地国籍のスタッフを雇用して、彼ら／彼女ら自身が活動を担えるようになるためでもありますし、同時に現地での活動の質を保つという側面もあります。できることなら、ボランティアとして受け入れていっしょに活動することで学んでいただければよいのですが、いっしょに活動しながら『人を育てる』余裕が（まったく事例がないわけではないですが）残念ながらあまりないのが現状です」（ＪＶＣ二〇一五）。

こうしたスタンスは、従来の国際協力ＮＧＯで一般的に見られた。しかし、老舗のＮＧＯにも近年変化が見られる。

学生でも海外の活動に関わる機会が、スタディツアーやインターンシップというかたちで与えられるようになった。また、海外ボランティアは受け入れておらずとも、学生でも参加できる国内ボランティア（日本のなかでのボランティア活動）の機会を提供している。たとえば、ＪＶＣやシャンティ国際ボランティア会（旧曹洞宗ボランティア会、一九八一年設立）などの歴史ある団体も、海外インターンシップや本部事務所でのボランティアなど、学生が参加できる機会を各種設けている。

２－２　多様な参加の「メニュー」

では具体的に、国際協力ＮＧＯに学生が参加できる形態にはどのようなものがあるのかを見てみたい。名称のラベリングは組織によって多少異なるが、以下のような「メニュー」（傍線で表示）に整理できるだろう。「メニュー」と筆者が表現したのは、参加活動の選択肢が予め並べられており、項目化できると考えるからである。本項では、国内にいながらの参加についてもあわせて整理する。

まず、学生が日本にいながら参加できる活動として、手軽なところでは国際協力を行うＮＧＯへの募金、あるいは書き損じのハガキや古くなった衣料品、スポーツ用品などの寄付がある。最近、フェアトレードを通じて発展途上国の生産者の収入向上を図るＮＧＯが増えているが、そうした団体のフェアトレード商品を購入することも一つの参加のかたちといえるだろう。「お買いもので国際協力」といったキャッチフレーズも耳にする。

また、国際協力ＮＧＯが主催するイベントや報告会に参加するというかたちもある。こうしたイベントや報告会は、学生が団体やその活動を理解するきっかけとなり、さらに長期的に特定のＮＧＯをサポートすることにつながる場合も少なくない。すなわち、ＮＧＯに入会し、会員となって年会費等を払うという参加形態である。ある地域の一人の子どものフォスター・ペアレント（里親）になって、その子とＮＧＯ団体をサポートしていくタイプの活動に参加している学生もときどきみかけるが、これは「会員」のカテゴリーに入れられるだろう。

学生が、自分の時間と労力を費やして国内でボランティアあるいはインターンシップに参加して活動に携わる事例として、広報活動やイベント、事務作業のサポートがあげられる。インターンシップの場合は人材選定のプロセスがあり、ボランティアに比べてコミットする期間はより長く、責任もより重くなるという違いがある。また、インターンシップは大学が認定すれば課外実習活動として卒業単位に加算される点も、学生にとって魅力となっている。

一方、学生が国際協力NGOへの参加で海外へ行く機会も急激に増えている。海外スタディツアーは、NGOの現地における活動と現地の事情を理解することが主目的で、見学・視察中心が中心となる（スタディツアー研究会二〇一五）。期間は一〜二週間と比較的短期で、稀に五日間といったプログラムもみかける。実際に現場に足を運ぶことで、現地の事情を五感をもって知り、NGOの活動の実態について学び、そして国際協力の在り方や地域の問題について自分で考える機会が得られるのである。現地の住民との交流を含むものもある。

海外ボランティアは、国際協力NGOが現地で実施する活動を「見る」だけではなく、実際に活動に参加するものである。海外ボランティアの一形態である海外ワークキャンプは、「合宿型ボランティア」（NICE 二〇〇〇）とも呼ばれるように、ある程度の人数のボランティアがともに一定期間現地に滞在し、現地の人々と協力しながら役務提供型の作業（ワーク）を行うプログラムである。ワークの内容は、小学校の建設、井戸の建設、植林活動、農作業など多様である。短期のものもあるが、数週間におよぶものが多い。

海外インターンシップとなると、責任は重くなる。たとえば、フィリピンやマレーシアで活動をしているNGO団体Caring for the Future Foundation Japan（CFF）における学生インターンは、日本からの学生ボランティアを受け入れるための準備や現地受け入れ機関との連絡・調整の役割を担う。さらに、現地スタッフの補助的用務も行うことになる（纐纈 二〇一四）。また、NGOではないが、国連ボランティア計画（UNV）も大学生を対象とした「国連ユースボランティア」プログラムを設け、二〇〇四年以来日本の一部の大学と協定を結んで日本の大学生を海外に派遣している。名称はボランティアであるが、実質的には発展途上国にある国連事務所で働く長期（四ヵ月程度）のインターンシップである（ＵＮＶ二〇一五）。

２―３　参加機会の情報へのアクセス

学生の国際協力活動参加の「メニュー」が多くあることに加え、近年のインターネットやソーシャルメディア（ＳＮＳ）の発達によって、参加機会の情報へのアクセスが格段に容易になっている。各ＮＧＯでも広報に力を入れているが、横断的に検索できるサイトも少なくない。たとえばＪＡＮＩＣの「ＮＧＯ情報掲示板」というサイト（http://board.janic.org/janicboard/）には、日本全国の国際協力ＮＧＯが実施するイベントやスタディツアー等について新着情報が掲載されている。ＪＩＣＡの運営する「国際協力キャリア総合情報サイトＰＡＲＴＮＥＲ」（http://partner.jica.go.jp）でも、大学生が参加できるボランティアやインターンシップ等の情報が簡単に入手できる。また、一般の人にも身近なＹａｈｏｏも「Ｙａｈｏｏボランティア」(http://volunteer.yahoo.co.jp)というサイトを設置しており、キーワード検索をすることも可能となっている。

加えて、フェイスブックなどのＳＮＳを通じて他の大学生がボランティア活動に参加した様子をみることが、新しいＮＧＯを知るきっかけになる。自分たちと同じ年代の学生の姿は、「自分にもできるだろう」とハードルを下げてくれるようだ。

筆者が驚いたのは、（株）ＨＩＳなどの大手旅行会社が海外ボランティアやスタディツアーをテーマとしたツアーの企画・斡旋を始めたことである。ボランティア活動に観光も組み合わせた企画などがホームページ上で売り出されている。ボランティア活動の部分は日本の国際協力ＮＧＯや現地のＮＧＯと連携しているようである。一部の旅行会社（たとえば（株）マイチケット）のなかには、長年、日本の国際協力ＮＧＯと連携し、国際ボランティア活動やスタディツアーを企画してきたものもある。ＮＧＯの職員によれば、旅行会社との提携は、リスク管理や旅行手配を旅行会社に任せられるというメリットがあるそうだ。旅行会社のホームページやパンフレットを通じて、ＮＧＯの活動がより多くの人の目に触れることになり、参加者募集の効果も大きいという。

2-4　大学側のプッシュ要因

大学生が国際ボランティアに参加する要因として大学内での環境整備も大きい。近年、殊に学生の海外留学や海外体験の支援、ボランティアやインターンの機会の促進が盛んである。

その背景の一つとして、日本政府および文部科学省の政策がある。二〇一一年五月に、政府内に閣僚からなるグローバル人材育成推進会議が設置され、翌年には『グローバル人材育成戦略』がまとめられた。この報告書の定義によれば、グローバル人材は以下の三要素を備え持つ（グローバル人材育成推進会議 二〇一二：八）。

要素Ⅰ　語学力・コミュニケーション能力
要素Ⅱ　主体性・積極性、チャレンジ精神、協調性・柔軟性、責任感・使命感
要素Ⅲ　異文化に対する理解と日本人としてのアイデンティティ

こうした人材育成を具現化するために、文部科学省では二〇一二年から「グローバル人材育成推進事業」、二〇一四年から「スーパーグローバル大学創成支援」という競争型の助成金を大学に出し、大学生の「グローバル人材育成」を図っている。さらに、文部科学省は日本人学生の海外留学を推進するために、二〇一三年から「トビタテ！留学JAPAN」という奨学金プログラムを産学連携で開始し、学生個人に対する支援を始めた（文部科学省二〇一三a）。主軸は海外留学であるが、海外インターンシップも対象となっており、海外でのNGO活動に参加する学生も少なくない。国際的なボランティア活動の促進の重要性は、先述のグローバル人材育成推進会議の報告書（グローバル人材育成推進会議 二〇一二：二四）でも謳われている。

一方、産業界の要請もあり、経済産業省、文部科学省の後押しのもと各大学では学生のインターンシップ参加を推進している。大学におけるインターンシップの拡充が急速に進められていることは、文部科学省（二〇一三b）の統計を見れば明らかである。インターンシップを実施した大学数は、一九九八年に一四三校（全大学数の二三・七％）、二〇〇七年に五〇四校（六七・七％）、二〇一一年に五四四校（七〇・五％）と確実に増加しているのである。二〇一四年に文部科学省は「インターンシップの推進に当たっての基本的考え方」の見直しを行い、学生のインターンシップ参加をさらに推し進める方針をとっている（文部科学省二〇一四）。

また、二〇一一年にインターンシップを実施した五四四の大学のうち一五三校が海外インターンシップ（単位認定を伴うもの）を実施しており、二〇二三人の学生が海外インターンシップに参加したという。そのインターンシップ先には国際ＮＧＯも含まれている。

つまり、グローバル人材の育成、キャリア教育の強化が求められるなか、大学では語学教育や海外留学の機会を拡充することに加え、国内外のインターンシップやボランティアについての情報や奨学金の提供にも力を入れはじめているのである。このような環境整備が、大学生を国際協力ＮＧＯの海外ボランティアやインターンに参加しやすくさせている一要因なのだろう。

3　国際ボランティアに学生が参加することの意義と影響――ＮＧＯ側の視点

では、国際協力を実施するＮＧＯは、自分たちの活動に学生が参加する意義をどう見ているのだろうか。また負の影響はないのだろうか。筆者が行ったインタビューを基に、団体側の視点を示していきたい。

筆者は、インタビュー先の組織の特徴が偏らないように、それぞれ八〇年代、九〇年代、二〇〇〇年代に設立された六団体から合計五名（うち一名は移籍して二団体の勤務経験あり）にインタビューを行った。ＮＧＯの選定にあたり設立年代の異なる組織を選んだのは、上述のとおり団体の設立背景や設立年代によって学生ボランティアに対する考え方が異なるという印象を筆者が持っていたためである。五名というのはサンプル数として少ないことは否めないが、あえてラポールの形成されている旧知の人にインタビューをすることで、率直な意見に基づくデータが取れることを意図した。なお、団体名と個人名については、あえて匿名としたい。

3－1　国際協力NGOから見た学生参加の増加の背景

国際協力NGO側が学生の参加が増えた背景をどう見ているのか、スタッフに聞いてみると、興味深い回答が返ってきた。九〇年代からボランティア参加の事業を主体としてきたNGOによれば、むしろここ数年、参加者は減少傾向にあるのだという。それは各NGOによる同じようなボランティアのプログラムや、大学が主催する海外研修が急に増えたからではないかと分析する。たしかに、海外ボランティア等に参加する学生数の増加と、競合するプログラムの増加は表裏一体である。その結果、個々のNGOにおいては参加者減ということも起こりうるのだろう。

一方、二〇〇〇年以降に設立されたあるNGOによれば、二〇一一年の東日本大震災が、最近国際ボランティアが盛んになった一つの契機なのではないかという。三・一一自体は被災地支援の国内ボランティアを増加させたが、そこで人々のボランティア活動への関心が高まった。多少のときを経て、現地の状況はある程度落ち着くとともに、残っている課題は、難しくセンシティブな問題が多く、一ボランティアとして関わることが憚られると感じる大学生も多いのではないか。そこで、むしろ海外に目が行き、大学が支援してくれ、参加費用もアルバイト代で稼げる範囲とあって国際協力NGOへの学生のボランティア参加が増えたのではないか、というのである。インタビューに応じてくれた二〇代半ばのこのスタッフは、一九九五年の阪神・淡路大震災後のボランティアムーブメントの勃興を経験していない。しかし当時と同じ動きが三・一一後にも起こったのかもしれない。

また、学生の動機の分析としては、ボランティアを行いたいというよりも、海外へ行ってみたい、国際協力系の雑誌やホームページで見かける発展途上国の子どもの笑顔などの写真に魅せられた、あるいは楽しそう、という理由が大きいのではないかという。実際にボランティアに参加した学生から「大学内だけだと案外世界が広がらないので、ワークキャンプに参加して、大学の外に仲間をつくりたいと思った」という声も聞くそうである。

3-2 NGOから見た学生参加のメリット

学生が海外ボランティアとして参加することで、NGOとしてはどんなメリットがあるのか、インタビュー中にスタッフの方々が使っていた表現を用いながら整理してみたい。

学生自身の成長

どの国際協力NGOも、多かれ少なかれ開発教育の場の提供という役割を担っている。その意味で、学生がNGOの活動に参加し、発展途上国や国際協力について学んで成長することはNGOにとっても意義があると、インタビューを行ったNGOスタッフは異口同音にいっていた。とくに学生の参加を前提として設立された団体では、「キミの学びが世界をよくする」「見知らぬ場所、自分を知る場所」といったキャッチフレーズに見られるように、団体の主目的として掲げる「学生の成長」が達成されるメリットは大きい。「学生には未来投資をしてほしい」というメッセージもスタッフの口から聞かれた。

将来の国際協力人材の育成

また、国際協力活動への参加体験を通して、学生が将来的にも国際協力に関わっていく人材になることへの期待もNGOとしてはあるようだ。実際に、インタビューをしたスタッフのほとんどは、学生時代に国際協力NGOで国内もしくは海外ボランティアをした経験があった。

ただし、学生が国際協力NGOのボランティアやインターンシップに参加することが、NGOへの就職に直接つながることは稀だという。「企業が実施するインターンシップとは異なることを学生に理解してほしい」ということであった。最初はインターンとして働き、「いい人がいればNGOに取り込む」ことがあるのは、ある程度社会で経験を持った既卒者がほとんどだという。そもそも日本の国際協力NGOで働く日本人のフルタイムのスタッフ数は全体で四〜五〇〇〇人であり、新卒（大学新規卒業者）を吸収できるほどの基盤はないのだそうだ。

国際ボランティアムーブメントの醸成

海外ボランティア活動に参加する日本人を増やすことで、「国際ボランティアムーブメント」を起こしていきたいと熱く語ってくれたスタッフもいた。つまり、学生時代にボランティアを経験することで、「海外や日本の地域・社会を思い遣るボランティア活動を行うことが当たり前になり、そうした精神が、世のなかの平和にもつながっていく」ことが期待できるという。このボランティア精神が世界に広がっていくことを「国際ボランティアムーブメント」と呼ぶのだそうだ。

柔軟な発想

NGOのスタッフいわく「学生は柔軟なアイディアを持っており、いい提案をしてくれる」ので、現地での活動や組織運営にもプラスの影響があるという。スタッフの方々がたびたび学生の特徴を表すキーワードとしてあげていた「学生は失うものがない」ことや「若さ」が柔軟な発想につながり、プラスの面を生み出す要因になっているそうだ。

コミュニケーション力

学生は、語学力が十分でなくとも、現地の人とのコミュニケーション力は高いそうである。スタッフや社会人ボランティアは日本の常識の範囲内で行動したり発言したりするが、学生は「がんがんとがむしゃらにやってしまう」ので、かえって現地の人と通ずる場合が多いという。孤児院でのボランティア活動などでも、子どもが抱えている問題を深刻に考えすぎないゆえに、子どもと自然体で接することができてうまくコミュニケーションを取っている、と現地に同行経験のあるスタッフは語る。

現地の若者や子どもたちと年齢が近いことも、お互いが通じ合う素地を自然と与えてくれる。現地の子どもが、それほど年の離れていない異国の人と交わることで成長していくのを、スタッフが見ていて感じることもあるそうだ。学生が活動現場で現地の人々とうまくコミュニケーションを取ることで、現地と学生の交流も進み、活動の円滑化につながることもあるという。

広報活動への貢献

また、最近の学生は各種のSNSをよく使いこなしており、NGOについての情報を拡散してくれることが団体の広報活動に大きく貢献しているという。イベント時の動員なども、学生間ネットワークの口コミの力が大きい。さらに、ボランティアの募集説明会は、実際に参加経験のある元ボランティアの学生が後輩に向けて実施することも少なくない。自分とほぼ同年代の学生からリアルに参加体験とその魅力を聞くことのできる募集説明会の広報効果は高いようだ。

労働力の提供

「元気で力のある若者が無償で労力を提供してくれるメリットは大きい」とNGOスタッフたちは語る。資金的にアルバイトを多数雇うことが厳しいNGOにとっては、ボランティアの存在はありがたいのであろう。イベントの開催など、ボランティアがいることで成立するものもある。また、ワークキャンプは、まさに現地でボランティアが労働力を提供するプログラムであるため、NGO側にとっても学生の参加は重要である。

参加費

さらに現実的なところとして、学生が海外スタディツアーやボランティア活動に参加するときに支払われる参加費の一部（交通費など実費を除いた部分）が、NGOの自己資金の収益として役に立つことが言及されていた。団体にもよるが、参加費の五～七割が収益となる。ただし、ボランティアの参加が前提となっているNGOでは、参加者数の変動が組織運営に直接影響を及ぼすというデメリットも指摘されていた。

3－3　NGOから見た学生参加のデメリット

一方で、NGOが考える学生の海外ボランティア参加のデメリットにどのようなものがあるのか、列挙する。

責任感の欠如

「もちろん一部の学生に限定される話ではあるが」と前置きをしながらも、学生は社会人の参加者に比べて責任感の面で甘いことを指摘していた。そして、それを痛感させられた経験をどのNGOも述べていた。たとえば、直前にキャンセルをするいわゆる「ドタキャン」は少なくないという。現地集合の際、待ち合わせ場所に現れないというケースもあるようだ。また、チャレンジ精神の裏返しではあるのだろうが、現場で無謀な行動も見られるそうだ。

リスク管理

そうした無謀な行動に出る学生がいれば、NGO側にとってはリスク管理の手間が増えることになる。サークルの合宿気分で騒いで羽目を外したり、一人で勝手に行動してしまう学生もいたりすることは、想像に難くない。「生活面などすべての面倒を見ないといけないので、現地事務所側の負担はかなり大きい」という。実際に学生が治安面でのトラブルに巻き込まれることもあるようだ。そのケアをするのは、結局はＮＧＯの現地スタッフということになる。その点、スタディツアーであれば、参加者に全行程同行するスタッフがいて日程も詳細に決まっているため、海外ボランティアのプログラムより統制が取りやすいという。

即戦力にならない

学生は、当然のことながら専門性や実務経験はないので、即戦力にはならないそうだ。そこはＮＧＯ側も了解しているのだろうが、とくに「指示されないと動かない学生」はＮＧＯにとっては負担になるという。また「自分探しで来た子は面倒」という意見もあった。

継続性の問題

国際協力ＮＧＯが学生団体などと協力関係をつくった場合、学生団体内で主体的に動いていた代（学年）が引退してしまうと、関係が続かなくなることがあるという。四年経てばほとんどの学生が卒業するという、学生の一つの限界だという。

一方で、毎年新しい参加者が来ることで、新しい風が入ってＮＧＯの活動現場に良いインパクトをもたらすこともある、と学生の入れ替わりをポジティブに捉える見方もあった。学生ボランティアは、現地の人から見れば「外国からやってきた奇特な青年」と映り、異文化交流の観点からはプラスがあるのだろうという。

しかし、若者同士の交流であればその新鮮さが刺激となっても、小さい子どもを対象にした活動の場合は、この「入れ代わり立ち代わり」がネガティブに働くこともあるようだ。子どもに対して「また来るね」と軽率にいわないようにと、学生ボランティアに事前に注意している、という話も聞いた。とくに孤児が集まる施設などでは、学生と子どもたちが最後の別れのときにお互い涙を流すほどの絆を結ぶだけに、その場の「また来る」という言葉を子どもは約束と捉えてしまう。その約束が果たされなかったときの子どもの心の傷が心配されるという。

また、カメラや携帯電話などを子どもたちに見せ、写真をたくさん撮って帰る学生が多いが、文脈によっては、その行為が現地の生活に土足で踏み込むような負のインパクトがあり、その影響を懸念するスタッフもいた。一過性の滞在であるがゆえに、子どもたちが外来の物質文化を見せつけられてどう感じるのか、撮られた自分の写真の行方についてどう案じるのかまで、学生の考えは及ばないのであろうという。

4　学生が参加することの動機と意義——学生の視点

次に、学生の方は、国際ボランティアに参加することについてどのように考えているのか探っていきたい。まず、国際ボランティアに参加してみたい、と考えている学生の動機を紹介する。そして、NGO側の視点と対比するために、学生が考える「学生参加の強み・メリット」を見ることにしよう。さらに、実際に国際ボランティア活動に参加した学生が、その経験をどのように感じ何を得たのか、彼らの声に耳を傾けてみたい。

4－1　質問票に見る国際ボランティア参加の動機

まず、東京にある私立大学の国際系学部の学生を対象に行った質問票調査の結果を紹介する。調査手法としては、選択式と自由記述式の両方を含む質問票に、スマートフォン上で各自回答する形式をとった。筆者が二〇一五年七月に行った「国際開発援助論」という講義科目の授業に出席していた一六六名全員から回答を得た。なお、この科目は大学のカリキュラム上「選択必修」という位置づけにあり、必ずしも発展途上国に対する国際協力に関心のある学生ばかりが受講しているわけではない。現に、「あなたは今後、国際協力NGOのボランティアとして、海外あるいは

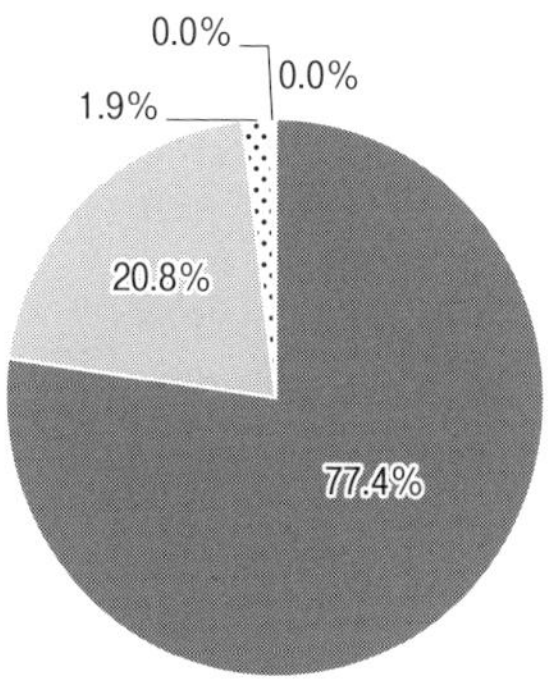

図6-2　国際ボランティア参加の動機
——自分の成長のため？

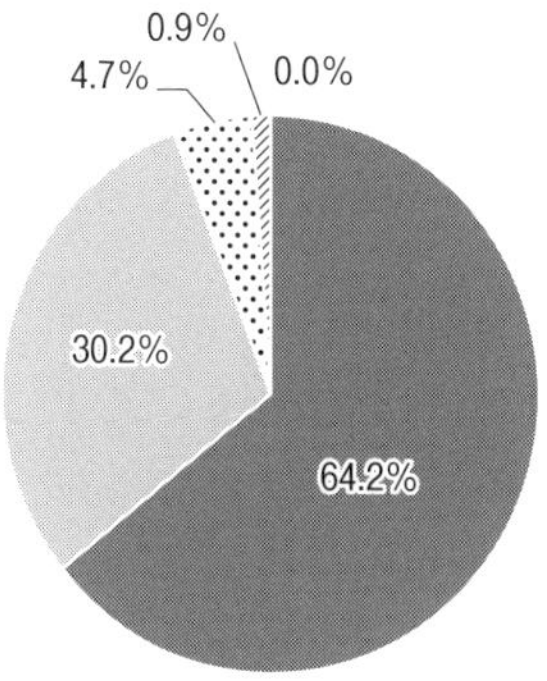

図6-3　国際ボランティア参加の動機
——途上国のため？

国内の活動に参加したいと思いますか？」という質問に対して、「いいえ」あるいは「どちらとも言えない」と回答した学生は六〇名（全受講者数一六六名の三六％）いた。

ここでは、この質問に対して「はい」と回答した、つまり国際ボランティア活動に参加してみたいという学生一〇六名（全受講者の六四％）の結果をさらに分析していくこととする。一〇六名の内訳は、一年生五八名（五五％）、二年生二三名（二二％）、三年生二〇名（一九％）、四年生五名（五％）であった。一、二年生が大多数を占める春学期の授業ということもあり、実際にボランティアとして国内外の国際協力NGOの活動に参加した経験を持つ学生は一〇六名中一九名（一八％）、海外での活動に限定すると一二名（一一％）となった。

学生がボランティアを行うのは自分のためだという言葉をよく耳にする。そこで、発展途上国で活動するNGO等の国際ボランティアとして参加する場合の目的・動機が、「自分の成長や経験につながるから」が自分にあてはまるかどうか、「①あてはまる、②ややあてはまる、③どちらともいえない、④あまりあてはまらない、⑤あてはまらない」の五択で回答を求めた。その結果、図6‐2に見られるように、ほとんど（九八・一％）の学生が「①あてはまる」あるいは「②ややあてはまる」と答え、自分の成長が動機となっていることが確認できた。

一方、「途上国の役に立ちたいから」という動機はどうなのか。同

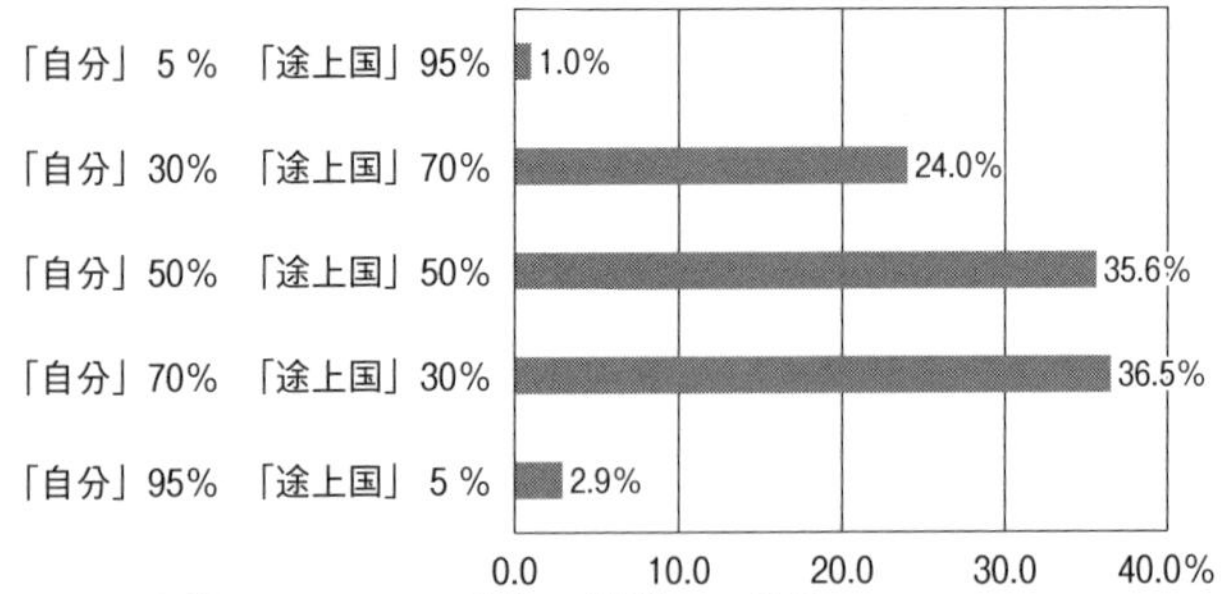

図6-4　国際ボランティア参加の動機——比重

じく五段階のスケールで選択をしてもらった。図６‐３が示すように、「①あてはまる」という回答は六四・二％と自己成長の七七・四％に比べれば低いが、「②ややあてはまる」も合わせると九四・三％と高い数字を示している。自分の成長という利己的な気持ち（あえてここではそう呼ぶ）のみならず、発展途上国の役に立ちたいという利他的な動機も持つ学生が多いようである。

では、その両方の動機をあえて比較するとどうなのか。「『自分の成長や経験につながるから』か『途上国の役に立ちたいから』かで自分の動機に比重をつけるとしたら以下のどれになりますか？」という質問項目を設け、回答は五択（①五％：九五％、②三〇％：七〇％、③五〇％：五〇％、④七〇％：三〇％、⑤九五％：五％）とした。

その結果、図６‐４に見られるように、「自分」七〇％：「途上国」三〇％という比重を選んだ学生が三六・五％ともっとも多かった。また五つの選択肢のうち、「自分のため」の方の比重が高かった学生（④、⑤を選択）の割合は三九・四％となり、「途上国」の比重が高かった学生（①、②を選択）の割合二五・〇％を大きく上回ったのである。ある程度は予測していたが、これほどの差があったことは筆者も意外であった。

４‐２　学生が国際ボランティアに参加することの強み

大学生が国際ボランティアに参加することの強みは何か、上記と同じ学生に自由回答式で記述してもらった。ここでは、テキスト分析の結果、頻度の高かったものを紹介したい（キーワードに傍線を付す）。

まず、自分たちの強みとして一番多く言及されていたのが若さである。「大学生はまだ未熟。だからこそ、失敗を恐れない勢いのある若さが強み」「若さと元気で途上国の人を元気にできる」といった意見である。「まだ若くこれから社会に貢献していく人材だから、活動で得た刺激を今後の自分の仕事に生かせるチャンスが社会人より多い」という意見もあった。

この若さとも関連するのだろうが、自由な発想・考えという言葉も頻出した。既成概念にとらわれない「自由で積極的な発想や考え」を出すことが自分たちにできることであり、「流行に敏感だから、新たな考えをもち行動することができる」という。

さらに、発展途上国の支援対象地の子どもたちや若い世代と年齢がそれほど変わらないので、距離を縮め同じ目線で考えたり遊んだりできることが強みとしてあげられた。同じ目線なので意見交換がよりスムーズにできたり、「何が必要なのかを考えたりしやすいと思う」という。発展途上国の支援の現場で子どもと一緒に遊ぶ学生が、ただその場の思いつきで子どもとじゃんけん大会を始めておおいに盛り上がり、圧倒されたことが筆者にもある。

体力も学生の長所として頻繁に言及されていた。「力がある年頃のため力仕事にも精を出して活動でき」、災害現場などでは「専門的な技術や知識のない学生ができることは限られている。でも重機の入れないところへ行き、マンパワーになれる」といった声もあった。

学生自身から見たこれらの自己評価は、ＮＧＯ側の評価である「柔軟な発想」「コミュニケーション力」「労働力の提供」と概ね一致する。しかし、継続性についてはＮＧＯの捉え方とは対照的に、学生は「四年間あるので継続的に参加できる」と継続性や持続性が学生にはあるという意見が少なくなかった。「学生は時間があるので、長期で活動に参加できることが強みの一つ」だと感じているようだ。

4－3　国際ボランティアに参加経験のある学生の視点

大学生は自分たちの強みを上記のように感じながらも、国際ボランティア参加の動機としては「自分の成長や経験につながるから」との理由が強いという質問票の調査結果であった。なぜ学生はそのように思っているのか。また実際に海外で国際ボランティア経験を経た学生はどう感じているのか。質的調査法を用いて海外ボランティア活動に参加したことのある学生たちにさらに深く聞いてみた。手法としては①フォーカス・グループ・ディスカッション（FGD）、②個別インタビュー、および③学生ボランティアの報告会への参加、を通して学生の声を集めた。なお①②について、FGDは二回行い、個別インタビューと合わせて、一八名の学生に調査に協力をしてもらった。学生は、前述の東京都内の国際系学部の在学生である。③は全国のインターカレッジ（大学連合）のNGO団体の報告会であった。

ハードルの低い国際ボランティア参加

まず、今の学生は、海外へボランティア活動をしに行くことに対してどのような意識を持っているのか聞いてみた。学生いわく、国際協力NGOの海外ボランティア活動は「いろいろなツアーがあって、参加しやすい」ものだという。種類がたくさんあり、渡航先の地域も自分の興味にあわせて選べる手軽さがあるそうである。留学は語学力が必要であり、期間が長く、手続きも面倒である。それに比べて、英語に自信がなくても、学生時代に単なる海外旅行以上の何かをしたいと思ったとき、海外ボランティアへ行くことはハードルが低いらしい。情報は口コミなどでもたくさん入ってくる上、説明会が大学内で開催されるなど、気軽に話を聞く機会がある。

調査対象の国際系学部の学生間では、「みんな行くから」という雰囲気さえあるようだ。夏休みを前にした一年生が「あまりにも皆がボランティアしに海外に行くと言っていて怖い。自分はあえてボランティアも海外渡航もしたくない」と話すのを聞いたことがある。実際に、筆者の所属する大学の国際系の学部でも、卒業するまでの四年の間に（筆者の目算で）およそ六割程度の学生が先進国も含めた海外ボランティア活動や海外インターンシップを経験する。

いずれにせよ、海外へ国際ボランティアで「行ってみたい」と思う学生にとっては、参加は手近なものなのである。「簡単に行ける」という表現を筆者はインタビューやＦＧＤ中何度も耳にした。本章の第二節で説明したように、ＮＧＯ、大学、さらには旅行会社による環境整備が進んできた結果であろう。海外航空賃が安くなり、海外でのボランティアやスタディツアーの参加費が学生のアルバイト代で賄える範囲（団体によるが一〇～二八万円程度）になっていることも大きな要因であるようだ。

なお、ボランティア活動経験が多い学生のなかには、ツアーに組み込まれているボランティア活動などに高いレベルの成果は求められておらず「未経験者が一歩踏み出すためのステージ」として実施団体も提供しているのだろう、と分析する人もいる。つまり、学生が現地で十分役に立つようなセッティングにそもそもなっていないと言いたいのだろう。海外ボランティアに参加してみて、「行っただけじゃん、と歯がゆさを感じた」学生もいるそうだ。

変化する動機

「国際ボランティアに参加したことの動機は何だったのか？」実際にボランティア経験のある学生たちはほとんど例外なく、これに対する答えを絞り出すのにかなりの時間を要していた。いったん回答した後も「いやでも、やっぱり」と後戻りすることが多く、ＦＧＤでもお互い顔を見合わせながら、さまざまな意見をあれこれ交わしていた。答えは単純ではないようである。

参加する前に抱いていた動機については、やはり「途上国の役に立ちたい」派と「自分のため」派に大別できた。前者の動機の代表的な言葉としてあげられるのが、「自分がボランティアに参加しようと思ったのは、途上国の人に役に立ちたい、という気持ちが強かったから」というものである。「国際協力に興味があったから」と答える学生もおり、それに対し筆者が国際協力とは何かと聞き返すと「途上国の人たちの役に立ちたいってことだと思う」と説明した。続けて「でも、その気持ちには、人に何かをしてあげるという上から目線があったと思う」とも付け加えている。「途上国の役に立ちたい」と考える学生には、発展途上国の現状に対する何らかの問題意識がうかがえる。筆者が参加した学生ボランティア団体の報告会では、「一日一ドル未満で暮らす人々は一二億人、三秒に一人が貧困が原因で死ぬ」「教育を受けられない子どもたちのために学校を建てたい！」といった表現が聞かれた。国際機関の報告書に出てくるような数字を用いたプレゼンテーションには、発展途上国の問題に対して行動を起こしたいという動機が「素直」に表れていた。

もう一方の「自分のため」派が国際ボランティアに参加したいと思った動機は「新しいことに挑戦したい」「途上国へ行って、成長したい」「途上国のなかで異文化に触れて、彼らと一緒に何かやってワクワクしたい」などである。「ボランティアをしても、最初から現地に貢献することは難しいだろうから、やはり自分の成長のためという動機の方が大きかった」という意見に同意する学生は多かった。私の調査協力者のなかにはいなかったが、彼らによると、海外ボランティアへ行くことが就職活動に有利に働くからという動機の学生もいるという。就職活動で用いられるエントリーシートの「学生時代に力を入れたこと」の欄に、アルバイト以外に書けるネタがほしいのだという。

国際ボランティアに参加する動機が二派に分かれていた学生たちも、実際海外ボランティアに参加すると、皆、「自分はたいして何もできない、と壁にぶちあたる」体験をするという。たしかに体力があって力仕事をしたり子どもたちと戯れたりすることはできるが、どれだけ発展途上国の役に立っているのか、疑問を抱くようである。当初、発展途上国に貢献したいと思っていた学生の方が、その落差は大きいのかもしれない。「役に立ちたいと思っていたけど、自己の成長にしかならないと感じた。でも成長して、いつか役に立ちたい。現実を見て「役に立ちたいと思っていたが、どっちなんでしょうね」と自問する。「参加する前は、国際協力をしたい、途上国の役に立ちたいと考えていたが、実際に参加してみて、自分のなかの変化、成長を強く実感できて、のめりこんでいった」という学生もいる。彼女は、国際ボランティア参加の動機を今聞かれたら「自分の成長のため、の比重が大きい」と答えるという。

ここに見られるように、動機、と言っても時間軸を加えると変化があるようである。先述の質問票調査で、これから国際ボランティア活動に参加したいという学生の間でも「自分の成長」が重視されていた。しかし、FGDやインタビューを通して筆者が理解したのは、「自分の成長のため」と言っても、必ずしも自己中心的な理由が支配的なわけではなく、自分が無力であることへの割り切りや将来貢献することへの意欲など、いろいろな要素が複合されたものであるということだ。

参加してみて何が変わったか

時間軸を加えると学生のなかで何が変わったのか。国際ボランティア活動に実際に赴き、発展途上国の現状を変えられないと感じた一方で、学生は、自身が変わったことを実感している。

一つは、自分自身の発見であろう。「こういうことが自分はしたかったのだ」と自分の関心ややりたいことが見えたという学生は多い。そのやりたいことが国際協力とは必ずしも限らない。「自分は周りに合わせがちな性格で、テニスサークルでも日々流されていたが、海外ボランティアに参加したときに自分と向き合うきっかけが得られた」という学生もいた。海外という自分たちの日常とは遠いところに身を置き、現地の人々や一緒に参加した学生たち、そしてNGOの現地職員から学ぶことが多かったという。「NGOの現地スタッフである『大人』とガッツリ話す機会があったのも大きかった。案外学生は『大人』と深く話す機会が多くないので」という興味深い意見もあった。「今と昔の自分は違う」と断言する学生は、国際ボランティアに参加していろいろなことに直面した結果、自信が持てるようになったという。

また、海外ボランティアに参加してから、その地域や社会問題について知ること、考えることを自らに課すようになった学生も少なくない。「現地では自分が何をしても無駄という無力感が大きかった。でも、それだけに無関心になってはいけないと強く思った」という学生の言葉が印象的であった。また、ある学生は、「インドは怖いという気持ちを抱きながら現地へ向かった。実際に行ってみて、予想と異なる現実や想像もしていなかった世界を体験した」という。そして単なる異文化体験に終わらせるのではなく、「社会の在り方を考えることが責務」と感じるようになったそうだ。世界が抱える問題について勉強会を開くようになった学生もいる。

将来は

こうした体験をした学生のなかには、発展途上国支援に自分が役立っているという実感がなくても、さらなる自己の成長のため、あるいはもっと現場の問題を知るため、国際ボランティアのリピーターとなる人も少なくない。同じ地域に繰り返し行く学生もいる。

一方で、ボランティア活動に対して、ある種冷めた見方になる学生もいる。「今の自分は、もうボランティア活動に参加したいとは思わない。ボランティアの限界というか、そういうものも少なからず感じるのと、ボランティアに自己満足的な側面があるような気がしている」からだという。しかし、そうした学生が発展途上国への支援に将来的にも関わりたくないと感じてしまったのかというと、決してそうではない。ボランティアとして参加する側ではなく、地域の主体性に軸をおいた支援を企画していく立場により魅力を感じているという。また、ボランティア活動に参加した後、同じ地域でインターンとして滞在した学生は次のように述べていた。「インターンシップ中は、現地で人々と衣食住をともにし、現地の状況を調査する機会があった。短期のボランティア活動では表面しか見えないし、将来は自分で立ち上げた団体で自分が主体となって深く関わりたい。」彼女は積極的に、将来も発展途上国支援に関わって、現地に恩返しをしたいという思いを持っている。

どの程度積極的に将来も海外支援に関わっていきたいかには個人差がある。しかし、「国際協力ＮＧＯなどの職員にはなれなくても、これからもずっと考えていきたい」という学生の言葉が示すように、ほとんどの学生が国際ボランティアの経験を何らかの形で将来につなげたい、と考えていることは事実であろう。自分の経験をふまえて、「ボランティア精神を広めていきたい。それが人のためになるから」と表現した学生もいた。ボランティア精神とは、と問うと、「誰かを思い遣る心だと思う」と言っていた。

5 「互恵」ということ

5–1 互恵とグローバル支援

さて、ここで、これまで見てきた学生の国際ボランティア参加について、文化人類学における重要概念である互恵性（互酬性）というフレームを通して考えてみたい。

互恵性とは、有形無形の「贈りもの」は返礼の義務を伴うという、贈答交換のサイクルを促す人間社会の原理を指す（栗田 一九九四、山本 二〇〇八）。さらに、この互恵性の原理は再配分という概念と結びついて、社会結合の原理にもなっている（栗田 一九九四）。つまり、卑近な例で言えば、誕生日のプレゼントをくれた友人には、自分も誕生日の祝いを贈るというものである。近所同士の相互扶助の「お互いさま」という関係も、互恵性の原理に基づいている。一方、互恵性が守られないときには、交換関係にある当時者間に、ある種の社会的地位の勾配が生じることを社会学者ブロウが指摘しているという（栗田 一九九四）。これは、人類学者サーリンズが言うところの「否定的互酬性」において現れる。「否定的互酬性」は、返礼の義務を果たさず利得だけを得ようとする詐欺やたかりなどの行為を含むが、あえて相手が返礼できない圧倒するような贈りものをすることで優位な地位を得る場合も含む。いずれの場合も、贈答交換の均衡が保たれないため、人間関係の均衡も崩れて傾斜が生じるのである。

現在のグローバル支援は、均衡のある互恵性の関係に基づいているのであろうか。日本が発展途上国と呼ばれる国のある地域に支援をするとき、その関係においてどうしても傾斜が生じているのではないだろうか。『援助研究入門』

で佐藤（一九九六）は、その書において「国際協力」という言葉を用いずあえて「援助」という用語を用いるのは、援助に内包される不均衡な力関係を「国際協力」という言葉は隠してしまうからだと説明した。国際協力ＮＧＯの行う海外支援も、経済的に優位にある日本だから支援ができるという側面のあることは否めないだろう、と筆者は考える。

支援対象である発展途上国の地域でも、支援されること、そして両者の関係性に傾斜があることをそのまま受け入れている場合が多いと感じる。援助慣れ、援助依存というと語弊があるかもしれないが、富める者が貧しき者を助けるという考えは伝統的社会ではむしろ一般的で、たとえば私がフィールドとしているウガンダでは、ウガンダ人同士でもそれが当たり前となっている。首都カンパラへ出て成功した者が郷里に戻れば、それが若者であっても、村の裕福でない老人に物乞いをされる。外国人であればなおさら、何か支援をしてもらえるのではないかという前提で視線を向けられる。

しかし、グローバル支援がシステムとして持続性を持つためには、バランスのとれた互恵の上に成り立つ必要があるのではないだろうか。開発支援において、「お互いさま」の関係になることは必ずしも容易ではない。ただ、ここで留意すべきは互恵性の原理で交換される財やサービスは必ずしも等価のものである必要はないということである。つまり、日本のＮＧＯがカンボジアで小学校を建てたからといって、カンボジアの人たちが来日して日本で小学校を建てることを互恵性が意味するわけではないことは自明であろう。互恵性は、集団同士が対称性をもち、両者ともに相手から得られる何らかの便益があればよいのである。発展途上国の人々のパートナーとして、日本人の側も何らかの便益を受ける、というバランスがあっていいのであろう。

5－2　学生の参加によって生まれるバランス

かつてロバート・チャンバース（Chambers 1997）は、地域住民の主体的参加が開発プロジェクトの持続性には欠かせないことを訴えた。本章の冒頭図６‐１のように、グローバル支援のスペクトラムに日本の学生ボランティアがアクターとして「参加」することも、ひいてはグローバル支援の持続性につながるのではないか。つまり、傾斜した関係になりがちな発展途上国への支援が、社会間で互恵的な関係になるには、日本の学生の参加が意義を持つのではないかということである。日本の大学生は、自由になる時間の多さや、若さとそれ故の体力、自由な発想などを学生だからこその強みだと自負している。その一方で、国際協力ＮＧＯの海外支援活動に参加して、専門性や技術はなく、実質的な貢献ができないことも自覚している。こうした大学生が参加することは、グローバル支援において二つの点で互恵性のバランスを保つ存在になると考えられる。

一点目は、学生が恩恵を受けている、というその事実である。社会間の互恵〈お互いさま〉ということを考えるのであれば、プロジェクト対象地域の人々だけが一方的に日本の国際協力ＮＧＯから支援を受け取るのではなく、そのメンバー（ボランティア）として参加する学生が地域の人々から恩恵を受けることがあって、関係性にバランスが生まれることになるだろう。現に、学生は海外ボランティアをするなかで、「成長する機会を与えてもらっている」、あるいは現地の人々に「助けられている」と感じている。学生が発展途上国支援の国際ボランティアに参加することを「自分の成長のため」と公言すると、眉をひそめる大人もいる。しかし、若者が技術も経験もないのに、発展途上国の貧困層を「助けてあげた」と思うことの方が、むしろ問題ではなかろうか。現地の人々にお世話になりながら、「同じ目線」でともに考え、協働することができれば、開発支援のアプローチとしても注目に値するものとなる。

二点目は、時間を超えて、学生が受けた恩恵を学生自身が将来的に恩返しをすることで互恵性のバランスを取るというものである。互恵性の理論においては、時間軸が加わり、時を超えて返礼がなされる事例はよく見られる。国際ボランティアに参加した学生たちのその後の動向を追跡調査した結果を見つけることは筆者はできなかったが、国際協力ＮＧＯの海外ボランティアを経験した私のインフォーマントの学生たちは、ほとんどが「今後も何らかの形で海外支援に関わっていきたい」と答えていた。実際、現在国際協力ＮＧＯのスタッフや会員（とくに若手）のなかには、学生時代に海外ボランティアを経験した人が多くいる。「経験をさせてもらっただけ」「成長の機会を得ただけ」だが「将来役に立てるようになりたい」と感じた学生時代の発展途上国の地域に対する恩を、時間をかけて返礼することになるのである。

もちろん国際ボランティアに参加した学生が、将来グローバル支援に携わるとは限らない。さはさりながら、スポーツにおいて、ある種目のスポーツ人口が多く裾野が広がると、頂点は自ずと高くなると言われるように、国際ボランティアに参加する学生が増えることで、結果的により洗練された国際協力、グローバル支援を行える人が育つのではないか。そして、学生時代にお世話になったＮＧＯや発展途上国の地域社会に「返礼」をすることが期待できる。

互恵性は、人と人との相互恩義を深め、地域間の結びつきが強化されることを促すという（エリクセン 二〇〇八）。東日本大震災において多くが失われた後、日本の経済・社会を救ったのは、交換原理でなく互酬（互恵）の原理であったことを山田（二〇一二）は指摘している。国際社会においても、学生が国際ボランティアとして参加することによって、グローバル支援はより均衡のとれた互恵性となり、その互恵性のあるグローバル支援が、より持続的な地域間の結合や助け合いにつながっていくと考えられる。学生の国際ボランティアには、ＮＧＯスタッフが指摘したように責任感やリスク管理の面で課題はある。しかし、一見自分本位な「自分の成長のため」という参加の動機や経験不足は、互恵性というフレームを通してみれば、必ずしもグローバル支援の阻害要因とはならないことがわかる。学生の国際ボランティア参加によってグローバル支援がよりバランスのとれたものとなり、さらには、人を思い遣る「ボランティア精神」の広がりにもつながっていくことを期待したい。

【参考文献】

エリクセン、Ｔ　二〇〇八『人類学とは何か』鈴木清訳、世界思想社。
外務省国際協力局民間援助連携室　二〇一三「国際協力とＮＧＯ――外務省と日本のＮＧＯのパートナーシップ」。

栗田靖之　一九九四「互酬性」『文化人類学事典』弘文堂、二七八―二七九頁。
グローバル人材育成推進会議　二〇一二「グローバル人材育成戦略（グローバル人材育成推進会議 審議まとめ）」http://www.kantei.go.jp/jp/singi/global/index.html（最終アクセス二〇一五年八月九日）。
纐纈明子　二〇一四「海外インターンシップの価値と意義――フィリピンでの活動を事例に」東洋大学国際地域学部卒業論文。
佐藤寛　一九九六『援助研究入門――援助現象への学際的アプローチ』アジア経済研究所。
スタディツアー研究会　二〇一五「スタディツアーとは」http://ngo-studytour.jp/about/（最終アクセス二〇一五年六月五日）。
日本財団学生ボランティアセンター　二〇一五「事業概要」http://gakuvo.jp/about/business/（最終アクセス二〇一五年五月二六日）。
文部科学省　二〇一三ａ「トビタテ！　留学ＪＡＰＡＮとは」http://www.tobitate.mext.go.jp/about/index.html（最終アクセス二〇一五年九月二六日）。
文部科学省　二〇一三ｂ「『インターンシップの普及及び質的充実のための推進方策について』意見のとりまとめ（案）」http://www.mext.go.jp/b_menu/shingi/chousa/koutou/055/attach/1338000.htm（最終アクセス二〇一五年九月二六日）。
文部科学省　二〇一四「『インターンシップの推進に当たっての基本的考え方』の見直しの背景及び趣旨について」http://www.mext.go.jp/a_menu/koutou/sangaku2/1346606.htm（最終アクセス二〇一五年九月二六日）。
山田鋭夫　二〇一一「東日本大震災と『互酬』の経済」『生活経済政策』二〇一一年一〇月号、一七七頁。
山本真鳥　二〇〇八「互酬性の諸相」綾部恒雄・桑山敬己編『よくわかる文化人類学』ミネルヴァ書房、三六―三七頁。
ＩＶＵＳＡ（ＮＰＯ法人 国際ボランティア学生協会）　二〇一五「歴史」http://www. ivusa. com/dv7/?page_id=82（最終アクセス二〇一五年六月六日）。
ＪＡＮＩＣ（国際協力ＮＧＯセンター）　二〇〇二「日本の開発協力ＮＧＯの現状と課題」『ＮＧＯ――ＪＢＩＣ一日交流セミナー分科会Ｂ‐１資料』http://www.jica.go.jp/partner/ngo_meeting/ngo_jbic/2002/seminar/pdf/b1-2. pdf（最終アクセス二〇一五年七月四日）。
ＪＡＮＩＣ（国際協力ＮＧＯセンター）　二〇一五「国際協力ＮＧＯダイレクトリーとは」http://www. janic. org/ngodirectory/（最終アクセス二〇一五年七月三日）。

ＪＶＣ（日本国際ボランティアセンター）　二〇一五「ボランティアをする」https://www.ngo-jvc.net/jp/perticipate/volunteer/index.html（最終アクセス二〇一五年七月四日）。

ＮＩＣＥ（日本国際ワークキャンプセンター）　二〇〇〇「国際ワークキャンプって何?」http://www.nice1.gr.jp/workcamp（最終アクセス二〇一五年六月七日）。

ＰＬＡＳ　二〇一四「代表挨拶」http://www.plas-aids.org/plas/message（最終アクセス二〇一五年六月七日）。

ＵＮＶ（United Nations Volunteer）　二〇一五「国連ユース・ボランティア・パイロット事業（二〇一三年〜二〇一四年）」http://unv.or.jp/unvjp/unv-youth/（最終アクセス二〇一五年八月一〇日）。

Chambers, R. 1997. *Whose Reality Counts?: Putting the First Last.* Rugby: Intermediate Technology.

第7章　古着がつむぐ国際協力
――パキスタンの学校を支える日本のNGO

子島進

1　グローバル支援における多様な人々の参加

本書の共通テーマである「グローバル支援」は、貧困の削減、教育の普及、災害時の緊急救援など、普遍的でグローバルに受け入れられている価値にコミットする支援活動として定義されている。支援の方向性も先進国から発展途上国へという一方通行から、途上国から途上国、途上国から先進国、さらに先進国内における国際協力へと多様化しつつある。実に幅広い層が関わるようになったことも、グローバル支援の時代の特徴だろう。

たとえば、筆者が勤務する東洋大学の学生たちは、語学研修先のセブ島（フィリピン）で出会ったストリート・チルドレンに衝撃を受け、コミュニティ開発に関わるサークルを立ち上げた（Hughes 2013）。別の学生たちは、文京区立の小中学校で学ぶ外国にルーツをもつ子どもたちに学内の教室を居場所として提供し、一緒になって学校の宿題を解いてきた（柴田 二〇一六）。筆者自身も学生たちと一緒に、フェアトレードの販売イベントを群馬県館林で開催したり、ネパール地震（二〇一五年四月）の復興支援を学内のリソースを活用する形で行ったりしてきた（館林でのフェアトレードについては、子島他編 二〇一〇参照）。三〇年前の学生時代に、筆者は国際協力のボランティアなど、やったことはなかったし、間近に見聞きしたという記憶もないが、今の学生たちは、国内外を問わずボランティア活動を盛んに行っている。

このような身近な経験に照らし合わせてみても、また先行する事例研究からも、支援への、ときに思いもかけないような幅広い層の参加とネットワーク化が、近年のグローバル支援を特徴づけると筆者は考えている。二〇年以上前の話となるが、バンコク（タイ）のクロントイの住民は阪神・淡路大震災の報を聞いて、「何かしたい」と募金を呼びかけた。彼らは、日本の国際協力NGO「シャンティ国際ボランティア会」（SVA）が長年にわたって活動するスラム地区の住民である。「交流のある日本の人たちにせめてもの真心をおくりたい」との思いの発露であった。そして、SVAと共働するドゥアン・プラティープ財団からの支援もあり、一一二万バーツ（四五〇万円）という大金を集めている。露天商などのインフォーマル・セクターや、毎日あるとは限らない日雇いで暮らしている人々が出したお金である。そして、おそらくこれがタイの市民が日本に協力した最初の事例でもある。市民レベルでのタイから日本への最初の支援は、バンコク最大のスラムの住民たちの手によってなされたのである（秦 一九九九：一二二）。

東日本大震災に際しては、日本で暮らす「外国にルーツをもつ人々」が、さまざまな形で支援活動に取り組んだ。ヒューマニティ・ファースト（イスラーム系アフマディーヤの在日メンバーが中心となっているNGO）は、発災三日後に宮城県仙台市で炊き出ししたのを皮切りに、その後も石巻市で長期間にわたる支援を継続した（嶺崎 二〇一三）。日本で暮らす難民たちも東北の被災地に赴き、がれき撤去などに従事した。彼らは被災地の惨状にたじろぐことなく、強靭さと統率力を発揮し、同行した日本人のボランティアを驚かせている（根本 二〇一三：一三九―一四〇）。筆者もまた、日本で暮らすパキスタン人やトルコ人が、日本国内のムスリム・ネットワークを活用して物資を集めたり、イスラーム諸国からの寄付を財源として、東北での被災者支援を展開したりしたことを取り上げた（子島・イディリス 二〇一二、子島 二〇一四）。

このように、「普遍的でグローバルに受け入れられている価値にコミットする支援活動」は、私たちのごく身近なところで、思わぬ広がりを見せている。それは決して大仰なお題目ではなく、一握りの「グローバル人材」が世界中を飛び回って行うものでもない。

本章では、カラーチー（パキスタン）のスラムにある学校を支援する千葉のNGOを取り上げ、この「幅広い層の参加とネットワーク化」について考えてみたい。「日本ファイバーリサイクル連帯協議会」は名称こそ長くて少し堅苦しいが、地域に根ざした古着ビジネスを通じて国際協力を行うユニークなNGOである。英語の名称はJapan Fiber-recycle Solidarity Association であり、その略称であるJFSAを本章では用いる。活動内容を英語名称に沿って見ていきたい。まず、中古の衣料や毛布（＝ファイバー）を回収・販売（＝リサイクル）する。そして、それによって得た資金を用いて、パキスタン人と一緒に教育支援を中心にさまざまな活動に従事する（ソリダリティー＝日本人とパキスタン人が連帯）。

一方、パキスタン側のカウンターパートは、アルカイール・アカデミー（Al Khair Academy. Khair は福祉という意味のウルドゥー語）であり、以下AKAと呼ぶことにする。その設立は一九八七年。ムハンマド・ムザーヒルさんがスラムで暮らす一〇人の子どもたちを粗末な小屋に集め、勉強を教えたことに端を発する。その後、一九九五年からJFSAと連携することで、AKAはその教育事業を軌道にのせていく。現在では、六つの学校（生徒数は総計三五〇〇名）を運営するまでに成長している。訪問するたびに、上へ、あるいは横へと、計画性なく（としか思えない形で）広がっていくAKA本校の校舎と増えていく生徒の数に、筆者は驚かされてきた。二〇一二年には、AKA校内に、在校生

写真 7-1　ＡＫＡの授業風景（2012年１月）

のお母さんたちの仕事作りの一環として、縫製工房も設立されている。

日本とパキスタンをつなぐこの活動には、実にさまざまな層の人々が参加している。日本では、主婦、生協の関係者、大学生、不登校や引きこもりの若者、障害者、薬物依存からの回復をめざす人々、生活保護の受給者などが加わっている。パキスタンでは、かつて日本で出稼ぎしていた人々（オーバーステイで強制送還された人も含む）、スラムの住民、寄付をしてくれる金持ち、古着商人などが加わっており、こちらも多様である。

このような幅広い層の参加と、日本とパキスタンを結ぶネットワークが、どのような価値観のもとに形作られていったのかという点が、筆者の一番の関心事である。

写真 7-2　エプロンの縫い方を説明する西村さん（2012 年 1 月）

ここで簡単に、筆者とＪＦＳＡ並びにその中心メンバーである西村光夫さんとの関係について説明しておきたい。筆者は一九八四年からパキスタンを繰り返し訪問し、フィールドワークを行ってきたが、調査中にＪＦＳＡのことを知ったわけではない。一九九五年、二年半におよぶ長期調査を終えて、千葉県市川市の実家に戻ってみると、母がせっせと古着を集めていた。聞けば、売ったお金がカラーチーの学校の支援になるのだという。そして、「今度パキスタンに行ったら、学校の写真を撮ってきてほしい」と言う。このように「親の依頼」から行き来が始まったので、ＪＦＳＡの「調査」をいつ開始したのか、自分でもはっきりしないというのが正直なところである。

しかしながら、スラムの学校の教室で、古着バザーの会場で、講師として招いた大学の教室で、ときには何時間もパキスタンへの出発が延期となった成田空港のカフェでと、さまざまな場所で西村さんの話を繰り返し聞くうちに、その活動のユニークさに引きつけられていった。何よりも、パキスタンでの国際協力のルーツが、千葉市というローカルな場での活動とシームレスにつながっていることに興味をかきたてられた。地域での居場所を失い、ぐれてしまった若者たち（西村さんは彼らのことを「つっぱり君」と呼ぶ）と一緒に始めたリサイクル・ショップが、現在の国際協力の始まりである。このリサイクル・ショップは当初「寺子屋」とも呼ばれており、若者たちの働き場所として、またぶらっと立ち寄れる居場所として機能していた。暴走族あがりの少年たちがたむろするこの場所に、八〇年代終わりになると、安い家具や電気製品を求めてパキスタン人の出稼ぎ労働者が出入りするようになる。そして、この新たな人間関係が、パキスタンのスラムにおける子どもたちの教育支援へと広がっていったのである。

以下、次のような流れで話を進めていきたい。まず、ＪＦＳＡの仕組みの特徴を説明する。そのうえで、「教育と古着」というユニークなコンビネーションから成り立つＮＧＯがいかに生み出され、どのように発展してきたのかを、中心メンバーである西村さんの半生と重ね合わせながら見ていくこととする。

2　ＪＦＳＡ

2－1　団体の概要

二〇一五年八月現在、事務局スタッフは六名を数える（この他に、アルバイトが七名いる）。「雇う・雇われる」という関係をつくらない、一人一人が自主的にかつ連帯して仕事に取り組むという理念から、全員がＪＦＳＡの経営権を有する理事でもある。なお、給料も自分たちで全員同額と決めている（一〇年働いても、今年入った人と同額ということであり、これには職員ではない理事から反対意見もある）。西村さんと並ぶ創設メンバーであり、現在事務局長を務める田辺紀子さんは生協との関係が深いのだが、この考え方は、生協から派生したワーカーズ・コレクティブときわめて近いところに位置している。日本のワーカーズ・コレクティブは、一九八〇年代に登場し、弁当の仕出し、リサイクル・ショップ、高齢者や障害者への支援、子育て支援など多種多様な分野に広がっていった。その特徴として次の点をあげることができる（以下、天野 一九八八を参照している）。すなわち、ワーカーズ・コレクティブは、有償労働と社会活動や運動の双方を結びあわせつつ、後者に力点を置き、経済性の追求を第一義にしない。共同出資と民主主義的な運営のもと、地域住民の生活に役立つ事業を行うことで、働き方や仕事の意味づけ、メンバーの自己実現、顔の見える関係づくりを重視する。

さて、ＪＦＳＡの主力は「古着リユース事業」に注がれている。全国から、寄付の形で衣類や毛布などが送られてくる。二〇一四年度の実績は約一三〇トンに達した。そのうち品質のよい二割は、国内でより高い価格で販売する。常設店舗は千葉市と柏市にあり、フリーマーケットやイベントにも参加する。この販売事業によって、年間約六八〇〇万円の活動予算のなんと九〇％を稼ぎ出している。残りの一〇％は、会費と寄付収入などである。非営利の市民活動ではあるが、会費収入や寄付にほとんど頼ることなく、「自分たちで稼ぐ」という意識をＪＦＳＡのスタッフは共有している。

しかしながら、ＪＦＳＡが安定的に、かつ無料で多くの古着（このなかには、多くの新品同様の衣服類も含まれている）を集められるのは、スラムでの教育支援に多くの日本人が共感するからこそである。

「パキスタンの子どもたちこそが、実はＪＦＳＡを支えてくれている。持ちつ持たれつの関係なんだということを、自分たちはいつも心にとめておかないといけない」と、西村さんは力説する。

集めた古着の八割はパキスタンに輸出される。パキスタンでは、よく日本の中古品を目にする。自動車や重機、電化製品などであるが、古着も大量に送られている。ＪＦＳＡからＡＫＡの事業部への古着の送り出しは年に四回行われ、一回あたりの輸送量は二〇トンを超える。重要なのは、販売価格が一キロあたり一五円と、パキスタンの市場価格と比べてかなり安く抑えられているにせよ、この古着の送り出しが援助ではなく、両者の商取引となっていることである。毎回、ＡＫＡ事業部は古着を卸売業者に販売し、日本円にして二五〇万円ほどの収入を得る。この収入から輸送費などの経費を差し引いた一五〇万円ほどが一回あたりの利益となる。ＡＫＡは年間で計六五〇万円ほどの金額を古着販売で手にしているわけだが、これはＡＫＡの年間予算の三割から四割に相当する。ただし、古着を安定した収入源とするまでの道のりは大変なものだった。ＡＫＡのムザーヒル校長は、最初のころをふりかえり、次のように説明をしてくれたことがある。

「日本から古着を送ってもらえると聞いて、私は電卓で計算をしてみた。えっ、こんなにもうかるのか！　と喜んだものだ。しかし、机上の空論だった。役人や警官は何かにつけては賄賂を要求してくる。私たちには古着販売の経験がなかったから、交渉相手に何回もだまされた。最初のころは西村さんもウルドゥー語があまりうまくなく、カラーチーのことも不案内だったから、西村さんもだまされた。親切そうに、私が売ってあげますよと近づいてきて、代金を払ってくれない人もいた。日本からもらった古着を売って、私腹を肥やしていると誹謗中傷する人もいた。今はもう大丈夫だが、このビジネスのノウハウを身につけるまでは本当に大変だった」（二〇一二年一月二四日、筆者インタビューによる）。

ＡＫＡは授業料が無料である上に、必要な生徒には教材、文具、そして給食を無償で提供している。生徒数が増え続けているため、運営資金は常に不足している。そのことでムザーヒル校長はいつも頭を悩ませているが、日本から届く古着こそが、ここまでの成長を支えてきたのである。

２－２　さまざまなボランティア

先に、年間一三〇トンの古着が送られてくると書いた。一三〇トン＝一三万キログラム、すなわち大人二四〇〇～二五〇〇人分の体重に匹敵する量である。千葉のお店にいると、毎日大量の宅急便が届くのを目にすることになる。この大量の古着を細かく選別して、送り出し、ときにはコンテナに積み込まなければならない。スタッフやアルバイトだけでできるわけもなく、回収‐選別‐国内販売‐カラーチーへの送り出しの一連の作業には、多くのボランティ

写真7-3　古着の選別作業（2016年９月）

アが関わっている。

まず、自分が暮らす地域で古着を集め、ＪＦＳＡに送り届ける人々がいる。古着は現在では日本中から送られてくるが、最初は県内三ヵ所（千葉、浦安、市川）での回収作業から始まった。ボランティアにも現在は多様な層が参加しているが、最初期はＪＦＳＡと生協との関係もあり、子育てを終えた主婦が多かった（一九九〇年代初めに五〇～六〇歳代）。彼女たちは「もったいない」という感覚を強く持っており、古着集めにもすぐに共感してくれたという。

市川市で古着集めの拠点作りに奔走したのが、筆者の母親の子島節子である（父の直もそれなりに手伝っていたようである）。その後、活動が広がって千葉県にはおよそ三〇〇ヵ所の拠点ができるが、このうち市川だけで最盛期には七〇を数えた。その中核を担っているのが自分の母親であり、近所のお母さん方も誘っているらしいという状況に、パキスタンから帰った筆者は遭遇したのだった。そして後日、西村さんと田辺さんから、繰り返し感謝の言葉を聞かされた。

「まだ何の実績もない不安定な時期に、子島さんが市川で多くの古着を、しかも質のいいものをたくさん集めてくれたのには、本当に助けられました」（二〇一五年四月三日）。

当時の状況を詳しく聞き取ることもなく、両親ともすでに世を去ったが（父は二〇〇八年一月、母は二〇一五年五月に逝去）、母が亡くなる少し前に、ＪＦＳＡから西村さんと事務局長の田辺さんが病院にお見舞いにきてくれた。そのとき、四人でしばらく昔話をしたことで、当時の状況を理解することができた。

「お父さんが、新聞記事だか市役所の広報だかで、古着でパキスタンの学校を支援するという話を見つけたんですよ。息子がパキスタンでお世話になっているのだから、何かお返しをしたいと加わりました」(右に同じ)。

母はムザーヒル校長とのやりとりも思い出した。

「パキスタンの子供たちのために、どうして皆さんはこんなにもよくしてくれるんですかと、校長先生が交流会で質問したんですよ。私たちにも子供がいるので、学校に行かせたいというパキスタンの人の気持ちがわかるんですよと答えたら、校長先生は泣いていましたね」(右に同じ)。

ＪＦＳＡの立ち上げに際して、父や母の世代が、「もったいない」と「恩返し」をキーワードに、ボランティアの中核を担ったことは興味深い。彼らは戦争中や終戦後にお腹をすかせ、満足に勉強できないという子ども時代を過ごした。そして「ユニセフの粉ミルク」に象徴される海外からの援助に助けられたという思いが強くある。厳しい環境にある途上国の子どもたちを、今度は自分が支援しなくてはという気持ちは、当時定年の時期を迎えていたこの世代に、かなりの程度まで共有されていた(安井 二〇一一)。筆者の両親の場合、息子がパキスタンに長期滞在しているという理由が加わり、より熱心だったということである。

その後、ＪＦＳＡの古着集めやその後の仕分け作業には、さまざまな世代や立場のボランティアが参加していくことになる。

2-3　ＪＦＳＡのネットワーク

個人として協力する人たちに加えて、多くの生協が古着の回収に積極的に関わっている。協力団体としてあげられるのは、まず地球市民交流基金アーシアンである。アーシアンは、生活クラブ生協、市民ネットワーク、ワーカーズ・コレクティブ千葉県連合会が設立母体となった国際交流団体であり、ＪＦＳＡの設立にも世話人として関わっている。さらに、パルシステム千葉、ちばコープ、生活クラブ生協、大地を守る会などの名前をあげることができる。

生協との関係は、まず生活クラブから始まった。生活クラブ生協千葉で、西村さんの旧友である池田徹さん（その後、理事長を務める）が働いていたからである。仕事がなかなか長続きしない若者の就職の世話を頼むという旧知の間柄を生かして、古着集めの案内を生協メンバーに配布してもらうことができた。そして、生活クラブを起点に、他の生協との関係作りも進められていった。生協との良好な関係は、「ＪＦＳＡて何？」というお母さんたちに対して、強力な保証としても作用したのである。

集めた古着を、いかに細かく選別するかどうかで販売価格は大きく変わってくる。パキスタンでの一キロあたりの価格は、女性下着四五〇円、子どもの夏服二二五円、大人用セーター五〇円、女性の半袖ブラウス二二五円と、ものによって大きな違いがある。一次選別で七五種類に、二次選別で一五〇種類に選別し、プレス機で衣類を圧縮する。手間と時間のかかる作業である。

この選別作業の協力団体は以下の通りである。セカンドスペース（不登校、ひきこもり、ニートの社会復帰支援）、ワーカーズコープちば（中高年や働きにくさを抱える人々が自らの力で働く場をつくる）、オリーブハウス（障害者の自立、社会参加支援）、千葉ダルク（薬物依存者のリハビリ施設）、あみあみ（生活クラブ生協みつわ台のデポーの仲間がつくった編み物クラブ。デポーとは生協のお店のこと）。選別がすむと、さらにコンテナ送りだしがある。二二トン超を送った第四八回（二〇一五年四月一日）には、三七名という大勢のボランティアが集まっている。この作業には、選別に関わる上記の団体や大学生が参加する。以前には、毎回のように「恩返し」として顔を出す元ホームレスの男性もいたそうである。
さまざまな作業を引き受けることを通して、地域の多種多様な団体／ボランティアが、ＪＦＳＡをハブとして、ゆるやかにつながっている。今日、人々が自らのセーフティネットを構築しようとする際に身を寄せるのはネットワーク型コミュニティ（ボランタリー・アソシエーションを含めたＮＰＯ等）であり、その特徴は「異なる他者」との間の、ゆるやかな横結的なつながりにあると指摘されている（吉原 二〇一一：五二）。そして、ＪＦＳＡのボランティアの現場は、まさに「異なる他者」との間のつながりの見本市の様相を呈している。あみあみとダルクの二つの団体を通して、この点について述べてみたい。
あみあみとＪＦＳＡは、ＪＦＳＡ事務局の田辺さんがみつわ台デポーの設立メンバーだったことから旧知の間柄ではあった。そして、二〇〇六年、ＪＦＳＡ主催のチャリティー・バザールで、彼女たちが編み物を売ったのが直接の関係の始まりとなった。続いて、彼女たちはコンテナ作業の際に、昼食のパキスタンカレーつくりを手伝うようになる。コンテナ送り出しをメンバーの子どもたちに体験させる「親子体験」の企画も好評で、やがてあみあみはＪＦＳＡから選別作業の協力団体になることを求められる。三、四人からスタートし、多いときは一〇人ほどが作業に参加したという。

「私たちはパキスタンに行ったことはないんですが、ムザーヒル校長が来日するときの交流会で、パキスタンの子どもたちの様子を知ることができます。そうすると、私たちが作業をがんばれば学校に行けるかなと、母親目線で子どもたちのことを考えるんですね」（二〇一六年七月一日）。

あみあみ代表の佐藤靖子さんの言葉であるが、この「母親目線」は、筆者の母とまったく同じである。活動の最初期から、ボランティアのＪＦＳＡへの共感のあり方として、「母親目線」が一つの柱であり続けていることがうかがえる。このことは、生協との関係が長期間安定している理由の一つにもなっているのだろう。

千葉ダルク（白旗デイケアセンター）との関係は、ある意味偶然に始まったと言える。ＪＦＳＡからそれほど遠くない白旗という場所にダルクの施設がある。ここは就労準備施設であり、入寮者はハローワークに通って仕事を探している。五年ほど前の話であるが、白旗から青年がアルバイトを探してＪＦＳＡにやってきた。彼が、自分が薬物中毒者であったことを隠さずに話したとき、西村さんはスタッフに「みんな、彼と一緒にやっていけるか？」と問いかけたという。現理事長の依知川守さんが当時を述懐する。

「もちろん、西村さんだったらやっていけるんです。でも個人として受け入れるのは、そのときの私たちには難しいと思いました。彼との出会いを通して知り合ったダルクと、団体としてなら関係を作れるのではないかと考え、個人ではなく団体に作業をお願いすることにしました」（二〇一六年七月一日）。

ＪＦＳＡからは、一キロの選別作業に対して八円がダルクに対して支払われている。ダルクのスタッフである石田好文さんは、それにも増してＪＦＳＡとの関係はありがたいと言う。

「毎週金曜日の作業を、みんな楽しみにしているんです。外の空気が吸いたいし、多少でも体を動かすのは楽しいし。でも、受け入れ先を見つけるのは至難の業です。実際、ＪＦＳＡ以外の受け入れ先は、なかなかみつかりません」（二〇一六年七月一日）。

依知川さんによれば、ダルクから手伝いに来る人のなかには、ＪＦＳＡがパキスタンのスラムの学校とつながっていることを深くは知らない人もいるようである。

「精神的な問題を抱えていて、それどころではないという方もいますから、無理に伝えることはありません。仕事をしてもらっているうちに、だんだんとわかってもらうという感じですね」(二〇一六年七月一日)。

ダルクと他の協力団体の作業時間も、別々に設定されている。しかし、コンテナの送り出しのときにはみんなが集まり、一緒に作業を行う。交流の機会をわざわざ設けるのではなく、一緒に作業をして、一緒にお昼ご飯を食べる。これが無理がなくてよいのだと石田さんも言う。

「それから、チャリティー・バザールで、ダルクがエイサーを踊るんだけど、これが好評なんですよ。あみあみのメンバーの子どもたちが、一緒に踊ってくれるときもあります」(二〇一六年七月一日)。

私たちの「常識」からすれば、考えられないような人と人との関係が、古着を通してつむぎだされている。そして、後述するように、このありようは、若き日の西村さんが始めたリサイクル・ショップ兼寺子屋の延長線上に位置づけられるものなのである。

もう一点、興味深いのは、ボランティアという言葉についてである。古着の回収や選別、そして販売に関わった「つっぱり君」たちが「俺たちらしくない、俺たちはそんなにえらくない」と言ったことから、一時期JFSAでは、「助っ人」という言葉が使われていたということである。「人が困っていると、見かねて手助けする人」というくらいの意味である。また、西村さんによると、選別や送り出しのボランティアの説明会をしているつもりが、「(荒れた若者と関わった)そういうご経験があるのなら、ちょっと、うちの息子のことで相談にのってもらえないでしょうか?」となることも少なくない。お母さんやお父さんは作業を手伝い、ＪＦＳＡはよろずの相談にのる。ここにあるのは、まったく格式張ることなく、気軽に目に見える形で「貸したり、借りたり」する関係である。この点に関しては、生活クラブを立ち上げた岩根邦雄さんの言葉と響き合うものがあるように感じられる。すでに述べたように、ＪＦＳＡの理念や事業は、生協と非常に近いところで展開している。

「社会運動は、人と人との気持ちの問題ですし、情念に関わる問題です。理性で生きている人なんていないのですから。その情念にどう棹をさすのか、どうやって人々の共感をえるのか、ということが焦点になる。それはもう、芸術的な表現活動と同じことです」（岩根 二〇一二：五三）。

人々の共感を得つつ、事業に巻き込んでいくのは、文字通り西村さんのライフワークであった。ＪＦＳＡについてさらに理解を深めるために、後半は、西村光夫さんの半生を追っていくことにしたい。

3 「野の教師」西村光夫さんの半生

西村光夫さんは、一九四九年に宮崎市に生まれた。高校まで宮崎で暮らした後、上智大学の文学部社会福祉学科に入学する。遠からずして、多くの日雇い労働者が暮らすドヤ街である山谷を訪れるのだが、当時はまだ多くの家族がそこで暮らしていたという。つまり、多くの子どもが山谷で生まれ、暮らしていたのである。西村さんにとって、山谷の最初の入り口は子どもだったのだが、やがて労働問題に関わり、機動隊ともやりあった。その後、大学の実習で大阪の釜ヶ崎（東の山谷、西の釜ヶ崎と称されるドヤ街）を訪れたことが縁で、堺市の児童養護施設での仕事を紹介される。さらに、名古屋の私立児童館（港湾労働者の子どもたちを預かる施設）で働いたり、山谷での「越冬」（役所が閉まる年末年始の時期に行われる活動。日雇い労働者と支援者が協力して炊き出し、パトロール、医療相談などを行う）に参加したりもした。一九七〇年代を通じて、西村さんは日本社会の底辺を意識的に体験していたとも言えるだろう。変わったところでは、高名な詩人である長谷川龍生の現代詩講座で受付係になったこともあったそうである。

一九七八年から、西村さんは千葉県柏市の町工場で旋盤工として勤務する。そのかたわら、工場の食堂を使い、同僚たちの子ども四人を集めて話をする場をつくった。学校からはみだしてしまった、西村さん言うところの「つっぱり君」たちの面倒を見ていたわけだが、それが評判を呼ぶ。「うちの子もお願いします」ということで子どもの数は増えていった。誰でも気軽に訪れることができるところから、西村さんが「寺子屋」と呼ぶ活動の始まりである。しかし、子どもが一〇人になったところで工場長からクレームがつき、食堂は使えなくなった。

「地域に居場所のない若者を放っておくと、やくざに狙われる。一度仲間に入ると、なかなか取り返せなくなるんですよ」と西村さんは常々語っており、工場からの撤退を契機に、寺子屋は地域での独自の活動となっていく。そして一九八二年には、「ユーズリサイクルセンター」という、もう一つの顔をもつことになる。西村さんは、成人しても会社勤めがうまくいかない「元つっぱり君」たちと一緒に不要品を集め、納屋を改造し、リサイクル・ショップを起業したのである。当時の西村さんを、『サンデー毎日』にルポルタージュを連載していた立松和平さんが訪れている。そして、暴走族や窃盗常習者や障害者や「マジガキ」（まじめな子ども）やら、一切合切を受け入れている西村さんを「野の教師」として紹介している。そのときの西村さんの発言の一つを紹介したい。

「ショーケンてのは、障害者のケンなんだ。ヤーケンてのもいてね。ヤクザのケンだよ。こっちのほうは族（暴走族）の現役で、ヤクザにはいったりでたりしてる。こいつら、簡単に常識こわしてくれるからさ。障害者は大切にしなくちゃいけないって常識あるだろう。それは大切にしなくちゃいけないけどさ、必要以上に大切にすると、よそよそしくなって、かえって差別してることになる。こいつら、ショーケンて呼んで、『しっかりしろ』って平気で頭小突いたりする。友達にしちゃうんだな。ショーケンもこいつらがくると喜んで。それがオレなんかがこいつらに教わることだな」（立松一九八六：六七―六八）。

これを読むと、「つっぱり君」たちが、ボランティアという言葉を「俺たちらしくない」と使わなかったのも、よくわかる。彼らが大切にしていたのは、互いに頭を小突きあう友達感覚なのであり、西村さんもまたこの感覚を共有することで、緩やかな横のつながりを次々とつくり出すことに成功していったのだろう。

一九八〇年代後半になると、日本のさまざまな地域で、新たにマージナルな存在となる一群の人々が出現する。出稼ぎ外国人である。一九九〇年代初頭には六〇万人近い外国人労働者が日本で働いていた。その半数はオーバーステイであり、強制送還されることもあった。パキスタンからも多くの男たちがやってきた。安い中古品を求めて、西村さんのお店に買い物に来るようになったのがナワーズ・シャー、アリー・シャー、マクブールさんといった面々である。

彼らの陽気さ、洒落っ気を伝えるのが、ナワーズさんのエピソードである。彼は西村さんに「自分はコンピュータの仕事をしている（デスクワークをしている）」と言っていた。ある日、西村さんは道路工事をしているナワーズさんにばったり出会う。

「おいナワーズ、おまえの仕事はコンピュータだろ。ここで何してる？」

わざと質問する西村さんに、ナワーズさんはこう答えたのである。

「西村さん、今ここでコンピュータを掘ってるんですよ！」

土方仕事をしているところを見られたナワーズさんがとっさに飛ばした洒落であるが、バイタリティあふれるパキスタン人が毎日一生懸命に働き、生活をエンジョイしていた一面を伝えるエピソードにもなっている。

人なつこいパキスタン人たちは面倒見のいい西村さんを頼りにし、ひまがあるとユーズリサイクルセンターに入り浸るようになる。外国人にとっても、そこは「寺子屋」であり、西村さんは「野の教師」だったということである。本人になりかわってアパートを探したり、不払いの給料の支払いを求めたりと、彼らのために尽力する西村さんの様子は、『ニッポン人、元気ですか?――外国人労働者物語』（小笠原 一九九三）に活写されている。なお、工場勤めをしながら多くの外国人労働者と交流した作者の小笠原さんも西村さんの友人である。

一九九一年、西村さんは初めてパキスタンを訪問する。日本でパキスタン人から託された手紙を、手渡して回る旅だった。なぜ、日本人がわざわざパキスタン人のために手紙を本国に届けるのだろうか？ 日本にもっと長く滞在して稼ぐ必要のあるパキスタン人には、簡単に帰国できない事情があった。出稼ぎが長引き、オーバーステイになってしまった彼らが出国しようとすれば入管に捕まり、強制送還される。すると次回の来日が難しくなる。もちろん、親しくなったパキスタン人たちの国を実際に見てみたいという気持ちが、西村さんにもあった。

写真 7-4　カチュラー・クンディー（2012 年 1 月）

旧知のパキスタン人から、西村さんは大歓待を受けるとともに、社会の様子をつぶさに観察する。とりわけこの時期のカラーチーは、民族間の対立や宗派間の抗争の激化を経験していた。暴力の連鎖がもたらす閉塞感に、多くの国民が苛まれていた。そして、優秀な人材は欧米諸国に流出していた（この状況は、今も基本的に変わってはいない）。

たしかに大変な状況だが、だからこそ子どもたちのためにと働いている人はいるはずだ。そんな人の手助けをすることで、パキスタンの子どもたちのために何かできないかと、西村さんは模索するようになる。一九九三年、NGO設立のための世話人会の設立にこぎつける。そして翌年に、ムザーヒル校長と出会う。

ムザーヒル校長もまた信念の人である。あるとき、「古着の最終到着地点を見に行こう」と、カラーチー最大のゴミ捨て場カチュラー・クンディーを西村さんらと訪れたところ、そこに大勢の子どもたちが暮らしていることをムザーヒルさんは知った。そして、すぐに行動を起こす。「今でもたくさんの生徒を抱えていて、お金が足りないんですよ。無理ですよ」という周囲の反対を押し切って、新たに学校をつくってしまったのである（二〇〇〇年）。カチュラー・クンディーでは集められた大量のゴミが野焼きされており、訪問者はものすごい煙と異臭に、まずはショックを受ける。三〇分も滞在するとへとへとになってしまうのだが、今度はそこに三〇〇〇人が暮らしていて、そのうちの二〇〇〇人が子どもであるという事実に打ちのめされる。普通の人は「こんなところに学校なんかつくれない」と考えるところを、ムザーヒルさんは「こんなところだからこそ、学校が必要だ」と考えるのである。

話を戻すと、一九九〇年代前半のJFSA設立前後の大変な時期に、西村さんをおおいに助けたのが、パキスタン人の旧友たちだった。かつて不法滞在者として日本で長く働き、なかにはパキスタンに強制送還された人もいる。その彼らが、右も左もわからないカラーチーで、今度は「助っ人」として支えてくれたのである。あの機転に富んだナワーズさんのように、PFSA（JFSAのカウンターパートとして創設され、後にAKAの事業部へと発展）の副代表として重要な役割を担う人も出た。

その後、パキスタンはカシミール大地震（二〇〇五年）と大洪水（二〇一〇年）という未曾有の大災害に立て続けに見舞われる。両方の大災害に際して、AKA関係者の郷里が被災するという不運に見舞われたのだが、JFSAとAKAは協力して、身の丈にあった支援活動を展開した。とくに大洪水の被災地の一つが、カラーチーからそれほど遠くないスィンド州内陸部であったことから、大勢のAKAの生徒たちがボランティアとして訪問した。都会のスラムで生まれた生徒たちの多くにとって農村は初体験だったが、彼らもまた「助っ人」としての役割を果たし、都市と農村間の交流のきっかけをつくり出したのである。

4　カラーチーの子どもたち

ＪＦＳＡとＡＫＡが支えたいと願っているのは、どんな子どもたちなのだろうか。その多くは家の経済的な事情から児童労働に従事し、学校をドロップアウトするなど厳しい環境に置かれている。二つのエピソードをここでは紹介したい。

まず、今や西村さんの十八番ともなっているヤスミィーンの「準備」というエピソードがある（ＪＦＳＡ二〇〇九：二三）。かつて、ヤスミィーンという名前の女の子がＡＫＡで勉強していた。抜群に成績のいい彼女に、西村さんは将来の希望を聞いてみた。その答えは「医者になりたい」だった。しかし、彼女の家は父親が重い病気で、進学のための資金などとても用意できない状況だった。そんなヤスミィーンに、西村さんは重ねて「大学に行かせてもらえるかな？」と尋ねた。「無理だと思う」と答えたヤスミィーンは、さらにこう続けたという。「でも、一生懸命勉強します。準備をしておかないと、もし神様がチャンスをくださったとしても望みをかなえることができないから」。

ヤスミィーンは、やはり医師にはなれなかった。現在の彼女は、ＡＫＡの主任教師として、次の世代の可能性を少しでも広げたいと働いている。しかし、たとえ華々しい成功物語ではなくても、厳しい環境のなかでの彼女の努力は多くの人を勇気づける力をもっている。

もう一つは、アブドゥッラーの死にまつわる痛ましいエピソードである。ヤスミィーンがカラーチーにおける「ささやかな希望」を象徴しているとすれば、こちらは暴力と憎悪が生み出す「深い悲しみ」である。

ＡＫＡのビジネス・パートナーに、古着商のワリーさんがいる。百戦錬磨の商売人であるワリーさんは、必ずしもＡＫＡの言い値で古着を買い取ってくれるわけではなく、両者の間には常に駆け引きがある。最初のころは「してやられた」ことも多かったと西村さんは語っている。

そんなワリーさんの悩みは、弟のアブドゥッラーだった。家族の言うことを聞かなくなり、手に負えなくなってしまった弟を、ワリーさんはAKAに託した。カラーチーに長期滞在していた西村さんはアブドゥッラーを気にかけ、ことあるごとに話しかけていた。しかし、アブドゥッラーはAKAにも来なくなり、カラーチーと故郷を往復するようになる。彼の一族は、部族地域であるワズィーリスターンの出身のパシュトゥーン人である。元来、パキスタン政府の介入を嫌う独立独歩の気風の著しく強い土地であるが（Ahmed 2004）、九・一一以降にはターリバーン化と強烈な反米感情でも知られるようになった。アブドゥッラーは宗教指導者の過激な言動に感化され、兄や周辺の人々を「アメリカの手先」と批判するようになった。そして「この世に未練はない」と、自爆攻撃をほのめかすまでになっていった。

二〇一二年一月六日、アブドゥッラーはカラーチーで射殺された。一六歳だった。あるパシュトゥーン人政治家のオフィスに出入りしていた彼は、その政治家の暗殺に巻き込まれてしまったのだ。ウルドゥー語新聞に掲載された事件の記事を私も見せてもらったが、カラーチーではよくあることとして小さな扱いだった。

ムスリムの若者が過激思想に走ったと聞くと、私たちはどんなことを考えるだろうか。「貧困が自爆テロを生み出している」、あるいは「これだからイスラームという宗教は困る」だろうか。いずれにせよ、混迷する社会経済状況や、理解しがたい異文化に原因を還元し、「関係を持ちたくない」と考えてしまうのではないだろうか？　ちなみに、九・一一が起こったとき、筆者の母親は次のように話していた。

「これまでがんばって古着を集めて支援してきたけれど、もしかしたら間違っていたのだろうか？　私はあんなひどい事件を起こす人たちを助けていたんじゃないだろうか？」

かなり動揺した様子の母に、筆者は「そんなことはないよ。スラムの学校を支援するのは間違っていないよ」と言うのが精いっぱいだった。

西村さんは、過激な思想に引きつけられそうになっている若者を見ると、「居場所をつくってやらなくては」と考える。日本で「つっぱり君」たちと一緒に居場所をつくり出したように、アブドゥッラーにも言葉をかけていたのである。

死ぬ前のアブドゥッラーは、自分こそが正しいと信じこみ、父や兄を「現世の利益に汲々とし、大義を声にすることのできない大人」として、きつい言葉で批判していたという。家族はしばしば言葉を失い、変わってしまった息子／弟に、どのように接したらいいのか、わからなくなってしまっていた。西村さんは、子どもが「社会の厄介者」となってしまったことに困惑し、心を痛める家族にも思いを寄せていた。

アブドゥッラーの死からほどなくして、西村さんらＪＦＳＡのメンバーは千葉からカラーチーに到着すると、ワリーさん宅を弔いに訪れた。筆者は、アブドゥッラーに会ったことはなかったが、ワリーさんと西村さんが互いに肩を抱きあって泣く姿には胸がつまった。日本で、やくざの事務所につっぱり君を取りかえしに行ったこともある西村さんだが、「ついにアブドゥッラーを取りもどせなかった」との述懐が心に残る。ワリーさんとＪＦＳＡの商売上の駆け引きは今も続いているが、その一方で、彼はパキスタン人のなかでももっとも熱心なＪＦＳＡ／ＡＫＡの支援者の一人となっている。

長年ペシャーワルで医療活動に従事し、ついにはアフガニスタンの農村復興のために大規模な用水路建設に取り組んだ中村哲さんは「現地と一体となり、苦楽を共にする」徹底した現場主義を貫いてきた医師である。その著書で次のように述べている。

「今、国際支援の全体的な色調を眺めるとき、途上国の立場よりも先進国が支援内容の是非善悪を決めてしまう傾向が強くなってきた気がしてならない。私たちに確乎とした援助哲学があるわけではないが、唯一の譲れぬ一線は、『現地の人々の立場に立ち、現地の文化や価値観を尊重し、現地のために働くこと』である」（中村二〇〇七：一七九）。

国際協力の現場で働く人で、この言葉を否定する人はまずいないだろう。しかしながら、この言葉ほど実行に移すのが難しいものもない。ＪＦＳＡの理念や活動がユニークなのは、パキスタンで人々の立場に寄り添う活動と、地元千葉で「つっぱり君」と一緒につくった寺子屋／ユーズリサイクルセンターが、シームレスにつながっている点にあると言えるだろう。

5　未来への模索

二〇一二年五月に、筆者は事務局スタッフとワークショップを行い、ＪＦＳＡが今後「大切にすべき理念」を一緒に考えてみた。これは西村さんの発案で、自分が引退した後のことを少しずつみんなで考えていきたいという趣旨だった。

ワークショップでは、若いスタッフが、自分たちの言葉で将来を模索する様子を知ることができた。このときに出た三つの意見は、ＪＦＳＡのこれまでの歩みをふまえ、さらに前へ進んでいこうとするものだった。

・土着的に、すなわち地域に深く根づいていく。
・横へ越えていく。
・新しい人が新しい理念を持ってくることを楽しみにする。

西村さんが千葉に来て最初に行動をともにしたのは、社会に溶けこめない若者たちだった。「つっぱり君」たちの面倒を見る場が「寺子屋」であり、彼らの成長にあわせた発展型が「ユーズリサイクルセンター」である。活動が地域に深く根づいていく過程であった。

そのリサイクル・ショップに買い物にきたのがパキスタン人である。ここでも西村さんは、給料の不払いに悩まされる彼らの代わりに社長に直談判するなど「頼りになる兄貴分」であり、「野の教師」であった。その意味では、これまでの延長線上にあるのだが、地域がグローバル化にともなって変容していくなかで、横へ越えていく動きが生じている。現在のAKAに対する支援は、まさにこのときのナワーズさんやマクブールさんらとのつきあいから派生したものである。彼らがその後果たす役割も重要である。日本では、たしかに弱い立場の不法労働者としての一面をもっていたかもしれない。しかし、パキスタンに帰国した彼らこそが、日本語の能力や日本に関する知識を生かして、AKAを支援する存在となるのである。

西村さんはその半生を通して、常にマージナルなグループに目を向け、活動をともにしてきた。JFSAの事業が発展していくなかで重要な役割を果たした人々が、必ずしも「経済的な自立と政治的な自覚を兼ね備えた市民」ではないことを、改めて強調しておきたい。古着の選別作業に関わる団体リストからも、この点は確認できる。障害者やひきこもりの若者が、大切な役割を担っている。私たちが「弱者」としての一面のみを見がちな人たちのなかに、実は困っている人たちに対する想像力と、ありあわせの資源をうまく活用する能力に長けている人々がおり、グローバル支援の特徴である「幅広い層の参加」を形作っているのである。

そして、「新しい人が新しい理念を持ってくることを楽しみにする」である。実際、西村さんは二〇一五年に退職し、新しい世代がJFSAを切り盛りする時代がやってきた。かつて西村さんがパキスタン人に出会ったように、彼らも新しい出会いを通して、新局面を切り開いていくことになるだろう。

「現地の人々の立場に立ち、現地の文化や価値観を尊重し、現地のために働くこと」という中村さんの言葉（本章一九四頁）に反対する人はいないだろう。しかし、実際には、相手を無力で弱い援助対象として固定してしまうような優越感から逃れることは、なかなかにして難しい。ＪＦＳＡがこの陥穽に陥ることがなかったのは、ボランティアをしてもらうかわりに、息子さんについての悩みをおうかがいしますという、地域のなかでの「貸したり、借りたり」の関係（本章一八五、一八六頁）の延長線上に、パキスタンでの支援が築かれていったからのように思われる。

地域での関係作りを徹底して行い、さらに地域の変容に対応しながら、横に（国境を越えて）広がっていくならば、自分の立ち位置はよりはっきりしたものとなる。そして、地域での関係作りを徹底するなかで、岩根さんが語るように（本章一八六頁）、そこに暮らす彼ら彼女らの思いに棹をさし、その共感を生み出していく。そのようなスタイルこそが、グローバル支援の時代のＮＧＯには求められているのではないだろうか。徹底的に地域の若者たちとつきあった結果として、パキスタンのスラムの子どもたちにたどりついたＪＦＳＡのスタイルは、幅広い層の参加が求められるグローバル支援の時代にあって、参考に値する点が多々あるように思われる。

【参考文献】

天野正子　一九八八「『受』働から『能』働への実験――ワーカーズ・コレクティブの可能性」佐藤慶幸編『女性たちの生活ネットワーク――生活クラブに集う人々』文眞堂、三八七―四三八頁。
岩根邦雄　二〇一二『生活クラブという生き方――社会運動を事業にする思想』太田出版。
小笠原和彦　一九九三『ニッポン人、元気ですか？――外国人労働者物語』現代書館。
ＪＦＳＡ　二〇〇九『古着のゆくえを追いかけて……』ＪＦＳＡ。
柴田隆行　二〇一六「外国にルーツをもつ子どもたちへの学習支援」『国際地域研究』一九、二六―三六頁。
立松和平　一九八六『世紀末通りの人々』毎日新聞社。
中村哲　二〇〇七『医者、用水路を拓く――アフガンの大地から世界の虚構に挑む』石風社。
子島進／ダニシマズ・イディリス　二〇一二「ムスリムＮＧＯの理念と活動――パキスタンとトルコの事例から」『アジア文化研究

所研究年報』四七、一一六―一二四頁。
子島進　二〇一四『ムスリムNGO――信仰と社会奉仕活動』山川出版社。
子島進・五十嵐理奈・小早川裕子編　二〇一〇『館林発フェアトレード――地域から発信する国際協力』上毛新聞社。
根本かおる　二〇一三『日本と出会った難民たち――生き抜くチカラ、支えるチカラ』英治出版。
秦辰也　一九九九『ボランティアの考え方』岩波書店。
嶺崎寛子　二〇一三「東日本大震災支援にみる異文化交流・慈善・共生――イスラーム系NGOヒューマニティ・ファーストと被災者たち」『宗教と社会貢献』三（一）、二七―五一頁。
安井裕司　二〇一一「ユニセフ募金の成功にみる『義理』としての『恩返し』――日本学からのアプローチ」『国際日本学――文部科学省二一世紀COEプログラム採択日本発信の国際日本学の構築研究成果報告集』九、三―二九頁。
吉原直樹　二〇一一『コミュニティ・スタディーズ』作品社。
Ahmed. A. S. 2004. *Resistance and Control in Pakistan.* London: New York: Routledge.
Hughes. R. 2013. Volunteering in the Philippines: The Salamat Story.『国際地域学研究』一六、一二四―一三七頁。

第8章　「まなびあい」から気づく当事者性

——インドネシアと日本の農山村をつなぐ試み

増田和也

1　支援者は支援をするだけなのか

一般的に、支援や援助とは二者以上の主体の間で「ある者」が「ない者」に施しを与えることである。それは多くの場合、経済的に豊かな側がそうでない側に対し、金銭やそれに代わる財や物資、あるいは知識や技術を与えることとなる。必ずしもすべての支援活動に当てはまるわけではないだろうが、そこでは「与える／与えられる」「施す／施される」「教える／教えられる」という関係が生じ、その関係性は一方からもう一方の側へという一方通行で非対称なものになりがちである。技術や知識を一定の期間内で効率的に伝えることが重視されれば、そうした関係性に陥りがちとなるのは仕方のないことなのかもしれない。とはいえ、それは支援される側が支援者に依存する関係を生み出すことにもなりかねない。それゆえ国際支援活動では、援助相手や支援先との癒着やなれ合い、不正、支援相手間での不公平を避けるために、また、支援相手の自律を促すために、支援者は支援相手との間に一定の距離を置くことが求められる場合もある。

それでは、支援する側は相手を支援するだけでなく、支援される側から物資を受け取ったり、知識や技術を学んだりすることはないのだろうか。そして、互いに与えあうことで、双方向の関係をつくることはできないだろうか。さらには、当初は「支援する側」であった者自身が、「支援」や「援助」に関連した他者との関わりを通じて、自身の支援のあり方をあらためて考え直したり、あるいは自らの足元に目を戻したりして、自らの生き方そのものを別の方向に向けるようになることはないだろうか。

本章では、あるNGOによる「まなびあい」という試みを取り上げて、このことについて述べてみたい。「まなびあい」とは、異なる立場や異なる地域に暮らす人びとが、共通の関心や課題について互いの状況を理解しながら、意見やアイディアを交換しつつ、それぞれの地域での暮らしのこれからについて考えていくことである。そのため、「まなびあい」では、こうした当事者間の交流を企画・運営する者が支援者であり、これに参加する当事者が支援を受ける側ということになる。つまり、「まなびあい」における支援者は、地域の当事者どうしをつなぐための役にすぎない。

それでは、支援者自身には当事者性はないのだろうか。もし、それがあるとすれば、支援者の当事者性とは何なのだろうか。そして、それは「まなびあい」を通じて、どのように生成されてくるのであろうか。本章では、支援側であった者が、支援相手たちの「まなびあい」を通じて自らの当事者性について自省し、新たな実践を生み出していく過程について述べる。そして最後に、グローバル支援において、ローカルな場に根ざした当事者性がもつ意味について考える。

2 「まなびあい」という試み——いりあい交流

本章で取り上げるのは、一般社団法人「あいあいネット（いりあい・よりあい・まなびあいネットワーク）」による「いりあい交流」という取り組みである。実は、筆者もメンバーの一員としてここに関わっている。まずは「あいあいネット」と「まなびあい」について、続いて「いりあい交流」について概説しよう。

2-1 「あいあいネット」と「まなびあい」

「あいあいネット」は、日本やアジアなどで住民主体の地域づくりに取り組む人びとをつなぐことを目的に、二〇〇四年に生まれた団体である。「あいあいネット」の立ち上げで中心となったのは、長畑誠と島上宗子の二人である。長畑は長らく国際協力NGOのメンバーとしてインドでのコミュニティづくりの活動に関わってきた。一方の島上は、インドネシアの村落自治について研究する大学院生であった。それぞれの経歴や現場が異なるにもかかわらず、二人に共通していたのが、地域に暮らす人びとが自らの暮らしのあり方を考え、話し合いながら、暮らしの維持のために自ら動くこと、そうしたしくみに注目することであった。そこで鍵となるのが、「いりあい（入会）」であり、「よりあい（寄合）」であった。

入会とは日本の村落に息づいてきた地域資源の共同管理のあり方であり、特定の土地や対象物を地域の人びとが一定の規範に基づきながら、それを共同で利用する仕組みである。一方、寄合とは地域の人びとが一堂に会して議論する合意形成の仕組みであり、入会と寄合は相互に関連している。

しかし、地域社会が近代国家に取り込まれ、やがて政府の影響力が大きくなる過程で、このような地域に根づいた仕組みが弱体化してしまった例は少なくない。かつてあった入会や寄合をそのまま復活させることは難しくとも、現代的な意味での新しい入会や寄合を再構築したいという思いから、「あいあいネット」ではこれら二つの言葉をひらがなで表記している。さらに、同じ関心を持つ者たちが、地域や立場を越えて、それぞれが直面している状況や課題の共通性・同時代性に気づきながら、その改善や解決に向けて知恵を出しあいたいという思いから、「まなびあい」という言葉を付け加えている（島上 二〇〇七：三二―三三）。

「あいあいネット」が取り組む「まなびあい」の一つが、ここで取り上げる「いりあい交流」である。これには、メンバーのうち島上と私が主に担当している。「あいあいネット」では、この他にもインドネシアの西バリや西カリマンタン、ベトナムで、「まなびあい」の手法を通じて住民主体の地域づくりや行政との協働を進める取り組みをしている。

「まなびあい」という手法において「あいあいネット」が大切にしているのは、「地元学」の視点である（長畑 二〇一二：一六四―一六七）。地元学とは、熊本県水俣在住の吉本哲郎が提唱している取り組みである。吉本（二〇〇八）によれば、地域づくりで大切なのは、住民が自分たちで地域づくりを行うという自治の意識と力であり、そのためには自分たちで地域のことを調べながら、地域の価値や課題に気づくことが必要である。そうしないと住民の間に当事者性が認識されず、自らの行動に結びつかない。また、地元学の原則は、その地域に「ないもの」を指摘するのではなく、そこに「あるもの」を見つけ出すことであり、「あるもの」と「あるもの」を結びつけることで新しいものを生み出すことができる（吉本 二〇〇八：二四）。そして、そこでは地域の外からの視点が重要で、外部者が地元住民と一緒に地域の現場を歩きながら、具体的なことを一つひとつ尋ねることを繰り返すことで、地元住民は自らの地域にある資源やその価値を再発見したり、自らが直面する課題を再認識することができる（吉本 二〇〇八：三七）。

このような「まなびあい」で、あいあいネットのメンバーはある地域の当事者と別の地域の当事者をつなぎ、両者の交流が円滑に進むように「ファシリテート」する。ファシリテートとは、その場に居合わせる人びとが自ら考え、意見を口にするための主体性を引き出すことであり、彼らが自らの思いや意見を発言しやすくなるように場の雰囲気を和らげたり、シンプルな問いを投げかけてみたり、異なる意見が出たときには論点を整理したりする。また、ファシリテーターは参加者に「教えない」ことも重要である。ファシリテーター自身の意見や考え、あるいは「正解」を教えるのではなく、あくまで、参加者自身が自ら考え、気づくよう促すための裏方に徹するのが理想であり、これも地元学の考え方と共通している。

2-2　「いりあい」をめぐる日本とインドネシアの共通性と同時代性

すでに述べたように、「まなびあい」とは、同じ関心や課題を持つ者たちが、地域や立場を越えて、それぞれに直面している状況や課題の共通性・同時代性に気づきながら、その改善や解決に向けて知恵を出しあうことである。「いりあい交流」では、日本とインドネシア両国の農山村社会を当面の交流対象としているが、その主題である「いりあい」は、どのような点で両国の間に共通性や同時代性をもつのであろうか。

「いりあい交流」の着想は、インドネシアの中スラウェシを拠点にする弁護士のヘダール・ラウジュンと島上の出会いがきっかけである。二〇〇三年、ヘダールは人権に関する国際シンポジウムでの発表者の一人として来日した。このときヘダールの通訳を担当したのが島上である。ヘダールは、インドネシアの農山村での土地問題の解決を中心に取り組んできていたこともあり、来日の機会に関西の山村を廻った。そこでヘダールは、工業国というイメージをそれまで持っていた日本に森林が豊かに残されていることに驚くとともに、入会林野の存在を知り、これにインドネシアでの土地問題の解決に通じるヒントがあると直感した。そして、入会林野をめぐる日本の経験をぜひインドネシアにも伝えてほしいと島上に託した。これが「いりあい交流」の原点となる。

それでは、どうしてヘダールは日本の入会林野にインドネシアの土地問題解決の手がかりを感じとったのであろうか。次にインドネシアと日本の入会林野をめぐる諸問題について述べよう。

インドネシアでは、村落あるいは特定の親族集団などが共同で保有する土地は、地域によって呼び名が異なるものの、たとえばタナ・アダット（tanah adat）あるいはタナ・ウラヤット（tanah ulayat）などと呼ばれ、地域社会独自の慣習によって、その権利と義務、規範や禁忌などが定められている。しかし、こうした地域社会による自律した資源利用・管理の仕組みは、オランダによる植民地支配が進行し、近代西洋型の土地制度が整備される過程で解体あるいは骨抜きにされてきた。一八七〇年、オランダ植民地政庁は、ジャワ島を中心とする地域の森林地のうち、特定個人による保有が不明確な土地については国家が所有するという「国有地宣言」を発表した（宮本 二〇〇三：一二〇―一二一）。そして、植民地政庁は国有地となった土地の利用権を期限付きで私企業に譲渡した。しかし、国有地といえども、実際には地域住民が慣習に基づきながら採集活動や焼畑耕作などで利用してきた領域、すなわち日本の入会林野に似た空間領域も含まれており、ここで土地の保有や利用の権利をめぐって、地域住民と国家（あるいは企業）の間で相克が生まれるようになったのである。

やがてインドネシアが独立し、二代目大統領としてスハルトが就任すると、こうした状況はさらに深刻となる。スハルトは開発政策による国づくりを進めるため、一九六七年に新しい森林法を制定し、慣習に基づいた土地の権利はインドネシア全土で大幅に制限されるようになった。こうして、開発事業が地方まで及ぶにしたがって、土地の権利をめぐる紛争がインドネシアの至るところで発生するようになった（増田二〇一二a：一六—一七）。ヘダールの暮らすスラウェシ島中部の中スラウェシ州でも同様の状況にあり、ヘダールは弁護士として州内の農山村を駆け回り、こうした土地問題に対処していたのである。

一方、日本における入会林野をめぐる問題は次の通りである。一八六八年に明治政府が誕生すると、新政府は近代国家としての統治体制を整えていく。そして、日本中に近代西洋型の土地制度を敷き、入会林野もその対象となる。ここでいう近代西洋型の土地制度とは、明確な境界で区切られた領域に対して特定の個人がその利用や処分に対する権利を有するというものであり、入会林野のように特定の個人が所有者となりえない土地は国有地に編入された。つまり、政府の論理は集落やムラという単位で土地を管理する発想とは相容れず、政府は入会林野の解体を進めてきたのである。とはいえ、日本では入会林野解体の程度に地域差があった。入会林野が国有地や私有地として解体された地域もあれば、地域住民の激しい抵抗の末に、たとえば記名共有林、財産区、生産森林組合、あるいは区有林というかたちで、実質的に入会林野が現代まで存続林野している地域もある（室田・三俣二〇〇四、島上二〇〇七：三九）。

明治政府が誕生した一八六八年は、インドネシアで「国有地宣言」が発布されたわずか二年前にあたる。そして、両国の入会や共有地は、同様の論理で解体・弱体化の流れを受けることになる。このように、入会林野・共有地をめぐる両国の問題には共通性や同時代性がある。その一方で、インドネシアでは、慣習の権利に基づいた共有地の権利がほとんど認められなかったのに対し、日本では入会林野が実質的に存続している地域もある。インドネシアの土地問題を解決する際のヒントとなるかもしれない、とヘダールが直感したのは、日本の入会が経てきた、そのような経験だったのである。

とはいえ、現代の日本において入会林野が良好に利用・管理されているのはごく一部の地域に限られ、多くの農山村では過疎化・高齢化や農林業の低迷により、入会林野にかぎらず、大半の林野が放置されている。この点で、現代日本の農山村もまた問題を抱えている。このように、両国の農山村はそれぞれに課題を抱えており、互いにまなびあうことがあろう。「いりあい交流」の目的と意義はここにある。

3　当事者と当事者をつなぐ――「いりあい交流」を通じた「まなびあい」

この節では、二〇〇五年から始まった「いりあい交流」をめぐる一連の展開について述べる。まず交流先の中心であるトンプ集落について概説し、次に「いりあい交流」の一連の展開について述べ、その成果や課題について述べる。

3－1　トンプ集落

これまでの「いりあい交流」において、インドネシア側で中心的な交流先となっている山村がトンプ集落である。トンプ集落はスラウェシ島中部に位置するパル市内から直線距離でわずか一五キロメートルほどの近距離に位置するものの、集落は標高八〇〇～一〇〇〇メートルほどの山地に点在し、村に至る道は急な勾配が続き、下界からやや隔絶した感がある。トンプにおける生計活動は、移動式の焼畑による陸稲耕作で、この他にマメ類、トウモロコシ、キャッサバ、トウガラシなどの蔬菜を栽培し、マンゴーといった果樹、丁子やクミリなどの有用樹木を栽培している。近年は、商品作物としてカカオ栽培が広がりつつある。また、籐やダマール（樹脂）などの林産物の採集や狩猟も補完的になされている。

トンプにおける土地問題は、やや複雑である。現在のトンプ集落の世帯数は一〇〇余りであるが、村の年配者によると、一九七〇年代以前はもっと多かったという。世帯数が著しく減少したのは、次に述べるような政府による強制移住の結果である。トンプが慣習の上で権利を主張してきた土地は、一九六七年の森林法に基づき、その全域が政府により管理される国家林へと組み込まれた。一九七〇年代前半、政府はトンプ住民に対し再定住化プログラムを実施した。その理由は、トンプ住民が焼畑耕作のために頻繁に森林の伐採と火入れを行っており、それが土砂崩れや土壌流出を引き起こしているからというものであった。

同時期、トランスミグラシと呼ばれる国内移住政策が未開拓地域で実施されていた。この国内移住政策は、ジャワやバリといった人口周密地域の住民を開拓民として入植させ、人口問題の解消と食料自給率の上昇、地域開発を同時に進めるための政策である。これには外部地域からの移民に加えて現地住民の参加枠もあり、トンプを含むパル周辺の山地社会住民もその対象となったのである。

この移住政策はトンプの全世帯を対象としていたが、住民の多くは移住を望まなかった。そのため、移住を拒否する住民の家屋が政府によって見せしめに焼かれたこともあったという。結局、住民はいくつかの地域に新しく開拓された村落へ移住せざるをえなかった。こうして、トンプ集落は政府の作成する地図や書類の上では消滅したことになり、「無人地帯」となった集落の領域は分割され、山麓の二つの行政村に組み込まれた。

やがて、一九九八年に強権的に開発独裁を進めてきたスハルト政権が崩壊すると、インドネシア全土で地方自治・民主化の動きが高まった。こうした社会状況の変化を受けて、低地への移住を強いられたトンプ出身者のなかにはトンプに帰還する者も出てきた。現在のトンプの問題は、集落が森林法の上では居住が認められていない領域内に位置していること、そして、その領域が二つの行政村に分断されてしまい、一つの行政村として自律していないことである。そのためトンプ集落の目標と課題は、行政村としての独立と自治権の回復である。ここで、日本の入会林野の経験が参考になるというのが、ヘダールの直感であった。

3-2　当事者たちの共振――日本・インドネシアの農山村の交流

「いりあい交流」は、まず日本人がインドネシアを訪問することから始まった。[*1] 二〇〇五年九月の一二日間、日本人四人がインドネシアの中スラウェシ州を訪問した。日本人メンバーは、島上の他に、環境社会学の研究者である家中茂、滋賀県の山村で山の恵みを活かした暮らしづくりを目指す今北哲也、インドネシアを拠点に活動する環境NGOのスタッフである矢田誠である。そして、ヘダールや彼のもとに集まる若者とともに、トンプの他に、同じ中スラウェシ州にあるマレナという山村を訪問した。ここではマレナ集落については詳述しないが、マレナでは集落域の半分近くが州営農園に接収されるという土地問題を抱えている。

このときの交流では、日本からの参加者が中スラウェシ山村の入会林野の状況を実際に確認し、地域に息づく慣習や知恵、技術の豊かさを知るとともに、村びとに日本の入会や山村の暮らしについて伝えることを試みた。このときのもっとも大きな成果は、国や地域は違っていても、山に暮らしてきた人びとは、言葉ではなく、経験に基づいた実感を通じて、互いに理解することができることを再認識したことである。たとえば、パルの大学でセミナーを開き、日本の入会について紹介したものの、役人や大学関係者は十分に理解できない様子であった。一方、村びとは「それ（入会）はフアカのようなものかね」と言い、マレナで入会地を指す言葉を出しては、それと重ねながら日本の入会を即座に理解した様子であった（島上二〇〇七：五二）。また、今北が自身の暮らしを紹介し、山から切り出した木で炭を焼き、木炭や木酢液を販売することで糧を得ていることをホワイトボードに描きながら伝えると、村びとたちは共感するような声をあげ、ともに山に暮らす者として今北を受け入れた様子であった（島上二〇〇七：五六―五七）。

この他にも、訪問した二つの集落では、日本から持参したビデオ『椿山（つばやま）――焼畑に生きる』（民族文化映像研究所、一九七七年制作、二〇〇三年VHS化）を集会所で上映した。映像が流れ出し、椿山での暮らしの様子が映し出されると、集まった村びとたちから驚きと歓喜の声があがった。村びとたちは自分たちの焼畑での作業の仕方

写真8-1　福島・石筵の入会林野で地元の方から話を伺う（2006年6月）

と比較したり、共通点あるいは相違点を指摘したりしながら、楽しそうに鑑賞していた。島上たちはナレーションをインドネシア語で準備していたが、説明はほとんど必要なかったという（島上 二〇〇七：五三、二〇一一：一四七）。この様子を今北は「経験してきた者同士の共振」と表現した（いりあい・よりあい・まなびあいネットワーク 二〇〇七：九〇）。

その翌年の二〇〇六年六月、今度は中スラウェシから六名が来日した。参加者は、ヘダールに加え、トンプとマレナから村びとの代表がそれぞれ一名ずつ、そして地元NGOの若者一名である。さらに、今後のインドネシアでの展開を考えると、行政や研究者にも参加してもらった方がよいというヘダールの意見により、村落行政を担当する県役人とパルにある大学から農学分野の研究者が一名ずつ加わった。このときは、福島県郡山市の石筵地区、山形県飯豊町の中津川地区、滋賀県高島市の椋川地区と針畑地区を訪問した（写真8-1）。このうち福島と山形の訪問先では現在でも入会地が存続し、とくに山形の中津川地区では入会地がワラビ園や木質チップ生産という産業のために有効に利用されていた。

このときの交流でも、村びとどうしが言葉を超えて共感する場面があった。福島県郡山市の石筵地区に暮らす後藤克己を訪問した際のことだ。後藤氏は石筵出身で、すでに長らく勤めた営林署を退職していたが、その後も農業や養蜂を営みながら林野との関わりを続け、集落のなかでもとくに入会の意義を重視してきた人だ。後藤はトンプからやってきたラングを見て、「あなたがどのような暮らしをしているのか、何も説明しなくても、あなたを見ただけでわかりますよ」と語りかけながら肩を抱いた。日本の農山村を廻った「いりあい交流」のなかでも、もっとも印象に残るシーンであった。

このように、同じような経験を共有している者たちは、国や宗教や言葉の違いなどはものともせず、自分の経験や実感と照らし合わせながら、即座に相手を理解し、「共振」することができるのである。この他にも、期間中には何度も日本の入会制度について説明を受ける機会があったが、二名の村びとやNGO関係者は地域が主体となって土地や資源の利用を共同で利用・管理するという入会の発想をすんなりと理解できた。その一方で、役人や研究者は地域が主体となって土地や資源の利用を管理するという発想は、なかなか受け入れ難いようであった。それはおそらく、彼らが農山村の営みからかけ離れて暮らしてきたことが関係しているのであろう。

3―3　自らについての気づき――映像を介した山村文化の記録

二〇〇五年から二〇〇六年にかけての交流では入会をめぐる法や制度が主なテーマであったが、中スラウェシからの村びとと対話を重ねるなかで、現地の入会をより深くとらえていく上で重要なのはそれだけではないことが見えてきた。たとえば、トンプの森で焼畑を拓いたり、林産物を採集したりする際には、不文律である慣習や、森の精霊と交信する儀礼が重要となる。こうした言葉にならない規範や五感と結びついた知識などを通じて、実際に現地の人びとがどのようにして入会と関わっているのか、ということに目を向けることが重要であることに気がついた。

写真 8-2　中スラウェシ・トンプ集落で焼畑の播種儀礼を撮影する（2009 年 1 月）

そこで、二〇〇八年からはパルの若者たちとともにトンプ集落を訪ね、村びとと森との関わりを映像やイラストで記録する取り組みを始めた。先の活動が両国の入会に関わる人びとの間の「まなびあい」であるとすれば、今度はインドネシアの街に暮らす若者と村びとの「まなびあい」である。そこには日本人の映像カメラマンやイラストレーターも関わるようになり、何度もトンプ集落へと足を運んだ（写真8‐2）。

映像記録の作業では、焼畑耕作に焦点を当てながら、映像やイラスト、文章で、村の暮らしや森との関わり方を記録することが目指された。これはトンプの森林との関わりを考えるとき、やはり焼畑がもっとも大切な営みであるという結論に達したからだ。そこで焼畑の儀礼や作業の様子を映像で撮りため、仮編集した映像を集落内で上映しては村びとからの反応や意見を伺うとともに、儀礼の行為の一つひとつの意味など、記録の過程で浮かんだ疑問や不明な点を質問した。村びとたちはすぐさま説明してくれることもあったが、ときには村びとどうしで話し合ったり、考え込んだりすることもあった。

たとえば、かつては、焼畑のために森を伐開したり、伐開地に火入れをしたりする作業の日取りは長老が司っていた。長老は星の位置や儀礼を通じた精霊たちとの会話から焼畑の農耕暦を決め、これにしたがって村びとは一斉に作業を行っていた（Landjeng, Shimagami and Ladjupa 2012）。しかし、強制移住の混乱により長老が不在となり、その後帰還した村びとはそれぞれバラバラに焼畑を拓くようになった。そして、「長老には誰がなれるのか」と尋ねても、集落の年長者たちは「お前がやれよ」「いや、お前が」と言いあうばかりで、集落をとりまとめる長老が不在であることが、その場に居合わせた者たちの間であらためて意識された。

また、集落の若者たちに焼畑をしてみたいかと尋ねると、「焼畑の作業はたいへんだ」「焼畑ではお金が得られない」という否定的な答えばかりで、トンプ内で焼畑が若い世代に継承されていないことも浮き彫りになってきた。さらに焼畑での作業の様子を映した映像を観返すと、陸稲の播種を終えた畑には稲に交えてカカオの苗を植える位置を示すための印が等間隔に映っているなど、そこにも焼畑が以前のとおりではないことが示されていた。このように、かつては当然であったことが、現在では必ずしもそうではないことに村びとたちも気がつき、その理由を考えている様子だった。

一方、パルから来たNGOの若者たちの間でも気づきがあった。たとえば、記録作業のなかで村びとが話している言葉は、若者たちが日常的に用いるカイリ語でありながらも、若者たちにとって村びととの語彙のなかには知らない言葉が少なくないことや、カイリ語で説明される概念を標準のインドネシア語で表現するのが何とも困難であることを痛感したという。また、若者のひとりであるルンは、トンプの老人から聞き取った話をもとに「トンプにおける伝統的な自然資源管理」という報告をまとめた。それを受け取った島上が「トンプの人は『自然資源管理』という言葉を使っていた？」とルンに尋ねると、彼はこれについて考え直した。そして、彼は、自分が「資源」「管理」といった研究者や役人、ＮＧＯの人びとが用いる用語や議論の図式にとらわれ、その視点でトンプの暮らしを見ようとしていることにあらためて気づいたようであった。ルンはパルの街で育ち、高校時代に関わった自然愛好会の活動をきっかけに農山村の問題に関心をもち、これまで幾度となく現場に足を運んできた。それでも、彼がこうしたかたちでトンプの人びとの森との関わりをまとめたのは、彼がトンプやその他の山村の暮らしについて実感を伴った体験として捉えていないことに由来しているからではないか。この点は、やがて私自身の気づきにもつながることになる。

「いりあい交流」は、トンプの人々の暮らしにすぐさま役立つような物資や設備をもたらしたわけではない。それでも、村びとたちは一連の関わりを通じて、単に外部からの新しいことを知るだけでなく、自らの暮らしの現状をあらためて考え直すきっかけを得たようだ。あるときラングの妻がぽつりとつぶやいた。「政府は子どものための学校をもってくる。モトコ（島上のこと）たちは大人のための学校をもってくる」。「いりあい交流」による記録作業のプロセスでは大人たちに何度も問いかける。彼女はそれを「大人のための学校」と表現したのだろう。

4　支援者の当事者性

「まなびあい」とは共通の課題や目標を持つ当事者どうしをつなぐことである。しかし、「まなびあい」を企画し、そのための場づくりをする者は、単なる橋渡し役や調整役だけに徹しているわけではない。当事者たちの間に入る支援者もまた、「まなびあい」を通じて新しい気づきを得て刺激を受けるとともに、新たな実践を試みることもある。ここでは、「まなびあい」を通じた支援者側の変化の例として、私自身の例を示そう。

4-1　支援者側に入る

私が「いりあい交流」の取り組みを知ったきっかけは、二〇〇六年二月に京都大学で島上が開いた報告会である。そこでは、その前年に上述の日本人四名が中スラウェシを訪問した際の交流成果が報告された。当時、大学院生として文化人類学を専攻していた私は、インドネシア・スマトラ島中部に位置するリアウ州の農村で約二年間にわたるフィールド調査を前年に終えて帰国していたところであった。当時の調査村周辺ではアブラヤシ農園による大規模な森林開発が進行しており、村びとが慣習に基づいて利用してきた森林が農園開発のために接収されたことに関連して、土地の権利をめぐる紛争が村の内部やその周辺で生じていた（増田 二〇一二a）。そして、土地の権利をめぐる諍いにしばしば遭遇するなかで、こうした問題に対して、私自身も自分なりに何かできないかと考えるようになっていた。とはいえ、現地でしばしば見られるような、ときに暴力を伴う抗議行動に、現地に暮らす人ならいざ知らず、一時滞在の外国人にすぎない自分が与することに違和感を覚えた。そうしたなかで出会ったのが、「いりあい交流」の取り組みだったのである。

島上が指摘するように、日本の入会林野問題とインドネシアの土地紛争は根本では同じであり、同時代性をもった問題である（島上 二〇〇七：三九）。入会林野をめぐる日本の経験をインドネシアに伝えることで、インドネシアの土地問題に別の道筋を見いだせないか、という趣旨は、直接的な抗議行動とはまったく別の角度からインドネシアの土地問題に向きあおうとするもので、私には想像すらできない斬新なアイディアであった。そして、日本人だからこそできる取り組みと思われ、たいへん魅力的に見えた。こうして私は、これから中スラウェシからの人びととともに日本の村を廻るという「いりあい交流」の一行に同行し、そのサポートをすることになったのである。

4−2　実感としての経験とその重み

私は「いりあい交流」のサポートを通じて、さまざまなことを学んだ。たとえば、インドネシア、とくに中スラウェシの社会状況や森林制度についての知識や情報である。そして、村びとに問いかけ、ときに自分自身をさらけ出しながら、相手の声を引き出すための場のつくり方など、ファシリテーションの手法についても学んだ。また、この取り組みをしていなかったら巡り会えなかったにちがいない人びと、たとえばヘダールや彼のまわりに集まる若者たち、トンプの村びとたち、日本側のメンバーでいえば映像カメラマンやイラストレーターなどとの出会いも貴重であった。映像カメラマンやイラストレーターは独自の視点で現場の作業や人びとの動きを抜き出し、それらを組み合わせながら、人びとの暮らしを描き出していた。

その一方で、「まなびあい」といいながらも、私自身は現地の人びとやプロジェクトのメンバーには何かを返しているのだろうか、という自問が湧いてきた。そのように自分に問いかけるようになったのは、福島の石莚地区を訪問した際に、そこに暮らす後藤がラングに向けた言葉と大きく関係している。同じような経験を持つ者は、言葉を介さずとも理解しあえ、「経験してきた者同士の共振」の当事者となることができる。しかし、私は農山村での暮らし、とくに自然と深く関わる営みに関心をもち、それを研究テーマとしてきたものの、私自身はそれを知識として頭で理解していても、体験に基づいた実感を伴って理解していないのではないか。インドネシアの人びとに日本の農林業や村の暮らしについて尋ねられた際、書物などで得た知識を披瀝することはできても、その言葉は空疎に響いていたのではないだろうか。そのような意識が生まれていた。

二〇一二年七月、ヘダールの訃報が突然に届いた。「いりあい交流」において、ヘダールを中心とするパルのメンバーの力はかけがえのないものであった。とりわけ、「地域の問題」に対して、単なる「抵抗」ではないかたちの、自由でユニークな運動を出していこうという雰囲気をつくりだしていたのがヘダールだった。そのようななかで、ヘダールの突然の訃報はメンバーの間にぽっかりと大きな空洞を残したようだった。

しかし、パルに残されたメンバーたちは喪失感を噛み締めながらも、それぞれに新しく動き始めていた。若いメンバーの一人であるエウィンは、地域の問題を解決するには政治の世界に飛び込むことだと、次の選挙を意識した活動を始め、長く伸ばしていた髪を短くしていた。いりあい交流で来日したことのあるルンも、県会議員の選挙に立候補し、あえなく落選。その後、ルンは「自分が向いているのは人と人をつなぐ仲介者のような役目である」と考えるようになり、それを意識しながら積極的に活動範囲を広げているようだ。映像記録でカメラ撮影を担当したダフィットは結婚式のビデオ撮影の仕事で日銭を稼ぎつつ、ますます映像制作にのめり込んでいるようである。彼らは、これまでの活動に熱心に関わってくれた上に、年齢が近いこともあって、私はとくに親近感を覚えている。二〇一三年にパルを訪問した際には、彼らの様子は頼もしくみえた。おそらく、それぞれ自分の役割や目標が具体的になったからだろう。そうした彼らの変化をみていると、自分もヘダールから問いかけられているように思えてきた。それでは、私自身は自分の役割をどのようにとらえ、どのような方向に向かおうとしているのか。

4-3 「自分ごと」としての地域との関わり

二〇〇六年、「いりあい交流」で知り合った人びととの縁で、滋賀県の最北端に位置する余呉町（現：長浜市余呉町）の山間部で焼畑を続けている老人と出会うこととなった。私は、現在の日本において焼畑がまだ残っていることにたいそう驚き、仲間数名とその老人のもとを訪れた。当初は焼畑を見学するだけであったが、次第に作業をお手伝いさせていただくようになった。この集まりはやがて「火野山ひろば」という名称を持つようになり、そのメンバーは余呉に頻繁に通うようになった。その後この取り組みは、二〇〇八年から京都大学生存基盤科学研究ユニットの「実践型地域研究」の一環となり、焼畑の知識や技術を分析しながら受け継ぐとともに、焼畑を含めた林野の利用から地域の生計活動を再構築しようという実践型の研究として発展し（増田 二〇一二b）、プロジェクト終了後も「火野山ひ

写真8-3　滋賀・余呉の入会林野で地元の方とともに焼畑を拓く（2012年8月）

ろば」の取り組みは継続し、現在に至っている（写真8-3）。

さらには、焼畑を続ける老人の暮らす集落に、田植えや稲刈り、祭りなどの機会にも訪問するようになり、集落の人びととの交流が増えていくと、ますます集落に出かける頻度は増えていった。こうした集落との関わりは単なる調査者―研究対象という関係だけでは括ることのできないものである。私がこの集落に通うのは、消滅しそうな伝統文化の記録や維持、過疎化・高齢化に直面する集落に対する支援といった目的のためだけではなく、農林業を含めたムラの生活リズムやそこでのさまざまな作業が、断片的であるにせよ、手ざわりのような実感とともに経験できるという喜びによって裏打ちされているからである。訪問が重なり、それが数年来の関わりとなれば、ムラの生活暦もわかってくる。そして、この時期にはあの作業があるから、ということを思いながら、次の訪問予定を自分のスケジュール帳と照らし合わせて調整する。

余呉との関わりが深まる一方で、インドネシアとの関わりが切れてしまったわけではない。実は「いりあい交流」の続編として、余呉の焼畑にトンプの村びととパルのメンバーを招くことを計画している。焼畑をしている集落は、今日でも県下でもっとも広い入会林野を有しており、我々の焼畑もその一画に拓かれている。また、炭焼きが盛んであった一九六〇年代半ばまで、この集落の入会林野は区画で分けられ、各区画内の樹木は製炭のための原木として競売にかけられ、その収益は集落の維持運営に役立てられた。その他にも、入会林野のなかでも奥地にある区画はサンカイと呼ばれ、原木山の競売に参加できない貧困層の村びとのために、林野の利用が開放されていた。近年の市町村合併の際にも、入会林野の権利が集落にとどまるように、集落の人びとは長い時間と多大な労力をかけて法的な手続きを成し終えた。このように、余呉の林野にも中スラウェシの人びとに伝えたいことがいくつもあり、ときにトンプの村びとの顔を思い浮かべながら、余呉の林野で焼畑の作業に携わっている。

5　終わりのない関わり――「私」も変わる

以上、「いりあい交流」という「まなびあい」の試みとその展開について、とくに後半では「まなびあい」における当事者間の交流を傍らで見てきた支援者（企画・運営する側）の変化に注目しながら述べてきた。そして、支援者側の視点が海外の事象だけでなく、次第に自分の足元である国内の地域にも広がってきたことを述べた。それでは、こうした展開はグローバル支援という視点のなかで、どのように位置づけることができるだろうか。

5－1　プロジェクトの枠を越えて

これまでのところ、「いりあい交流」は日本側からの企画と資金で進められてきた。また、ここ数年間の取り組みは日本人やパルに暮らす若者がトンプの村びとから学ぶことが中心となり、村びとからみれば、必ずしも双方向の「まなびあい」になっているとはいえないかもしれない。これらの点をふまえれば、「いりあい交流」はまだまだ模索段階にあるともいえる。

それでも、模索を重ねながら、関心の尽きぬかぎり相手方を訪ねる。そして、私たちのやっていることは彼らにとって、どのような意味のあることなのだろうか、と自らに問いかける。インフラ整備などのような物質面や技術面での援助や、目新しい取り組みだけが意味をもつわけではなかろう。地道に、愚直ながらも足を運び続けるだけでも意味があるにちがいない。そうしたことを問いかけながら、次はどのようなことができるのだろうかと考える。それは終わりのない関わりである。その点で、目標期日が明確であるプロジェクトベースの支援とは大きく異なる。

私たちがトンプを離れる際、年長者の一人であるラングは毎回のように同じ言葉を口にする。「また来なさい。この関係を途切れさせないように」。インドネシア側で「いりあい交流」を大きくサポートしてくれたヘダールとそのまわりに集う若者たちも、私たちの活動を振り返りながら「偽りなき友情（pertemanan tulus）」と表現した。二〇一一年三月一一日の東日本大震災の際には、日本人メンバーの安否を尋ねる連絡がパルの仲間から島上のもとに入った。こうした人びとがこのような言葉を何の衒いもなく口にしてくれるのは、私たちの関わりが物資や金銭といった直接的な利益や利便と関わりが少なかったからかもしれない。

5－2　当事者としての支援者

「まなびあい」は、地域の現場に関わる当事者どうしをつなぐ場づくりであり、主役はそうした当事者たちである。一方、支援者はこうした交流の場を企画・調整し、ファシリテーターとして、そこに参加する当事者たちが自由にかつ主体的に思いを表現できるような雰囲気づくりや方向づけをすることが第一の役割である。その際、ファシリテーターは、参加者に対して教えすぎたり、自分の主張を押し付けたりせず、参加者どうしのやりとりを見守ることが基本であるとされる。

しかし、当初はそうした立ち位置であった支援者も、当事者どうしの「まなびあい」の様子を受けて変化する。そして、それだけでなく、自らも当事者どうしの輪のなかに入ろうとする。たとえば、支援者の一人である島上はトンプでの映像記録の作業を次のように振り返る。そこに関わった人びとは「それぞれの属性や経験は異なっていたとしても、それぞれがそれぞれのできること、持っているものを出し合う」ことができた（島上 二〇一一：一五九）。そして「地域と地域、人と人をつなぐ私として、対象や課題から切り離されたところに私がいる、のではなく、トンプという場所に私自身もつながれている。（中略）トンプを理解しようとすることは、私が生きる社会や時代、そして私の生き方を見つめなおすことでもあり、その意味でトンプの課題は私の課題でもある」（島上 二〇一一：一六〇）。このように、支援者である「私」も当事者の一人として「まなびあい」の輪のなかへ加わっていた。

さらに当事者性は、目の前で繰り広げられる「まなびあい」の場だけにとどまらず、そこから離れた場にも広げることができる。たとえば私の場合は、滋賀の山村がそうした場である。私自身は余呉の集落に暮らしているわけではない。とはいえ、私は単なる訪問客として現場に通うのではなく、それらの地域の課題や問題に意識を向け、それらを「自分ごと」のように思う。そうした意識とともに、遠方に暮らしながらも、当事者として現地に関わることもできるであろう。「あいあいネット」のメンバーである壽賀一仁は、外部者の現地に対するこうした立ち位置を「衛星」と呼ぶ。まるで地球を周回する衛星のように、現地と物理的な距離はありながらも、現地からの引力とともに、現地へと「自分ごと」としての思いを向けながら、現場との関わりを続けるような関係もありうるとして、壽賀はこうした「衛星」も広い意味での当事者とみなしている。このように、支援者も「まなびあい」を通じて自分自身の暮らしを自問し、自らの足元を見直しながら、自らの課題を認識し、その現場へ当事者性を投射させていく。

「まなびあい」は、相手に伝えるだけでなく、相手との関わりのなかで自らも変わることである。そして、顔の見える関わり、当事者として課題を意識すること、課題解決の実践のなかで自分自身の役割を模索する終わりのない問いかけ。それらを束ねた実践が「まなびあい」という試みなのであろう。

5－3 グローバル支援におけるローカル性の意味

最初に述べたように、「まなびあい」は同じ課題を抱えるローカルの当事者と別のローカルの当事者をつなぐことである。今日、グローバル化が急激に進行するなかで、地理的に不利な条件の地域とそこに暮らす人びとはますます周縁へと押しやられる状況にあり、国や地域、言葉や宗教が違えども、同じような状況下に置かれ、同じ課題を抱える人びとは確実にいる。その意味で、「いりあい交流」に通じる共通の課題は同時代性をもちながら、グローバルに展開している。「まなびあい」では、そのような問題について話し合うことになる。そこでは、言葉を介したやりとりが基本となる。とはいえ、これまでの「まなびあい」で見てきたように、同じような経験や実感を共有した者たちは、言葉は少なくとも、互いの表情や格好、雰囲気などから、互いの経験してきた人生や現在抱えている課題を理解できる。それは、ときとして「経験してきた者同士の共振」として花開く。

こうした言葉によらない相互理解は、当事者それぞれがそれぞれの地域で同じような身体的・感覚的な経験を共有してきたことに基づいている。その意味で、地域、あるいはローカルでの身体的・感覚的な経験の広さと深さ、そして厚みがなければ、相手のローカルな事柄を実感とともに推し量り、理解することは難しい。「いりあい交流」で、日本の入会という仕組みをインドネシアの村びとは即座に理解できたにもかかわらず、役人や研究者にはそれが容易ではなかった。それは、彼らが双方のローカルに共通していたものを経験していなかったからである。つまり、各地域が直面する同時代的かつグローバルな課題を実感とともに理解するためには、各自が拠りどころとする地域に根ざし、身体の感覚を通じて得られた具体的な経験を有していることが鍵となる。その意味で、「まなびあい」がいかにグローバルな規模になろうとしても、相互理解のために重要となるのは、それぞれのローカルな場で各自が蓄積してきたローカルでミクロな日々のいとなみである。

【注】

＊1　なお、この時点で私はまだ「いりあい交流」に関わっておらず、このときの状況については、いりあい・よりあい・まなびあいネットワーク（二〇〇七）と島上（二〇〇七）に基づく。

【参考文献】

いりあい・よりあい・まなびあいネットワーク　二〇〇七『経験をつなぐ――日本とインドネシア「いりあい交流」二年間の記録二〇〇四・一一～二〇〇六・一〇』いりあい・よりあい・まなびあいネットワーク。
島上宗子　二〇〇七「『いりあい交流』がつなぐ日本とインドネシア――山村の知恵と経験に学ぶ」加藤剛編『国境を越えた村おこし』

ＮＴＴ出版、三一―六一頁。
島上宗子　二〇一一「学びあいのメディアとしての映像記録――中スラウェシの山村トンプにおける実践から」『地域研究』一一（一）、一三八―一六六頁。
長畑誠　二〇一二「地域づくりの現場は国境をこえる――コミュニティ・ファシリテーションの展開を目指して」西川芳昭・木全洋一郎・辰巳佳寿子編『国境をこえた地域づくり――グローカルな絆が生まれた瞬間』新評論、一六三―一七八頁。
増田和也　二〇一二a『インドネシア――森の暮らしと開発』明石書店。
増田和也　二〇一二b「もう一つのプロジェクト――滋賀県余呉における関わりの広がり」矢島吉司・安藤和雄編『ざいちのち――実践型地域研究　最終報告書』京都大学生存基盤科学研究ユニット・東南アジア研究所「在地と都市がつくる循環型社会再生のための実践型地域研究」九九―一一二頁。
宮本謙介　二〇〇三『概説インドネシア経済史』有斐閣。
室田武・三俣学　二〇〇四『入会林野とコモンズ――持続可能な共有の森』日本評論社。
吉本哲郎　二〇〇八『地元学をはじめよう』（岩波ジュニア新書）岩波書店。
Landjeng, H. Shimagami, M. and S. Ladjapa. 2012. *Dunia Orang Tompu*. Yogyakarta: INSIST Press.

（映像資料）
民族文化映像研究所　二〇〇三『日本の姿　第三巻　椿山――焼畑に生きる』紀伊國屋書店。

第9章　知的負債の返済は可能か

——タイ先住民NGOワーカーと人類学者

綾部真雄

1　先住民運動とNGO

1-1　先住民議会

二〇一五年八月八日は、タイの先住民運動にとって一つの大きな節目の日となった。この日、タイ全土の五つの地方にまたがる三八の先住民の代表団総勢一九〇名、裏方や青年代表団も合わせれば優に三〇〇名を超える先住民が、バンコクのチュラロンコーン大学の大ホールに集まり、先住民議会（サパー・チョンパオ・プーンムアン）[*1]の立ち上げを高らかに謳いあげたのである。この様子は、多くのメディアによって全国区で報道された。色とりどりの民族衣装に身を包んだ人々が会場を埋め尽くしているだけでも十分に壮観だが、そうした人々が法律知識や巧みな表現を駆使しながら鮮やかな弁舌を繰り広げる様は、多くのタイ国民に新たな時代の到来を予感させたものと思う。

議会の立ち上げに際し、人々はまずその組織構成を明確にすることを迫られた。まず、議長を一名、副議長を五地方（北部タイ高地、北部タイ平地、中西部、東北部、南部）から一名ずつ計五名を選出した他、さらに一五名の運営委員を別途指名し、各地方の諸先住民ネットワークの意思が中央にスムーズに集約されるようにした。また、議会の支部は北部チェンマイ県カンラヤーウィワッタナー郡（カレン中心）および同じく北部のメーホンソーン県メーホンソーン市（タイ・ヤイ中心）に一ヵ所ずつ、南部のクラビー県、プーケット県、パンガー県（モーケーン中心）に一ヵ所ずつの計三地域四ヵ所に置くことに決まった。

興味深かったのが、もっとも重要な役割を担う議長の選出方法である。先住民間で無用な遺恨が生じないようにという配慮から、勝ち負けが数字で見えてしまう選挙という方法には依存せず、話し合いの方法が採られた。決定に先立って五地方から一名ずつの候補者が推挙されたが、その結果、北部タイ高地支部のキッティサック・ラッタナクラチャーンスィー（イウ・ミエン）が三つの地方から、北タイ平地支部のサナン・パンウモーン（タイ・ヨーン）が二つの地方から推されることとなった。しかし、ここで決戦投票を行うことはせず、当初は議会顧問の二名を交えた話し合いを行い、最終的には候補者の二人が他者を交えずに直接話し合い、年長で公務員経験のあるサナンが初代議長に就任する運びとなる。

サナン議長に率いられた先住民議会は、チュラロンコーン大学会議場での意見交換の後、先住民の権利拡充を訴えるプラカードを掲げつつ、シュプレヒコールとは無縁の静かな行進を行った。まず国際連合バンコク支部に赴いたのち、一部の先住民代表者が国連代表団に会って自らの主張を伝え、残りの者たちは国会議事堂へと行進の場を移す。ここでも一部の代表者が議事堂内へと招き入れられ、先住民議会法の立法について政府（国家平和秩序評議会／コー・ソー・チョー）代表団との意見交換会に参加した。この際、国家改革議会（ソー・ポー・チョー）のアンポン・チャンダーワッタナ代表議員は、原則としては同法の立法に賛成するとしながらも、「法の整備がそのまま生活の改善につながるわけでもなければ、それによって即座に種々の問題が解決できるわけでもない。さらに、これによって先住民が政治権力を手中にするようになるわけでもない[*2]」と牽制することを忘れなかった。

1-2 「覗き窓」としてのNGOワーカー

先住民によるこうした能動的な動きは、村や町に暮らすごく普通の先住民のイニシアティブから自然と湧き起こったわけではない。背後には、常に先住民NGOによる直接的、間接的な働きかけがあった。より正確には、北部タイ山地の先住民NGOによる働きかけと言うべきかもしれない。今でこそ平地、山地の別を問わずタイ全土で先住民運動の興隆が確認できるが、その端緒となった動きは、あくまで北部タイ、しかも主として山間部に暮らす山地民発のものだと言って差し支えない。[*3]

数多くある北部タイ山地民系NGOのなかでも、その規模と実績の点で群を抜いているのが、IMPECT（タイ国山地民教育・文化協会）である。一九九一年の創設以来、IMPECTは常に北部タイの先住民運動を先導してきた。一九九〇年代後半に入ってからは、タイ全土の先住民諸ネットワークの実質的なハブの役割を果たし、またアジア圏もしくは世界規模の先住民ネットワークとも積極的につながってきた。一九九五年の先住民によるチェンマイからバンコクへ向けた大南進[*4]の際も、そして、一九九九年にチェンマイ県庁前で繰り広げられた権利主張デモ[*5]の際にも、その傍らにはいつもIMPECTの存在があった。

タイ北部の先住民研究を志す外国人研究者の多くもまた、なんらかのかたちでIMPECTとの接点を持つ。当然、人類学者も多い。単に情報を求めるものもいれば、研究・調査への直接的な協力を求めるものもいる。自分が研究している民族の出身のワーカーと密に連絡をとりつつ信頼関係を確立することで、相互依存的な関係を築くことも少なくない。IMPECTが実施しているプロジェクトへ無償で協力し、彼らが外部機関や各種財団等からの財政的支援や研究助成を受けるための素地づくりをすることもある。

私自身もまたその例にもれない。北部山地の一集団であるリスの研究に従事してきたことから、リスのワーカーたちとの関係を軸にIMPECTに出入りするようになって、すでに二〇年以上が経過している。ただし、先住民の自立と権利の伸長を旨とし、一定の政治性や思想に裏打ちされた活動に従事する彼らと、できるだけ客観性を担保しながら研究に従事しようとしている私との間には、意識や活動の方向性において合致する部分と微妙な齟齬を来たす部分との両方がある。

現在私は、ＩＭＰＥＣＴに所属するあるリス男性のワーカーを、助手として個人的に雇用している。自身が立ち上げたものを含め、軽重織り交ぜながら関わっているいくつかのプロジェクトの運営を手伝ってもらうことが主眼であるが、同時に、複数のリス村落でのデータ収集にも携わってもらっている。彼と親しくなるにつれ、私の先住民ＮＧＯ観も徐々に変化を来たした。彼という小さな、だが一定の奥行きをもった「覗き窓」を通じ、先住民ＮＧＯの輪郭がよりくっきりと見えてきたように感じているのである。表舞台での華々しい活躍の陰で、ＩＭＰＥＣＴを含む多くのＮＧＯが組織構造上は実に不安定な綱渡り状態にあることもわかってきた。各ワーカーは、所属する組織からの給与だけではとても家族を養いきれず、なんらかの副業に手を出す必要に迫られているし、ＮＧＯでの仕事に強い愛着を感じながらも、常に転職先を探している。そうした状況がある一方で、近年のＮＧＯは、急速な土着文化復興への舵取りの変化により、人類学との親和性や協働性を高めているようにも思える。

こうした状況を受けここで試みたいのは、ＮＧＯワーカーという「覗き穴」を通じて、タイ北部の先住民ＮＧＯの社会的布置を知るための手掛かりを得、同時に先住民ＮＧＯと人類学（者）との異同を部分的ながらも描き出すことである。すなわち、ＮＧＯワーカーでもあり私の調査助手でもある人物のポジションから見えるものを、彼の語りを通じて無理のない範囲ですくい上げてみたい。人類学という学問に強引に寄せてＮＧＯを論ずるのではなく、ＮＧＯに関する叙述に人類学をほんの少しだけ〝噛ませる〟ことで見えてくるものをシンプルに綴ることを主眼とする。

次の部分では、まず現在のタイ北部山地民の状況や先住民ＮＧＯ設立の流れ、そして私自身の先住民運動へのかかわりに触れ、それに続いて先のＮＧＯワーカーの語りを紹介する。

2　先住民NGOの成立とその周辺

ここまで「先住民」や「山地民」という言葉を無前提に使用してきたが、いったん整理が必要であろう。ただし、タイの先住民が置かれた現在の状況や、近現代史のなかでの位置づけ等については、すでにいくつかの論考で触れられているため（綾部 二〇〇七、二〇〇八、片岡 二〇一三）、詳細はそちらに譲り、ここではごく最低限の整理を行うだけに留めておきたい。

2－1　先住民

先住民にあたるタイ語は「チョンパオ・プーンムアン」であるが、これはあくまで今世紀初めごろから使われ始めた自称であり、タイ政府は国内に先住民がいることを公的に認めたことはない。では、二〇世紀末まで必ずしも先住民を名乗ってこなかった人々が、今に至ってそのように自称するようになったのはなぜだろうか。もっともわかりやすい理由は、世界規模の先住民運動やそのネットワークと積極的にリンクしていくために、「先住民（indigenous people）」にあたるタイ語の訳語を必要としていたというものである。だがそれ以上に人々は、権利伸長のためのさまざまな運動を進めていく上で、タイ国内の周縁化した諸民族を地方の別、山地・平地の別なくつなぐための包括的レトリックを必要としてもいた。すなわち、「山地民」や「海民」と言ってしまうと特定の属性を持った人々しか含まなくなるため、より汎用的な概念が求められたのである。

厳密には、先住民にあたる言葉としての「チョンパオ」は一九九八年の段階ですでに使われていた。この年、北部タイの諸民族が山地と平地の、そしてタイ系、非タイ系の別を超えて「タイ先住民・部族民連合」を形成しているが、このときに用いられたタイ語の正式名称が「サマッチャー・チョンパオ・ヘン・プラテーッ（ト）・タイ」である。

ただし、この正式な英語訳がThe Assembly of Thailand Indigenous and Tribal Peopleであったことからもわかるように、この時点ではまだindigenousとtribalを別個のカテゴリーとして捉える逡巡が見てとれる。すなわち、タイ・ルー、タイ・ヨーン、タイ・クーンといった主として平地に住むタイ系諸民族を前者に、非タイ系の山地民を後者に弁別する考え方と、両者を「チョンパオ」として一括りにする考え方とが同居していたのである。

それからさらに九年を経た二〇〇七年、国連本会議における「先住民の権利に関する国連宣言」を受け、タイにおいても全土の先住民を巻き込んだ「タイ国先住民ネットワーク」がようやく結成される運びとなった。同ネットワークのタイ語の正式名称が「クルアカーイ・チョンパオ・プーンムアン・ヘン・プラテーッ（ト）・タイ」であり、ここに至り、「チョンパオ」に「土着の／土地固有の」を意味する「プーンムアン」を足して「先住民」とする現在の用法が完成をみる。これは、英語の正式名であるNetwork of Indigenous Peoples in Thailandともきれいに一致しており、indigenousとtribalを弁別するか否かという先の逡巡が解消されていることがわかる。

2－2　山地民

北部の山岳地帯に住む非タイ系少数民族の総称である、「山地民（チャーオ・カオ）」という言葉にもいささか紛らわしい側面がある。この言葉は、従来は一般のタイ人が北部山地の少数民族を指して用いる他称、もしくはそうした少数民族が自らを指す自称として用いられてきた。しかし、一九九二年を境に、タイ政府はこれを「山地タイ人（チャーオ・タイ・プーカオ）」と呼び替えて一定の法的含意を与え、山に住む少数民族のなかでもとりわけ「既に国籍を保持している人々および今後国籍を付与される正当な資格を持っている人々」を指し示す概念として定義し直してしまった（綾部 二〇〇七：一四六）。これによって混乱が生じる。すなわち、山に住んでいる少数民族ではあっても、国籍取得要件を充たしていないラオスやミャンマーからの新規移住者（e.g. ダーラーアン、カチンなど）は、「山地タイ人」ではないとみなされるようになってしまったのである。このため、政府は新たに「高地民（ブッコン・ボン・プーンティー・

スーン)」というカテゴリーを新設し、法的地位にこだわらず、山に住む少数民族全般をこの概念に放り込んでしまうことにした。近年になって、山地民が自らを「先住民(チョンパオ)」と呼び始めたのは、こうした概念上の混乱を避け、法的地位の優劣を超えた広範な連帯を可能にするためでもあった。

公的な文脈での「山地民」もしくは「山地タイ人」とは、政府による正式な認知を受けているカレン、モン、アカ、ラフ、イウ・ミエン、リス、ルア、ティン、カムの九民族を指すことが大半であり、ごく希少な人口しか持たず、特別な枠に入れられがちなムラブリがこのラインナップに加わる場合とそうでない場合の両方がある。一方、先のIMPECTにおいては、カレン、モン、アカ、ラフ、イウ・ミエン、リス、ルア、カチン、ダーラーアン、タイ・ヤイの計一〇民族が会員民族として登録されている。非タイ系でありながらも、タイ国内に定着して久しいティンとカムが会員から外れており、タイ系でありながらもミャンマーからの新規移民が多く、周縁的位置にいることを余儀なくされているタイ・ヤイが会員になっていることは特筆すべきであろう。当然と言えば当然かもしれないが、タイ政府が法的正当性にこだわり、NGOであるIMPECTが周縁性に重要な基準を置いているという対比は興味深い。

2–3　先住民NGO

タイ政府は、今なお山地民を数々の問題の温床として認識している。八〇年代の前半までは、地政学上重要な北部の国境地帯を割拠する山地民が、共産主義勢力に取り込まれるのを阻止するのが国家安全保障上もっとも重要な課題であった。だが、それはもはや喫緊の事案ではなくなっている。現在タイ政府が山地民に関してもっとも頭を悩ませているのが、①覚醒剤を中心とした麻薬汚染、②正規の手続きを経ずに入国した者たちへの国籍/法的地位の付与、③山間部の天然資源の保護、の三つの問題である。それぞれがタイの近現代史を通じた国家間の軍事的攻防や外交的駆け引き、あるいは国内ポリティクスの所産でもあるだけに、山地民に一方的に非を押しつけるのは正当なことではない。しかし、そのどれもが現実の、そして眼前の問題であるだけに、政府の対山地民政策もまた、山地民に対する不信に基づいた厳しいものになりがちである。

だが、山地民サイドも単なる無力な「周縁の人々」として、政府の無理解を無策なまま眺めていただけではない。人々は、政府機関や自治体と交渉し、理不尽な要求や施策に対して声をあげるための組織づくりを徐々に進めていった。[*6] まず、八〇年代の半ばごろを契機に、少しずつ小規模なNGOやPO（People's Organization／住民組織）が創設されていき、それらが今度は組織横断的なネットワークを形成し始める。さらに一九八八年には山地民系の諸NGOをつなぐネットワークとしてのCONTO（山地タイ人開発協働センター）が活動を開始してもいる。

こうしたなか、一九九一年にIMPECTが産声を上げる。当初はチェンマイ中心部の小さな賃貸オフィスでの活動からスタートしたが、一九九四年には広い敷地を持った郊外の事務局へ移転し、一気に活躍の場を広げていった。現在は主として①文化・教育部門、②環境・天然資源部門、③先住民ネットワーク部門の三事業を柱としており、総勢二五名ほどのワーカーは、いずれかの部門に所属するかたちでそれぞれの業務に従事している。

名称こそ「タイ国山地民教育・文化協会」という穏当なものだが、IMPECTの活動領域は実に多岐にわたる。山間部の村落でなにか法的な問題等が生じると、村びとたちは実践的なアドバイスのみならず、直接的な介入までをもIMPECTに求めてくる。「協会（association）」として会費を徴収して成立している以上、会費を払った正規の会員のための活動こそが主眼であるというのがIMPECTの公的な立場だが、実際には会員、非会員の別にかかわらず助力を差し伸べざるをえないケースが大半である。国籍未取得の村民、とくに就学年齢児童らの法的ステータスの問題は過去数十年来の懸案事項であり続けているが、現在の軍事暫定政権（国家平和秩序評議会）下において目立っているのが、軍および森林局による村びとの農地の強制接収にまつわる諸問題である。[*7] 近年、IMPECTのワーカーらがこうした接収の現場に急行せざるを得ないケースが増えている。

IMPECTを重要な機関たらしめているもう一つの要因は、IMPECTが各会員民族のネットワークの事務局をも兼ねていることである。アカ、モン、カレンのように、別途自力で大規模な協会を運営している民族もあるが、リスのように人口規模が小さく内紛も絶えない民族の場合、全体をつなぐネットワークの運営自体をIMPECTおよび所属ワーカーに頼らざるをえない。現在リスは、「タイ国リス・ネットワーク」[*8]（一九九七〜）、「タイ国リス教育・文化クラブ」[*9]（二〇一四〜）と「タイ国リス連合」[*10]（二〇一五〜）という三つの主たる組織を持っている。しかし、最後の二つはまだ歴史も浅く、組織運営も安定していないため、実質的にタイ国内のリスを広範につないでいる組織は、現時点では「タイ国リス・ネットワーク」のみである。そして、その事務局機能はIMPECTに大部分を依存している。こうした事情から、IMPECTには全会員民族の情報が逐一集約されるため、結果としてIMPECTはタイ北部山地民全体をつなぐハブ的な役割を担うこととなり、ひいてはタイ全土の先住民運動の牽引役ともなっていったのである。

2-4　緩やかな関わり

私自身がタイ北部の先住民運動、なかでもリスのそれに対して関わりはじめてからまだ日は浅い。リス村落における長期調査に従事していた一九九四年ごろから、すでに小規模な支援や啓蒙活動には時折加わっていたが、当時はまだあくまで研究が主眼であり、むしろ積極的過ぎる関与は研究に支障を来たすとすら考えていた。大きな転機となったのは、二〇〇七年に始まった山地民定期市（カーット・ナット・チャーオ・ドーイ。日本名「あかつき広場」）である。同定期市は、公共福祉局所属の公務員でもある山地民博物館（在チェンマイ）のある学芸員の構想に端を発し、それに対するトヨタ財団の助成が決定したことからスタートした。私は単に、三人いる日本人実行委員の一人として名を連ねたにすぎなかった。

定期市と銘打ってはいるが、市場としての機能自体よりも重視されていた観があるのが、特設ステージ上で繰り広げられる各民族の伝統芸能パフォーマンスと、種々の問題を識者が集って話し合うワークショップである。ここでは先住民運動の先頭に立つ各民族のリーダーたちが一堂に会し、連日濃密な議論が繰り広げられた。IMPECTの貢献にも少なからぬものがあり、実行委員会の委員長をＩＭＰＥＣＴの現役ワーカー（イウ・ミエン）が務めた他、他の多くのワーカーもまた裏方として定期市の運営に尽力した。そうしたさなか、あるリスの若い男性が、自身が立ち上げたリスの子どもたちの伝統芸能チームを率いて公演に訪れた。聞けば元ＩＭＰＥＣＴのワーカーで、現在はメーホンソーン県内のあるリス村落の副村長をやっているという。今にして思えば、このときの彼との出会いこそが、その後の私のリス社会への関わり方を大きく規定する基礎となった。

二〇〇三年の「麻薬に対する戦争」[*11]で被災した子どもたちを中心に芸能チームを組み、副村長としての手当てをすべて投入して子どもたちのケアをする彼の姿は、それまであえて社会運動とは距離を置いてきた私の姿勢にも変化をもたらした。彼と彼のチームの活動を側面から支援するため、私は再びトヨタ財団に助成を申請し、それは「銀の蝶プロジェクト」[*12]（以下、銀の蝶）」（二〇〇九〜二〇一二）という二年間のプロジェクトとして結実する。この介入により、私の存在はリス社会内部で一定程度認知されるようになる。以降、実に多くのリスが支援を打診し、プロジェクトの共催を持ちかけてくるようになった。戸惑いを隠せないまま、私はそこから慎重な選択をし、今なお「銀の蝶」の後継プロジェクトを含むいくつかのプロジェクトやイベントの運営に細々と関わり続けている。

アーティット（仮名）に会ったのは、私が「銀の蝶」を始めてから二年目のことであった。メーホンソーン県内のリス村落で、一〇〇人程のリスの子どもたちを集めての文化キャンプを開催したときのことである。竹陰を利用して酷暑をしのぎ、リスの三味線（ツブ）と笛（フルイ）を子どもたちに練習させているさなか、彼はどこからともなく現れた。前任のアサ（リス）から業務を引き継いだＩＭＰＥＣＴのワーカーで、やはりリスだという。文化・教育部門に属しているアーティットは、いつの間にかリス・ネットワークとＩＭＰＥＣＴの共催となっている「銀の蝶」を、実動部隊としてサポートするために送り込まれたらしい。初対面から馬が合ったこの物静かな若者が、その後、ちょうど有能なパートナーを探していた私の助手のポジションにおさまるまでにはあまり時間がかからなかった。

3　モノローグ

以下、アーティット自身の語りに耳を傾けてみたい。

間もなく三〇歳を迎えようとしている彼は、現在人生の岐路に立たされている。このまま町にいてNGOでの仕事を続けていくのか、あるいは生家のある山の村に戻り、健康不安を抱えた母の傍らで農業に従事するのかを決断しきれずにいる。ただし、一NGOワーカーとして、社会に貢献できる仕事に就いていること自体には大きな充足感を覚えているという。「銀の蝶」で一〇代の子どもたちと冗談を交わしつつ、文化振興の仕事に携わるのも性に合っているらしい。私がリスの文化振興を旨とした小さな財団でも立ち上げれば、村の近くに事務局を構え、農業をやりつつもその仕事にほぼ専従したいといった趣旨のことを遠回しに言ってくるが、現時点ではまだなんの見通しも立っていない。

アーティットに話を聞くにあたって、彼には、これまでの自分の人生を振り返りつつ、現在のNGOワーカーとしての仕事について思うところを自由に語ってほしいとだけ伝えた。[*13] 時折ごく短い質問を交えたり、時系列上の前後関係を確認したりはしたが、以下は、ほぼモノローグに近いかたちで語られた内容を再現したものである。ただし、原意とそのニュアンスを損なわない範囲での編集は一定程度施してある。

出立

私はメーホンソーン県A郡のN村で生まれた。実父も実母も同じ村の出身である。二人ともS姓だが、異なる系統のS姓同士なので、結婚には問題がなかったようだ。ただ、父は私がまだ母のお腹にいる間に離婚して家を出て行ってしまったので、自分が幼かったころの父に関する記憶はまったくない。父も私にはあまり関心がなかったようだ。

デング熱で生死の境をさまよったときにも、父が見舞いに来てくれたことはついぞなかったと聞いている。ただ、一〇歳ぐらいの時分に、父が私に会いに来たことがある。見知らぬ男性の訪問に驚いた私は、母に「誰?」とだけ聞き、そのまま逃げ出してしまった。その後父は、再婚して二人の娘をもうけたのち、さらに離婚し、また最近になって新たな若い女性と結婚して落ち着いている。父とはずっと疎遠ではあるものの、子どものころとは違い、今では一定の敬愛の念を抱いている。もっとも、父が私のことをどう思っているのかは正直なところよくわからない。大人になってからは、ときどき父のところに出入りするようになったが、少し前に新しい娘が生まれたばかりなので、今はちょっと遠慮して距離を置いている。私と父の間柄がどうであろうが、重要なのは私が彼の唯一の息子であるということである。リスの伝統に従えば、父の家系の祖先祭祀を継承できるのは私しかいない。一方の母も、私が幼いころに再婚し、母と継父との間には娘と息子が一人ずつ生まれた。つまり、私の腹違いの妹と弟だ。

小学校は村のなかの学校に通った。だが勉強のことよりも、長男として、畑仕事をいつも手伝わされたことばかりをよく覚えている。毎週土曜と日曜には、きまって馬を連れて畑へ行き、トウモロコシと米を袋に入れて運んだ。トウモロコシは飼料なので、収入はもっぱら米に頼っていた。一タン*14でだいたい五〇バーツぐらいだったと思う。小学校を卒業した後は、山からさほど遠くない町に降りて王室系の福祉学校に進学したが、土日には必ず村に帰って父母の畑仕事を手伝った。だが正直な話、当時村に帰るのは非常に億劫だった。母はいつも継父と喧嘩ばかりしており、幸せな記憶というものがない。村に帰ると、母はときどき私に三〇バーツをくれた。私は、そのお金を使わずにとっておき、学校に戻って寮の敷地に空芯菜を植え、育ったら市場に売りに行った。あっという間に時間が経ち、私は高校二年生になっていた。

あるとき、母から村に帰ってくるようにという伝言が寮に届いていたので、すぐに駆けつけた。そうしたところ、もう学校に通わせるお金がないから、そろそろ結婚しろと言う。必ずいい人を見つけてあげるからとも言われた。しかし、私はまだ勉強を続けたかったので、母を振り切って町に戻り、なんとか学校に復帰することができた。間もなく卒業というころになって、今度は実父がやってきて、南のパタヤに働きに行かないかと言ってきた。大学に進学させてやりたくても、通学に必要なオートバイを月賦で買うお金すらないというのが理由だ。傷ついた私が、それでも本当の父親か、そのぐらいの金も私のために使うことができないのかと怒鳴ると、父はすごく怒った。私は、行くあてもなく、リュックサック一つを背負って町を出た。

大学へ

まずは、チェンマイの安宿に一週間ぐらい滞在した。一応は居場所を家に知らせると、祖母が心配して何度も電話をしてきた。チェンマイにいても埒が明かないので今度はチェンライに行き、通える大学を探すことにした。だがお金がないので、政府の教育貸付制度に申し込み、一年あたり三万六〇〇〇バーツ[*15]を受け取ることができるようになった。月割りで、毎月二二〇〇バーツが振り込まれたのを覚えている。大学には合格したが、バイクもないのでいつも歩いて大学に通った。その間、二年近くは村に帰らなかったと思う。ただ、いかんせん月に二二〇〇バーツでは学生といえども暮らしていくのは難しく、家に電話して金の無心をした。が、そんなお金はどこにもないという。当時、死ぬことすら考えたのを覚えている。でも、苦しまずに死ぬ方法がわからなかったので思いとどまる。それからは、とにかく必死に生きた。今でも忘れないのは、あるとき、次の振り込みまでまだ一週間もあるのに、残金が一七バーツしかなかったことである。でも、それでもなんとか生き延びた。大学に通って一年足らずのころ、大学を辞めようと思い、退学届を書いて大学事務まで持っていこうとした。いざ本当に提出という段階になると非常に思い悩み、結局は退学届を破り捨てて、もう一度学業に復帰する。ある夏休みには、朝六時から夜の七時まで働く工場の仕事を見つけ、少しだけ金を貯めた。でも、過労で体が持たなくなり、その仕事は数ヵ月でやめた。超大型スーパーマーケットでも働いたことがある。倉庫から店へ商品を補充する運搬の仕事で、友人と一緒にやった。すぐに大学の新学期が始まったので、二ヵ月ぐらいで辞めたと思う。

大学では教育学を専攻した。とくに大きな目標があったわけではなく、教育学を学んでおけば、将来自分の子どもにいろいろなことを教えることができると思ったにすぎない。当時、ＩＭＰＥＣＴの奨学金ももらっていた。年間六〇〇〇バーツ程度だったので、それほど大きなサポートではなかった。しかし、この奨学金をもらっていたことから、奨学生を対象としたいろんな集会やキャンプに出席するようになり、少し世界が広がった。本当の気持ちを内に秘め、あまり多くを語りたがらない自分と似たような若者たちが少なからずいるのだと知った。

ＮＧＯワーカーになる

二四歳で大学を卒業すると、知人にＩＭＰＥＣＴの試験を受けるよう勧められ、あまり深く考えずに言われるがまま受けることにした。最初に私に電話をくれたのは、ワーカーだったラフの女性である。所長と顧問の外国人の先生がインタビューを担当し、最終的に私を採用してくれた。少数民族の伝統文化や教育について自分なりの分析をしてほしいと言われ、まったく要領を得ない答え方をしたと思うが、なぜかすんなりと採用された。

教育学を勉強したからといって、すぐに教師になるつもりはなかった。ＩＭＰＥＣＴの奨学金をもらっていた関係で、いろんな山でのキャンプを通じて他の民族の子どもたちとも触れ合う機会を持つことができたのはすごく嬉しかったし、とても触発されはしたけれど、教師が自分の天職とまでは思えなかった。ともあれ、そんなこんなでＩＭＰＥＣＴで働くことになったわけだが、まず驚いたのは、ＮＧＯワーカーといっても実にいろんなタイプの人間がいるということである。もちろん素晴らしい人たちもいるものの、なかにはほぼ初対面の自分をあからさまに見下し、荒々しい言葉を吐くものもいた。いたたまれなくなった私は、しばらくはプロジェクト対象村での仕事に浸って職場での現実から逃れようとした。

最初に着任したのは、チェンマイ県Ｔ郡のＰ村であり、ここで前任者の仕事を引き継いで文化振興関係の仕事に従事した。ただ、いかんせん初めてであったし、村びとたちも外のプロジェクトを受け入れることにあまり慣れておらず、どことなくぎこちない時間が過ぎていったように思う。その後、また町に戻ってオフィスワークにしばらく従事することになったが、まだ必ずしも心の準備ができていなかった。ともあれやるしかないので、復帰してからはなんでも貪欲に学ぼうとした。少しずつ仕事にも慣れ、同僚とうまくやっていく手法も身につけ、いろいろな村のリーダーたちとコミュニケーションをとる方法も学び、関連諸団体との連携にも慣れ、あっという間に日々が過ぎていった。今では、自分は正しい職に就いたと思っている。仕事でいろんな村に出かけると、ただ村を歩いているだけで村びとから頻繁に話しかけられ、さまざまな問題の相談を受ける。とくに多いのは、政府や県、郡レベルの諸機関になんらかの陳情をしたり、財政的支援の申請をしたりしたいものの、その方法もわからずパイプもないので困っているというものである。このあたりはＮＧＯワーカーの得意とするところであり、正確なアドバイスを与えることができたときには、この上ない喜びを感じる。

その後は、リス文化やリス語関係の振興や復興の仕事に就くことが多くなっていった。以前は、リスの伝統知識を持つ人など掃いて捨てるほどおり、儀礼や芸能が先細っていくなどとは想像すらしえなかった。子どものころ、新年祭などの行事があると、民族衣装の正装で颯爽と踊りの輪の真んなかに進み出て三味線を爪弾き、素晴らしい音色の笛を吹くものが次から次へと登場したものである。ところが現在、多くの村々ではそれらをきちんと演奏できる人物や、儀礼知識を持った人物を他村からわざわざ招かねばならなくなっている。それほど、昔ながらの知識や技術を持った人々の数は劇的に減っている。だからこそ今の仕事の重要性をひしひしと感じる。

心ない村びとのなかには、出しぬけに私のＮＧＯでの給料の額を聞いてくるものもいる。大卒だからよい思いをしているに違いないと信じ込んでいるらしい。私の給料など微々たるもので、大学で学んだ知識や、社会で身につけた経験を、少しでもリスの文化復興に活かしたいと思っているだけだと真面目な顔で答えると、たいていのものは黙ってしまう。行政機関でも、ＮＧＯの印象はけっして良くない。つっけんどんな対応を受け、村びとを食い物にしようとしているのではないかと疑われることもある。利益や中間マージンの搾取などいっさい考えておらず、ただ人々や村のためになればと思って来ているだけだと説明する羽目になることも、しばしばである。真偽のほどはともあれ、以前、ＮＧＯのあるワーカーがコーヒー栽培をめぐってリスの村びとを搾取しようとしたことがあるというのは伝え聞いており、その噂は今でもすたれていない。そのため、今なお嫌疑の眼差しを受けることがあるが、これが一番耐えられない。村びとたちは、普段は陰でＮＧＯの悪口をさかんに言っているにもかかわらず、ひとたび自分たちだけでは対処できない事態が起こると、そのときばかりはすぐに電話してきて助けを求める。

分岐点

ＩＭＰＥＣＴは、多くの財源からなる複数のプロジェクトの総体として成り立っており、各ワーカーはＩＭＰＥＣＴ本体に直接雇用されるのではなく、いずれかのプロジェクトにおける雇用が原則である。したがって、プロジェクトの実施期間の終了とともに泣く泣くＩＭＰＥＣＴを去らねばならなくなるものもおり、この仕事は構造的にはあまり安定しているとは言い難い。自分は今やっているような「社会貢献（ンガーン・サンコム）」が好きだが、雇用上は綱渡りなので、次の進路を見据えておかないと失業に追い込まれることも十分にありうる。給料も民間企業の半分以下でしかないので、近年では、骨をうずめるつもりで働きにくる若手はまれである。多くは、専門学校や大学を卒業した後に、本格的な仕事を始める前の一時的な職として捉えているのではないだろうか。そこが残念なところではある。自分自身、いつまで籍を置けるのか定かではないが、もし仮に辞めたとしても、ここで学んだ仕事のやり方はどこにいても活かしていけると思っている。

自分がいるのは文化・教育部門であって、この部門のプロジェクトは現在スイスの財団から支援を受けている。一つのプロジェクトにつき九年（三年ごとに審査）を超えないことが原則なので、現在フェーズ三に入り、七年ほど継続してきたこの事業ももうすぐ終わりを告げる。辞めたら、村に帰ってマンゴーか蜜柑の栽培でもしようと思っている。一番仲のよいカレンの友人も遠からず辞めると言っているので、そろそろ潮時かもしれない。

文化の危機

リスの伝統文化は本当に危ない状況にある。村に帰って本気で復興に取り組まないといけない。招魂儀礼[*16]の儀礼句を唱えることができる人物も今では本当に少ないし、ニタビア（祖先祭祀の棚）に置かれた茶碗の水の替え方すら、伝統儀礼をよく知っている人物に聞かないと誰もわからないというありさまだ。自分が村に帰ったら、これらをすべてきちんと学びなおし、伝統文化の維持に少しでも貢献したい。

一方で、マジョリティである精霊信仰系のリスが、これまでの確執を超えて、キリスト教徒のリスとうまく一緒にやっていくこともとても重要だ。信じているものは違っても、歌や踊りや民族衣装は共通しているし、そしてなによりもリス語を話し、同じリスの祖先の血をひいているのだから。今は宗教の違いにこだわっている場合ではない。これからはとくに、リス文字の学習が重要になるだろう。精霊信仰系の人々にしても、もう口伝の時代ではないので、これからはリス語の聖書で使われているリス文字[*17]に頼らなければ、招魂儀礼の儀礼句を記録して後代に伝えることすらできない。キリスト教徒の側にも、リス文字を「クリスチャン文字」というかたちで特権化せずに、リス全体の文字として共有していく姿勢がほしい。

幸いなことに、二〇一三年の国際リス文化セミナー[*18]でミャンマーや中国のリス代表団がタイのリスの村びとたちと直接交流する機会を持って以降、人々のリス文字に対する意識が大きく変わった。リス文字が、国を超えたリス同士のコミュニケーションの基礎として認識されるようになったからだ。このチャンスを逸したくない。

4　社会的布置

自らも認めているように、アーティットは、葛藤や抑鬱を内に抱え込むタイプの人間であり、典型的な先住民ＮＧ

Oワーカーとは言えそうもない。また、彼のケースをもってして、先住民NGOワーカー全般を一般化できるわけでも当然ない。しかしながら、同時に、彼が発する言葉の数々には、現代の先住民NGOの社会的布置を考える上での多くの手掛かりが見え隠れしてもいる。マジョリティからの偏見や抑圧に対する防波堤としての機能、法的諸問題への実践的な対応力、人々を啓蒙していくための発信力などの実質的かつ肯定的な側面はいうまでもなく、先住民NGOが抱えるさまざまなジレンマもまたその骨格を見せている。ここでは、アーティットの語りを通じ、タイにおける先住民NGOの社会的布置についての若干の考察を試みる。

4―1　通過点としてのNGO

「貧困」の経験は、アーティットのみならず多くのワーカーにとってもNGOを志す上での強力な動機となっている。これまで接したワーカーらも、その実に多くが幼少時の貧困や空腹についての記憶と逸話を持っている。次世代を担う若者や自身の子どもたちに同様の経験をさせたくない、貧困からの脱却に麻薬の販売や売春という安易な方法を用いてほしくないという思いは、偽らざる気持ちとしてあろう。その一方で、NGOワーカーとして受け取るけっして多くはない給与が、自らの代であらためて貧困を再生産してしまうというパラドックスがある。

現在、NGOワーカーの多くは専門学校もしくは大学を卒業してから着任するが、同程度の学歴で民間企業に就職すれば、少なくとも倍、外資系の企業に就職すれば三倍から四倍の給与をもらえるという現実は、多くのワーカーを悩ませる。したがって、NGOに骨を埋めるつもりで就職するものは滅多におらず、一〇年を超えて同じ組織に籍を置き続けるケースはごくまれである。私はIMPECTに在籍した経験のあるリスのワーカーを現旧全員知っているが、設立当初(一九九一年)から現在に至るまでずっと籍を置いてきたものは一人もいない。IMPECTを去ったワーカーらは、その後、農業従事者、銀行員、保険外交員、政治家、公務員などに転身しており、NGO業界に残留しているものはそう多くない。清貧を強いるのみならまだしも、多くのNGOは外部資金に依存したプロジェクト・ベースでワーカーを雇用しているため、雇用構造自体が安定しないという問題も抱えている。優秀なワーカーは、契約が失効する前に他のプロジェクトに移籍して延命することもあるが、多くは失効と同時にNGOを去る。こうしたことから、昨今の若手ワーカーらは、NGOを次の職に就くまでの一つの通過点として捉えている節がある。

ただしアーティットは、なにも悪いことばかりではないと考えている。彼によれば、一度NGOを経験したことがある者は、まずはこの仕事への深い共感を持っており、それは離職後も続くという。薄給を嘆くことの多いアーティットが現時点で「通過」を思いとどまっているのも、端的には今の仕事が好きだからである。とくに、村の古老に会って民話や説話等の口頭伝承を採録したり、薬草を用いた伝統療法を学んだりするのは純粋に楽しいという。

4-2　イメージの亡霊

先住民NGOワーカーが直面するいま一つの壁は、タイにおけるNGOという業種そのものにまつわる否定的なイメージの先行である。諸々のプロジェクトにおいて、財源と村びとを媒介する役割を担うNGOワーカーは、相応に大きな金額の会計処理を担う。その際、仮に予算が完全に適正に執行されていても、ワーカーらがあらぬ嫌疑をかけられるのは非常によくあることである。タイのローカル政治の文脈においては、汚職や贈収賄が根強く残っており、どんな村びとであれ皆その現実を知っている。したがって人々が気にかけるのも、不正の有無自体ではなく、裏でやりとりされる額の多寡である。官民の別、人となりとは無関係に、NGOワーカーらもまたみな幾ばくかのマージンを「懐に入れている」という嫌疑に常に晒される。

もっとも、非政府系の非営利団体であるタイの先住民NGOがときにこのような扱いを受けることがある背景には、汚職の横行をはるかに凌ぐ大きな理由がある。それは、タイのNGOワーカー全般が、「左傾化したアクティビスト」としてのイメージをいまだに根強く持たれ続けているからである。たとえば、一九九七年の貧民連合（Assembly of the Poor）による国会議事堂前デモとその背景を研究したミッシンガムは、同デモを主導したNGOに言及した二つの対極的な表現として、「暗闇のなかのロウソク」と「第三の手」をあげている（Missingham 2003: 97）。前者はデモに参加したある村民の、後者は当時の首相府のスポークスマンによる言葉である。前者が「希望の光」を表すのに対し、「第三の手（mue thi-sam）」とは、タイ語独特の表現で「裏で糸を引く者」を意味する。

ミッシンガムによれば、貧民連合を率いるのは二〇名ほどのNGO系アクティビストと学者たちの集団であり、そのおよそ三分の一は七〇年代半ばの学生運動に参加し、その後山や森に逃がれてタイ共産党（CPT）と共闘した人々であるという（Missingham 2003: 100）。彼らは、武力弾圧で多くの死傷者が出た一九七三年一〇月一四日の「血の日曜日事件」を経験したという意味で、「一〇月世代」などとも呼ばれている。八〇年代から九〇年代にかけてのNGO設立ラッシュ期を、「一〇月世代」が牽引したのはおそらく事実であろう。そこから三〇年余りが経過した現在、NGOの存在様態は実に多様化しているが、NGOのさまざまな主張は、今なお社会問題の解決や環境の保護といった大義名分を謳った体制への意趣返しとして受け取られがちである。政府や保守系の活動家らもしばしばこの点をつく。NGOはそもそも問題の当事者や被災者ですらなく、自らのアジェンダや利害を運動に持ち込もうとしているにすぎないと糾弾するのである（Kanokrat 2003: 246）。

アーティットを含め、現代の若手先住民NGOワーカーはそうした左派イデオロギーとは無縁な場合が多い。社会貢献への真っ直ぐな渇望に突き動かされているとすら言ってよいだろう。プロジェクト対象村に長期逗留して村民との信頼関係を築き、村民の自主性を引き出しつつ文化復興を側面からサポートする彼らの姿は、むしろ人類学者を想起させすらする。だが、イメージの亡霊は今なお彼らを苦しめる。NGO嫌いで知られるあるリスの村長は、かつて私にこう語った。「NGOの連中は、国のためになんの貢献もしないくせに、自分たちの権利ばかり主張する」。

4－3　文化という交点

国籍を取得する権利、森林や水資源を使用する権利といった先住民NGOによる権利主張は、その正当性の有無にかかわらず、公益とは相容れない争点として政府に警戒されやすい。NGOサイドと行政サイドそれぞれの主張が平行線のまま推移し、有効な出口を見い出せないことにもなりかねない。それに対して、近年急激な隆盛を見せつつある文化の振興や復興を掲げたプロジェクトは、穏当な「ガス抜きの場」（綾部二〇一四b：二三一）として行政的支援を受けやすく、政府や地方自治体による多額の補助金の対象にもなりやすい。また、集会の場を設けるための詭弁というわけでもなく、ここでは、伝統文化の衰退を真剣に危惧する一般の村民と先住民NGOとの主張がきれいにかみ合う。さらにいえば、ローカル・ポリティクスとは一定の距離を保ちたい人類学者にも、参入できるスペースと貢献の余地が残された稀有な領域でもある。NGOとの協働体制のもと、私がこれまで関わってきたプロジェクトもすべて文化復興関連のものであり、そのあまりの需要の多さに個人では対応しきれなくなり、アーティットを助手として雇用するにいたっている。

タイ北部山地の諸民族は、それぞれのネットワーク下においてなんらかの文化イベントを主催してきた歴史を持つ。とくに、モンとイウ・ミエンのそれは、規模の大きさからつとによく知られてきた。だが、現在のような先住民全体を巻き込んだ活況は二〇〇六年以降のことだと思われる。この年、国王生誕八〇周年祝賀行事の一環として、チェンマイのラーマ九世記念公園に多くの先住民が参集し、それぞれの民族の代表者らが趣向をこらした伝統芸能パフォーマンスを披露した。このときの立錐の余地もないほどの盛況ぶりは、人々に強い印象を残し、それが翌年同じ場所でスタートした「山地民定期市（あかつき広場）」開催の伏線ともなっている。二〇〇八年以降は、前年のタイ国先住民ネットワークの設立を受け、タイ国先住民フェスティバルも開催されるようになり、一連の流れは、各々の民族内の動きにもつながっていく。いうまでもなく、これらを主導してきたのは常に先住民NGOであった。

すでに見たように、アーティットの自文化、より具体的には祖先祭祀や伝統芸能に関する執着と危機感には少なからぬものがあり、それは確実に先の流れを汲んだものである。そもそも、彼のNGOとしてのキャリアの出発点自体が文化振興プロジェクトにあり、少年期の村での原体験との相乗が、彼の現在のスタンスをかたちづくっていると考えるのはあながち的外れではないだろう。ただし、NGOで培われた彼の公共心は、宗教を超えたリスとしての共同性をめざす段階にも来ている。そこが、一般の村民が陥りがちな排他的伝統主義と、NGOワーカーがめざす公益とを分かつ分水嶺でもあるように思える。

5　同床異夢――知的負債と向き合う

二〇一五年三月のある日、チェンライ県ウィアンパパオ郡にいる知人を訪れていた私は、偶然アカのある若い女性と出会い、小一時間程度話す機会を得た。このあたりのアカはキリスト教への改宗率が高いので、彼女にもクリスチャンかと尋ねると、そうではなく仏教徒だと言う。精霊信仰を実践している人々のなかには、併信が可能な仏教をあえて前面に出し、仏教徒であると答えるケースも多い。そこで、基本はやはり精霊信仰なのかとさらに聞くと、純粋な仏教徒であると強調する。少し訝しく思った私は、精霊信仰をやめた理由を問うた。すると彼女は、「やめたというより、村のなかにアカ語の伝統的な儀礼句を唱えられる人がいなくなってしまったので、やむをえず村全体で仏教に改宗した」と説明してくれた。すでに存亡の危機にあった精霊信仰をさらに無力化する波が、いよいよ喫水線を超えたということらしい。

あえて個人的な感懐を切り離して考えたとき、人類学者としての私はこの現象を嘆くメンタリティを持たない。あくまで一つの現象にすぎないと考え、この変化に対して可能な限り中立的なスタンスを保つだろう。だが、実際に私が手掛けているのはいわゆる文化復興プロジェクトであり、そこでは、土着文化の振興や復興を是とする価値に共鳴している。とはいえ、それが自分のなかで矛盾を来たすこともない。なぜなら、土着文化が「元気な状態」は、現在のリスの人々が望むこととの最大公約数であるように見え、そこに積極的に関わるのは、私が彼らに対して負っている知的負債の返済に他ならないからである。また、マジョリティの文化を模倣してその底辺から出発するよりは、自文化を活性化させ、マジョリティの社会との対等なコミュニケーションの足掛かりを残すことで、人々が歪な政治的序列に組み込まれずに済むとも考えている。これはもちろん絵に描いた餅だが、よしんば理想的な結末を迎えずとも、人々の主体的選択の結果であれば納得できよう。

アーティットをはじめとする多くの先住民NGOワーカーらは、そうした思惑や計算とは無縁なところで、より純粋に文化復興の可能性を希求しようとしているように見える。だからこそ彼らは現状を憂い、そして嘆く。私はいわば、彼らの嘆きに自分の擬似的な嘆きを重ね合わせることで、活動の領域を共有している。村びとの前で「自文化を大切にしよう」「祖先の教えを尊重しよう」「次代に土着の叡智を引き継いでいこう」「リスは宗教を超えて一つだ」といった言辞を多用する点では、私もアーティットも大差ないが、彼がそれを本気で口にしているのに対し、私は一歩引いたところでこれらの表現の巧拙と影響力を推しはかろうとしている。同床異夢な部分は否めない。

しかしながら、そのことが必ずしも共存を脅かすわけではない。同じフィールドに放り込まれた同夢の人類学者同士よりは、人類学者と先住民NGOワーカーの方が、少なくともタイの先住民運動の現場においては、はるかにうまく折り合いをつけるだろう。両者は、フィールドを共有しながらも常に同じ出口を見てはおらず、持てるリソースも異なる。仮に、二人の人類学者が期せずして同時期に同じフィールドで活動する場合、調査に基づく一次資料の使用をめぐる競合もしくは葛藤が容易に惹起されうる。他方、人類学者と先住民NGOワーカーという組み合わせの場合、原則として相互に補完し合える存在であるために、いずれかの側による一方的な依存も起こりにくい。人類学者は何にも増して良質なフィールドデータの入手に腐心するが、そのフィールドを故地とする先住民NGOワーカーにしてみれば、そうしたデータは眼前に〝転がっている〟無償の資源である。無論、知的財産権の問題が多くの先住民運動の文脈で取り沙汰されるようになって久しいが（cf. 山﨑・伊藤 二〇一二）、まだ歴史の浅いタイの先住民運動にあっては、人類学者を「知識泥棒」扱いする雰囲気はない。

したがって、アクセスの容易なデータの入手に少し手を貸しただけで、外部世界と村々をつなぎ、外部資金を導入してくれることすらある人類学者は、喜捨文化も手伝ってか、タイでは篤志家のように扱われることもある。一方、このような評価は、人類学者本人にとっては負荷ともなりうる。フィールドにおいては、そこで排他的に入手しえたデータが研究者としてのキャリア構築にいかに大きな意味を持つかを人々に説明する機会もあまりなく、そのメリットが、社会的活動に投下した時間や出費にはるかに勝っているという自覚をいちいち詳らかにもしない。このことは心理的負債感を生み出し、自らが関わる社会的活動を肯定的な修辞で語ることへのささやかな抵抗を生み出すこともある。つまり、実際に従事している活動の内容は開発人類学を掲げる人々と大差なくとも、それを「開発」と称することを意識的に避けるメンタリティが働く。現代の人類学にあっては、純粋な研究とは別次元での現地社会へのコミットメントが求められることが多くなっている他、民族誌を一人称で書いたり、フィールドにおける対話を中心に構成したりすることも半ば常態化しつつある（cf. Campbell and Lassiter 2015: 124）。透明な存在ではいられなくなった人類学者が、フィールドにおける自身の位置の同定とその学問的な開示の仕方に戸惑うという構図は、もはやそれ自体が「伝統」である。

かつてファーガソン（J. Ferguson）は、人類学と「開発（development）」という事象との特殊な関係性について論じるなかで、開発を人類学にとっての「悪魔の双子（evil twin）」と呼んだことがある（Ferguson 1997）。人類学において、理論と応用が結びつく必然性と不可能性との間の揺らぎを含意してのことである。開発を謳う際には暗黙のうちに人類学的な理論の現場への応用が前提とされるが、応用のあり方が人類学ならではのものであるかどうかの判断は常に相対的なものである。仮に人類学的な開発とそうでない開発との差が明示できないものであるならば、開発人類学そのものの存立の意味が問われることにもなる。

現在の人類学においてこの揺らぎが解消されたわけではない。ただし、フィールドにおける社会性を持ったなんらかの介入が、すべからく理論に基礎を置く（べき）という頸木からは、すでに多くの人類学者が解放されているように思う。少なくとも、私が試みているいくつかの事柄はそれを念頭に置いてのものではない。自身の営みを「開発」

という言葉で括ってしまうと、応用という鬼っ子がすぐに顔を覗かせるが、私のように、個人的な返済に開発という言葉を使うことに座りの悪さを感じるものにとっては、応用は最初から後景化している。一方、「支援」という言葉は、仮にそれが心理的負債感の肯定的な表現への置換であったとしても、研究と直接的には関わらないフィールドでの営みを、人類学という学問領域から一時的に切り離すことができるレトリックとして有用である。またこの言葉によって、人類学者が先住民NGOと協働する理由を、嘘にならない次元で人々に端的に伝えることもできる。

「支援」というこのいささかトリッキーな概念を通じ、私は先住民NGOワーカーらと同じ方向を向こうとしているが、それでも彼我の別は確実にある。自身の感覚上、「知ること」が「返すこと」へ優越しているにもかかわらず、行為上、私は後者に比重を置いて彼らと歩調を合わせている。この限りにおいて、異夢の状態はしばらく続いていくだろう。しかし、先住民NGOの布置が不安定なものであるのと同様、各々のワーカーのスタンスもまた社会的環境に応じて変わり続ける。現在のタイ先住民のように、圧倒的な格差や不条理を仮想敵としている間は、マジョリティへの対抗性が彼らの自己定義を縁取るが、格差が解消に向かうと同時に、それはより内発的なものへと転換しうる。すなわち、世界各地の先住民社会ですでに起こっているように、自らが拠って立つものをより深く「知ること」の追求が始まる。

アーティットの語りのなかにも、その萌芽が多く見られた。彼のなかで「知ること」の意味が今以上に膨れ上がったとき、あるいは、対抗性と内発性とが拮抗しはじめたとき、私との間に成立している現在の平衡もまた、なんらかの変質を余儀なくされるであろう。

【注】

＊1　先住民議会は政府の公的な認可を受けた組織ではなく、現時点ではあくまで任意団体にすぎない。二〇一四年一一月には、ミャンマー国境に接するターク県にやはり各地方の代表団が集まり、法律家のアドバイスも受けながら先住民議会法（ポー・ロー・

ボー・サパー・チョンパオ・プーンムアン）草案の最終案を取りまとめていたため、本来なら今回の議会の立ち上げに伴い法案を正式に政府に提出する予定であった。しかしながら、二〇一四年五月のクーデターを経て、民政移管前の国家平和秩序評議会（コー・ソー・チョー）の暫定統治下にある現在、新法制定の手続きが通常のサイクルとは異なるため、先住民議会はその提出のタイミングを慎重に見きわめようとしている。

＊2　TV Thai Network「ナック・カーオ・ポンラムアン（国民の報道記者）」（二〇一五年八月二〇日放映）（https://www.youtube.com/watch?v=wrpJNneFGWk）。

＊3　北部タイは常に内戦や紛争が絶えなかったラオスおよびミャンマーと長い国境を接しており、戦後、そこから多くの移住者や難民を受け入れてきた歴史を持つ。すなわち、北部タイの山地民人口は、他地域の先住民よりも相対的に多い。また、正規の入国管理手続きを経ずにタイ国内へと居を移した焼畑移動耕作民が大半であったため、タイ国内への定着後も、国籍付与の問題、山間部の森林資源の使用をめぐる問題等で常に政府との交渉を強いられる立場に置かれてきた。そうした交渉の矢面に立たされた人々のなかから、高等教育を修了するものが徐々に増え、多くのＮＧＯが立ち上げられていったのはごく自然な流れであった。

＊4　一九九五年四月にチェンマイをスタートした、政府指定の保護林からの強制立ち退きへ抗議した一万人程の山地民によるバンコクへ向けた行進。ランパーン県まで到達したところで政府側が交渉のテーブルについた。

＊5　一九九九年五月、チェンマイ県庁前で一週間にわたって繰り広げられた延べ数万人規模の権利主張デモ。森林の使用権、土地の使用権、市民権の要求を中心としていた。五月一九日未明、森林局員と警察によって武力を背景に強制排除された。

＊6　このあたりの経緯については、綾部（二〇〇八：六九）に詳しい。

＊7　二〇〇一年、森林局の主導で山間部の航空写真がくまなく撮られ、長年の生業上の使用が確認されている農地については原則として継続的な使用が認められることになり、その範囲が航空写真上のラインとして明確に記された。現暫定政権はこれに基づき、認可範囲外の土地の一斉接収に着手したのである。だが、そもそも使用範囲の認可の手続き自体が多分に曖昧な領域を残すものであったため、強制接収によって、伝統的に使用してきた農地を奪われる山地民が後を絶たなくなってしまった。

＊8　チェンマイ県、チェンライ県、メーホンソーン県、ターク県、ペッチャブン県からそれぞれの代表を選出するかたちで運営されている、タイのリスが構成するもっとも包括的なネットワーク。独自の事務局を持たずに、事務局機能をＩＭＰＥＣＴに依存

している。

*9　現旧公務員系、キリスト教系のリスを中心に設立された組織で、現時点では文化振興プロジェクト、奨学金の給付などを手がける。

*10　二〇一四年に中国・雲南省で設立された国際リス連合（中国、ミャンマー、タイ）のタイ国内の下部組織。タイ国リス連合の議長は、国際リス連合の副議長も兼任している。ただし、現時点ではまだタイ国内であまり認知を受けておらず、積極的な機能にも乏しい。

*11　二〇〇三年二月一日に発令された首相府令第二九号により始まった、タイ国内の麻薬取引に対するこれまでにない厳しい取り締まりを指す。死者数は二六〇〇名を超え、逮捕者は九万人に上るとされる（綾部 二〇一四b：三七七）。

*12　二〇〇九年度のトヨタ財団アジア隣人プログラムの助成を受けたもので、正式名称を「銀の蝶プロジェクト――タイ山地民リスによる土着の叡智を通じた『麻薬禍克服ネットワーク』の構築」という。

*13　インタビューは、二〇一四年九月と二〇一五年三月の二回にわたり、計八〇分ほど実施した。インタビューに際しては、録音した内容が論文中に掲載されることを伝え、その了承を得ている。

*14　タイ独特の単位で、籾米一〇キロ相当、白米二〇キロ相当にあたる。

*15　一バーツ≒三・三二九七円（二〇一五年一〇月五日時点）。

*16　リスの招魂儀礼の詳細については、綾部（二〇一四a：二八七―二八八）に詳しい。

*17　一九一四年にOMF（Overseas Mission Fellowship）の宣教師J・O・フレイザーがミャンマーでの布教中に開発したリス語の正書法である。その後、一九一六年までに現在のかたちでの完成をみている。タイのリスの間では、一部のクリスチャン・リスを除けばその使用はごく限定的なものであるが、クリスチャン人口の多いミャンマーにおいては、使用率は相対的に高い。また、一九九二年には、中国政府が同リス文字を傈僳（リス）の正書法として公式に認定している。

*18　二〇一三年三月に開催された、タイに中国とミャンマーからのリス代表団を招いて行われた国際文化セミナー。チェンマイ県チェンマイ市内で会議を実施した後、メーホンソーン県内のリス村に移動して、通常のリス村民を巻き込んでの大規模な文化交流会が実施された。二〇一二年三月に続く第二回目の開催であったが、第一回よりも大きな規模で実施された他、タイのリスのなかで重要な位置を占める村落で開催されたこともあり、人々に強い印象を残した。

【参考文献】
綾部真雄　二〇〇七「タイ北部山地民リスにみるエスニック・アイデンティティ――国家原理を通じた再編成」学位（博士）請求論文（東京都立大学社会科学研究科）。
綾部真雄　二〇〇八「エスニック・セキュリティ――タイ北部リスにみる内発的安全保障のかたち」『社会人類学年報』三四、五一―九一頁。
綾部真雄　二〇一四a「ケシの残像と生きるリスの人々」落合雪野・白川千尋編『ものとくらしの植物誌――東南アジア大陸部から』臨川書店、二七一―二九四頁。
綾部真雄　二〇一四b「タイ山地民の現在――先住民としての自己定義」綾部真雄編『タイを知るための七二章』明石書店、二三〇―二三四頁。
片岡樹　二〇一三「先住民か不法入国労働者か？――タイ山地民をめぐる議論が映し出す新たなタイ社会像」『東南アジア研究』五〇（二）、二三九―二七二頁。
山﨑幸治・伊藤敦規編　二〇一二『世界のなかのアイヌ・アート』北海道大学アイヌ・先住民研究センター。
Campbell, E. and L. C. Lassiter 2015. *Doing Ethnography Today: Theories, Methods, Exercises*. Malden: Wiley Blackwell.
Ferguson, J. 1997. Anthropology and its Evil Twin: "Development" in the Constitution of a Discipline. In F. Cooper and R. Packard (eds.), *International Development and the Social Sciences*. Berkeley: University of California Press, pp. 150-175.
Kanokrat Lertchoosakul 2003. Conceptualizing the Roles and limitations of N. G. O. s in the Anti-Pak Mun Dam Movemnet. In J. G. Ungpakorn (ed.), *Radicalizing Thailand: New Political Perspectives*. Bangkok: Institute of Asian Studies, Chulalongkorn University, pp. 226-318.
Missingham, B. D. 2003. *The Assembly of the Poor in Thailand: From Local Struggles to National Protest Movement*. Chiangmai: Silkworm Books.
Quinn, R. 1997. Competition over Resources and Local Environment: The Role of Thai NGOs. In P. Hirsch (ed.), *Seeing Forests for Trees: Environmentalism in Thailand*. Chiangmai: Silkworm Books, pp. 89-115.

第Ⅲ部　新たな関係性の構築

第10章　なぜ持続しないのか
――ソロモン諸島における開発ＮＧＯの実践と矛盾

関根久雄

1　持続可能性とＮＧＯ

ＮＧＯは、文字通り「非」政府性の特徴を帯び、制度としての権力を持たず、巨大化した政治・経済のグローバル化の暴力性に向き合うことを前提にした存在であり（若井 二〇〇一：四〇―四二）、そのことによって自らの存在意義を示してきたといえる。それに関連して、国際地域保健学を専門とする若井晋は、「何のための、誰のためのＮＧＯか」という問いに対し、ＮＧＯは「公正と社会正義の実現のため、あらゆる局面で社会的に弱い立場に押しやられている人々のための運動体」（若井 二〇〇一：三七）であることを明言する。

アメリカの政治アクティビストのデビッド・コーテンも、現在の経済・政治構造が続くかぎり、経済成長の恩恵はもっとも恵まれた人々のみが享受し、貧困のなかにある人々の苦しい状況が顧みられることはないという、現代社会の不公正性を指摘する（コーテン 一九九五：一九）。そして彼は、そのような時代状況をふまえた上で、第二次世界大戦後の時代において「弱者」を支援するＮＧＯの特徴を三つの世代に分類し、それぞれについて次のように説明している。

第一世代のNGOは目前の切迫したニーズに対応する活動を中心に行い、主として供給体制の管理・運営能力が求められるだけであった。続く第二世代では、NGOは持続可能性に留意した開発概念を提示するようになる。支援を受ける人々の自立的行動を促し、NGOの支援が終わった後も彼らの自助努力で成果を持続させて行くことが強調されたのである。第三世代のNGOは、その持続可能性を地域社会に限定して捉えるのではなく、地域や共同体を越えた社会のレベルにおいて政策や制度の変革によって実現しようとした。これは、持続性や地域住民の自立の観点から、NGOは地域社会を包摂する制度の変革者としての役割を担うべきであるという考えに基づく（コーテン 一九九五：一四五―一六四）。

社会的弱者の目線に寄り添い、彼らの主体性に期待しながら開発の持続性を確保しようとする姿勢は、一九九〇年代以降、NGOによる途上国での社会開発支援活動の基本理念として定着している。

このような開発援助の一般的潮流のなかで用いられる常套句に、参加型開発あるいは住民参加がある。これらは、「貧困状態」にある現地の人々自身が主体的に開発援助プロジェクトに関与して金銭的・物質的欲求を充足させるだけでなく、そのことを通じて「今」を生きるための自信、すなわち精神的充足をも実現させようとする用語である。このことは、とくに開発の文脈においては、エンパワメント（力の付与）、オーナーシップ（当事者意識）、パートナーシップ（協働性）、アカウンタビリティ（説明責任）などの用語を通じてさまざまに表現されてきた。

住民参加に関する議論の主唱者であるロバート・チェンバースは、支援する外部者と支援される現地の人々との関係性に注目し、前者のもつ権力性を中和するための方法論について、「後ろの者を前へ（Putting the Last First）」という言葉で「力の弱い貧しい人々の発想や文化を優先する」ことの重要性を説いた（チェンバース 一九九五）。そしてさらに、それだけでは事態が好転しない現実をふまえ、その反省的思考から「最初の者は最後に（Putting the First Last）」、すなわち、力をもつ者は自ら退き、力の弱い者に主導権を譲るべきと強調した（チェンバース 二〇〇〇）。チェンバースのいう脱権力の発想は、それ自体が定式化されて通文化的に適用され、権威にも似た力を持ってしまうという論理的矛盾を内包している（関根 二〇〇七ａ）。しかし、西洋近代的価値意識やそれに基づく社会システムが、いわゆる途上国における草の根レベルの人々に不利益をもたらすことになるとすれば、そのシステムを支える力関係を修正しようとする参加の理念はたしかに必要である。

そして、その理念を具体化する方法がＰＲＡ（主体的参加型農村調査法）など「参加型」と呼ばれる一連のツール（手法）である。[*1] それにおいて重要視される点は、参加型の理念に則り、外部からの支援者（介入者）が地域住民から学ぶだけでなく、それをさらに一歩進め、地域住民とともに学び合いながら、住民の主体性と主導性に基づいて当該社会および住民のリアリティを把握することである（関根 二〇〇七ｂ：三六三）。そのプロセスを通じて地域住民のエンパワメントやオーナーシップなどが定着することが期待される。

貧困のなかにある人々を取り巻く社会文化的・政治的状況やグローバルに展開される経済的環境が、人々の自立を短期間で実現しうる即効性のある処方箋などありえない現実を示しているとすれば、ＮＧＯ活動、あるいはチェンバースのいう参加型開発は、開発援助事業の「持続可能性」を追求する文脈に収斂されることになる。つまり、ＮＧＯ活動にとって持続可能性の確保は、もっとも重要視されるべき運営面における課題の一つであるといえる。

そのことに関連して、開発コンサルタントのラヴェルはバングラデシュの農村社会を対象に開発、教育、保健・栄養関連の各種プログラムを展開しているＮＧＯ、ＢＲＡＣ[*2]について詳細に記述するなかで、持続可能性という用語の意味について述べている。

ラヴェルは、ＮＧＯにとっての持続可能性には、活動（あるいは事業）自体の持続性と、ＮＧＯ組織の持続性の二つの意味が付与されていることを指摘する。前者は、社会の底辺にいる人々が外部からの手助けがなくても続けられるよう十分なエンパワメントがなされ、自立のための方法やＮＧＯによって導入された模範的な機能を自助組織ないし政府が引き継ぐことができ、またそうしようとするための一時的な活動である。その考えに従えば、ＮＧＯは常に「いずれ撤退する」ことをプログラムのなかに組み込んでいることになる。そして後者は、ＮＧＯ自体が組織として外部からの支援にまったく依存しないかまたは依存性を減少させながら、開発目標を果たしていくことである（ラヴェル 二〇〇一：二六〇）。これらは、現地の人々の「一人立ち（＝自立）」による事業や組織の持続性を指しており、コーテンの述べる第二世代、第三世代NGOの姿とも重なる。多くのNGOはいずれ自分たちがいなくなっても現地の人々によって事業が継続していくことを目標にしているはずである。実際BRACも、前者の意味における「持続可能性を常に念頭に置いている」（ラヴェル 二〇〇一：二六〇）という。しかしラヴェルは、持続可能性を追求していても、貧困のなかにある人々とともに学びながら新たな制度を構築していくことは長いプロセスを必要とするものであり、彼らが「外部の組織や政府から提供されるサービスを受けずに完全に自立できるという仮説は非現実的」（ラヴェル 二〇〇一：二六〇）であると断じている。

ラヴェルが述べるように、右記の意味における持続可能性など現実にはありえない。支援が「持続しない」とすれば、それはなぜなのか。公正や正義、参加などはNGOの「支援を持続させる」ための用語にすぎないのであろうか。本章では、筆者が一九八七年以来調査している南太平洋の島国、ソロモン諸島で有機農業普及活動を進めるある日本のNGOの活動を取り上げ、彼らにとっての持続可能性の意味を考察する。

2 職と食をもとめる人々の流出とソロモンの国内紛争
——エスニック・テンション

はじめに、当該NGOがソロモン諸島で活動を行うきっかけとなった同国の社会状況について述べておこう。

一九九八年一二月からソロモン諸島国（図10‐1）では、首都のあるガダルカナル島の人々と、主に就労などを契機に近隣のマライタ島[*3]からガダルカナル島へ移住してきたマライタ系住民（マライタ島出身者およびその子孫）との間で激しい対立が生じた。一部のガダルカナル島民が武装集団を結成し、一九九八年末から二〇〇〇年にかけて、同島

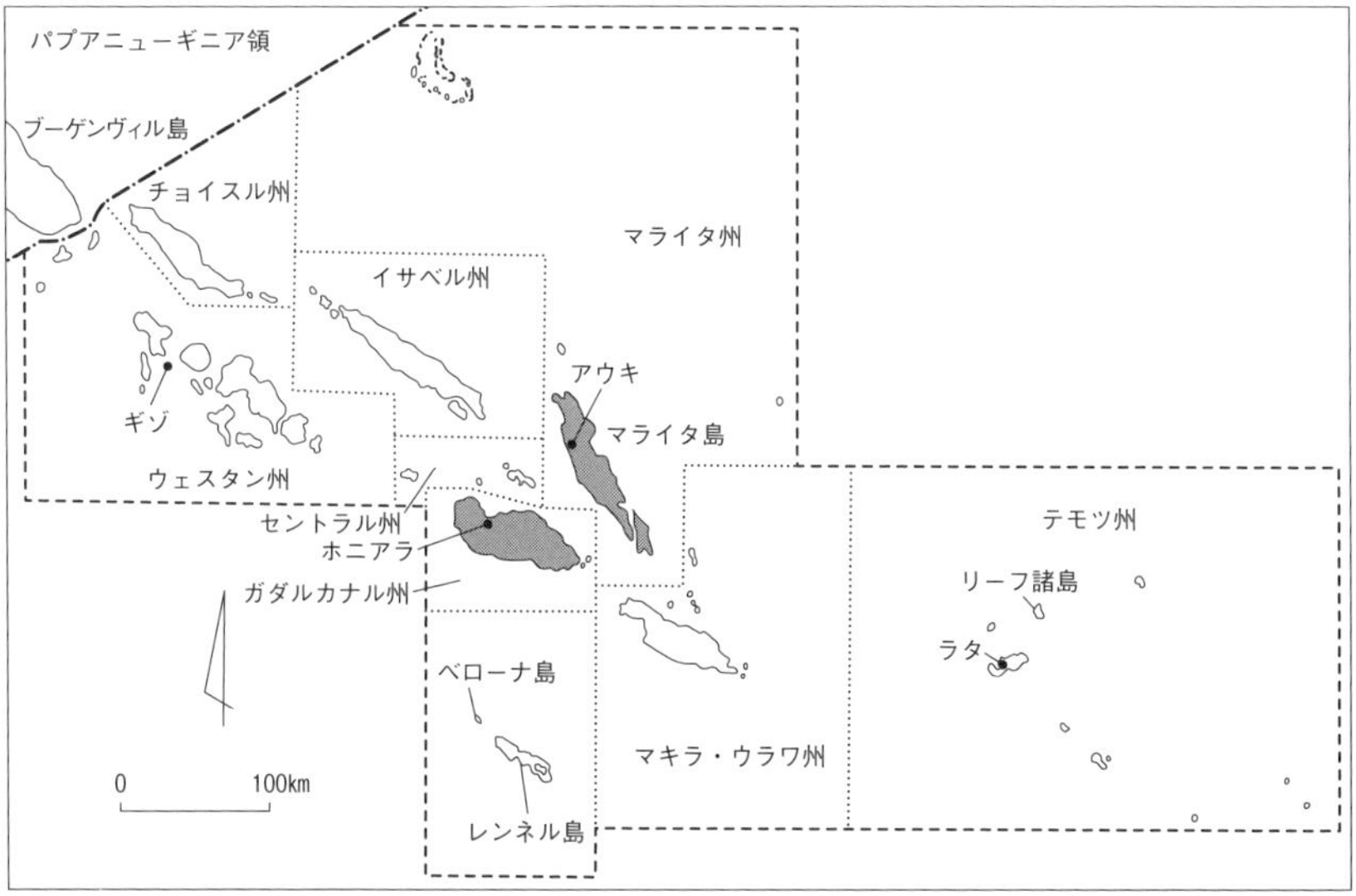

図10-1　ソロモン諸島

内に住む約二万人のマライタ系住民に銃を突きつけて島から追放する行為を繰り返した。その後、その事態を受けてマライタ系住民の一部が報復的な武装集団をつくり、クーデター騒動を起こして、当時の政権を退陣に追い込んだ。二〇〇〇年一〇月にはオーストラリアやニュージーランドなど近隣諸国の尽力もあって和平合意に至ったが、首都を含むガダルカナル島内の社会秩序は著しく悪化した。現地では一九九八年以降二〇〇〇年まで続いたこの紛争に関わる一連の事態を、エスニック・テンションと呼ぶ。

一般的にソロモン諸島国民には、同国で唯一の都市的空間である首都ホニアラと地方村落の関係性に関する二分法的な見方がある。すなわち、首都は近代的制度、物資、思考を提供する場であり、地方は親族間の伝統的紐帯をベースにした人間関係と焼畑を中心とする生業経済によって支えられた社会空間である、という捉え方である。地方の村落に住む人々は日常では獲得できない近代的諸要素を得るために首都や開発地に集まる。とくに、マライタ島民のなかには現金収入を求めて首都などへ向かう者が多い。ソロモン諸島は全体として産業が未発達であるため賃金労働の機会が少ないが、マライタの人々は親族のネットワークを有効に使って他州（島）

における収入の機会（低賃金の未熟練労働の機会）を得ている。エスニック・テンションは、首都と地方村落という社会空間に関する「使い分け」によってガダルカナル島民が被ってきた不利益に対し、ガダルカナル島民の側から発せられた異議申し立てを発端とする混乱であった（関根 二〇〇二：八三）。

筆者が二〇〇四年に現地を訪れたときのマライタ州知事は、同州を含め地方の村落社会がソロモン諸島の近代化の文脈において著しく立ち遅れた社会状況にあることをふまえて、「エスニック・テンションの根本原因は、マライタ州民が自州内で仕事を見つけられず、国内各地へ出ていくことにある」と、筆者に繰り返し語っていた。さらに年二・三％の人口増加（二〇〇九年センサス）に伴う可耕地の相対的減少も危機感を助長している。焼畑に不可欠な耕作地の移動周期が、以前の四〜五年からわずか七ヵ月に短縮されることがあり、収穫に影響が出始めた。焼畑だけで生計を立てることの難しさは、今や多くのマライタ島民が認識していることである。同島民の一般的な現金収入源は、州都や居住地近くの青空市場でのサツマイモやココナツ、緑黄色野菜等の販売である。世帯によっては、財として高い価値をもつブタを売却することもあるが、それは儀礼における饗宴や紛争時の賠償品としての利用価値が高いため、日常的な市場向け商品になりにくい。ゆえに人々は、常に別の現金収入源に対する潜在的欲求を抱えている。

このように、村落社会では「職と食」を得るために必要な近代的条件を整えることができず、それゆえに人々はそれらを比較的得やすい首都や開発地に向かう。しかしそれでも、学歴や近代部門に関わる職歴に欠ける大多数の人々が賃金労働に就くことは容易ではない。このように、貧困問題、教育問題、人口問題、食糧問題、土地問題などが束になって暴力的に表面化した事態がエスニック・テンションであった。職と食を求める人々の他州への移動がエスニック・テンションの根本原因であるとすれば、その後の方向性として、自島内においてそれらの自給体制をつくりだすための努力は不可欠である。

次節以降で取り上げる日本のNGOによるマライタ島での活動は、エスニック・テンションによって再確認された地方社会の社会的脆弱性に呼応し、食糧問題への対応を中心に上記の諸問題の軽減を直接的、間接的に企図したものであった。

3　ＰＣＣにおける自然循環型農法研修事業

マライタ島Ａ村では、二〇〇一年以来、日本のＮＧＯイミダス（仮名）が、同村を拠点に農村開発活動を展開している。それは、焼畑を生業の中心とする同島社会において定置型有機農業の普及と定着をめざす、新しい農村開発事業であった。具体的には、Ａ村に隣接する約三haの土地に、環境的・経済的負荷の少ない持続可能な自然循環型農法を指導する研修センター（Perma-Culture Centre, 以下ＰＣＣ）をデモンストレーション農場とともに整備し、主にマライタ島内から募った二〇〜三〇歳代の男女を対象に、有機農業や森林資源を利用した生業活動において、炭焼き（有機殺虫剤）、豚糞や鶏糞、雑草など（有機肥料）の利用、養豚、養鶏、養蜂などを循環的に織りまぜたパーマカルチャー（モリソン／スレイ 一九九三：七）を教育することである。それによって森林資源を保全し、土地の荒廃を防ぎ、安定した食糧自給や生活に必要な現金収入の確保をめざす。

ＰＣＣ事業に直接関わる運営組織は、二〇〇一年に日本で特定非営利活動（ＮＰＯ）法人の認可を受けたイミダス日本（元青年海外協力隊員のＳ氏が設立）と、ソロモン諸島において非営利団体として認可されたイミダス・ソロモンである。[*4] イミダス日本は日本での資金集めや資機材の調達などの後方支援業務と現地駐在員の派遣、日本国内での収益事業の立案・推進を行い、イミダス・ソロモンは日本人駐在員とのパートナーシップのもとでＰＣＣにおける授業やその他の運営業務を担っている。

本事業における直接的受益者は、第一にＰＣＣの研修生である。彼らは、焼畑耕作に替わる新しいスタイルの生業活動としての有機による定置型農業に関わる知識と技術を得ることができる。また、Ａ村民は、ＰＣＣが給食用の食材を彼らから買い上げたり、将来的にＰＣＣが整備することになっている灌漑用水を利用するといった間接的な便益

写真 10-1　ＰＣＣ教室棟（2010 年 8 月）

を得ることもできる。イミダスは、ＰＣＣ研修生が習得した有機の知識と技術を卒業後にそれぞれの出身村で他の村民に伝える波及効果も期待していた。その意味において、マライタ島内全域の村落社会における人々も間接的受益者といえる。

イミダスを設立したＳ氏は、エスニック・テンションによって一般のソロモン人の生活が厳しくなったにもかかわらず、日本をはじめ各国のＯＤＡ（政府開発援助）が現地事務所を一時閉鎖し、援助関係者が帰国してしまったことに強い疑問を抱いていた。[*5] そしてＳ氏は、社会不安が続くなかＡ村を訪れ、当時同村コミュニティ委員会[*6]議長であったＴ氏に稲作プロジェクトの「再開」を打診した。Ｓ氏は協力隊員時代からＡ村を訪れていたため、村民とは旧知の仲であった。Ｓ氏は、かつてＡ村の人々が日本の青年海外協力隊員とともにコミュニティレベルで実施したことのある稲作を復活させようと考えた。過去の稲作は化学肥料の使用による土壌の劣化や化学肥料を購入する資金の不足、農作業とそれに対する見返りをめぐる村民間の軋轢などから、すでに行われなくなっていた。このときＳ氏は、化学肥料を使わず、人々の生活環境内にある自然物を用いた有機栽培の導入をＡ村の人々に提案した。Ｔ氏は、村民にＳ氏の提案を説明する際、次のような主旨の話をした。

「私たちの友人である彼ら（Ｓ氏など）が、協力隊としてではなくＮＧＯとして稲作を続けていくことに協力してくれるといっている。これは私たちにとって良い機会である。今私たちは同じ場所に続けて作物を植えている。これを続ければ生産量は減ってしまう。耕作地を移動し休耕期間を設けようとしても、人口増加により、土地を休ませるほど親族集団の土地面積に余裕がなくなってきている。移動することなく安定した収穫を得るために、『有機』という考えに至った」（二〇〇二年八月一四日筆者インタビューによる）。

その説明に対する人々の反応は、おおむね好意的であったという。

イミダスがはじめに実施したことは、ソロモンにはいない有機農業の指導者を育成することであった。そこで、A村とその隣村の若者のなかから意欲と人格面から適任と思われる者を数名選び、二〇〇一年から二〇〇四年までの間にパプアニューギニアのラバウルにある別の日本のNGOが運営する有機農業訓練センターへ研修員として派遣した。そこでの研修期間は八ヵ月から一年であり、彼らは、稲作を中心に野菜、養豚、養鶏、養蜂、森林経営、ボカシ肥[*7]や堆肥づくりなどの指導を受けた。パプアニューギニアに派遣された者のうちA村出身の五名がその後のPCCにおける研修のインストラクターとして、PCC業務の中枢を担うことになる（以下、この五名をインストラクターと表記する）。

イミダス日本は、A村に常駐する日本人スタッフとして、二〇〇三年と二〇〇四年にそれぞれ一名ずつ派遣した（彼らは二〇〇八年までA村に居住し活動を続けた）。そのころ、PCCの事業用地に研修施設はまだなく、パプアニューギニアでの研修を終えて帰国したA村出身のインストラクターたちが中心になって用地の草刈りや建物・豚舎・鶏舎の整備など準備段階の諸作業を進めていた。

その後、開校準備がおおむね整った二〇〇五年七月にPCCは五五名の第一期研修生を迎え入れ、長期研修を開始した。すべての講義、実習を担当するのはA村出身の五人のインストラクターであり、日本人駐在員はそれ以外の管理

写真10-2　PCC授業風景（2010年8月）

写真10-3　草刈りをするＰＣＣ研修生（2010年8月）

的業務を主に担当することになった。二〇〇五年に入ってからインストラクターたちが見せた業務態度および業務の質の向上から、全体的な活動レベルの底上げが実現していた。しかし、彼らは教職のトレーニングを受けたことがなく、はじめから高い教授レベルを期待することは困難であった。

ＰＣＣの運営資金は日本のスポンサー企業からの資金提供と、イミダス自身の収益事業、そして施設や機材の整備に日本のＯＤＡによる支援が使われた。それ以外にもＰＣＣ自身の活動による収益もあった。たとえば、マライタ島ではブタに対する需要が非常に高い。結婚時や紛争解決時に交わされる贈与財として使われるだけでなく、クリスマスや復活祭などの際に行われる饗宴にも不可欠である。島内ではオスブタ、メスブタともに慢性的に不足している家庭が多い。ＰＣＣでは、ブタや、同様に需要の高いニワトリの販売も行っていた。またイミダスは、二〇〇七年に、Ａ村から車で二〇分ほどのところにあるマライタ州都アウキの中心部に店舗を借り受け、有機レストランを開業した。これは収益事業として位置づけられるものではあったが、ＰＣＣの農場や卒業生の生産した有機野菜を食材として使い、料理を客に提供することによって有機農業（自然循環型農業）を広くマライタ島民に伝える情報拠点の役割も期待されていた。[*8]

ＰＣＣは二〇〇五年七月に開校して以来、毎年新入生を受け入れ、約一〇ヵ月間の合宿制による技術訓練を継続させた。開校後二～三年の間懸案となっていたインストラクターの授業の「質」、とくに教授技法については、筆者が二〇〇七年に訪れたときにはすでに大きな課題となっておらず、研修生からも肯定的な評価が聞かれるようになっていた。またそのことと併行して、インストラクターを中心とする実践活動、とくにボカシ肥の質や土壌状態などに関わる技術レベルについても、一定の水準を確保するに至っていた。ＰＣＣは二〇〇九年度までに合計一二一名の卒業生を輩出した。ＰＣＣ事業の理念と技術は彼らを通じてマライタ島内の村落社会に浸透する、はずであった。

筆者は、二〇〇六年、二〇一〇年、二〇一二年の三回にわたってＰＣＣ卒業生たちの村を訪ね、有機農業の実施状況を視察した。しかし、一部の卒業生は積極的な有機栽培を試みてはいたものの、大半は研修を受けたことで「終わって」いた。さらに、筆者が二〇〇八年九月に現地を訪れて以降、ＰＣＣの畑地は全般的に荒れたように感じられた。雑草への対応が十分でなく、飼育されるブタやニワトリなどの数も減っていた。実際ＰＣＣに直接関わっていない他のＡ村民も同様の印象を強く抱いていた。そのことは、二〇〇八年に二名の日本人駐在員が帰国し、インストラクターが管理業務のイニシアティブを取るようになったことと無関係ではなかった。日本人の帰国は、二〇〇五年にＰＣＣを開校してから三年が経過し、ソロモン人関係者にオーナーシップが育ち、彼らだけで運営に関する諸業務を担ってゆける（持続可能である）という判断に基づく帰国であった。

二〇〇八年にＰＣＣは、それまでの任意の教育機関から政府の管轄のもとにおかれる農業訓練センター（Rural Training Center, 以下ＲＴＣ）へ移行した。これにより、ＰＣＣにおける学修は同国の公教育における「学歴」と認められるようになった。同時にインストラクターたちは公務員となり、運営費の一部と給料が政府から支給されることになった。このことで、インストラクターたちは収入と身分が安定し、イミダスも人件費の確保を気にかける必要がなくなったため、ＰＣＣの運営は全体として安定するかに見えた。しかし、もともとＰＣＣは「出身村落における農業振興の若手リーダーを育成する」ことを目的として開校された学校であったが、ＲＴＣ化したことで、農業技術を習得することを目的とせず、上の学校や別の職業に就く際に必要な卒業資格を得るための通過点としてだけＰＣＣ研修を捉える若者が入学するようになった。彼らは村での有機農業の普及には興味がない。このことはインストラクターたちの教育に対する意欲を減退させることにもつながった。ＰＣＣに出勤しない、出勤してもすぐに帰宅するか寝ているだけ、授業への取り組みが疎か、態度が尊大などの悪影響が出始めた。さらに、ＲＴＣ化は運営面では肯定的な出来事であったが、同時にそのことが別の面において否定的に作用してしまったのである。

ＰＣＣがＲＴＣ化した二〇〇八年は、日本人駐在員が帰国した年でもある。しかし、インストラクター（ソロモン人）による管理では研修生たちを含む組織全体の統率を図ることができず、ＰＣＣの畑地や教育現場の荒廃を招く一因にもなった。一般のＡ村民は、インストラクターたちの管理能力の欠如を嘆いていた。

結果的に「有機による定置型農業の普及」という新しいアイデアは、卒業生を見る限り定着しているとは言えない。ＰＣＣのあるスタッフ（メンテナンス関係）は筆者に次のように語っていた。

「ＰＣＣはどんどん落ちていっている感じがする。日本人がいたときはすべてがうまくいっていた。落ちていっているイメージがあるから、人々が関心を向けなくなっている。卒業生が一〇〇人を超えているのだから、評判を聞いて集まってくるはずである。生徒が減っていることをもっと問題視する必要がある」（二〇一〇年八月二六日筆者インタビューによる）。

ＰＣＣは、二〇一一年度における研修をもって一時閉校した。その決断をしたイミダス日本代表のＳ氏は、有機技術を普及し、職と食の問題の解決に貢献するというＰＣＣ本来の趣旨から離れ、ＲＴＣ化によって「単なる学校」になってしまった状態を軌道修正するためである、と筆者に語っていた。

４　「ビジネス化」するＰＣＣ

焼畑から定置型（常畑）へ有機技術を用いて移行させようというＰＣＣの基本理念や、人口増加と可耕地減少、自州内の脆弱な収入基盤というマライタ社会が抱える社会的諸問題とＰＣＣの教育内容との整合性は、確保されている。また、インストラクターたちの有機の技術や知識についても、一定の水準が維持されていた。さらに、官民による援助を通じて施設や資機材も備わっている。研修員はおおむね熱心であり、長期研修を通じて有機に対する関心と「やる気」を確実に醸成させていた。卒業生のなかには、「無い」なかでも工夫して有機農業を実践しようとする意欲のある者が、わずかではあるがいた。A村のコミュニティも基本的にはPCCの意義を理解し、事業の継続を願っている。さらにA村にはT氏の強いリーダーシップがあった。しかし、これだけの好条件が揃っていたにもかかわらず、PCCは休校した。持続しなかったのである。

研修中や卒業時に見られた研修生の「やる気」を持続させるためには、彼らの活動を「好結果」、つまり「職と食」、現金収入と自給用食糧の安定的確保につなげることである。そのために卒業生たちの自助努力は必須であるが、それに加えて、彼らに対する知識、技術、物、金に関わる支援も不可欠であった。

卒業生のなかには、技術的なことを含め営農や資機材不足の問題を抱える者が多い。習得した有機技術を使って実際に村でどのようなプロジェクトをどのように始めればよいのか、種子や資機材が容易に手に入らないなかでどのように自給用食糧の増産や現金収入につなげていけばよいのかという、生産や事業のマネジメント、マーケティングをめぐる不安や課題を少なからず抱いていた。しかし、彼らの周囲に有機（自然循環型農業）についての相談に応えうる人物がおらず、その意味において彼らは孤独であった。卒業生たちは皆、約一〇ヵ月間におよぶ長期研修の過程で、卒業後に自らが実施する有機農業について独自のアイデアを抱くようになる。しかしPCCは、開校以来、ルーティン化された業務としてこれらに関わる卒業生支援をほとんど実施してこなかった。一部の卒業生に対しては、ボカシ肥や種の販売、PCCにおけるボカシ肥の無償提供、一部地域に精米機の設置などを行ったことがあるが、それらはいずれも単発的であり、PCC側からのシステマティックかつ持続的な働きかけではなかった。物品の欠如や効果的な営農を行えずにいたことで、その後彼らの多くは挫折した。イミダスが当初より一律に物品の支給を行わない原則を貫いてきた理由について、PCCのあるインストラクターは、安易に物品を買い与えたり手を差しのべることでかえって持続性を損なう恐れがあることはいうまでもないが、実際のところ卒業生全員に公平に物品を支給するだけの資金的余裕がイミダスにはなかったこと、卒業生たちから物や金を際限なく「無心」されることが苦痛であるとも述べていた。このような状況から、ＰＣＣ卒業生のなかには、卒業後にＰＣＣ（イミダス）に「放っておかれた」という思いを抱く者が少なからずいる。卒業後の現実は、「結局自分たちには何もできない」という諦めと、積極的に手を差しのべてくれないＰＣＣ（イミダス）への怒りが蓄積していた。結局、筆者の調査時において、卒業生の多くは、習得した有機技術ではなく、従来通りの農法（焼畑）を柱にした生業活動を続けている。

休校後、イミダス日本のＳ氏は筆者に次のように述べていた。

「開校後三年でＰＣＣは（任意の研修機関から）「学校（ＲＴＣ）」になった。ソロモンの農業を変えようということでやってきたが、急ぎすぎたようだ。有機技術を中心に生産・流通・販売のプロセスを人々に実感させ、出身村をベースに実践することを期待していた。いわば、村における「産業としての農」の定着である。しかしインストラクターたちは、学校というものに対して固定したイメージを持っていたようだ」（二〇一二年一〇月五日筆者インタビューによる）。

Ｓ氏はＰＣＣを、有機技術を教える単なる学校としてではなく、「生産・流通・販売」のプロセスを一体として取り扱う事業主体として捉え直そうとしていた。いわば、学校を核とする「小規模産業の構築」である。そこでＳ氏は、ＰＣＣ休校後に一部のインストラクターとともに「改革」のアイデアを練った。たとえば、ＰＣＣの授業を農作業（実習）を中心にして、座学を大幅に減らす。生徒一人ひとりに自分の区画を与え、そこで生産したものが市場で売れればその生徒の収入にする。ただしその収入は、ＰＣＣが各自の銀行口座を開設して貯蓄しておき、卒業時に初期事業資金（立ち上げ資金）として一括で渡すようにするという。また流通と販売に関しては、イミダスが一台のトラックを用意し、ＰＣＣの生産物や他の村の生産物を州都の市場などに搬送するサービスを事業化する別組織（「ソルガーデン（仮名）」）を新たに立ち上げる。それは単に生産物を集めて回るだけでなく、農民間の情報の媒介者ともなり、協働組合的な組織をつくろうとする人たちがいればその結節点にもなる。イミダスはマライタ州都アウキの市場内に小さな店舗を新たに借り上げた。ソルガーデンの運営者としてPCCを卒業した者を一名採用し、彼がトラック輸送だけでなく店舗での野菜販売や軽食の提供を仕切る。彼は、PCC卒業生として当然有機農業に関する技術や知識を身につけているので、ソルガーデン事業を通じてそれを広めたり、卒業生などの相談に応えたりすることもできる。

S氏の言う「産業としての農」とは、教育組織であることや実質的な運営主体がNGOであるという非営利的な一般的イメージから逃れ、PCC事業にしても卒業生が自村で行う農作業にしても、それらを「ビジネス（営利活動）」として明確に捉え直すことである。

本章の冒頭における若井からの引用で述べたように、NGOの基本的な開発哲学に「公正と社会正義の実現」があり、そのことは現代世界の政治的・経済的力学において弱い立場、貧困のなかにある人々のエンパワメントと密接に関わることである。PCC事業の文脈におけるエンパワメントとは、研修生・卒業生に市場経済的実践に関わる事柄を教え、それに必要な知識や資機材を適度に支援することを通じて必要な事業運転資金を得られるようにする。そして、種子や農具を彼ら自身で購入できるようにし、人口増加に伴い狭小化する土地における自給用食糧生産を安定させ、それらの持続性を確保することである。持続可能性の意味を自立化、すなわち現地の人々による「一人立ち」に求めるとすれば、そこには当然、自走資金の確保、すなわち収益に関わる（ビジネス上の）成果を上げることが必要となるのである。

5　NGOの「解体」と持続可能性

しかし、ソロモンでは一般に、ソロモン人だけによる開発プロジェクトの運営は、同じソロモン人から不信感をもたれる傾向にある（関根 二〇〇八）。PCC事業においても、A村民だけでなくインストラクターたちでさえも、ソロモン人だけでは秩序面、金銭面、資機材の管理・補充面、畑の整備などにおいて管理が円滑にできないことを指摘し、「だから日本人のような外部者が必要」と述べていた。ビジネス化（S氏のいう農の産業化）をすれば、金銭に関わるマネジメントがこれまで以上に重要視されるようになり、ソロモン人同士の不信感が増幅される恐れは否定できない。ＰＣＣ事業の持続可能性に関わる肯定的要素が強化されるにしたがい、同時に別の否定的要素が浮かび上がるという現実がある。

ソロモンにおけるイミダス日本のような開発ＮＧＯの活動は、従来の「支援者」という立場とは異なる別の関わり方を模索する必要があるのかもしれない。その点に関連してS氏は、企業やＯＤＡの資金的サポートを受けてソロモンを支援するという、これまでのコミットメントの仕方では事業の「持続可能性」がないことを指摘した上で、あくまでも「ビジネス・フィールドの一員」としてのＮＧＯであることを、今後の展望として語る。それは、ＰＣＣやソルガーデンを含むソロモン国内での諸事業と、イミダス日本が日本国内で展開する事業とをビジネス（営利活動）の文脈において関連させていくことである。そのときイミダス日本は、「支援者」から「ビジネス・パートナー」へ立場を変更することになるだろう。ビジネスの文脈を前面に押し出した関係性に構築し直すことで、前述のビジネス化に伴う否定的影響（ソロモン人同士の不信感の増幅）を多少なりとも緩和することができ、自立化（持続可能性）に近づく可能性はある。

農村開発などに関わるＮＧＯ活動のビジネス化については、これまでにも他国におけるＮＧＯの事例において指摘されていた。

たとえば、青年海外協力隊員としてスリランカのＮＧＯサルヴォーダヤ運動で活動した経験のある田村は、公共の福祉の向上（精神的・社会的なエンパワメント）を重視する団体の主張に沿った経済活動を心がけることの重要性を指摘しつつも、企業家精神を失ってはならないと述べる（田村 一九九九：四三）。サルヴォーダヤは、農村開発、幼児教育、社会福祉などの分野で貧困層を支援する目的で一九五八年に設立されたＮＧＯである。同団体は一九八〇年代から精米・木工・鉄工・製パンなどを通じた収入増加プログラムに力を入れ始めた。しかし、サルヴォーダヤの収入増加プログラムが、ＮＧＯが主体であることから、慈善事業ともビジネスともつかない曖昧な経営体質を生み、最終的に業績を悪化させてしまったという（田村 一九九九：三四、四三）。

また、日本の国際協力ＮＧＯピース・ウィンズ・ジャパンは二〇〇二年からアフガニスタン支援事業の一環として、避難民キャンプから自村に帰還した人々に対する支援事業を行った。とくに、長年の内戦の影響で女性が家長となり生活を支えなければならない家庭が多く見られたことから、女性たちが家でも比較的簡単に始められる養鶏に関連する支援を行った（柴田 二〇一三：一二五）。現地でその活動に関わった柴田によると、二年目を過ぎたところで卵のふ化率が悪化し、収益を上げることができなくなり、頓挫したという。国連から助成された事業資金が一年で終了したため、ＮＧＯからのサポートを継続できなかったことがその主因であった。投入資金に対して日々の売り上げから資金を回収することが短期間にできるか否かの見通しが十分でなかったことも原因の一つであった（柴田 二〇一三：一三二―一三三）。これはＮＧＯ活動にビジネスの視点が欠如していた結果であり、サルヴォーダヤ運動と同様の問題、すなわち「慈善事業ともビジネスともつかない経営」のあり方が関係している。

途上国の農村開発に関わるＮＧＯの支援事業を現地の人々の主体的参加を伴う持続可能性の文脈において見た場合、ＮＧＯと企業などの営利を追求するビジネス主体との境界が見えづらくなる。それは、現代世界における「社会的公正や正義の実現を追い求める」開発事業の持続性を追求するＮＧＯが、活動の進展に伴いそのような文脈とは比較的親和性の薄い「営利」を明確に追求することによって、「ＮＧＯ」としての自らの存在自体を解体する方向へ向かうことを意味する。

本章の第一節で引用したラヴェルは、現地の人々自身による自立化、すなわち持続可能性の実現が非現実的であると指摘するが、ＮＧＯが自らの「解体」を視野に入れたビジネス化を明確に追求することによって、彼ら自身による事業の持続可能性は現実味を帯びてくる。住民参加によるエンパワメントやオーナーシップ、彼らとのパートナーシップを伴うNGOによる支援事業の「真の」持続可能性とは、自己矛盾に陥りかねないビジネス化の文脈を本質として内包するものなのである。

【注】

＊1　インタビュー（雑談や、特定のテーマに沿って予め質問の流れを決めておく形態のものを含む）、地図作り（村落地図や土地所有・利用図、行動範囲図など）や、国や地域、村落、家族の重要な歴史的出来事や経済社会活動に関する事柄を内容とするカレンダー（暦）作り、社会関係図の作成やランキング（物・事や組織などについて何らかの基準を設けて順位づけを行う）など。

＊2　BRACはバングラデシュ農村振興委員会（Bangladesh Rural Advancement Committee）の略称であるが、現在は農村だけでなく都市部でも支援活動を行っているため、略称のBRACのみを組織名として使っている（ラヴェル 二〇〇一：九）。

＊3　マライタ島は、他のいくつかの小島とともに行政的にはマライタ州に属する。

＊4　イミダス日本とイミダス・ソロモンを区別する必要のない（区別できない）文脈においては、イミダスと表記する。イミダス・ソロモンの代表は設立当時A村コミュニティ委員会議長だったT氏である。

＊5　エスニック・テンションのさなかに発生したクーデター騒動を受けて、主に公職やビジネスでソロモンに滞在していた外国人が国外に脱出した。日本も他国と同様に青年海外協力隊を含めほとんどのJICA関係者が帰国した。

＊6　A村の意志決定機関で、A村を構成する地区の長、親族集団の長、A村の伝統チーフ、教会リーダーなどで組織される。議長は管理能力の点から投票で決められる。

＊7　有機肥料（米ぬか、魚粉、オガクズ、繊維質の多い雑草、ココナツ油の絞り糟、籾殻など）に微生物を入れ、水で撹拌し、醗酵させた肥料。通常の有機肥料よりも肥効が速い。

＊8　しかし、実際にはPCCによる有機野菜の生産が追いつかなかったり、卒業生が有機農業を実践していなかったりして、単なる一般的なレストランとして営業するだけになってしまったため、二〇一一年に閉店した。

【参考文献】

コーテン、D　一九九五『NGOとボランティアの二一世紀』渡辺龍也訳、学陽書房。
柴田裕子　二〇一三「アフガニスタンにおける女性支援――NGOの取り組み」鈴木紀他編『国際開発と協働――NGOの役割とジェンダーの視点』明石書店、一二三―一三六頁。
関根久雄　二〇〇二「『辺境』の抵抗――ソロモン諸島ガダルカナル島における『民族紛争』が意味するもの」『地域研究論集』四（一）、六三―八六頁。
関根久雄　二〇〇七a「書評　ロバート・チェンバース著『開発の思想と行動――責任ある豊かさのために』」『図書新聞』第二八二五号（二〇〇七年六月一六日）。
関根久雄　二〇〇七b「対話するフィールド、協働するフィールド――開発援助における人類学の実践スタイル」『文化人類学』七二（三）、三六一―三八二頁。
関根久雄　二〇〇八「『人類学的』とは何か――開発援助プロジェクトの評価法をさぐる試み」平成一七年度～平成一九年度科学研究費補助金（基盤研究（B））研究成果報告書『開発援助プロジェクトの評価手法に関する文化人類学的研究（課題番号一七四〇一〇三四）』（研究代表者：鈴木紀）、一五一―二四七頁。
田村智子　一九九九「スリランカ・サルヴォーダヤ運動に見るNGO組織運営の現状と課題」『龍谷大学経済学論集』三八（五）、二二三―四五頁。
チェンバース、R　一九九五『第三世界の農村開発――貧困の解決――私たちにできること』穂積智夫・甲斐田万智子訳、明石書店。
チェンバース、R　二〇〇〇『参加型開発と国際協力――変わるのはわたしたち』野田直人・白鳥清志訳、明石書店。
モリソン、B／R・M・スレイ　一九九三『パーマカルチャー――農的暮らしの永久デザイン』田口恒夫他訳、農山漁村文化協会。
ラヴェル、C・H　二〇〇一『マネジメント・開発・NGO――「学習する組織」BRACの貧困撲滅戦略』久木田由貴子他訳、新評論。
若井晋　二〇〇一「今なぜNGOが問われているのか」若井晋他編『学び・未来・NGO――NGOに携わるとは何か』新評論、三三二―五五頁。

第11章　市場を変える、地域から変える
——イタリアの社会的協同組合の模索

宇田川妙子

本章は、イタリアの「第三セクター」と呼ばれる、いわば市民活動の動きについての考察である。なかでもイタリアに特徴的とされる社会的協同組合という組織を取り上げ、それが、さまざまな困難を抱えつつも新たな社会関係の模索というビジョンのもとで活動している様子を見ていくことによって、そこに内包されている可能性に注目する。ただし、この組織は主としてイタリア国内における支援の活動であり、その意味では、国際援助の事例が大半を占めている本書では、少々異例な位置づけになるかもしれない。また、イタリアはこうした市民活動の分野においては後進的と見られがちである。ゆえにまずは、イタリアをなぜ取り上げるのかを含めて、本章の意図を明確にしておきたい。

1　イタリアの事例の意義

ここ数十年、市民社会、公共などの言葉や実践は、周知の通り、世界的に注目されるようになり、とくにヨーロッパでは、ＮＰＯやボランティアなど、市民による活動や組織が活発化している。そんななかイタリアは、その動きに

乗り遅れた国とみなされることが多い。人々は自分の利益を追求することにかまけ、他人や社会に対する公共的な関心を十分に持つような近代的な市民層がいまだ発達していないともいわれる。人類学では、そうしたイタリア社会について「無道徳（amoral）」（Banfield 1958）や「アトム的（atomistic）」（Galt 1973）という言葉があてられたこともあった。

しかし他方では、その見方には疑問があるという声も上がっている。実際、ここ十数年、イタリアでも市民活動・組織の動きは目立つようになり、調査研究も急激に増えている。にもかかわらず、その状況が過小評価されてきたのは、一つには、「無道徳」なイタリアというイメージがあまりに根強く、それらの実践が、とくに国外でこれまで十分に紹介され理解されてこなかったためである（宇田川 二〇〇六）。たとえば、アメリカの社会学者パットナムによる『哲学する民主主義』（パットナム 二〇〇一。原題 *Making Democracy Work* の直訳は「民主主義の作り方」、原書は一九九〇年出版）という興味深い書がある。この書は、そのイメージが少なくとも北イタリアには当てはまらないばかりか、北イタリアでは他国以上に公共精神が発達していることをさまざまなデータから浮かび上がらせ、話題にもなった。ところが、だからといってイタリアのイメージ変更にはほとんど貢献しなかった。それは、読者が「後進的な」南イタリアこそ、イタリアを代表するものとみなし、北イタリアはむしろ「例外」であると考えていたことによると思われる。パットナムの書でも、南イタリアは従来のイメージ通り公共精神に欠けていると結論づけられていた。こうして本書は、イタリアの「本質」が「無道徳」であるというイメージを根本的に変えるものとはみなされなかったのである。

また、この問題は、近年しばしば指摘されるように、公共性、市民社会という概念そのものが、先進ヨーロッパ社会のなかで醸成されたものであり、ゆえに、近代西洋主義的な性格が強いということとも関わっている。イタリアは、たしかにヨーロッパの一部である。しかし、その「標準」「中心」「基準」から多少なりとも外れるとみなされがちなため、その事例が適切に評価されてこなかったのであろう。

そしてこの問題は、現在さらに複雑化していることも忘れてはならない。これらの概念の近代西洋主義に対する批判はまだ十分でない一方、にもかかわらず、その言葉や概念自体は非西洋社会においても広く注目・流用され、今や、西洋的か否かという二分的な議論を超えて複雑な様相を呈し始めているからである。この概念の発祥地たるヨーロッパでも、移民たちの存在をはじめ、内部の多様性がいっそう明らかになってきている。

そもそも昨今のグローバル化現象は、ある出来事や問題がたとえある社会の内部で起きているものであっても、それを、その外部との直接的あるいは間接的な関係抜きに考えることはできない状況を急激に生み出している。急速な情報技術の発達は、ある個別の地域の問題や言葉を瞬時に世界中に波及させることを可能とした。しかしこのことは、世界が一つになるとか、一つの論理や基準でまとまっていくという方向性を意味するのではなく、むしろ、さらなる多様化や多層化という現象を生じさせている。たとえば貧困という同じ問題や言葉が使われていても、その内実は大きく異なり、誤解し合っていることも少なくなく、その懸隔はますます拡大し複雑化している。ただし、そうした齟齬や多様化も、あくまでもグローバルな社会状況や問題意識を背景とするものである。つまり現在、自分たちの個々の社会に由来すると思われる問題も実はグローバル社会と否応なく関わっているのであり、私たちは自分たちの社会や関係性を見直そうとする際にも、そうした複雑でグローバルな状況とともに構想し直していく必要性に迫られているのである。

本章は、こうした問題意識のもとでイタリアの社会的協同組合を取り上げていく。それは、たしかにイタリアという一国内における支援関係や活動の事例である。しかし、同じく現代のグローバル化した社会を背景としているだけでなく、とくに社会的協同組合の場合は、そうした現代社会全体のあり方そのものを変革しようとする明確な意図を有している。その点では、イタリアを超えた議論にとっても興味深い事例となるに違いない。社会的協同組合という活動を通して、イタリアの人々がいかに互いに助け合う社会をつくろうとしているのか、そこにどんな問題や可能性があるのか、私たちが学ぶことも少なくないはずである。

2　社会的協同組合

まず、イタリアの社会的協同組合（cooperativa sociale）について簡単に説明をしておく。

この協同組合については、日本では、その活動を題材にした映画『人生、ここにあり！』が数年前に公開され、一部で話題になったものの、いまだあまり知られていないだろうが[*1]、イタリアでは、ここ数十年大きく注目されるようになってきた非営利組織の一つである[*2]。

イタリアにおいては、非営利の市民活動の領域は「第三セクター（terzo settore）」と総称されている。そこにはボランティア組織、基金団体など、さまざまな組織が含まれているが、その代表格とされるのが、この社会的協同組合である。もっとも、組織規模などはボランティア組織の方が大きい。にもかかわらず「第三セクター」の代表として社会的協同組合が注目されるのは、それが、後に述べるように「第三セクター」の理念を象徴するものとみなされているからである。

さて社会的協同組合とは、一九九一年に制定された社会的協同組合法（通称三八九号法）によれば、「地域社会の人道的発展と市民の社会統合」を推進することを目的とする協同組合である。たとえば、アルコール中毒患者、受刑者、元受刑者、身体的・精神的・知的障碍者、家族に問題を抱える青少年、自律的生活が不可能な高齢者、そして彼らの家族など、さまざまな社会的弱者（イタリアでは現在「不利者（svantaggiati）」と呼ばれている。本章でも以降この語を用いる）を支援するために多様な事業を展開しており、その事業の性格によって、a型とb型の二つに分けられている。

a型とは、こうした不利者に対して、保健、教育などのさまざまなサービス提供をすることを主たる活動とする事業体である。その活動は、支援する不利者に合わせてきわめて多岐にわたっており、筆者が実際に調査を行った事例（後述）からあげれば、老人ホームを経営する組合、知的・精神的障碍などのさまざまな問題を抱える子どもたちと家族を支援対象として、子どもたちの共同ホームの運営や家庭訪問サービスなどを行っている組合などがあった。

一方、b型は、不利者たちに労働を通してより積極的な社会参加を促すことを目的とするもので、彼らを労働者として訓練し雇用している協同組合である。b型としての法的な認定には、不利者を従業員数の三〇％以上雇用することが必要となっている。筆者は、清掃や環境美化の仕事を麻薬中毒者やアルコール中毒者などとともに行っている組合や、主に若年の精神障碍者の職業訓練を兼ねて部品組み立て業を行っている組合（次節で紹介するアルピ）、有機農業とホテルやレストラン経営とを組み合わせた観光事業を行って、精神障碍者たちを訓練・雇用している組合などを訪問したことがある。

ところで二〇〇五年のデータをみると（ISTAT 2008）、イタリアではa・b合わせて約八〇〇〇の社会的協同組合が活動し、約二八万人がそこで働いているが、ここには、報酬のないボランティア労働者も約三万五〇〇〇人含まれている。このようにボランティアの組合員・労働者が少なくないことも、社会的協同組合の特徴の一つである。これはもちろん、社会的協同組合が、協同組合という事業体とはいえ、営利目的ではなく社会的な目的を持っているのであれば不思議ではないように思われるかもしれない。しかし同時に、そうした性格ゆえ収益がなかなか上がらず、経営面からもボランティアに頼らざるをえないという理由も大きい。そしてこの状況は、後にもう一度触れるが、協同組合があくまでも事業体であることを考えると問題は小さくない。ゆえにボランティアへの過度の依存を避けるため、法的には、ボランティア組合員はそれ以外の組合員の半数以下であることが定められている。

また、a型とb型とでは規模の違いもある。やはり同じ統計資料によればa型は、四三四五団体で二〇万人の労働者（利用者は三三万人）、b型は二四一九団体で五万五〇〇〇人の労働者（雇用されている不利者は三万人）を抱え、組合員数については、aは一団体あたり四一・八人、bは二六・四人となっている。このようにb型の方が団体数が少なく規模も小さいのは、その経営がa型以上に難しいことによる。不利者の訓練や雇用を行うb型は、個々の不利者に合わせたきめ細かいプログラムのもとでの作業が必要となるため、往々にして、作業効率を上げて規模を拡大することはできない。

ただしその状況は、一九九九年障碍者雇用法が改正され、一定以上の規模の企業の場合、不利者の雇用率に反すると罰金が科せられることになり、若干好転した。不利者の雇用は以前からも義務化されていたが、罰則がないために事実上放置されていた。そもそも、一般企業ではこの割合を達成するだけの環境が整えられていないことが多い。しかし一九九九年の改正では、罰則が設けられただけでなく、達成できない場合にはその分を社会的協同組合（b型）に委託することが認められるようになり、多くの企業がb型を利用するようになった。この改正は、b型協同組合にとっては、その社会的な認知とともに経営面にもポジティブな効果をもたらしたといわれている。

そしてもう一つ、この活動には地域差があることも記しておこう。社会的協同組合の活発な活動・組織化が見られるのは北部であり、南部はまだ途上である。社会的協同組合の始まりは、一九七〇年代、保健・衛生行政の分権化によって、州や県などを単位とする地域保健機構が設置された際、その保健・衛生サービスを推進する担い手が必要になり、その実質的な担い手の一つとして協同組合が参入したことにある。そもそも北部では、協同組合運動や慈善的なアソシエーションの組織化が活発であり、社会的協同組合の動きもすぐに広まった。なかでも注目を浴びたのが、同時期、トリエステ（イタリア北東部）で起きた精神病院解体運動によって退院を余儀なくされた患者たちを支援する組合だった。実は先述の『人生、ここにあり！』も、そうした組合の事例に取材した映画である。一方、南部は、いわば伝統的で旧来的な家族関係や恩顧関係などの社会関係が根強かったためか、浸透が遅れた。ただし、近年では南部でも、非常に悪化している労働市場を背景に、とくに若者たちの間で、社会問題の解決というだけでなく自分たちの働き場所の一つとして、社会的協同組合を組織しようとする動きが広がっている。そして北部の協同組合も、彼らを支援する体制を築こうとしている。

3　アルピ――b型協同組合の事例

このように社会的協同組合の活動は、a型・b型という種別だけでなく、事業内容、地域差、規模などによって、きわめて多様である。ただしその一方で、社会的協同組合としての共通の特徴も存在する。ゆえに、その問題を具体的に考えていくためにも、ここで、アルピという、ある協同組合の事例を紹介しておきたい。なお、本章の以下の記述は、主として筆者が二〇〇四年および二〇〇五年にイタリア北東部に位置するトレント県で行った調査に基づくものである。[*3] たしかにイタリアにおける社会的協同組合は、地域的な多様性に富んでいるが、トレント県は、イタリアのなかでもとくに社会的協同組合の活動が活発な地域であり、モデル地域ともみなされている。また、トレント県の県庁所在地の市名もトレントだが、以下、断りのない場合はトレント県を指すこととする。

さてトレントで活動する社会的協同組合は、二〇〇五年当時七〇組合あり、その一つであるアルピ（ＡＬＰＩ）は、b型社会的協同組合として一九九〇年に組織された。彼らの支援対象は若年の知的障碍者・精神障碍者である。調査時の二〇〇五年九月では、一六歳から三〇歳までの五六人の不利者が職業教育を受けながら、プラスティック製品や電気部品の組み立て、縫製、印刷など、地元の四〇社ほどの企業から受注した仕事を行っていた。

この組合の目的は、あくまでも不利者たちの職業訓練である。技術の習熟段階によって一定の労働奨励金を受け取ることができるようになってはいるものの、技術の習得後はいわば「卒業」して一般企業に就職するという、労働市場への参入を最終的にめざしている。

もちろん、その過程は困難で時間もかかる。訓練は、大まかには三段階に分かれているが、不利者一人一人の状況には差があるため、一人一人に「カルテ」といわれるノートが存在し、そこには進捗状況や訓練内容などを毎日書き込み、定期的に見直しをするという非常にきめ細かな訓練体制が整えられている。そもそもアルピ（ＡＬＰＩ）という協同組合の名前は、Avviamento al Lavoro su Progetti Individualizzati（個別的プロジェクトによる職業訓練）の頭文字をとったものである。

こうして一九九〇年の設立から二〇〇三年までの一四年間、ここで訓練を受けた二〇〇人のうち一二〇人が企業等に採用されるに至っているという。残り八〇人のうち二〇人は訓練を放棄、六〇人は病気の悪化等の理由により元の施設に戻るなどして辞めた。彼ら訓練生は、制度的には市の福祉サービス課が窓口になってアルピに入ってくるが、実際には多くが学校、ソーシャルワーカー、医療機関、他の社会的協同組合等から紹介されて来ている。

こうしたアルピの活動は、三〇人の組合員によって運営されている。ただし、うち一四人は出資だけをする出資組合員（地元の受注企業など）であり、残り一六人の組合員が事業の実質的な担い手となっている。なおアルピでは、他のb型組合と違って、職業訓練を受けている不利者を組合員としてはいない。これは、b型の多くが、不利者にとっての労働の場であるのに対して、アルピは先述のように職業訓練の場として、不利者をいわば過渡的に雇用しているためである。

また、この一六人の組合員のなかには、報酬のないボランティア組合員が四人含まれている。そのほとんどは年金受給者で、生活に余裕がある人々である。すでに述べたように経営的な困難に陥りやすい協同組合にとって、彼らの存在は、第一に経済的な意味を持っている。しかし、ボランティア組合員の意味はそれだけではないという。実は彼らはみな、アルピの創設時から活動に関わってきた者たちであった。また、なかには企業経営の経験者や技術者などもおり、そうした専門性を駆使して協同組合に対してさまざまな提言をする存在でもあった。アルピの組合長は、ボランティア組合員は報酬を得ていないからこそ、日常的な経営問題にとらわれない大胆な意見を出してくれると積極的に評価していた。つまり彼らは、組合の方針、思想、専門性などの点においても中核的な位置づけにあるのである。たとえば二〇〇四年のアルピの組合理事会は、そうしたボランティア組合員三人と、通常の組合員三人、出資組合員一人からなっており、彼らの重要性がよくわかる。また組合員ではないが、無報酬で協同組合の仕事を手伝っているボランティアも二人いた。

4 「第三セクター」という位置がはらむ問題

ところで、こうした非営利の支援組織は、それほど珍しいものではないかもしれない。アルピのように職業訓練を行う組織も、世界各地に無数にある。しかしながら、社会的協同組合にはそうした他の支援組織と比較しても特筆すべき点があると、筆者は考える。

まず、社会的協同組合は、社会的な目的といういわば非営利的な事業を行っているが、同時に、協同組合という民間事業体であることを確認しておきたい。このことは、非営利とはいえ、事業体の維持のためには収益を出していく必要があることを意味する。とするならば、社会的協同組合とは、自らの収益を上げなければならない民間事業体が、非営利的な社会的事業を行うという、構造的な矛盾を本来的に抱えていることになる。

実際、そのバランスをとるための方策の一つが、すでに述べたようにボランティア組合員の存在である。もちろん、社会的な目的のために無報酬で協力したいと積極的に申し出てくる者も多い。しかし組合は、いわゆるボランティア組織とは異なって市場経済の中に位置する事業体であり、その立場を貫くからには、ボランティアに頼るのではなく、労働者に適切な賃金を支払っていく必要がある。

また、収益の少なさを補うため、公的な財政補助や助成金などを利用することも多い。行政の側も、とくにここ数十年、急激に膨れ上がってきている社会保障経費の削減のため、いわゆるネオリベ的な思惑も相まって、この分野における市民活動や事業を促進し援助するさまざまな制度を整えるようになっている。各自治体では、優遇税制をはじめ、非営利組織に優先的にこうした事業に参入させる仕組みなどもつくっている。社会的協同組合もその恩恵を受けている組織の一つであり、むしろ彼らの事業競争力は往々にして他の非営利組織よりも高いため、公的機関との結びつきはより強いともいえる。

しかしこうした傾向は、一方で公的機関への依存を高め、自律性が脅かされるだけでなく、提携の終了後には財源が確保できなくなるなど、結局は不安定な運営につながっていく。さらには癒着や汚職という問題まで引き起こす可能性もある。実際、二〇一四年には、ローマで移民支援を行うある社会的協同組合が、実は補助金目当ての組織であり、政治家やマフィアとも関わりがあったとして大きなスキャンダルになった。

もちろん、このように公的機関や市場との関係をどうするのかは、社会的協同組合に限らず非営利の市民組織のほとんどが直面している問題である。一般的に、民間の事業体（第二セクター）は、営利すなわち自らの利益（私益）を追求するものであり、一方、社会的目的すなわち他者の利益（公益）の追求は、国家や自治体などの公的機関（第一セクター）の責務とされている。こうした二項的な構図から見れば、非営利組織は、公的な組織でないにもかかわらず公益を求めるという意味で、両セクターの境界的、両義的な位置に生まれた新たなセクターということになる。非営利活動の領域が、イタリアで「第三セクター」と呼ばれるのもそのためである。

とはいえその実態は、一つのセクターとして自立しているわけでも、他の二つのセクターと対等であるわけでもない。いわゆる「官」の側にとっては公的な仕事の下請けとみなされがちだし、市場からは、ときにはビジネスチャンスとされることもあるが、往々にして営利につながらないとして看過される。第三セクター自身も、両者に依存した不安定な運営を続けながら、せいぜい両セクターの周辺でニッチ的な存在に甘んじている程度であろう。

ゆえに社会的協同組合も、そうした第三セクターの一つとして同じ状況にあるわけだが、その深刻さは他の非営利組織以上であると考えられる。すでに述べたように社会的協同組合の母体は、第二セクターの協同組合という事業体である。その意味では、とくに第二セクターとの関係は、たんなる運営上の経済問題ではなく、事業体としての自らのアイデンティティをゆるがす問題にもなってくるからである。しかしその一方で、だからこそ社会的協同組合は、第三セクターそのもののあり方や、社会全体、とくに第二セクターを変革する可能性をもっているとする考え方もある。

5　市場とどう向き合うか

たとえば、イタリアの社会的協同組合論の論客であるとともにトレントの社会的協同組合の実践的支柱の一人でもある経済学者ボルザガ（トレント大学教授）は、二〇〇四年の調査時、インタビューのなかで、社会的協同組合をはじめとする第三セクターは、他の二つのセクターとは異なる独自の領域をつくりだしていくのではなく、他のセクター、とくに市場セクターを変革するという方向性をとるべきであると語っていた。そして社会的協同組合は、それ自体が民間の事業体であるがゆえに、市場の内部から市場を変革するリーダー的な存在になりうるし、それが社会的協同組合の使命でもあるという、きわめて興味深い主張も展開していた（Borzaga and Spear 2004）。

この考え方は、近年、社会的協同組合という枠を超えて「社会的企業」の創出をめざしていこうとする動きが出ていることに端的に表れている。社会的企業とは、ここ数十年の市民活動の活発化の過程で世界的に使われるようになってきた言葉であり（英語ではsocial enterprise, 伊語ではimpresa sociale）、社会的な目的のために収益を上げようとする事業体の総称である。そこには、協同組合という形態だけでなく企業一般も含まれている。もちろん、具体的に社会的企業という語で何を指し、何をめざすのかという実態や思惑は、それぞれの国や論者等によって異なり、コンセンサスはまだない。日本ではコミュニティ・ビジネスなどとして知られているかもしれない。

しかしイタリアの場合、その代表は一般的に社会的協同組合とみなされており、社会的協同組合の側も、そうした自負のもと、社会的企業という概念こそ市場セクターの変革という理念にふさわしいとして、制度的にも具体化させるべく、二〇〇〇年前後から積極的にロビー活動等に動き出していた。そして二〇〇六年には、社会的企業の名を冠した「社会的企業法」が制定された。*4 もっともこれは非常に簡単な理念法にすぎず、全体的にはまだ目立った成果は出ていないが、これを機に自らを協同組合ではなく社会的企業であると称する社会的協同組合が出てきている。

また、こうしたいわば「市場セクターの社会化」という理念・方向性は、社会的協同組合のもっとも特徴的で中心的なミッションが、不利者をただ支援するのではなく、彼らに労働の場を提供したり訓練したりするなどの労働を通じた支援（イタリアでは「労働挿入（inserimento lavorativo）」という語が使われている）にあることにも関わりがある。もちろん、実際に労働挿入を行っているのは、社会的協同組合のなかでもb型だけである。しかし、社会的協同組合の真骨頂はb型にあるという認識は、a型を含めた協同組合全体に共有されている。たとえば、トレントの社会的協同組合の連合体（コンソリダ、後述）では、どうしても経済効率が低くなりがちなb型を連合体全体でいかに支えていくかが大きな課題であると認めており、b型を優先的に支援する方針を積極的にとっているという。また興味深いことに、a型組合が活動の過程で、自分たちが支援する不利者を雇用する目的でb型組合を新たにつくりだすことも少なくない。トレントでは、精神障碍者へのデイサービスなどを行っていたグルッポ七八というa型組合が、他のa型と協力して、その精神障碍者の雇用の場として地元の産物を利用したレストランなどの観光業を営むb型組合（プラブーボロ）を立ち上げるという例があった。その動きの中心となっていたグルッポ七八の組合長は、インタビューで、自分たちの最終目的はやはり「労働挿入」であると語っていた。そもそも、社会的協同組合の始まりは、精神病院の廃止を受け、患者・元患者の働き場所として始まったこともすでに指摘した。

このことは、彼らが「労働」こそ、人が主体的に社会に参画するための重要な指標と考えていることを示している。ただしその際、念頭にある労働とは、現在の市場中心主義的な労働ではなく、むしろ、そうした労働に対する批判的な問題意識を背景としていることにも注意したい。アルピの組合長は、不利者の労働訓練・労働挿入とはいっても、彼らを企業の側の規格に合わせていくのではなく、一人一人に「カルテ」を用意しているように個々人の特性を見きわめながらそれぞれに合った仕事を見つけ、企業の要望とマッチングさせていくことが必要であるという。そして、企業側にもさまざまな働き方や仕事内容があることを、協同組合の側から具体的に提案することが重要であるとも語っていた。たしかにそうした企業への働きかけは難しい。しかし、先述の一九九九年の障碍者雇用法の改正を契機として企業側の意識も変化しつつある。訓練生が就職した後も組合側が就職先に定期的に赴いて様子を見るなどのアフターケアも積極的に行われるようになり、企業とコミュニケーションをとる機会が増えてきたという。

イタリア人はしばしば「仕事嫌い」であるといわれる。しかし、イタリア共和国憲法の冒頭の第一条には「イタリアは、労働に基礎を置く民主主義的な共和国である」と謳われている。労働運動も、他のヨーロッパ諸国では一九六〇年代末を境に勢いをなくしたのに対してイタリアではそれほど衰退を見せず、労働の意義や重要性にきわめて高い関心を持ち続けてきた（宇田川 二〇一六）。むしろ彼らは、労働を自らの人格にまで深く関わる問題とみなしているから、労働のあり方に常に問題意識を抱いてきたともいえる。そしてトレントの事例を見ると、社会的協同組合の草創期の指導者たちには、先述のトレント大学のボルザガ教授や、グルッポ七八の組合長など、実は一九六〇年代末の労働運動・学生運動の経験者が多く含まれている。アルピでは現組合長はより若い世代だが、初代の組合長や中核組員たちは同様の背景を持っていた。彼らは現在、前述のようにアルピの精神的な中核となっているボランティア組合員として活動を続けている。つまり社会的協同組合は、その出発点では労働運動の系譜とも密接につながっているのであり、最初から、市場に対する批判やその変革という問題意識を有していたともいえるだろう。

6　スピンオフと連携

とはいえこの社会的協同組合の理念は、十分に実現されているわけではない。むしろ、現状には負の部分が小さくなく、安易に市場セクターに関わろうとすることによって、結局は自らが市場化して変質してしまったり、市場側に一種のＣＳＲ（企業の社会的責任）と解釈され取り込まれたり、さらには、補助金目当てのいわゆる貧困ビジネスと化してしまうことがあることも先に述べた。内部からもこうした方向性に対する批判や見直しの声が少なからず出ている。とするならば、この事例から学ぶところはやはりあまりないと思われるかもしれないが、彼らの活動にはもう一つ、注目すべき点がある。

社会的協同組合は、以上のような難しい舵取りのなか、それぞれの組合の規模を拡大しないという戦略をとることが多い。規模が大きくなると、往々にして経済的な問題が深刻化するとともに、内部のコミュニケーションが形式化して、民主的な運営にも支障をきたす危険性が出てくるからである。協同組合とは（社会的協同組合に限らず）、理念的に、組合員の一人一人が対等な立場で民主的に協議しながら運営に関わっていく組織である。このため、ある協同組合の事業が成功し拡大していくようになると、その理念が形骸化しない程度に、そこから新たな組合が分かれていくという現象がしばしば起きる。それは、スピンオフ、または「イチゴ畑」（イチゴは、一つの苗からランナーが出てその先に新たな株ができて増えていくため、その様子から命名）とも呼ばれており、地域ごとの分化や、先のグルッポ七八の事例のように事業内容の広がりに伴う分化の例もある。社会的協同組合が社会問題の解決という目的をもっている限り、その問題をもっとも具体的に知悉しているのはそれぞれの地域であるため、なかでも地域的なスピンオフは推奨される。

ただし、こうした規模の小ささは、競争力や交渉力などの面では当然のことながら弱点となる。ゆえに、互いに連携し助け合うための組織づくりも同時に行われており、それが通常コンソルチオ（consorzio, 英語のコンソーシアム）と呼ばれる連合協同組合である。コンソルチオは、イタリア全土においては全国レベルや地域レベルだけでなく、政治的な信条等によっても複数存在する。このためその全体像は複雑だが、トレントの場合、ほとんどの社会的協同組合は、県内で組織されている連合協同組合「コンソリダ（CONSOLIDA）」に入っている。そしてさらにこの連合組合が、北部イタリアを拠点とする全国レベルの「CGM（Consorzio Nazionale della Cooperazione sociale Gino Matarelli）」というコンソルチオに加盟し、全国的なネットワークにも連なっている。

コンソルチオは、それ自体も、個々の協同組合（以下、単協）が組合員となって組織された協同組合であり、単協では効率が悪かったり難しかったりする仕事を引き受け、支援することを目的としている。たとえば、さまざまな物品の共同購入、行政などとの契約や折衝の窓口、法制度や補助金等に関わる情報収集と提供、諸手続きや経営状況などに関する相談などをはじめ、組合員の研修や人材育成コースの企画運営、さらには協同組合全体の問題解決のためにさまざまな調査研究、ロビー活動も行っている。とくに近年の法や諸制度は、自治体や国のレベルのみならずEUレベルでも、単協では十分に把握できないほど変化が激しく煩雑になっている。アルピの組合長は、コンソリダやCGMというコンソルチオがあるから単協は自分の事業に専念することができると語っていた。

また、コンソルチオには一般的に、高齢者、障碍者、青少年、観光、教育など、支援の対象別やテーマ別のネットワークもつくられており、それぞれの単協はその複数に関わっていることが多い。こうした場は、単協同士のコミュニケーションの場としてだけでなく、不利者たちにとっても重要な意味を持ってくる。どんな不利者の場合でも、支援が多数の分野にまたがることが少なくないからである。たとえばアルピで訓練をしている知的障碍者のなかには、もともと他の協同組合の訪問ケアを受けており、そこからの紹介でアルピに入ってきた者もいる。

7　金融面での地域的な相互扶助

しかも、こうした支援や相互扶助の仕組みは、社会的協同組合同士の間だけでなく、その外にも広がっており、そのことは、とくに経済的な支援の仕組みや金融面を見ると端的に浮かび上がってくる。そしてそこには、「地域」という問題も浮かび上がってくる。

社会的協同組合の最大の問題点の一つがその脆弱な財政面にあることは、何度も述べてきた。トレントでも、破たんの危機に陥ったり、そこまでいかなくとも設備投資などの余裕がないため事業の刷新や拡大に踏み出せないでいたりする単協は非常に多かった。前述のコンソルチオも、そうした問題に関してさまざまな助言をし、地方自治体・国やEUなどの補助金や助成金獲得を支援している。しかしそれ以上に重要な役割を果たしているのが、協同組合相互扶助基金という団体である。

協同組合相互扶助基金とは、各協同組合およびその連合組合は、相互扶助という協同組合の理念の推進のために、毎年利益の三％を基金に供出しなければならないという一九九二年の法律（通称五九号法）に基づいてつくられた財団である。イタリア全国には主たる協同組合連合組合が四つ展開しており、それぞれがこの財団を有している。トレントの場合は、その地域にある協同組合のほとんどにあたる約五八〇の単協（もちろん社会的協同組合も含まれる）が、「トレント協同組合連合組合（ＦＴＣ）」という名の連合組合（これは四つの全国レベルの連合組合のなかで最小）を形成しており、やはり「プロモコープ（Promocoop）」という名の基金財団を組織している。

この基金は、相互扶助という協同組合の精神のもと、協同組合すべての支援を目的とするものである。しかし、実際にはどの基金でも社会的協同組合の支援を優先する方針をとっており、プロモコープでのインタビューでもそうした回答が得られた。協同組合というセクター全体のなかでも、社会的協同組合を支えるシステムがつくられているのである。

そしてさらに注目すべきは、この基金の財源は、協同組合全体から拠出されるとはいえ、多くの単協は利益が少ないため、事実上は信用組合銀行（Banca di Credito Cooperativo, 以下ＢＣＣ）からの拠出がほとんどを占めているという点である。ＢＣＣは、イタリア全土で銀行改革が行われた一九九〇年代以前は「農業者と手工業者のための銀行」と呼ばれていた。この名称に明らかなように、本銀行は農民たちの協同組合型の金融機関として生まれたもので、現在でも農村部を中心に各地域に根づいており、トレント県には四一のＢＣＣがある。その一つ（Cassa Rurale Valle dei Laghi）で筆者らが行ったインタビューによれば、トレント市以外では住民の九割以上がその地域のＢＣＣに口座を持っているという。このことはＢＣＣと相互扶助基金を通じて、住民たちの資金が社会的協同組合につながっていることを意味している。また、個々のＢＣＣが直接、地元の社会的協同組合を融資することも多く、その場合、金利は非常に低く設定されている。

また、社会的協同組合に関わっている銀行系の財団は、もう一つある。そもそもイタリアの銀行システムは非常に複雑で、元来、住民たちの相互扶助という性格が強く、数十年前までは法人格もアソシエーションや財団のままで不透明な経営も少なくなかった。このため一九九〇年代、ＥＵへの加盟の準備が進むなか、銀行制度に関しても抜本的な改革が行われた。そして、地域で住民たちが貯蓄組合として組織していた銀行は、貯蓄銀行（Cassa di Risparmio）として株式会社化されるとともに、そこに組み込まれていた相互扶助機能と資産は分離されることになった。こうしてできたのが銀行財団（Fondazione di Origine Bancaria, 以下ＦＯＢ）である。

現在この財団は、州や県ごとに一～三個つくられており、当該地域のボランティアをはじめとする第三セクター発展のための助成や融資を行うとされている。トレントにもＦＯＢが一つ存在する。また財団は、利益の一五分の一以上を拠出してボランティア・サービス・センター（Centro di Servizio per il Volontariato）を当該地域で設置することも法的に定められている。この財団による第三セクターへの実際の金融支援では、社会的協同組合よりもボランティア組織などが優先されている。前者はプロモコープなどの協同組合相互扶助基金という別の選択肢も有しているためである。ただし、センターでは地域の第三セクター全般の振興を目的とした調査や企画も行っており、その際にはもちろん社会的協同組合も含まれる。それは、社会的協同組合にとっては、地域の他の第三セクター組織との関係や連携を深めていくきっかけの一つになっているという。

8　地域への注目、地域という視点からの再考

このように社会的協同組合の金融面や組織面をさらに詳しく見ていくと、各地域の協同組合連合や銀行、基金、財団等との結びつきも強く、そこからは、社会的協同組合が彼らの位置する地域社会と密接に関連しながら活動している様子が浮かび上がってくる。

そもそも社会的協同組合は、自分たちの周囲で困っている不利者たちを支援しようとして組織された事業体である。しかも不利者たちを、その地域での労働を通してサポートすることを主な目的としている。法律にも、この協同組合の目的は「地域社会の人道的発展」にあるとされていることは先に記した。その意味では、社会的協同組合は最初から地域社会との関係を少なからず有しているといえる。ゆえに彼らは、それぞれの地域の行政（主に市や県・州のレベル）と、単なる補助金や助成金などという経済的な目的だけでなく、その地域の社会福祉をいかにより良いものにしていくかについて協力や提言を積極的に行ってきている。トレントでの調査では、[5]市や県の社会福祉担当者や労働公社[6]にインタビューをした際、行政の側も、社会的協同組合はこの分野で豊富な経験を持っているため頼りになる存在だと話していた。

また、今回はあまり触れなかったが、とくにb型を中心に地域の企業との関係も深い。いうまでもなく企業は、b型協同組合にとって仕事の受注先や訓練生の就職先である。一方、企業側の理解も障碍者雇用法の改正以降次第に進み、積極的な関わりが生まれ、取引も大きくなっているという。また、組合の出資組合員（経営には関与せず出資だけする組合員）という形で支援を行っている企業も多く、アルピの事例では四〇人の組合員のうち一四人が出資組合員であり、そのうち一一人が取引関係にある企業であった（あと三人の出資組合員は個人）。

そしてここに、前節で述べた他の協同組合組織や銀行との関係も重ね合わせていくと、トレントの社会的協同組合の活動には、たしかに多くの問題はあるが、地域社会のなかではさまざまな組織や個人とつながりを持ち、それを利用しながら積極的に発展しているという側面も確実にあることが露わになってくるのである。こうした状況は、「連帯経済」という言葉でも表現できる。これは研究者によってもさまざまな使われ方をしている語だが、大まかには、それぞれの組織・個人が自身の利潤最大化をめざすのではなく、社会的な連帯を基盤とし、そのための利益を追求しようとする経済活動、あるいはそうした連帯をつくりだしていこうとする経済活動を指しており、とくに最近、ネオリベ的なグローバルな資本主義状況への批判とその代替として注目されるようになってきたという（西川 二〇〇七）。

本章の事例も、トレントという地域で、そうした社会的連帯の創出が社会的協同組合の経済活動を中心に試みられているものとして評価することができるだろう。

とするならば、社会的協同組合をはじめとするイタリアの第三セクターの活動にとっては、地域という問題も考慮すべき重要な要素ではないか、という点に最後に注目してみたい。もっともこれは、第三セクターの活動が地域社会のなかでのみ有効であるという意味ではない。たしかに小規模な社会であれば、コミュニケーションが密になりやすく、第三セクターの理念にそった相互扶助的な社会もつくりやすいかもしれない。本章のトレントの事例も、社会的協同組合の活動はイタリア全土を視野に入れると困難は多いもののトレント程度の小規模な社会（県の人口は約五二万人）ではうまくいっていることを示しているように見える。しかし、その外の社会が従来通り私利を最大限追求しようとする論理に覆われているのであれば、それはせいぜいゲットーでしかないだろうし、社会全体の関係性を変えようとする社会的協同組合の理念とも合致しない。では、ここでの「地域」とは何を意味しているのか、その何に着目すべきなのか。

実は近年、イタリアではさまざまな市民活動・運動のなかで、「地域」という語が、地域の多様性、地域の自律・自立、地域からの発信という具合によく使われるようになっている。たとえば、日本でも有名なスローフード運動は、地産地消的な活動の一つだが、グローバルに均一化する現代社会の食のあり方を批判し、それぞれの地域で育まれてきた個性的で多様な食を尊重していこうという主張を展開している。こうした発言は、しばしば地域のアイデンティティの追求・主張と捉えられがちだが、そこにとどまるものではない。「地域」という語が常にその外の全体社会（国や世界など）に対照させて使われていることからもわかるように、これまで地域を、その外側の全体社会の一部や下部組織と見なしてきた考え方に対して、その関係性自体を見直し、それぞれ個別で多様な地域を互いに尊重するという視点から、全体社会をもつくり直そうとする思惑を持っている。それは、社会全体を構想し直すための地域、という視点である。ゆえに、この場合の地域とは、既成の地域のどのレベルや範囲を指すかなどの問題ではなく、むしろ、既成の地域をそうした意味を持つ地域として再編あるいは創出することを狙いとしているともいえる。

たしかに社会的協同組合では、まず重要なのは不利者の支援であってその理念において、地域という問題にことさら注意を払っているわけではない。トレントの事例でも、実際の活動の過程でおのずと地域が重要な背景として浮かび上がってきたといった方がよいだろう。前述の「地域社会の人道的発展」という法律上の文言も、同様に考えられる。

しかしトレントは、先にも述べたように社会的協同組合の活動が盛んな地域であるとともに、実は自治県であることを考えると、この問題はやはり看過できない。イタリアには現在五つの自治州と二つの自治県があるが、いずれも特別な立法権や財政の自由裁量権が広く認められているだけでなく、歴史的にも自治の精神が強い。なかでも、県の次元で自治を獲得しているトレントは、その精神の高さで広く知られており、そのことがこの地域における市民活動の発展と深い関わりがあることは容易に推測される。また、一九九〇年代、イタリアでは社会的協同組合法（一九九一年）やボランティア組織法（一九九一年）をはじめ、第三セクターに関わる法律が数多く整えられたが、この時期は同時に、地方分権に関わる法制化（とくに一九九七年から九九年にかけての通称バッサニーニ法といわれる諸改革）が本格的に進んだ時代でもあった。そして二〇〇一年には憲法が改正され、一一八条に「補完性の原理（sussidiarietà）」という語で、優先されるべきは市民の参加であり、国などの公共機関の役割は市民の活動の補完であると明記され、それにともなって、市民により近い地方自治体の重要性がいっそう認識されるようになった。[*7]

こうして見ると、社会的協同組合などの第三セクターにとって、自律的な地域のあり方は、やはり重要な意味をもってくるに違いない。それはただ、第三セクターの活動にとっての利便性だけではない。第三セクターの活動が、逆に地域社会の自律性を醸成していくという側面も考えられるし、さらには、そうした自律的な地域を土台としながら外部に第三セクターの意義を発信していくことを通して、そこから社会全体を見直そうとする動きにつながっていくことも十分に推察される。

この問題を十分に考えていくためには、まだ多くの調査や多角的な考察が必要である。ただし、この「地域」という論点は、第三セクターとはいえ他の二つの強大なセクターから常に周縁化され、そこに依存し、多くの困難を抱えている彼らの活動にとっては、新たな展望や見方につながる可能性をもっていると思われる。そして、このことは他の地域での非営利組織や活動のあり方を考える際にも通ずるだろう。いずれにせよ、本章はイタリアの社会的協同組合の紹介とともに、その活動がかかえる問題点を通して、市民セクター一般の議論にも関わる論点をいくつか指摘してきた。今後も、とくにその一つである「地域」という論点に着目しつつ、彼らの活動の展開を追っていきたい。

【注】

＊1　この映画は、ジュリオ・マンフレドニア監督による二〇〇八年の作品で、一九八〇年代のミラノで精神疾患の患者たちを支援する協同組合の奮闘を描いている。また、社会的協同組合に関して日本語で読める文献としては、具体的な事例調査に基づいた田中（二〇〇四）や、中部イタリアの事例を取材した井上（二〇〇八）も興味深い。

＊2　現在、イタリアではこの分野の研究は枚挙にいとまがない。その概要は、Borzaga and Spear (2004), Colozzi and Bassi (2003), Silvano ed. (2011), Zamagni ed. (2011) を参照。また社会的協同組合の概要については、Centro Studi CGM ed. (2002) を参照。

＊3　同調査では、トレント県の九つの社会的協同組合の他、他のボランティア組織、県や市の担当者等々にインタビュー調査を行った。具体的な調査内容等については、中村他（二〇〇六）を参照。

＊4　ただし、この法律は主として社会的企業の法的な定義を定めた理念的なものであり、それに関わる個々の具体的な施策等については各自治体で定めるとされている。

＊5　トレント県は、トレンティーノ・アルト＝アディジェ州に属しているが、この州を構成するトレント県ともう一つのアルト＝アディジェ県はいずれも自治県となっており、州という単位は事実上存在しない。このため、ここでも州に関する言及はない。

＊6　労働公社（Agenzia del Lavoro）とは、地域ごとに置かれている労働政策機関。トレント県には一つある。

＊7　その結果、たとえば従来の公文書では「国、州、県、市町村」という順で表記されていたが、以降、「市町村、県、州、国」という順になることが多くなっている。もちろんその背後には、「小さな政府」をめざすネオリベ的な思惑もあった。また、こ

うしたイタリアにおける地域に対する関心の高さには、そもそもイタリアが国としてのまとまりが弱く、カンパニリズモと呼ばれる愛郷精神が強いこととも関連していると考えられるが、今回は紙幅の関係上論じない。

【参照文献】

井上ひさし　二〇〇八『ボローニャ紀行』文藝春秋。

宇田川妙子　二〇〇六「イタリア社会研究と『市民社会』概念」伊藤亞人先生記念論文集編集委員会編『東アジアからの人類学――国家・開発・市民』風響社、二四七―二六三頁。

宇田川妙子　二〇一六「『仕事嫌い』のイタリア人の働き方」中谷文美・宇田川妙子編『仕事の人類学』世界思想社、二〇四―二三一頁。

田中夏子　二〇〇四『イタリア社会的経済の地域的展開』日本経済評論社。

中村陽一他　二〇〇六『イギリスとイタリアにおける社会的企業の展開とその社会的・制度的背景に関する調査報告』平成一五年～平成一七年度文化省科研費補助金による調査報告書。

西川潤　二〇〇七「連帯経済――概念と政策」西川潤編『連帯経済――グローバリゼーションへの対案』明石書店、一一―三〇頁。

パットナム、R・D　二〇〇一『哲学する民主主義』河田潤一訳、NTT出版。

Banfield, E. 1958. *The Moral Basis of a Backward Society*. New York: Free Press.

Borzaga, C. and R. Spear 2004. *Trends and Challenges for Co-operatives and Social Enterprises in Developed and Transition Countries*. Trento: Edizioni 31.

Centro Studi CGM ed. 2002. *Comunità Cooperative*. Torino: Fondazione Giovanni Agnelli.

Colozzi, I. and A. Bassi 2003. *Da Terzo Settore a Impresa Sociale*. Roma: Carrocci.

Galt, A. 1973. Carnival on the Island of Pantelleria: Ritualized Community, Solidarity in an Atomistic Society. *Ethnology* 12: 325-339.

ISTAT 2008. *Le Cooperative Sociali in Italia: Anno 2005*. Roma: Istituto Nazionale Statistico.

Silvano, G. ed. 2011. *Società e Terzo Settore: La Via Italiana*. Bologna: Il Mulino.

Zamagni, S. ed. 2011. *Libro Bianco sul Terzo Settore*. Bologna: Il Mulino.

第12章　核と向き合う地域社会

――韓国の放射性廃棄物処理場建設反対運動

渡邊登

1　研究者が社会問題に「向き合う」とは

研究者として社会問題に「向き合う」とはどのような行為なのであろうか。たしかに（私自身が依拠するディシプリンである）社会学は常に社会の諸問題――その内容は時代、社会状況において異なるが――に向き合ってきた。しかし、その際に（社会から）「期待される」規範的な解答の試みを提示するという役割については、どちらかといえば意識的に回避してきており（盛山 二〇〇八：七六）、それは、M・ウェーバーの「価値自由」に依拠しながら研究者がとるべき「禁欲」として捉えられてきた。まさに「実証科学である社会学は規範的な解決の仕方にコミットすべきではないという、妙な自己規制が働いていた」（盛山 二〇〇八：七七）のである。しかしながら、M・ビュラウォイが二〇〇四年のアメリカ社会学会大会会長講演「公共社会学のために」（Burawoy 2004）として公共社会学を提起して以降、日本においても「社会学が規範的問題の提起のみならず、その解決への提案を引き受けるべきだという考えが社会学界において広まりつつある」（盛山 二〇〇八：七七）という。

つとに指摘されているように、「価値自由」とは研究における事実認識、分析、解釈において自らの価値認識から自由になる（「禁欲」する）ことを示しているのであり、そもそも対象とする問題・事例の選択自体、そこには自らの価値認識に従っているのである（京谷 二〇一一：二二八―二二九）。本書のキーコンセプトとして「グローバル支援」を選択することは一定の価値認識に基づいている。そこでの一つのポイントは課題・価値の普遍性・グローバル性にある。

次に、問題解決のための「支援」とは何か。まず、当該問題の構図を明らかにすること、そして、「被支援者」に真摯に向き合い、寄り添い、その声に耳を傾けることである。これは「応答」（清水 二〇一四）と響き合う。清水によれば「応答」とは「調査地の人々への、そして彼らが直面する問題へのコミットメント」（清水 二〇一四：二一）であるという。

本章が取り上げる「核」と持続可能な地域社会というテーマは、後述するようにとりわけ東日本大震災による福島第一原発事故以降、まさに現在のそして今後の私たちが向き合わなければならないテーマであることに異議を申し立てる人はいまい。そしてこのテーマに向き合うということは「パブリックに接近し、パブリックと双方向的な関係」（京谷 二〇一一：二二八）を取り結ぶことである。

2　核と向き合うとは

二〇一一年三月一一日東日本大震災によって引き起こされた大災害、とくに福島第一原発事故（以下「三・一一原発事故」）による放射能汚染は四年以上たった現在でもいまだ収束の気配が見えず、福島県全域のみならず、日本全域における大気汚染・土壌汚染・食料汚染・海洋汚染を通して日常生活を脅かしている。また、その拡がりは近隣諸国のみならず、まさに地球大におよび、グローバルな問題として解決を迫られている。そして、このような事態においてグローバルレベル、国レベル、地域社会レベルでの「脱原発」と「原発維持」とのせめぎあいがあり、エネルギー政策、原発政策が変容（あるいは揺り戻し）しつつある。

この問題にもっとも早く敏感に反応したのはドイツであった。メルケル首相は「安全なエネルギー供給に関する倫理委員会」を立ち上げ、その委員会報告「ドイツのエネルギー大転換――未来のための共同事業」（二〇一一年五月三〇日）に基づき、一〇年以内に原子力エネルギー利用からの撤退、新たなエネルギー政策を決定した（同年六月六日）。同委員会で脱原発がドイツにとって持つ意味を検討するにあたって考察すべきとされたのは原子力エネルギー利用に伴うリスクであり、そして「原子力エネルギーと放射性廃棄物のリスクを、誰が担うのかという問題であった」が、とりわけ考慮されたのは「放射性廃棄物に関連した多くの未解決な問題の扱いが、将来の世代に残されているという問題」であった（安全なエネルギー供給に関する倫理委員会 二〇一三：一〇―一一）。

もちろん、この問題は原発を抱える国々にとって共通の難題であり、韓国においても、その解決は喫緊の課題であった。韓国では原子力発電を電力供給の中心に据え、発電所二六基が現在稼働しており、その発電電力比率は二五・七％（二〇一三年）と、フランスやスウェーデンに次ぐ高い水準にある。二〇三五年までにさらに七～八基の新設計画がある（原子力情報資料室 二〇一五：三〇―三一、一般社団法人海外電力調査会「韓国の電気事業」）。

韓国ではこの積極的な原発政策の反面、原発から生ずる放射性廃棄物の処分場を選定する作業は、一九八六年以降科学技術部主管で進められているが、指定された候補地が地元の強い反対運動で五回も白紙化された。まさに「トイレのないマンション」の状態であった。

本章では、この放射性廃棄物処理場建設計画（以下では、放射性廃棄物処理場を「放廃場」と略称）をめぐる韓国全羅北道扶安郡における住民運動を取り上げる。ここで、まず表題にある「核と向き合う」の意味を考えてみたい。扶安郡での「放廃場」計画に対して反対住民並びに市民運動団体が用いる呼称は一様ではない。たとえば、環境運動連合と緑色連合などの市民団体が政府の「放廃場」計画に反対して発足した連合団体は「核廃棄場の白紙化と核発電の追放を求める反核国民行動」という。また、扶安郡で住民たちがこの「放廃場」計画に反対して立ち上げた運動組織は「核廃棄場の白紙化・核発電所追放汎扶安郡民対策委員会」（以下「対策委員会」という略称を用いる）という。このように、どちらの団体もその名称に「核廃棄場」という言葉を用いている。

「対策委員会」メンバーへのインタビューでも「核燃処理場」「核廃棄物処理場問題」「反核」「反核候補者」「反核運動」「反核住民運動」「核廃棄物処理場反対運動」「放射能廃棄物施設」「放射性廃棄物処理場」「放射性廃棄物」と「核廃棄物」と「放射性廃棄物」が区別なく用いられている。ここでの基本的な考え方は核とその「平和的利用」としての「原発」を峻別して捉えないということである。原発を推進する側が反対運動を批判する際に、頻繁に用いられる言説に「原発の安全性に問題はなく」その選択は「合理的」であるにもかかわらず、反対者は核の軍事的利用とその平和的利用である原子力発電の区別すらついていないというものがある。これに対して扶安郡での住民の反対運動では核の軍事的利用と平和的利用を同根として捉えている。そこで本章では「放廃場」反対運動を「核と向き合う」運動と捉えた。

扶安郡においては一年近くにわたって、国、郡当局、賛成派住民と反対派住民の間でコンフリクトが繰り広げられたが、最終的に「放廃場」計画の是非を問う住民による自主管理の住民投票が行われ、圧倒的な建設反対によって実質的に「計画」の撤回がなされ、問題の決着がつけられた。同運動を支えた市民運動・環境運動団体から「光州事件は抑圧された状態で民主主義を取り戻すためのプロセスで、扶安事態は住民自らが民主主義を実践して自治を成した」として「光州事件に次ぐ民主化運動として」高く評価された（対策委員会共同代表SD氏への二〇〇五年二月一三日に行ったインタビューより）。そして、まさにここで実践された住民自治を具体化すべく人々は歩み出した。

しかし、他方でその後も同地では賛成派・反対派という地域社会の亀裂は解消されなかった。また、その上後述するように、この亀裂の原因をつくった当時の郡守（金ジョンギュ氏）が次の選挙で落選しながら、それ以降の首長選挙にも立候補し続け、この住民間の亀裂が修復される機会を奪い続けた。三度の落選を経て、二〇一四年六月の郡守選挙でも再び出馬し、大方の予想を覆して八年ぶりの当選を果たした。

以下では、扶安での自主管理の住民投票による問題解決が、どのような主体によって可能となり、また、このプロセスのなかでいかなる関係構築がなされたのか、そしてその後何が行われ、何が行われなかったのか、さまざまな住民層の相克・葛藤、外部支援者の役割・関係について考え、次いでこの地域社会における「支援」について私見を述べたいと思う。

3 経緯[*1]

扶安郡は、ソウルから直線距離で約二〇〇キロ、全羅北道の西側に位置し、人口五万七五三四人（二〇一五年一月一日現在、（日本自治体国際化協会ソウル事務所、二〇一五：二六四））、面積四九三・二八平方キロの、自然豊かで典型的な農業・漁業地域である。一九七〇年に一六万一二七三人であった人口は一九九〇年には一〇万二七八七人まで減少し、現在に至っており、三〇年間で人口はほぼ一〇万人減少している。また、高齢化率は二一・九％に達している。[*2]このような急激な人口減少と高齢化の結果、地域経済は衰退し、こうしたなかで「放廃場」問題が地域のイッシューとして浮上してきた。

3-1 「放廃場」建設反対運動

二〇〇三年二月四日、産業資源部と韓国水力原子力発電会社は「放廃場」の建設候補地として、慶尚北道盈徳郡等の四地域を選定したと発表した。これに対して同月六日、環境運動連合などの市民団体によって政府の「放廃場」計画に反対する「核廃棄場の白紙化と核発電の追放を求める反核国民行動」が発足する。

五月、扶安郡蝟島（ウィド）住民は蝟島住民放射性廃棄物処理場誘致委員会を結成し、住民の六〇％以上の署名を集めて扶安郡議会に誘致請願する。このような状況に危機感を抱いた住民たちが頻繁に会合を開き、七月二日、三四団体が参加し、「対策委員会」が正式に発足した。そのようななかで七月一一日に扶安郡の金郡守は前日までの誘致反対の立場を変え、記者会見で誘致表明を行う。これに対し、「対策委員会」は七月二二日に「放廃場」の反対集会を行い、一万人が参加したキャンドルデモが開始される。その後、人口七万人（二〇〇二年当時の扶安郡の人口は七万四五六人であった）の扶安で一万人が参加する大規模の集会が繰り返し開催された（扶安放廃場誘賛住民投票管理委員会 二〇〇四：一〇）。

このような膠着状態が続くなかで、九月三〇日、高建首相は、「対策委員会」に対話を提案し、環境運動連合の崔ヨル代表を仲裁者に「対策委員会」と政府との交渉が始まった。一〇月三日、高首相と「対策委員会」が面会し、「扶安地域の懸案解決のための共同協議会」の結成に合意した。同協議会で双方の論点が提示されたが、その主張は平行線を辿った。そのなかで打開策として崔ビョンモ氏（「民主社会のための弁護士会」会長）が「年内住民投票実施」という仲裁案を出し、双方の見解を明らかにすることで合意した。「年内住民投票実施」という仲裁案については、「対策委員会」内部でも相当な意見の相違が見られたが、一一月一六日、ようやく年内実施という住民投票案を受け入れることで合意した。

一方、政府は、住民投票について原則的に同意するものの、年内実施案を拒み、具体的な日程も示さなかった。その後、「対策委員会」や、「対策委員会」を支援する全国レベルの市民運動・環境運動団体との対立・交渉のなかで政府の対応は混迷をきわめる。

二〇〇三年一二月一〇日に尹鎮植産業資源部長官は、記者会見を開き、蝟島への用地選定に扶安郡民の意思が十分に反映されなかったことなどを認め、住民投票による新たな選定手続きの実施を公表した。しかし政府の六月から九月に住民投票実施という方針に対して、即座の実施を主張する扶安住民投票管理委員会は、二〇〇四年二月一四日に蝟島の「放廃場」建設に対する賛否を問う住民投票を実施することを宣言し、同日、住民の自主管理による住民投票が扶安で行われた。有権者五万二一〇八人中七二・〇四％の三万七五四〇人が投票に参加し、反対九一・八三％という結果となったが、政府と扶安郡は「投票結果の法的な効力や拘束力を認めることはできない」とし、混乱と葛藤は続いた。政府は二〇〇五年三月一八日、中・低位放射性廃棄物に限定した処理場建設へと計画を変更し、複数の誘致申請地域で同時に住民投票を行い、賛成がもっとも多い地域で処理場を建設する方針を発表した。四地域が申請し、同年一一月二日の住民投票の結果、賛成率のもっとも高かった慶州市への建設が確定した（投票率七〇・八%、賛成率八九・五%）。*3

3-2 「放廃場」建設反対運動以降

扶安郡における「放廃場」計画が白紙化されたことで二〇〇五年二月一四日に「対策委員会」はその役割を終え、解散となったが、同計画によってもたらされた地域社会の亀裂の修復は容易ではなかった。とくに、計画誘致を進めてきた金ジョンギュ氏が依然として郡守としての地位にとどまり続けることに対して反対派住民は強い不満を持った。彼らは二〇〇六年の地方統一選挙を迎えて、扶安郡民会議を結成する。この会議の目的は一言でいうならば、「反核統一候補」（対策委員会のリーダー層は「放廃場」建設計画反対の立場を示す候補を「反核」候補と呼称する）を立てて、金ジョンギュ郡守を退けることにあった。

同選挙では「対策委員会」の共同代表であった李ビョンハック氏が当選するものの、その後選挙違反で起訴され、二〇〇八年に再度、郡守選挙が行われる。このときも、金ジョンギュ氏が立候補をしたため、郡民会議が同様の「検証作業」をし、「反核候補者」の一本化を図った。その結果、統一候補の金ホス氏が「扶安住民間の葛藤解消と共同体回復」を公約に掲げて当選した。この構図は二〇一〇年の郡守選挙でも繰り返されたが、現職の強みを生かして金ホス氏が再選を果たす。しかし、再選後金ホス氏は職員の勤務成績の改ざんを指示したとして起訴される。

二〇一四年の郡守選挙では、二〇〇六年選挙違反で有罪判決を受けたものの市民権を回復した李ビョンハック氏が立候補し、再び立候補した金ジョンギュ氏との一騎打ちとなった。「対策委員会」の共同代表であった李氏が有利であるとの大方の予測に反して、地域の亀裂と葛藤の象徴的存在であったはずの金ジョンギュ氏が八年ぶりに返り咲くという結果となった。

4 地域社会の葛藤

扶安では今回の住民運動以前からの農民会活動、エコロジストの邊山面での活動、またセマングム干拓に対して、世界的に貴重な干潟の消滅と海洋生態系を破壊するとして全国レベルの環境運動団体と連帯した干拓反対運動など、[*4]さまざまな住民運動の経験をもつ。このセマングム干拓反対運動で形成されたネットワークが今回の運動を当初、主導したことは間違いないが、しかし、干拓問題と連動させて「放廃場」反対運動を組み立てることは、「開発」賛成派に対して運動への門戸を閉ざすことになる。今回の運動を環境問題としてではなく、「生命と平和」「生命と自治」の問題として位置づけたことによって、セマングム干拓事業に反対ではない多くの住民を、それとは別個の問題、住民自治問題として「扶安のことは扶安の住民が決定する」ことへの判断を問うことを可能にした。一部の運動層だけではない、一般住民を巻き込んだ、いやその一般住民の主体的活動を引き出して、扶安全体の地域社会の将来を「自らで決める」とする集合的アイデンティティを創造したのである。

ただ、この運動を構成する住民の多様さは、計画撤回後にさまざまな思惑の違いをもたらし、運動の成果を具現化する上で障壁となっていった。たとえば、農民会を中心とした移住者、出戻り層（Uターン層）にとって「放廃場計画」をイシュー化するのは「開発反対」「核反対」を焦点化するためであるが、地つき層がこの問題を捉える際の認識はこれと必ずしも一致していなかった。また、この運動で得られた成果（＝自治）を現実化する際の手段が一様でなかったことも、その後のコンフリクトの要因ともなった。

4－1　地域社会の葛藤――内部分裂

地域社会での重層的な住民の取り組み、全国レベルの市民団体・環境団体との連携によって「放廃場」計画問題を白紙撤回に導いた扶安での取り組みは、韓国における住民自治の先駆的取り組みとして捉えられた。そして、この住民自治をさらに発展させるためにさまざまな取り組みがなされたが、地域社会は疲弊していた。一方で、扶安に代わって「放廃場」を受け容れた慶尚北道慶州市では景気が回復したという噂が聞こえてきて、推進派だけでなく、反対派住民のなかにも動揺が広がっていた。

筆者が二〇〇五年二月一四日に扶安を訪れた際（このときは自主管理住民投票勝利の一周年記念のイベントが行われていたが）には、まだ勝利の余韻が強く残っており、人々はインタビューの際にも口々にその成功の要因を語ってくれた。しかし、その一方で地域経済の落ち込みに直面して、この問題は「もう終わった」と考える住民も少なくなかった。ある自営業者は記念イベントでわく会場の控え室で、自らの窮状を切々と語った。

「現在地域経済が悪くなっている。地域住民のうち、この問題はもう終わったと考える住民は多い。これからは地域経済の浮揚を考えていかなければならない。それなのに、リーダーのうちの何人かはセマングム（干拓）の問題に取り組んでいる。住民からは「またか」という意見が出ている。市内では多くの店がドアを閉め（二〇％ぐらい閉めている）、夜八時以降は人影も見えなくなってきた。旧正月に入っても人が少なかった。政治も首長（このときはまだ誘致派の金ジョンギュ氏が首長：筆者注）も扶安に景気浮揚策を誘引しない」（ＳＫ氏（携帯電話業）への二〇〇五年二月一三日に行ったインタビューより）。

扶安独立新聞代表理事Ｌｈｏ氏によると、このような住民の動揺のなかで、さらに住民投票後の方向をめぐっての意見対立が生じた。賛成派と反対派の住民の間だけでなく、反対派の住民内部においても分裂が起き、「住民の心が疲弊化」してきているというのである。「その引き金となったのは、反核対策委員会代弁人のＫｏＹ氏がウリ党に入党したことであった」（扶安独立新聞元代表理事Ｌｈｏ氏への二〇〇七年二月二一日に行ったインタビューより）。

前掲のＳＤ氏も、「対策委員会」の指導部として活動したことで住民からの認知度が相当高い「対策委員会」代弁人（＝スポークスマン）ＫｏＹ氏、執行委員長ＫＪｏ氏と一般住民等の間に葛藤が存在しているとし、「扶安事態の主な敵の一つがウリ党であったのに、（彼らが）ウリ党に入党したことで、住民から大きな反感を買っている」だけでなく、この自主管理の住民投票に至る「対策委員会」での彼らのさまざまな行為に対しても疑いの目を向ける住民が少なからざる存在となり始めたと指摘する。

「放廃場」計画を撤回に導いた「対策委員会」は、「扶安郡民会議」（民主党）と「扶安希望」（ウリ党）、「正しい首長選挙のための公約実践連帯」（ウリ党寄り、農民会、全教組、社会保険組合などが支持）に分裂する。ここではまず何よりも住民間の葛藤を解消し、住民が疲弊から立ち直る方策を講じなくてはならなかった。

ＳＤ氏によれば、「反核運動」（＝建設反対運動）が終わってから、「対策委員会」は解散し、郡民会義が結成されたのだが、その目的、事業計画は明確に決まっていた。それは、「反核記念館建設問題、二・一四住民投票記念日制定問題、郡民の名誉回復、反核運動による郡民間の葛藤解消など」（同氏への二〇〇九年二月二五日に行ったインタビューより）であり、これらを実現するためには郡守の協力が必要不可欠であった。したがって、郡守選挙のたびに「反核郡守」を選出することが郡民会議にとって最優先課題となっていたのである。なぜ、扶安郡において住民自治の具現化が足踏みを続けているのか、その一つのそしてもっとも大きな要因は地域社会の亀裂が修復されることなく、それが継続してきたことにある。

4－2　扶安郡の亀裂の固定化――金ジョンギュ氏の絶えざる立候補

自主管理の住民投票において世論が反対多数であることが明確になり、さらに同地における「放廃場計画」が撤回されても、賛成派対反対派という地域社会の亀裂は解消されるどころか深まる様相さえ見えた。それは、この亀裂の原因をつくった当時の郡守金ジョンギュ氏が二〇〇六年の首長選挙に落選しながら、それ以降の首長選挙にも立候補し続け、この亀裂が修復される機会を奪い続けたことが要因の一つである。郡民会議等の反対派は内部に葛藤を抱えつつも、同氏の復活阻止では一致していた。

この構図が崩れたのが二〇一四年の首長選挙であった。二〇一四年の郡守選挙の対立構図は二〇〇六年選挙の再来となった。「対策委員会」の共同代表の一人であった李ビョンハック氏と金氏のほぼ一騎打ちとなった。金氏にとっては四度目の挑戦となる。選挙前の李氏優位の大方の予想を覆して金氏が当選することとなった。

扶安独立新聞（後述）のUB氏は「金氏が当選するとは微塵も思っていませんでした」として、選挙三週間前の世論調査では「反核」側代表の李氏が約一六％リードしていたし、さらに選挙一週間前に行われた新政治連合全北道党の世論調査では李氏の支持率が金氏を一八・三％も上回っていたにもかかわらず、「たった一週間で一八・三％という差が覆されたのです」と驚きを隠せない。ただし、「彼ら（高齢者たち：筆者注）は選挙の前から『金ジョンギュがかわいそうだ。あの人、人柄はいいから今回はやらせてあげればいいのに』と話していました」「今回の選挙結果から『民心』を読み取ると、有識者の間ではいまだに賛核・反核に分かれていますが、一般住民の間では一〇年前より遥かにそのしこりが和らいだ」と解釈するが（以上の発言はUB氏への二〇一四年六月二七日に行ったインタビューより）、金氏が当選するほどの票数を獲得できるとは予想できなかったという。

金氏が当選したことで地域社会の亀裂状態＝葛藤構造が解消に向かうと見ることもできるかもしれないが、それはまた別問題であろう。第六節の「扶安郡の現状への評価と課題」で見るように、郡守選挙の争点が二〇〇六年の段階ですでに「住民の和解」(＝亀裂状態の解消)ではなく「景気の活性化」であるにしても、いまだ多くの住民が「放廃場」問題を自らの意思と行動によって撤回に導いた経験を高く評価していることを鑑みると、その張本人に対する一定程度以上の割合の住民の厳しい視線を和らげることは、難しいのではないだろうか。

5 新しい枠組み

扶安における「放廃場」計画反対運動は地域社会の亀裂を解消することもなく、さらに地域の葛藤を招いた「張本人」とされた当時の郡守、金氏の再当選で「元の木阿弥」となってしまったのだろうか。

実際には自主管理の住民投票によって問題解決を導いた経験は、その後、この住民自治の取り組みを日常化させるためのさまざまな実験として、扶安映画祭の開催(二〇〇四年八月)、扶安独立新聞社の設立(二〇〇四年九月)、扶安議定参与団(二〇〇四年三月、当初の名称は扶安議定監視団)、扶安郡民会議(二〇〇六年二月)、扶安市民社会ネットワーク(二〇〇七年)、扶安アカデミー(二〇〇八年二月)の結成等につながった。ここでは、そのうち扶安独立新聞社の設立、扶安アカデミーの結成について詳述したい。

5－1 扶安独立新聞

朝鮮日報、東亜日報、中央日報の主要紙はもちろんのこと地方紙の論調も扶安の「放廃場」反対運動に対して否定的だったという。

このようなマスコミの状況を見て、「対策委員会」は、扶安の状況を住民自ら発信する必要を痛感し、独自にオールタナティブメディアをつくった。「扶安二一」という新聞で、自主管理の住民投票まで五回にわたって発行された。発行部数は二~三万部という。また、インターネット上でも「扶安二一」というホームページを立ち上げ情報発信を行った。これらの経験が扶安独立新聞の創刊につながった。二〇〇四年九月二二日に扶安独立新聞は創刊された。

同新聞の特徴については編集局長を務めたSM氏は、

「他の新聞とは違って、新聞社の所有構造が特定人の独占ではないこと、記事の内容はなるべく社会で疎外されている弱者の立場を取り扱おうとしていること、核廃棄物処理場問題が起きたとき、住民の自治意識を発展させて、彼らの気持ちを代弁して意味ある報道ができたことがあげられます」(SM氏への二〇一〇年二月二三日に行ったインタビューより)。

と指摘する。ここで住民の気持ちを代弁して「意味ある報道ができたこと」とは、自主管理の住民投票以降も扶安での住民間の亀裂が解決されておらず、選挙でこの問題が再燃するたびに「反核」の側に立って報道していることを指していると思われる。

扶安独立新聞の購読者は、主に、「反核」住民運動に熱心であった住民である。二〇〇六年一月二六日には、韓国新聞協会地域新聞発展基金における週刊誌部門の支援対象社として選定されることとなり、その基金制度から補助金を受けた。また、二〇〇八年には韓国言論財団の経営大賞特別賞(紙面の改善、経営の改善に対して)を受賞するなど、外部からもその存在意義を認められている。

創刊当初は「イラク戦争や詩人金ジハ氏の生命思想などについて」書かれており、「一つの記事で二、三面を占めるようなものがあったり、しかもその内容が一般住民に難しく、住民たちの生活と密着している内容は比較的少なかった」という(同新聞元代表理事LHo氏への二〇〇七年二月二一日に行ったインタビューより)。「啓蒙の記事ばかりでおもしろくない。私たちの生活を紙面に。扶安郡民の日常生活・社会生活を反映する紙面が必要」(同新聞元常務理事KGy氏への二〇〇九年二月二三日に行ったインタビューより)として、二〇〇八年四月、同氏が常務理事に就任して以降は、彼自身が村(マウル)を回り連載記事(三〇回)を掲載したという。

一方で「地域新聞として地域の状況を多角的に扱うと同時に、問題のある部分に関しては徹底に掘り下げていくことが必要であるが、記者が三人（そのうち一人が運営担当で実質は二人）では、「そうは思っていても今の社の状況では無理」だと編集局長ＳＭ氏は指摘する。新聞の発行部数も現在二五〇〇部で、そのうち購読料が支払われているのは一〇〇〇部で、残りの一五〇〇部は未払い状態であるという。*5

このように扶安独立新聞は、創刊から一〇年の間、試行錯誤をしながら、経済的基盤の脆弱性や経営と編集の葛藤等の問題を抱えながらも、住民の言論機関であり続けている。

5－2　扶安アカデミー

学習活動としての期間

「扶安アカデミー」は「扶安におけるアジェンダの発掘とアジェンダを実践していく人材育成」を目的に、「対策委員会」のうち農民会系のリーダーを中心に二〇〇八年二月に結成された。月二回、隔週で開催され、「自治と環境に関するアジェンダについて、講師を招いて討論会を開いて」学び、「地域の発展方向について」模索するとしているという（「対策委員会」政策室長ＬＨｙ氏への二〇〇九年二月二五日に行ったインタビューより）。

当初は毎回四〇～五〇人程度の受講生がいたが、その後二〇人程度になったという。会費は講師の謝金用としての年間一〇万ウォンで、会費を納めているのは三〇人程度だという。

最低三年間を目標に講座を続け、「その後、各自分野を決めて研究をする政策研究会、シンクタンクとして活動しようという考え方」が当初からあったという（元扶安独立新聞Ｌｈｏ氏への二〇一〇年二月二三日に行ったインタビューより）。

講座の中心的テーマは「地方自治」で、講師としては河スンス弁護士（当時参与連帯、住民投票管理委員会事務所長、現「緑の党」共同運営委員長）、朴ウォンスン弁護士（当時アルムダウン常任理事、住民投票管理委員会委員長、現ソウル市長）、金ジハ氏（詩人）、道法僧侶、ハンギョレ新聞洪セファ氏、金ホス郡守、親環境（＝有機農業）農協課長などを呼んだという。

二〇一〇年六月の統一地方選挙には積極的に関わった。そこでの「一番の問題は、放射性廃棄物処理場を誘致しようとした郡守が反省や謝罪なく、選挙にこの問題をイシュー化して」いたことであり、多くの住民が金ジョンギュ氏の落選を望んでいたとしても、扶安には氏の固定的支持層が有権者の三分の一おり、本来は「選挙というのは最もいい政治的内容と公約を見て選ばないといけないのに、（前回と同様に）前郡守の落選というのが今回の選挙のイシュー」となった。そのため「郡守選挙だけは反金ジョンギュという点に絞って、（反核候補を）単一化して当選させた」という。

選挙に関して、一つ注目すべきことは、全羅北道地方選挙のうち教育監選挙で「進歩的な人」が出馬し、扶安アカデミー会員が中心になって支援し当選させたことであり、この進歩的な教育監とともに地域の世論を形成し、選挙後に教育問題について議論するための「扶安教育希望」というグループを結成した。

扶安アカデミーは二〇一一年以降、課題別（地域教育、扶安郡予算分析）のグループに分化することにしたという（以上は元扶安独立新聞Lho氏への二〇一〇年一月一三日に行ったインタビューより）。

「発展的解消」

しかし、地域課題を掘り下げて報道することを主眼としているはずの扶安独立新聞の記者の目から見て、この段階以降、扶安アカデミーは活動を休止したように捉えられている（扶安独立新聞SM氏への二〇一三年三月一六日に行ったインタビュー及び、同UB氏への二〇一四年六月二七日に行ったインタビューより）。

これに対してLHy氏は、扶安アカデミーは活動を休止したのではなく、多様な課題への取り組みに分化したのだとする。そのなかでも特徴的な取り組みは、LHy氏によるエネルギー自立マウルとKJi氏やYJ氏らによる新たな農民組織等である。以下で見ていきたい。

［エネルギー自立マウル］

LHy氏は、今回の「放廃場」問題は「韓国の核発電所中心の誤ったエネルギー政策がもたらした問題なので、間違ったエネルギー政策の対案として太陽光や風力のように、再生可能なエネルギーについての住民教育と普及事業を扶安が先頭を切って」行っていくことを目標として、住民投票後準備に取りかかり、二〇〇五年一月に太陽光発電所を完成させた。その後、住民からの出資を募り、市民発電所として三キロワットの施設を四ヵ所、一〇キロワットの施設を三ヵ所建設し、二〇〇九年二月段階で総容量四二キロワットの発電が可能となったという。出資額は一〇万ウォンから一〇〇〇万ウォンまでで、出資者は三〇人ほどだという。とくに「反対運動を超える何かオールタナティブな運動」として「原子力ではなくて再生可能エネルギーをもって住民自らが参加できる、オールタナティブなモデルをつくってみようという趣旨でエネルギー自立マウルを始め」て、二〇〇七年に同郡下西面に引越し、その実践活動に取り組んでいる。

［新たな農民組織］

扶安においては今回の「放廃場」反対運動において農民会の果たした役割は非常に大きかったのであるが、その活動が時代や社会状況の変化に対応できているかどうか、多くの人々に受容されているのかどうかについては、さまざまな迷いが生じてきていると元農民会会長のKJi氏は言う。

「私たちの運動のやり方は社会変化に追いつけていないということです。スローガンや内容も二〇年、三〇年前のものを踏襲していますし、運動のやり方も必要なときは集会を開くような方法から抜け出していないですね。こうしたかつてのやり方は、私たちにとっては最大限のやり方でしたし、正しかったと言えますが、今の社会でそのようなやり方が大衆の間に受け入れられるかどうか（中略）過去のやり方に執着して、固執していくのは、社会的にみても無駄になることもありうるし、場合によってはあまり役に立たないかもしれません。新しい運動方法を模索していますが、簡単ではないですね」（KJi氏への二〇一〇年二月二三日に行ったインタビューより）。

このような反省から、農民会とは別の新たな農民組織が構築されている。それはYJ氏による親環境（=有機農業）生産者たちの組織、KJi氏のによるウリミル（韓国産麦）生産者組織（地域別、村別、産業別）結成である（LHy氏への二〇一三年三月一七日に行ったインタビューより）。

とくに常任理事YJ氏が始めた下西未来営農組合法人では、無農薬の有機農法を指導し、有機農業でつくった農産物を都市の消費者生協団体ICOOPに販売しているという。ここには扶安アカデミーのメンバーも多数参加し、組合メンバーは一〇〇人程度であるという。また、これらのメンバーが集まって生協結成の準備を進めている（SM氏への二〇一三年三月一六日に行ったインタビューより）。

6　扶安郡の現状への評価と課題

6－1　当事者の解釈・評価

以上、見てきたように、扶安では住民自治の具体化に向けてさまざまな取り組みが行われてきたが、扶安映画祭は二〇〇八年以降開催されていないし、扶安議定参与団も、扶安市民ネットワークも現在、活動を確認できない。また、扶安アカデミーの活動も「発展的に解消」したとしても、その成果は活動メンバー以外には見えにくくなっている。現在、明らかにその活動を継続しているのは扶安独立新聞のみである。

「一〇年前、核廃棄物処理場闘争以降、行政と議会を監視できる議政監視団や郡民会議などの市民団体が雨後の筍のようにできていましたが、今は一つもろくに機能しないし、全滅状態です」と指摘するのは、その扶安独立新聞のUB氏である。

このような状況を招いたのは、すでに指摘したように扶安の賛成・反対派による亀裂状態の固定化とともに、反対派内部の分裂状態である。

同氏は、現在の状態が継続する限り、郡守として誰が当選したとしてもこの葛藤構造を解消することはできないとして「今、扶安社会において切に至急必要だと思う問題は、郡守ではなく、草の根市民団体が早く成長しなければならないことだと思います」(扶安独立新聞のUB氏への二〇一四年六月二七日に行ったインタビューより)。

この現状評価については当事者自身も一定程度認識は共有している。扶安アカデミー・エネルギー自立マウルのLHy氏は言う。

「これまでの一〇年間、扶安核廃棄物処理場の反対運動がもたらした問題を二つ指摘できます。一つは内発的発展が阻害されていたことです。さまざまな試みがあったにもかかわらず、大きな社会葛藤によって町が自然に成長できる環境ではありませんでした。極度の対立が生じて、これまで蓄積されてきたものが、一瞬に崩れてしまってゼロに戻ってしまいました。そのような雰囲気のなかで問題になったのが、住民間のきわめて深刻な不信感。つまり、味方でなければ、すべてを敵に回してしまう不信感ですね。これまで私たちが農業と環境について私たちなりに地域社会の発展のために市民レベルで組織してきたものはすべて飛んで行ってしまいました。選挙を通して社会が落ち着いて着実に片づいていくのではなくて、むしろ悪循環が繰り返されています。あの当時責任者だった金ジョンギュ氏はあらゆる選挙に出馬していますし。扶安の選挙は、傷の治りかけに、また患部が突っつかれるみたいに、それによって住民がまた二つに分かれるため、下からの改革や変化を成し遂げる土壌が形成されない一〇年間だったと思います」(LHy氏への二〇一三年三月一七日に行ったインタビューより）。

しかし、金ジョンギュ氏が、度々立候補したことをすべての原因と見なすのは妥当ではない。この地域社会の深い亀裂を産み出したのは間違いなく同氏であるが、「放廃場」の誘致申請をしたのは彼なりの「展望」があってのことであろう。実際に本事例のように、国家が、エネルギー需要の拡大（「市場の論理」）に対応する「放廃場」建設という「迷惑施設」を過疎化に悩む周縁地域に「地域振興」と交換に押しつけ、地方に犠牲を強いるという構図は、日本のそれとまったく同じである。過疎化に悩む地域の首長として、その誘惑に抗しがたい魅力を感じることは容易に推測できる。

彼は、地域の発展は国策を受容することによってしか得られないと主張する。それは内発的発展とは対局の発想である。

「だからこそ、これからの一〇年間、私たちがやらなければならないのは、再び基礎を固めること。そして信頼を取り戻すこと、内発的発展の動力を見つけることだと思います。マウルからスタートし、私たちの暮らしのなかで地域共同体を築きつつ、小さな実践が成し遂げられる土台をつくり続けるなかで、ネットワークができ、そのネットワークからオールタナティブなビジョンを提示してみようと努力してきた一〇年間でした」（LHy氏への二〇一三年三月一七日に行ったインタビューより）。

しかしながら、この努力が可視化され、その成果が共有化されるに至っていないのが現状だ。たとえば扶安独立新聞のUB氏は、彼らのさまざまな地道な営為、たとえばウリミル生産者の結成や、親環境生産者たちの組織＝下西未来営農組合法人の結成、生協組織の結成、「女性農業人」の分野での活動に関しては地域において評価されているが、それにもかかわらず、彼ら自身が自ら地域社会において受容されていないと認識していると指摘する。二〇一四年の郡守選挙の際にその評価の高い一人に立候補を勧めてみたところ、彼は「私は外部人だから駄目だ」と断ったという。扶安に住んでから二〇年以上も経つのに、ここが生まれ故郷ではないということだけで、彼らが地元住民として完全に同化することは、地元住民に拒否感があるというのである（UB氏への二〇一四年六月二七日に行ったインタビューより）。

もちろん、彼らが今回の事態で果たした役割はきわめて大きかったことは疑いようもない。「対策委員会」の共同代表であったSD氏はそのように評価しつつも、その一方で彼らを「外地人」として容易に受け容れようとしない意識の存在も指摘する。

たしかにこのような閉鎖的な地域意識があることはたしかにしても、彼らが反対派内部の分裂状況を引き起こしてしまった、「対策委員会」解散後の「ボタンの掛け違い」が大きく影響していることはさまざまな人へのインタビューから知ることができる。

「二〇〇四年に勝利宣言をして対策委が解散されますが、結局、対策委の委員がそれぞれ政治家だの新再生エネルギー活動家だのといった肩書をつけるためではなかったのかという風に住民に疑われかねない態度を見せました。そんな姿が住民に映ったので、たとえ彼らが自分たちの努力でそんな肩書をゲットしたかもしれないけれど、郡民は『それはないんじゃない』と思いますよね。彼らは何か起きると、そのつど一回集まる。（そして）勝利宣言をして解散する。そんな彼らの行動は釈然としなかった」（ジュルポ面対策委員会ＫＫａ氏への二〇一三年三月一七日に行ったインタビューより）。

このことが彼らの「来住層」「高学歴」という属性と結びつけられて（あるいはそれがゆえに住民との間に）「距離感」が醸成され、あるラベリングをされてしまう。

「彼も外地（ウェジ、故郷が違う人）の人ですから、（中略）扶安で生まれ育って学校を卒業した人たちではないですよね。ＬＨｙ氏、ＫＪｉ氏、ＹＪ氏、扶安アカデミーのＫＪｅ氏などは大卒のインテリゲンチャですが、彼らは扶安住民とかなり距離感がありますね。彼らは彼ら同士で会ってお酒を飲みながらレベルの高い話を交わし、活動もしていますが、扶安社会にまったく浸透しないですね。扶安に根差している人といえば、「扶安の市民社会の集い」のＬＨｏ氏の他数人にすぎません」（ＳＭ氏への二〇一三年三月一六日に行ったインタビューより）。

このように、一旦もつれてしまった糸を解きほぐすことは容易なことではない。

6－2　住民の基底的な意識*6

「放廃場」反対運動を通して地域社会に対立構造が産み出され、あるいは拡大し、それが容易に修復されていないという認識が扶安住民の間で根強いことは事実である。二〇〇八年に実施した世論調査結果では、いまだに郡守選挙において「放廃場」問題に対する態度を重視するという人が少なからず存在を示していることがわかった（渡邊二〇一四）。ただ、それにもかかわらず確認しなければならないのは、全体的に住民投票における「放廃場」建設への賛成・反対の態度の違いを超えて共通にこの問題を通じて住民自治意識の高まり等が見られることである。そして同時に、扶安の将来像についても「自然を生かした観光中心の町」と「農業を振興した農業中心の町」を合わせると約七割の住民のコンセンサスを得ている（渡邊二〇一四）。

この世論に対して、こうした地域の将来像を実現化するためのプロセスを提示できるのかということが政治には求められていたし、また住民自身の主体的・自立的な取り組みが必要とされていたはずである。そして、これらの課題を克服できれば扶安は韓国における住民自治のモデルとしてさらなる「輝き」を増していたはずである。

7　支援するとは

二〇〇五年に最初に扶安郡を訪れてからすでに一〇年の月日が流れた。たしかに扶安の営為は韓国における住民自治の理想的なモデルとなり得る可能性を持っていた。それがゆえに、この間、扶安を見つめ続けてきた。

すでに二〇〇五年に住民投票後の方向をめぐって意見対立が生じ、住民は互いに疑心暗鬼となり、反対派の住民内部においても分裂が起きた。それが政治的志向の違いによる感情的反発に発展し、住民自治を具現化する方法や、そのためのプロセスについての合意形成を冷静に図る場の設定を困難にした。多くの人が傷つき、疲弊し、苦悩し、病に倒れた。しかし、それにもかかわらず、あるいはそれゆえか、粘り強い地道な取り組みが進められている。ただ、そのさまざまな営為が結びつき、一つの像を結ぶにはすでに述べたように乗り越えるべき課題がある。

ここで再び、支援について考えたい。私は「1 研究者が社会問題に『向き合う』とは」において問題解決のための「支援」とは、まず、当該問題の構図を明らかにすること、そして、「被支援者」に真摯に向き合い、寄り添い、その声に耳を傾けることであるとした。そして、この「支援」は清水が言う「応答」、すなわち「調査地の人々への、そして彼らが直面する問題へのコミットメント」と共振する。それでは、本章の場合、被支援者とは誰か。それは言うまでもなく「核と向き合う地域社会」＝扶安住民であり、彼らが直面する問題は、「放廃場」問題の解決であった。たしかに彼ら彼女らの粘り強い反対運動で建設計画は撤回された。「撤回」を獲得した時点で、この運動は成功を収めた。しかし、地域社会はここでさらなる問題と向き合うことになった。同計画に対する賛成・反対で産み出された地域社会の亀裂状況、内部分裂であり、その克服である。しかし、これらの課題に対応する政治社会は対立を煽るのみで、「6 - 2 住民の基底的な意識」で明らかにしたような住民自治意識への転換をふまえた、新たな政治の枠組みが構想されたり、地域社会のビジョンが語られることもなかった。約一〇年ぶりに郡守の地位に返り咲いた金氏は解決の糸口を見いだすことはできるのであろうか。

本章では、扶安において多様な人々が「放廃場」問題に直面し、またそれを経験して獲得した課題に向き合い、またその成果を具現化すべく行ってきた営為を彼ら彼女らの声に耳を傾け、解釈し、再構成し、地域で紡ぎ出されつつある、あるいはそれを抑制し、または対抗し、せめぎ合うさまざまな力の交錯の物語＝「問題の構図」を丹念に描き出すことに終始した。その際に確認したことは、それぞれの人々の（自己に対する、また、他者に対する）多様なとらえ方、位置づけ方を、彼ら彼女らの活動に寄り添いつつ、その語りをコンテキストに沿いつつ再構成し、関連づけ、意味づけを行う作業を絶えざる応答関係のなかで積み重ねていくことが不可欠であるということである。

地域社会における住民自治を具現化する人々の営為への「支援」は、このような問題の構図を描き出し、それを提示することを通じてのみ果たされるのではないだろうか。*7

【注】

*1　経緯については『朝鮮日報』（日本語版）および住民投票管理委員会『住民投票白書』、並びに筆者のインタビュー調査に基づく。さらに詳細な経緯については渡邊（二〇〇六b、二〇〇八）を参照。なお、二〇〇四年二月一七日〜一九日（ソウル）、二〇〇五年二月一四日〜一六日（扶安）、二〇〇六年二月一四日〜一六日（同）、同年九月六日〜九日（ソウル）、二〇〇七年二月二一日〜二五日（扶安）、二〇〇八年三月四日〜一〇日（扶安）、同年一二月五日〜九日（ソウル）、二〇〇九年二月二二日〜三月一日（扶安）、同年七月二八日〜八月一日（扶安、ソウル）、二〇一〇年二月二三日〜二七日（扶安）、二〇一一年三月九日〜一一日（扶安）、二〇一二年二月二七日〜三月一日（扶安、ソウル）、二〇一三年三月一五日〜一八日（扶安）、同年七月二八日〜八月一日（ソウル、全羅南道順天市）、二〇一四年五月八日〜一一日（ソウル）、同年六月二六日〜二九日（扶安、ソウル）に「対策委員会」のメンバー（郡レベル、面レベル）、市民運動団体（環境運動連合、参与連帯、緑色連帯、文化連帯など）、新聞記者（東亜日報）などへのインタビュー調査を行っている。

*2　第四八回扶安郡統計書に基づく。

＊3　この住民投票に関して「各地で金銭による誘致賛成への買収工作などあらゆる不正・不法行為が繰り出された」との批判も反核国民運動等の市民団体に根強く、「不在者投票の投票率が五〇％を越える地域」が存在したことは、「第二次世界大戦後六〇年間なかった前代未聞の事態」との指摘もある（原子力資料情報室 http://cnic.jp/ 最終アクセス二〇一六年七月七日）。

＊4　扶安郡は、群山に至る世界最長三三キロメートルの防潮堤を設置し、その内側に面積二万八三〇〇ヘクタールに及ぶセマングム干拓事業を進めている。同事業に対しては、世界的に貴重な干潟の消滅と海洋生態系を破壊するとして環境運動連合をはじめとする環境団体が強い反対運動を行ってきた。放射性廃棄物処理場建設反対運動の主体は「対策委員会」であるが、この運動の中心的活動を担っていた人々のなかには、このセマングム干拓反対運動を担っていた人が多い。二〇〇五年二月一五日対策委員会、農民会のKJ氏へのインタビューに基づく。

＊5　二〇一〇年二月二三日の同氏へのインタビューでは、固定読者は二〇〇〇人ほどで、後援読者は二〇〇人、通常部数は二七〇〇部ほどで多いときは三〇〇〇部ということだった。

＊6　本調査は、二〇〇八年三月一六日から一七日に全北大学社会科学研究所に委託して実施した。扶安郡の有権者を対象に面接による調査を行い、有効回答者は八〇〇名であった。なお、詳細は渡邊（二〇一四）を参照。

＊7　渡邊（二〇〇六a）では同様の視点から、新潟県巻町の原発建設住民投票運動を描き出した。

【参考文献】

安全なエネルギー供給に関する倫理委員会　二〇一三『ドイツ脱原発倫理委員会報告』吉田文和、ミランダ・シュラーズ編訳、大月書店。
一般社団法人海外電力調査会「韓国の電気事業」https://www.jepic.or.jp/data/global11.html（最終アクセス二〇一六年七月七日）。
京谷栄二　二〇一一「テーマ別研究動向（パブリックソシオロジー）」『社会学評論』六二（二）、二二四―二三五頁。
原子力情報資料室　二〇一五『原子力年鑑二〇一五』七ツ森書館。
原子力資料情報室　http://cnic.jp/（最終アクセス二〇一六年七月七日）。
清水展　二〇一四「応答する人類学」山下晋司編『公共人類学』東京大学出版会、一九―三六頁。

『朝鮮日報』（日本語版）http://japanese. chosun. com/（最終アクセス二〇〇五年二月三日）。
日本自治体国際化協会ソウル事務所　二〇一五『韓国の地方自治――二〇一五年改訂版』http://www.clair.or.kr/subPage.asp?G=3&L=1&S=2（最終アクセス二〇一六年七月七日）。
扶安郡　二〇〇八『第四八回扶安郡統計書』。
扶安放廃場誘賛・反住民投票管理委員会　二〇〇四『七ヵ月間の痛みを乗り越え、住民自治・参加民主主義の時代へ――扶安放廃場誘賛・反住民投票白書』。
盛山和夫　二〇〇八「公共社会学をめざして」『学術の動向』一三（四）、七六―七七頁。
渡邊登　二〇〇六a「地方からみた『社会運動論』――新潟県（旧）巻町における二つの住民投票への対応の差異を通じて」『社会学評論』五七（二）、三四八―三六八頁。
渡邊登　二〇〇六b「市民社会における強度――巻町（日本）における原発建設にかかわる住民投票運動と扶安（韓国）核燃料廃棄物処理場建設反対運動との事例比較を通じて」小林良彰、イム・ヒュベック編『市民社会における政治過程の日韓比較』慶應義塾大学出版会、一八三―二三五頁。
渡邊登　二〇〇八「韓国における地域社会のイニシアティブと市民運動――韓国全羅北道扶安郡放廃場建設反対運動を事例として」『ヘスティアとクリオ』七、四一―五九頁。
渡邊登　二〇一四「地域社会における意思決定手段としての住民投票志向の背景――韓国全羅北道扶安郡住民意識の調査の検討から」『人文科学研究』一三四、八三―一〇三頁。
Burawoy, M. 2004. For Public Sociology. *American Sociological Review* 70（1）: 4-28.

第13章　宗教を越えたＮＧＯの協働
——タイ南部インド洋津波被災地における支援活動

小河久志

1　宗教ＮＧＯによるグローバル支援

ＮＧＯをはじめとした諸アクターによる「グローバル支援」は今日、世界各地で見られる現象となった。一昔前と異なり、人類学者がグローバル支援の動きを無視してフィールドワークを行うことは、もはや不可能といっても過言ではない。

この状況は、自然災害の被災地でも同じである。たとえば、観測史上最大の被害を生んだインド洋津波（二〇〇四年一二月二六日発生）の被災地には津波後、世界各地から大量の人的、物的支援が寄せられた。津波評価連合（Tsunami Evaluation Coalition）の調査によると、支援の総額は、推定被害額の九三億ドルをはるかに超える約一四〇億ドルにのぼり、支援の出所は個人、民間企業、ＮＧＯ、各国政府、国際機関など多岐にわたった（Flint and Goyder 2006）。こうしたグローバル支援が行われた要因の一つとして、多くの研究者が、津波による被害状況がメディアやインターネットを通して瞬時のうちに全世界に伝えられたという情報面でのグローバル化を指摘している（e.g. 林 二〇一〇：一七、田中 二〇〇七：一九六）。

本章は、タイ南部のインド洋津波被災地を事例に、異なる宗教を基盤とする二つの国際NGOの支援活動をめぐり立ち現れる多様な理念や実践の様相を解き明かす。[*1] 具体的には、イスラーム系NGOのタブリーギー・ジャマーアト（Tablighi Jama'at 以下、TJ）とキリスト教系NGOのワールド・ビジョン（World Vision 以下、WV）を取り上げ、それぞれの支援活動の内容や、支援活動への住民の対応、支援活動が被災地社会に与えた影響の実態を描き出し分析を加える。[*2] その際、時間を津波前と津波後に分けて比較を試みる。これにより、住民とNGOの間、さらにはNGOの間に津波前には見られなかった新たな関係性が生まれていることを明らかにする。

2　二つの宗教NGO

具体的な事例に入る前に、TJとWVという異なる宗教を基盤とする国際NGOの概要について述べておこう。

2－1　イスラーム系NGOタブリーギー・ジャマーアト

TJは、一九二七年にイスラーム学者のマウラーナー・ムハンマド・イリヤース（Maulana Muhammad Ilyas）によって北インドのメワートで設立されたイスラーム系のNGOである。預言者ムハンマドと彼に献身した教友たちが送った生活様式をムスリムの理想と見なすTJは、信仰告白を行うこと、礼拝を行うこと、宗教知識を習得しアッラーを想起すること、ムスリム同胞を愛すること、アッラーに誠実であること、宣教のための時間をつくることの六つを遵守すべき事柄として重視している。なぜなら、それによってムスリムがアッラーへの真の信仰を回復し、ムスリム社会が健全化すると考えているからである（Ali 2003、中澤一九八八）。TJは、上述した六つの規範を実践し、かつその意義と必要性をムスリム同胞に広めるため、モスクを拠点に、集団礼拝やイスラーム講話、イスラーム学習といった活動を行っている。ムスリムであれば誰でもそこに参加することができる。[*3] 今日、TJは、そのシンプルな教えや来る者を拒まないオープンな姿勢が一般信徒に受け入れられ、デリーにある総本部を中心に、タイを含む八〇を超える国で活動を展開している（Masud 2000: vii）。

ＴＪがタイでムスリム社会の健全化に向けた活動を開始したのは、北部ターク県のメーソット郡に住むハッジ・ユースフ・カーン（Haji Yusuf Khan）が同地で宣教を始めた一九六六年とされる（Saowani 1988: 239）。その後、ＴＪは、一九八〇年代以降のタイ社会の急速な経済発展やＴＪに対する政府の寛容な姿勢を背景にメンバーを増やした。現在、ＴＪは、首都のバンコクにあるタイ国支部から県支部、地区支部（複数の村支部から構成）、村支部（活動に参加する村）に至るネットワークを用いて、国内各地で上述した活動を展開している。その結果、ＴＪは、タイで最大の規模と影響力を誇るイスラーム団体（Omar 1999: 230）に成長した。

2−2　キリスト教系ＮＧＯワールド・ビジョン

ＷＶは、アメリカ生まれのキリスト教宣教師ボブ・ピアス（Bob Pierce）が、第二次世界大戦直後の中国で一人の子どもを支援したことをきっかけに、一九五〇年にアメリカ・オレゴン州に設立したキリスト教系の国際ＮＧＯである。朝鮮戦争による孤児や寡婦、ハンセン病や結核の患者に対する支援から始まったＷＶの活動は現在、地域開発援助や緊急人道支援、アドボカシー活動にまで広がっている。それは、キリスト教の精神に基づき、「貧しく抑圧された人々とともに働き、人々の変革と正義を追求し、平和な社会の実現を目指す」ものとなっている。ＷＶは、独自の理事会を持つ支援国（約二〇ヵ国）と被支援国（約八〇ヵ国）から構成される。両者の間に差は設けておらず、対等なパートナーというスタンスをとりながら一つの組織として活動している。その様子は、ＷＶ全体に関わる方針や事業計画、予算等の決定を行う国際理事会が、各地域から選出された理事で構成されていることからも看取できる。現在、ＷＶは、世界約一〇〇ヵ国で活動を行っている（ワールド・ビジョンウェブサイト）。

ＷＶがタイで支援活動を始めたのは一九七二年のことである。その二年後には、バンコクに事務所が設立された。

当初は特定の子どもの支援活動を行っていたが、次第に緊急人道支援や地域開発へと活動範囲を広げていった。二〇一五年一〇月の時点で、四三県で七一のプロジェクトを実施している（World Vision Foundation of Thailand ウェブサイト）。

3　インド洋津波前の宗教NGOの支援活動

続いて、上述したTJとWVという宗教NGOが、インド洋津波が襲来する前の時点でいかなる支援活動を行っていたのか、タイ南部のM村[*4]を事例に見ていこう。

3－1　ムスリム漁村M村

M村は、タイの首都バンコクから南に約八六〇キロ離れたトラン県の西部に位置している。インド洋津波が襲来する直前（二〇〇四年一二月）における村の世帯数は一九五世帯、人口は約一〇〇〇人で、全住民がムスリムであった。周囲を海と運河に囲まれたM村が村外と陸路で結ばれたのは、隣のT村に通じる道路が開通した一九九六年のことである。しかし、車やバイクといった移動手段を持つ住民はごくわずかであった。また、M村の近隣にある村は、すべてムスリムが多数派を占めていた。このため、M村の住民が非ムスリムと接する機会は限られていた。

M村では、耕地となる土地がわずかなため、住民の大半が小規模な沿岸漁業に従事していた。漁具は、主に乾季（一二月～五月）にイカ籠、雨季（六月～一一月）にキス網やガザミ網が用いられていた。また、村の富裕層を中心に生簀を用いたハタやアカメといった高級魚の養殖が行われていた。一般に漁業従事者（以下、漁民）の収入は、漁獲量の減少や原油価格の高騰に伴う操業コストの上昇を受けて低い。二〇〇四年一二月時点の住民の平均月収は、約四〇〇〇バーツ[*5]（約一万二〇〇〇円）であったが、これは二〇〇四年のタイ国民の平均月収（約一万五〇〇〇バーツ＝約四万五〇〇〇円）の三七％にすぎない。

3－2　タブリーギー・ジャマーアトの支援活動

ＴＪがＭ村に初めてやって来たのは一九七八年のことであった。一九八〇年代に入ると、ＴＪの活動を高く評価した村のイマーム（imam　礼拝時の導師）のアサーット（男性、一九五〇年生まれ）が、金曜礼拝など多くの村びとが集まる場での説教や戸別訪問を通して、住民にＴＪの活動への参加を促した。その試みは、まず村の宗教活動を監督、支援する公的イスラーム機関であるモスク委員会（khanakammakan itsalam pracam matsayit）の委員の支持を得た。ＴＪが説くイスラームを「正しいイスラーム」と見なした彼らは、村におけるＴＪの活動を管理、運営する委員会（khanakammakan borihan 以下、ＴＪ運営委員会）を設置し、一九九〇年代以降、モスク委員会の全委員（一五名）がＴＪ運営委員会の委員を兼任した。彼らは、モスク委員会のなかに「トン・ラップ（ton rap）」という名のＴＪの活動を支援する役職を新たに設置したり、村で唯一の公的イスラーム教育機関であるモスク付設の宗教教室の授業にＴＪの活動を導入したりするなど、ＴＪに公的な正当性を付与した上で精力的に活動を展開した。それは、「正しいイスラーム」を住民に教え、村落社会を健全化するための活動であり、アサーットの言葉を借りると「住民と村落社会を助ける活動」であった。

写真13-1　ＴＪのイスラーム講話の様子（2006年１月）

男性住民を対象とする活動としては、村内で実施する半日ほどの宣教（khat）があげられる。近隣諸村からも参加者を集めるこの活動では、村のモスクを拠点に、イスラーム講話[*6]や集団礼拝、住民慰問が、昼過ぎから日没にかけて行われる（写真13－1）。他方で、女性住民を対象とした活動としては、住民が「タリム（talim）」と呼ぶイスラームの勉強会がある。これは、毎週金曜日のズフル礼拝（昼の礼拝）後の約二時間、住民宅で開かれる。イスラーム服を着用しタイ語が読めるムスリム女性であれば未婚、既婚を問わず誰でも参加することができるこの勉強会では、TJの教本『タブリーギー・ニサーブ（tablighi nisab）』の輪読や、参加者によるイスラーム講話とその内容に関する議論が行われている（小河二〇〇九）。

TJ運営委員会の委員でもあるモスク委員の努力や、彼らが持つ宗教的な威光もあり、インド洋津波前の時点で、個人差はあるものの村に住む既婚男性の大半がTJの活動に参加した経験を持っていた。また、女性のイスラーム勉強会には、常時一〇人ほどの住民が参加していた。しかし、各活動の参加者数の変遷を見ると、活動に不定期に参加する住民の数は増えていたが、定期的に参加する住民（以下、コアメンバー）の数はほとんど増えていなかった。アサーットらTJ運営委員会の委員は、コアメンバー数の伸び悩みを課題と認識しており、その改善に苦慮していた。この事態の背景には、彼らも指摘するように、TJが個人の信仰心を重視するため住民をつなぎとめる力が弱かったことや、活動の参加に必要な経済的、時間的な余裕のある住民が少なかったことがあった。また、TJの活動が聖典『クルアーン』に記されていないことなどを理由にTJの活動に参加しない住民が、年配者を中心に一定数いたことも無視できない（小河二〇一六）。

3－3　ワールド・ビジョンの支援活動

WVのスタッフがM村にやって来たのは、TJよりも遅く二〇〇〇年に入ってからのことであった。彼らは、零細な世帯の多いM村で支援活動を行うため、当時の村長（phu yai ban）に聞き取りを行い、村の状況と支援ニーズの把握を試みた。また、より詳細な情報を集めるべく、村長の許可のもと、村内の家々を回って住民に聞き取りを行った。しかし、住民の多くが、訪問したWVのスタッフから逃げたり、不在を装ったりするなど、彼らとの接触を避けた。このためWVのスタッフは、住民から支援活動に必要な情報をほとんど集めることができなかったという（WVスタッフのスカンヤー談)。

こうしたなか、WVは、村長から得た情報をふまえて、井戸掘りの支援を計画した。前出のスカンヤーによると、その理由は以下のようになる。まず、水道の通っていないM村で井戸は水浴びや洗濯など、住民が日常生活を営む上で不可欠のものであった。しかし、当時のM村では、井戸の数が限られていた。このため、多くの住民が、井戸を所有する者(大半が親族)から井戸を借りていた。また、井戸の水量が減る乾季にあっては、井戸の使用法をめぐって、しばしば住民の間に不和が生じていた。こうした状況をふまえてWVは、井戸の設置を試みたのである。それは、WVの側からすると「住民のニーズに適ったもの」であり、活動の実施に際して「大きな問題は起きない」と考えられていた(スカンヤー談)。しかし、実際は違った。まず、住民の対応が非協力的だったこともあり、活動を始めた当初は、井戸の設置場所すら決められなかった。村長の協力を得てどうにか作業を進めることができたが、設置できた井戸の数は当初の予定数(五基)を大幅に下回る一基にとどまった。また、井戸を設置できたのもつかの間、今度はその井戸を使用する住民がほとんどいないという問題に直面した。[*7] 当初、井戸を使用するとWV側が想定した住民は、これまでと同じ井戸を借用し続けたのである。

このように、WVの支援活動をめぐり住民が非協力的な態度をとった背景には、支援の内容云々ではなく、WVが「キリスト教の団体」ということがあった。たとえば、プラウェート(男性、一九五八年生まれ)は、WVのスタッフを避けた理由として、「『キリスト教のグループ(bo khrit、WVの意味)』は、私たちを助けるかわりに改宗させようとしている。そうでなければ、(ムスリムである)私たちを助けに来ないだろう? (中略)だから彼らと話さなかったんだ」と筆者に語った。[*8] また、ソムスック(男性、一九七三年生まれ)は、「私にはキリスト教徒の友人はいない。生まれてから一度もキリスト教徒と話したことがない。キリスト教がどんな宗教か知らない。(中略)私は彼ら(WVのスタッフ)が怖いんだ」と語っている。しかし、筆者が知る限りWVのスタッフが、支援活動の現場で、住民に改宗の勧誘をするどころか宗教について話すことすらなかった。前出のWVスタッフのスカンヤーは、「WVは宗教に関係なく困っている人を助ける」として、その活動がキリスト教の博愛の精神に基づくものであることを強調していた。

以上のように、インド洋津波前のM村においてWVは、宗教の違いを理由に住民の協力を得られないなど多くの制約のもとで支援活動を行っていたのである。

4　インド洋津波後の宗教NGOの支援活動と村落社会への影響

4-1　津波被害と復興支援

二〇〇四年一二月二六日にインド洋沿岸を襲った津波は、M村にも未曾有の人的、物的被害をもたらした。具体的には、死者一名、負傷者一一名の人的被害とともに、建物の損壊一七棟、漁船の喪失二隻と破損八〇隻、漁船用エンジンの喪失八機と破損六五機、養殖用生簀の破損七九台という物的被害が生じた。

こうしたなか、行政やNGOといったさまざまなアクターが、被災した住民の支援にあたった。そのなかで最初に行われたのが、トラン県の内陸部にあるP区の住民による支援活動であった。津波から一週間と経たずに来村した彼らは、米や飲料水、衣料品といった生活物資とともに総額二万バーツ（約六万円）の義援金を村に寄付した。

その一方で、タイ政府による復興支援は遅れた。たしかに商務省（krasuang phanit）が、津波直後に村の全世帯に米の支給を行った。しかし、村の基幹産業である沿岸漁業の再建に向けた支援は、たとえば水産局（krom pramong）による被災漁船と被災エンジンの補償金が津波から約三ヵ月後に支給されるなど、その実施までにかなりの日数を要した。また、支援の中身や規模は、村の被害状況に適っているとは言い難かった。上述した被災漁船と被災エンジンの補償金を例にとると、村で使われる小型漁船（新品）の価格がエンジンを含めて一隻あたり四～六万バーツ（約一二～一八万円）するにもかかわらず、支給額は最高でも三万バーツ（約九万円）にすぎなかった。

加えて、支援の現場では、行政に対する支援の要請、申請、分配に主導的な役割を果たす村長が不正を働いた。彼は、自身が持つ職権や行政とのコネクションを用いて、行政からの支援を自分の親戚や子飼いの住民にのみ行きわたるよう画策し、また彼自身もその一部を着服したのである。こうした村長主導の不正は、上述の補償金や内務省による住宅建設支援金など高額な支援が行われた現場で見られた（小河 二〇一〇）。

他方で、NGOによる支援は早かった。M村では、津波直後からWVやTJといったNGOがさまざまな領域で支援活動を行った。それは、内容や規模など多くの点で行政による支援活動とは異なっていた。

4-2 タブリーギー・ジャマーアトによる復興支援

活動

インド洋津波は、現象そのものに加えて、それが直接、間接に引き起こした被害においても住民の想像を超えるものであった。津波後、住民のなかから、「津波は何が何のために引き起こしたのか」「津波とはいったい何だったのか」といった疑問の声や、いつ襲ってくるかわからない津波への恐怖とともに、「津波を何とかして防ぎたい」「津波による被害を最小限に留めたい」といった希望の声が聞かれるようになった。

こうした状況を受けてTJは、イスラームに基づく津波観を住民に教え広める活動を村内の各所で行った。それは、前述のアサーットや現イマームのバンチャー（男性、一九六七年生まれ）によると、「イスラームの宣教」であり「住民の不安を和らげる活動」でもあった。この活動は、実施される場所や時間、形態などにおいて多様であった。しかし、そのいずれにおいても共通して説かれたのが、津波は不信仰者に対するアッラーからの罰であること、津波を引き起こしたアッラーの偉大さと恐ろしさ、イスラームの教えに従った生活を送ることの必要性、並びにそうすることで津波の被害を避けられるということであった。

このTJの活動では、スリランカの津波被害についてタイ語で記したビラが頻繁に用いられた。*9 前出のバンチャーによると、まずその英語版がデリーにあるTJの総本部からTJのトラン県支部に送られ、そこでタイ語に翻訳されたものが手元に届いたという。ビラには、スリランカの東海岸を襲った津波の航空写真が載っており、①それがアラビア語のアッラーの文字に酷似し、かつ不信仰者の村が津波により壊滅的な被害を受けたことから、津波はアッラーがイスラームの教えに従わない不信仰者に対する罰として起こしたものである、②生き残ったムスリムは悔い改めなければさらに大きな罰がくだされるだろう、とするコロンボのイスラーム学者の見解が記してあった。[*10]

こうした活動の一方でTJは、WVをはじめとする他の支援アクターと異なり、住民に対する物的支援をいっさい行わなかった。その理由として、M村のTJ運営委員会の委員らは、物的支援がイスラームの一理念である「信徒間の平等性」に反する可能性をあげた。彼らによると、物的支援自体が問題なのではなく、物的支援を行うことで支援が等しく住民に行き渡らないことが問題とされた。なぜなら、支援の不平等な分配は、住民の間に格差を生むため、それが支援者の意図したものでなくても支援者は「信徒間の平等性」に反する行為、つまり悪行（bap）をしたことになるからだという。それゆえTJは、住民に対する物的支援を行わなかったのである。

村落社会への影響

上述したTJの活動に対して、多くの住民は、「津波への不安が減った」「精神面で助けてくれた」と語り、高く評価していた。[*11]津波は、住民にとって突如として降りかかった新たな災厄であり、恐怖の対象でもあった。TJの活動は、住民がこの理解し難い出来事を解釈可能なものにする、つまり、「科学」よりも自分たちの日常により親和的な「宗教」の領域に馴化させることで、住民に精神的な安定を与えたといえる。たとえば、津波の被害が皆無あるいは軽微だった住民は、「自分がイスラームに敬虔だったからアッラーの加護により被害が少なかった」と捉え、「これまで通りイスラームに敬虔であれば再び津波が来ても大きな被害を受けないだろう」と考えた。他方で、津波の被害が大きかった住民は、「自分がイスラームに敬虔でなかったから仕方がない」と納得し、「再来するかもしれない津波の被害を減らすためにイスラームに敬虔になろう」という意識が生まれた。そして、こうした意識は、さまざまなかたちで顕在化した。

一例をあげると、津波前はＴＪの活動から距離を置いていた住民が、それに積極的に参加するようになった。この動きに伴い、津波前は伸び悩んでいたＴＪのコアメンバーとなる住民の数が増加した。また、住民のアッラーに対する畏敬の念が深まった結果、アッラーを対象とする新たな宗教実践が誕生した。その一つに、アッラーに対する願掛け（bon）がある。これは、アッラーに叶えてほしい事柄とそれが実現した際のお礼の内容を伝える祈願と、願が成就した際のアッラーへのお礼の実施から構成されていた。願の内容は、主に津波の再来の防止に関わるものであった。また、アッラーへのお礼は多くの場合、供宴（nuri）の開催というかたちをとった。供宴では、聖典『クルアーン』や預言者言行録『ハディース』由来の決まり文句であるドゥアー（dua）が唱えられた後、祈願の際にアッラーに約束した料理が参加者に振る舞われるのが一般的であった。祈願者は、願が成就しなければ供宴をする必要はないが、成就した場合はいつでもよいから必ず供宴を行わなければならないとされた。もし、供宴を開かなかったり、約束とは異なる内容の供物を用いたりすると、祈願者とその家族はアッラーから病気や事故などの罰を受けると考えられていた。

インド洋津波前のＭ村において願掛けは、祖霊（tayai）を中心とする土着の超自然的存在を対象に一部の住民が行ってきた民間信仰の一つであった。その一方で、アッラーへの祈願は見られたものの、願掛けは筆者の知るかぎり行われてこなかった。この点をふまえると、アッラーへの願掛けは、民間信仰とイスラームが接合した新たな宗教実践というこ とができるだろう[*12]（小河 二〇一二）。

以上のように、津波後のＴＪの支援活動は、住民に精神的な安定を与えるとともに、アッラーへの畏敬の念を深化させるなど、イスラームに対する住民の意識をさらに高めることにも寄与したのである。

4－3　ワールド・ビジョンによる復興支援

活動

ＷＶもＴＪ同様、インド洋津波の直後からＭ村で支援活動を行った。活動を行うにあたりＷＶが連携したのが、行政による支援活動で窓口役を務めた村長ではなく、区自治体（ongkan borihan suan tambon）副首長のリーセン（男性、一九七〇年生まれ）だった。区自治体は、一九九五年に施行された「仏暦二五三七年区評議会および区自治体法」により一定の基準を満たした区に設置された自治体である。独自の財政基盤や開発計画の策定権を持ち、地域開発を主導する役割を担っている（北原　二〇〇〇）。その運営に携わるリーセンは、津波前の住民の経済状況等を詳しく把握していた。また、彼は津波後、村中をくまなく回って津波被害に関する情報を収集した。津波後に来村したＷＶのスタッフは、このリーセンのもとを訪れ、彼から村の被害状況と住民の支援ニーズに関する情報を入手し、それに基づき支援の内容と分配対象を決定した。

ＷＶが行った支援活動の内容や規模は多岐にわたる。その詳細は以下のようになる。まずＷＶは、乾麺や飲料水といった食料品や洗剤をはじめとする日用品、衣料品など住民が日常生活を営むうえで必要な物資を支給した。津波の直後から行われたこの活動では、世帯ごとにあらかじめ決められた数の物資が配られた（写真13‐2）。それは、津波襲来から一年半近くにわたり続けられた。村の基幹産業である沿岸漁業関係の支援は、漁家世帯への漁網の配布やハタの養殖を行っていた世帯への稚魚の提供といったもので、すべて無償で行われた。

また、ＷＶは、住民の生計向上を目的とした支援も実施した。具体的には、津波前から村にあった各種組織のなかでも機能していた「漁業グループ（klum pramong phu'n ban）」や「主婦グループ（klum satri maeban）」と協力して、メンバーの住民に職業訓練を行った。たとえば、「主婦グループ」のメンバーは、ＷＶが招いた講師の指導のもと、さまざまな菓子のつくり方を学んだ。また、出来上がった菓子は、ＷＶの資金提供で村内につくられた店舗や、村の内外の家々を訪問するかたちで販売された（写真13 - 3）。これらの職業訓練を通してWVは、村内に新たな現金獲得の機会を生み出そうと試みたのである。

こうした世帯レベルの支援に続いて行われたのが、コミュニティレベルの支援であった。それは、沿岸域でのマングローブの植林や、村外に通じる道路の整備、小学校や幼稚園の校舎の改築といったように、村のさまざまな領域で行われた。

村落社会への影響

上述したWVの支援活動は、津波前と異なり、M村の住民に広く受け入れられた。また、WVの活動に対して、津波前のように批判する者はほとんど見られなかった。その理由としてまずあげられるのは、多くの住民が、甚大な物的被害を受ける一方で、十分な支援を受けられない状況に置かれていたことである。また、行政による支援を引き合いに出すかたちで頻繁に指摘されたのは、WVの活動をめぐり不正が行われなかったことや、WVが分配した支援物資の内容が住民のニーズにおおむね合致していたことであった。

写真13-2　WVによる援助物資支給の様子（2006年3月）

その一方で、WVの支援活動は、津波後のM村社会に少なからぬ影響を与えた。まずは、経済の領域について見ていきたい。先述のようにWVは、津波後の疲弊した住民の経済状況を改善すべく、さまざまな支援活動を行った。その一つに、「主婦グループ」など既存の住民組織を基盤に、菓子等の物品の製造、販売のノウハウを指導する住民の生計向上を目的とした活動があった。この活動に参加したアリヤ（女性、一九七二年生まれ）は、上記の研修を受けた後、村

写真13-3　WVの支援で菓子の製造・販売を始めた住民（2006年7月）

の内外で菓子の販売を始めた。彼女はその収入で、当時、津波による漁船被害により漁業を休止していた夫に代わって家族を養った。このアリヤのように、M村では、WVの支援を受けて津波後新たに始めた仕事が、程度の差はあれ家計を支える貴重な収入源となっているケースが多く見られた。上記の動きで注目されるのは、そこに多くの女性が参加し、現金収入を得ていたということである。津波前のM村では、女性の働き口はわずかであり、またそれも海産物の加工や販売といった沿岸漁業に関するものにほぼ限られていた。こうしたなか、WVの支援は、新たに沿岸漁業以外の生業を生んだ点、女性に現金獲得の機会を生んだ点、さらには家庭内における女性の経済的な役割を拡大した点において、村落経済のあり様に変化を生んだのである。

WVの支援活動はまた、政治の領域にも影響を及ぼしていた。上述のようにWVは、支援の実施に際して、行政側が連携した村長ではなく、区自治体副首長のリーセンに協力を仰いだ。その結果、WVによる支援活動は大きな問題もなく実施され、かつ多くの住民に受け入れられるなど成功裏に終わった。そのことは、支援活動を行ったWVだけでなく、それを支えたリーセンに対する住民の評価を高める一因となった。具体的には、不正が行われた行政の支援活動や、そこに関わった村長との比較を通して、リーセンには清廉なイメージが付与された。また、WVが、被害状況にある程度合致した内容の支援を行ったことや、迅速な支援を実現できたことは、WVとともにリーセンの情報収集力や実務能力の高さを住民に認識させた。こうして津波後の村落政治におけるリーセンの存在感は急速に高まった。その様子は、たとえば村の区自治体議員（定員二名）を選ぶ選挙で、リーセンが推した候補者が全員、村長が擁立した候補者を破って当選したことからも見て取れる。他方で、腹心の副村長が辞任するなど、津波後、村長の政治的な求心力は低下した。

5　新たな関係性の誕生とその行方

以上、タイ南部のインド洋津波被災地を事例に、ＴＪとＷＶという異なる宗教を基盤とする国際ＮＧＯが、それぞれ津波の前後でいかなる支援活動を行い、それに住民がいかに対応したのか、また支援活動が村落社会にいかなる影響を与えたのか、という点について明らかにした。最後に、これらを比較検討することで、住民とＮＧＯ、さらにはＮＧＯの間に生まれた新たな関係性のあり様とその特徴を指摘したい。

まず取り上げたいのが、二つの宗教ＮＧＯの関係である。たしかにＷＶとＴＪは、津波前後のいずれの時期においても個別に活動しており、両者が直接関係を持つことはなかった。しかし、各ＮＧＯの津波後の活動内容に注目すると、両者の間に「補完」と呼べる関係が存在していることがわかる。前節で見たように、ＷＶは漁具をはじめとする物的な支援、ＴＪは心理面での支援を行った。両ＮＧＯの関係者は指摘しなかったが、活動内容とそれに対する住民の評価を勘案すると、ＷＶとＴＪの支援活動が、相互に補完するかたちで物心両面において住民を支援していたことが理解できる。この「意図せざる補完」により、ＴＪとＷＶによる支援活動は、多くの不備を露呈した行政による支援活動の欠落部分を埋めることに成功したのである。

続いて見たいのが、二つの宗教ＮＧＯの支援活動をめぐる住民の対応の差異とその変化である。津波前のＴＪの支援活動は、コアメンバーの少なさや反対者の存在といった問題を抱えていたものの、公的宗教機関との連携もあり住民に広く受け入れられていた。こうした状況は、コアメンバーの増加や反対者の減少というかたちで津波後、さらなる広がりを見せている。津波という新たな災厄の出現と津波への不安の高まりという状況の下で、ＴＪの支援活動が住民の不安の解消に寄与したことがその背景にあったと言える。ＴＪの支援活動をめぐる住民の対応の変化は、彼らがこれまで以上にイスラームの教えを意識化し、それを日常生活で実践するようになったという意味において、再イスラーム化の進展と捉えることができるだろう。

他方で、ＷＶの支援活動をめぐる住民の対応は、津波の前後で劇的に変わった。津波前にＷＶがＭ村で行った井戸掘り支援は、ＷＶがキリスト教系の団体であることを理由に住民に受け入れられなかった。しかし、この状況は津波後一変する。ＷＶは津波後、日用品等の物資の支給をはじめとする支援活動を行ったが、それが住民に広く受け入れられ、かつ高く評価されたのである。では、ＷＶの支援活動がいずれも事前に住民のニーズを把握した上で行われたにもかかわらず、なぜ津波の前後で住民は正反対の態度をとったのだろうか。この態度の変化は、先のＴＪ同様、津波後の村落社会の混乱が引き金になったことは疑いない。とくに、住民の生活再建に不可欠な行政による支援活動が、住民のニーズから乖離したり、不正な分配が行われたりするなどの問題を抱えていたこと、他方でＷＶの支援活動がそうした問題とは無縁であり、かつ行政による支援の穴を埋める役割を果たしたことは無視できない。

以上のように、ＴＪとＷＶの支援活動に対する住民の態度は、津波の前後で大きく変化していた。津波前は、イスラーム系ＮＧＯであるＴＪの活動をその初期から着実に受容する一方、ＷＶの活動をＷＶがキリスト教系であるがゆえに拒絶した。つまり、津波前のＭ村では、ＮＧＯの基盤にある宗教の違いが、支援活動の内容以上にＮＧＯの活動をめぐる住民の対応のあり様に影響を与えていたのである。それが津波後、ＴＪだけでなくＷＶの支援活動も住民に受け入れられたということは、宗教の違いが津波前と比べて意識されなくなったことを示している。それは、「困窮する人々を救済する」というＷＶの考えが、宗教の違いを越えて広く受容されたととらえることができるだろう。

筆者が長期のフィールドワークを終えた後、Ｍ村では、低迷する経済の活性化を目的に、行政主導による観光開発が始められた。その結果、非ムスリムの外部資本によって宿泊施設や飲食店といった観光関連施設が村内につくられ、村を訪れる非ムスリムが急増している。また、キリスト教徒であるＷＶのスタッフと住民の関係も深まりつつある。ＷＶのスタッフと家族ぐるみの付き合いをする住民や、ＷＶのスタッフが斡旋した村外の職場で働く住民の出現は、そのことをあらわしていると言えるだろう。こうしたなか、上述した宗教の壁を越える動きが今後、信仰をはじめとする住民の日常生活にいかなる影響を与えるのか、その動向を注視していきたい。

【注】

＊1　本章のもとになるデータは、主に二〇〇四年三月〜二〇〇六年七月に行ったフィールドワークによって得られたものである。フィールドワークは、二〇〇三年度国際交流基金アジア次世代リーダーフェローシップ・プログラムと二〇〇五年度庭野平和財団研究助成制度による支援、タイ国学術審査会議（National Research Council of Thailand）の許可、並びにM村の方々のご協力を得て可能となった。ここに記して深くお礼申し上げたい。

＊2　本章は、国連が社会福祉団体や労働組合、助成団体、経営者団体、専門家団体、宗教団体など広範な分野に関わる民間組織をNGOと呼んでいること（フリードマン　一九九五：一二）をふまえて、TJとWVをNGOと捉えて論を進める。

＊3　ただし女性には、参加できる活動が限られているなど男性と比べて多くの制約がある。

＊4　本章に登場する村（muban）と区（tambon　複数の村から構成）の名称および人物名は、プライバシー保護の観点から仮名とする。

＊5　二〇〇四年一二月の時点で一バーツは約三円。

＊6　話者となる者が、自身の体験などを事例に、TJの教えを平易に説くというかたちをとる。

＊7　筆者の滞在先の近くにあったこの井戸は調査時、住民が蓋をして使えない状態にあった。

＊8　改宗は、WVが設置した井戸を使用しない理由としても頻繁に聞かれた。

＊9　このビラは、前出のアサーットらTJ運営委員会の委員によって村の全世帯に配布された。

＊10　ビラの出所が、デリーにあるTJの総本部であることを勘案すると、同種の活動がタイ以外の国でも行われていた可能性が高いと考えられる。ちなみに筆者の調査によると、タイでは、津波の被害を受けた六県すべてでこのビラが見られた。

＊11　他方で、物的支援を行わなかったことを理由に、TJを批判する住民もわずかながらいた。

＊12　住民のなかには、アッラーへの願掛けをイスラーム的に間違った行為として批判する者もいた。

【参考文献】

小河久志　二〇〇九「イスラーム復興運動と女性――タイ南部ムスリム村落における女性の宗教実践と宗教的位置づけの変化に注目して」『南方文化』三六、六九―八八頁。

小河久志　二〇一〇「分断するコミュニティ――タイ南部津波被災地の復興プロセス」林勲男編『自然災害と復興支援』（みんぱく実践人類学シリーズ九）、明石書店、一八一―二〇一頁。

小河久志　二〇一一「宗教実践にみるインド洋津波災害――タイ南部ムスリム村落における津波災害とグローバル化の一断面」『地域研究』一一（二）、一一九―一三八頁。

小河久志　二〇一六『「正しい」イスラームをめぐるダイナミズム――タイ南部ムスリム村落の宗教民族誌』大阪大学出版会。

北原淳　二〇〇〇「政治・行政」赤木攻・北原淳・竹内隆夫編『続タイ農村の構造と変動――一五年の軌跡』勁草書房、三七六―四〇一頁。

田中重好　二〇〇七「災害におけるグローバル化」大矢根淳・浦野正樹・田中淳・吉井博明編『災害社会学入門』（シリーズ災害と社会一）、弘文堂、一九五―二〇二頁。

中澤政樹　一九八八「Jemaah Tabligh――マレー・イスラム原理主義運動試論」『マレーシア社会論集』一、七三―一〇六頁。

林勲男　二〇一〇「開発途上国における自然災害と復興支援――二〇〇四年インド洋地震津波被災地から」林勲男編『自然災害と復興支援』（みんぱく実践人類学シリーズ九）、明石書店、一三―三二頁。

フリードマン、J　一九九五『市民・政府・NGO――「力の剥奪」からエンパワーメントへ』斉藤千宏・雨森孝悦監訳、新評論。

ワールド・ビジョン　http://www.worldvision.jp/about/（最終アクセス二〇一二年三月七日）。

Ali, J. 2003. Islamic Revivalism: The Case of the Tablighi Jamaat. *Journal of Muslim Minority Affairs* 23（1）: 173-181.

Flint, M. and H. Goyder 2006. *Funding the Tsunami Response*. London: Tsunami Evaluation Coalition.

Masud, M. K. 2000. Preface. In M. K. Masud（ed.）, *Travelers in Faith: Studies of the Tablighi Jamaat as a Transnational Islamic Movement for Faith Renewal*. Leiden: Brill, pp. vii-ix.

Omar Farouk Bajunid 1999. The Muslims in Thailand: A Review. *Southeast Asian Studies*（『東南アジア研究』）37（2）: 210-234.

Saowani Citmuat 1988. *Klum Chatphan: Chao Thai Mutsalim.* Bangkok: Kongthun Sangaruchiraamphon.

World Vision Foundation of Thailand, http://www.worldvision.or.th/about_history_eng.html(最終アクセス二〇一五年一一月一〇日)

第14章　農民からグローバル市民へ？
——フランスにおける農民支援アソシエーションの事例から

中川理

1　市民社会と政治社会

1−1　グローバルな市民社会の発展？

アルジュン・アパドゥライは、グローバリゼーションを国民国家の不安定化として捉えている。*1 次のような表現は、この点を明確に示している。

「富・武器・人・イメージのグローバルな流動によって、何にもまして、定まった国境をもつ国の領土のなかで他とは区別される単一の民族が生まれ育ち、その領土を支配する、ということの確実性が決定的に揺るがされてしまった」（アパドゥライ 二〇一〇：一二）。

とりわけ、「世界経済にもたらされた市場の深い統合と、とくに一九八九年以降の自由市場イデオロギーの世界的な席巻」（アパドゥライ 二〇一〇：三二）は、国民の生活を守る役割を果たしてきたはずの国家の管理能力を弱めてしまった。グローバル化した企業が負担を嫌ってよりコストの低い国に逃げないように、政府は社会保障費の雇用者負担を削減したり労働規制を緩和したりしてきた。結果として、政府が自国経済を自律的にコントロールすることが難しくなっている。国民は、これまでの権利を失っていく状況において不安に駆られている。国民である私たちは、本来国家によって保護されるはずではなかったのか。こうして、国民国家の社会的想像力の自明性は揺らいでいる。アパドゥライ自身が述べているように、「もちろん、実証的な意味で国民国家の終焉を語るのは馬鹿げている」(アパドゥライ二〇一〇:三二)。しかし、社会的想像力として国民国家は自明なモデル、不動の参照点ではなくなったと捉えることは適切だろう。この不安定化に対する反応として、国民国家への執着とマイノリティーに対する暴力が広がっているとアパドゥライは分析している。

それでは、どのような新しい想像力が、この危機を乗り越えるために出てきているのだろうか。アパドゥライは、国民国家の枠を超えた市民社会のコスモポリタンな連携に可能性を見出し、それを「草の根のグローバリゼーション(grassroots globalization)」と名づけている(Appadurai 2002、アパドゥライ二〇一〇)。これは、人権、貧困、先住民の権利、災害援助、環境正義、ジェンダーの平等などにかかわる諸問題を、一つの国のなかにとどまらず、トランスナショナルな活動家のネットワークを通して改善していこうとする実践にあらわれる想像力である。グローバル市民社会(Global Civil Society)とも呼べるこのような意識を持つ人々は、シアトルやダボスのような場における大規模な抗議行動を行う一方で、トランスナショナルな連携を通して普遍的な価値を地道に実現していこうとしている。そのような活動は「特定の課題、特定の連帯、特定の勝利に、一つずつ取り組むことを通してグローバルなものを構築するようになってきている」(アパドゥライ二〇一〇:一九三)のである。

アパドゥライが取り上げるインドのムンバイにおけるスラム住民の生活改善運動はその一例である。一九九〇年代に拡大した貧富の格差の結果として、ムンバイのスラムには多くの雑業民たちが劣悪な環境に押し込められることになった。この状況を改善するために、都市貧困の問題に取り組むNGO、貧しい女性たちの組織、スラム住民の組織が連合して住環境を改善してきた。しかし、このローカルな組織体は同時にトランスナショナルなネットワークに参加することでより強力な活動を展開してもいる。こうして「ローカルな活動と、水平的に広がるグローバルなネットワーク化を組み合わせている」（Appadurai 2002: 23）のである。

1－2　政治社会という視点

しかし、グローバリゼーションの危機からあらわれてくるのは、グローバル市民社会だけなのだろうか。市民社会に可能性を見出すアパドゥライに対して、パルタ・チャタジーは「世界のほとんどの場における民衆政治（ポピュラー・ポリティックス）のありかた」（チャタジー 二〇一五：二四）はそのようなものではないとして、彼が「政治社会」と呼ぶモデルを対置している。

インドのような国では、民衆は「市民」として普遍的な権利を主張しているわけではない。それぞれの人口集団（population）は、政府などの統治機構との駆け引きを通して、自分たちに利益を誘導して生活を向上しようと試みている。そもそも、民衆のなかには胸を張って市民であると言えるような立場にないものもいる。「彼らは、不法占拠をした居住地に住んでいるかもしれないし、水や電気を不正使用し、公共交通機関には切符を買わずに乗っているかもしれない」（チャタジー 二〇一五：七五）のである。法の枠組みに収まらないそのような集団であっても、特定の政党の利益に見合うように人々を政治動員することなどへの見返りとして生活環境の改善を要求してきた。また、「貧困層および恵まれない人びとの面倒をみるという公的義務」（チャタジー 二〇一五：七六）を統治機関が負っているということを利用して交渉を行ってきた。このように、普遍的な権利要求ではなくて、駆け引きによって自分たちに特殊な権利を得ることで自分たちの生存を保証しようとするのが、政治社会のあり方である。このようなプロセスは、たしかに貧しい人々の生活の改善に役立つが、必ずしも法にのっとったやり方で行われるものではない。しかし、チャタジーが言うように「犯罪や暴力は法的カテゴリーとして白黒がはっきりしているわけではない」（チャタジー二〇一五：一二三）のであり、いわば灰色の領域とならざるをえないのである。

チャタジーは、政治社会の一つの例として、カルカッタの線路脇の空間に住む不法占拠者の集落を取り上げている（チャタジー 二〇一五：九四―一〇三）。これらの他に行き場のない人たちは、法的にみると正当ではある強制退去に抵抗するなかで、「家族」のメタファーで語られるようなコミュニティを築いていった。そして彼らは、ジャナ・カリヤーン・サミティー（人民福祉協会）という団体を設立し、それを交渉の媒介としてコミュニティに医療サービスや電気接続や水の供給といった福祉やインフラを導入することに成功した。チャタジーは次のように述べる。

「国家としては、それが、より法に則した目的を追求しているその他の市民的なアソシエーションと同じ合法性を有するとは認められない。不法居住者たちとしても、みずからの国有地占拠は違法で、良き市民生活とはいえないことは認めている。しかし、彼らは居住地と暮らしを権利として要求し、その要求実現のための主要な集団的手段として協会を利用している」（チャタジー 二〇一五：一〇〇―一〇一）。

このように、法の枠内に入ることができないとしても交渉を通して生存を求めていこうとするのが、政治社会の想像力であるといえる。

1―3　両者の対立を捉える

市民社会と政治社会の対置は、インドの文脈を超えて、世界各地の事例を分析するための枠組みとなりうる可能性を持っている。チャタジーは政治社会を経済的グローバリゼーションの文脈において用いているわけではない。しかし、貿易自由化のもたらした経済危機において、人々が「違法だが不正でない」と考えるような実践が拡大していることを、多くの民族誌的研究が明らかにしている。*2 これらの実践は、必ずしも統治機構との交渉によって権利を獲得しているわけではないので、チャタジーの定義と完全に一致するわけではない。しかし、法的には禁じられているが社会的には認められ守られているような生存の領域を何とかつくり出そうとしているという点においては、政治社会と重なり合うものである。

「下からのグローバリゼーション（globalization from below）」という名で行われている諸研究はその一例である（Mathews, Ribeiro and Alba Vega eds. 2012）。これらは、路上商人のような、ときに違法となる人々の世界的なネットワークの拡大を捉えようとしている。たとえば、メキシコシティの路上市場は、経済危機に対する「下からの適応」として参入する人が増え、どんどん規模を拡大してきた（Alba Vega 2011, 2012）。路上商人の実践は（衛生、場所、労働など）あらゆる点で法に反している。にもかかわらず堂々と商売できているのは、彼らが大小さまざまな組織にまとまって、政党とつながっているからだ。政治家が路上の商売を容認して保護する見返りに、路上商人たちは政治家を支援するのである。組織はまた、メンバーの場所の割当や安全の確保、他組織との利権の調整、たとえば保育施設といった福利厚生まで提供している。この種の非公式な組織化が、政府が管理する意志も能力もない状況において、この領域に一定の秩序を与えている。このような事例は、世界各地で見出すことができる。

だとすれば、市民社会と政治社会を、あるいは「草の根のグローバリゼーション」と「下からのグローバリゼーション」を、表裏をなすものとして捉える必要があるだろう。それらはいずれも経済的グローバリゼーションに対する反応として捉えうる。だが、両者のモラリティの基準は大きく異なっている。市民社会の観点からは、政治社会的な交渉は自分勝手な利益誘導として非難されるかもしれないし、民衆はより市民らしくふるまうように教化しなくてはならない対象と捉えられるかもしれない。政治社会の観点からは、市民社会が推し進めようとする普遍主義的な価値は、生存の現実について考えていないお説教として受け取られるかもしれない。そこには、価値をめぐるコンフリクトがあらわれうる。したがって、もし市民社会の活動家がこの相克を乗り越えたいならば、そこにもう一つの政治社会的な想像力が存在していて、そこにもまた一つのモラリティがあることを認識しなくてはならないだろう。*3

本章はこのような観点から、フランスの農民支援アソシエーションについて検討する。南フランスでは、一九九〇年代から経済的グローバリゼーションに対抗して地域農民を支援しようとする「草の根のグローバリゼーション」の運動が盛んになってきた。この運動は急速な拡大をみせてきたが、地域農民の多数を巻き込むには至っていない。その背景には、農民たちが政治社会的なものの見方をしているという事実があると筆者は指摘する。彼らはむしろ、インフォーマルな実践によって生存を確保しようとしているのである。このように本章では、農民支援アソシエーションの市民社会的想像力と、その支援の対象であるはずの農民たちの政治社会的想像力の間にズレがあることを示す。

2　「農民的農業維持のためのアソシエーション（AMAP）」の世界観

2－1　「草の根のグローバリゼーション」としてのAMAP

フランスで二一世紀に入って急速に広まったAMAPという実践は、アパドゥライの言う「草の根のグローバリゼーション」の想像力の一つのあらわれであると言える。AMAPというのは「農民的農業維持のためのアソシエーション（Associations pour le maintien d'une agriculture paysanne）」の略称である。しかし、じっさいにこのアソシエーションがやっているのは、消費者がグループをつくって農民と契約し、毎週農作物を購入することである。野菜や果物を購入することが、いったいどういう意味で「世界を変える」ことにつながるのだろうか。

もう少し詳しく見ていこう。AMAPでは、数十人の消費者がアソシエーションをつくり、一人の農民と長期間の契約を結ぶ。消費者は契約期間内の料金を前もって農民に支払う。どの時期にどのような作物を受け取ることになるのかは前もって契約に示されている。つまり、消費者は欲しい野菜や果物を毎回選ぶことはできず、季節ごとに決まった作物の組み合わせ（パニエ（panier）、つまりバスケットと呼ばれる）を受け取ることになる。しかし、もし天候不良や病気などの理由で予定していた作物が収穫できなかったとしても、その分の料金は払い戻しされない。逆に予定よりもたくさん収穫できたら、その分多く受け取ることになる。また、消費者は単に毎週作物を受け取るだけでなく、アソシエーションの諸活動に参加する必要がある。たとえば、農場あるいは決められた場所で毎週行われるパニエの分配（distribution）は、消費者たち自身が参加して行う。その他、さまざまな情報伝達や、場合によっては農作業にも参加する。その一方で農民は、「自然を尊重するやり方で」つくられた地元産の新鮮な作物を、できるかぎり契約通りに消費者に供給する義務を持つ。また、アソシエーションの運営に関わり、作物や生産の状況について消費者に情報を提供しなくてはならない。

このように見ていくと、AMAPが単なる農作物の直接販売ではないことがわかる。その名称が示しているように、AMAPは、参加者が「農民的農業」と呼ぶものを支援するという政治的な意味づけを持った消費の実践である。以下に見るように、その実践はローカルではあるが、その背景には経済的グローバリゼーションの結果として起こっている社会的・環境的問題に対する政治的意識が存在している。また、この実践はグローバルな活動家のネットワークに連結している。その点において、この運動は「草の根のグローバリゼーション」になぞらえて理解できる。

2-2 AMAPの起源

AMAPは、一九九〇年代のフランスにおいて、経済的グローバリゼーションに反対し「もう一つの」グローバリゼーションを求める運動の高まりから生まれた。その源流には、AMAPの名称にも使われている「農民的農業（agriculture paysanne）」という言葉をつくった農民総同盟（Confédération Paysanne）とATTAC（「市民を支援するために金融取引への課税を求めるアソシエーション」= Association pour la taxation des transactions financières pour l'aide aux citoyens）が存在している。AMAPのコンテクストを理解するために、まずこれら二つの団体について簡単に振り返っておこう。

農民総同盟は、一九八七年に結成された反主流派の農民組合である。[*4] 彼らは、フランス農業が生産の効率化をひたすら追求した結果としてさまざまな社会的および環境的問題が生じたことを、「生産至上主義（productivisme）」と呼んで批判した。小規模農民の数がどんどん減っていく一方で少数の工業化した農業が巨大化していくこと、生産過剰の問題を解決するために補助金つき輸出を推進して第三世界の農業を破壊していること、効率性を追い求めるあまり品質と安全をないがしろにして成長ホルモン問題や狂牛病といった環境問題を引き起こしたことなどである。

農民総同盟は、世界貿易機関（ＷＴＯ）をはじめとする国際機関や多国籍企業が押し進める農産物の貿易自由化はこの状況をさらに悪くするとして、反対運動を展開した。一九九九年には、南フランスのある町に建設中だったマクドナルドを「文化的画一化とグローバル資本主義巨大企業の象徴」（Martin 2000）として「解体」するという劇場的な抗議行動を行い、メディアを通して大きな注目を集めた。狂牛病の問題の後でアグロインダストリーに対して不信感を持っていた都市の非農民層にこのような抵抗は広く受け入れられ、中心的人物であったジョゼ・ボヴェ（José Bové）は一躍英雄視されるようになった。その直後に、ボヴェらはシアトルで開催されたＷＴＯ閣僚級会議に対する抗議行動にも参加し、この活動もメディアを通して強いインパクトを与えた。

「農民的農業（agriculture paysanne）」は、「生産至上主義」に対抗して農民総同盟が掲げたモデルである。彼らはあえて古臭い「農民的（paysan）」という形容詞を用いることで、自分たちがたんなる食料生産者以上の多元的な役割を果たす存在であると示そうとした。「農民的農業」のモデルは、農民の責務を「健全で十分で多様で品質の良い食料を生産し、環境のバランスを保全し、農村生活の維持に寄与すること」（Martin 2005: 217）と定義する。そして、この役割を果たすためには地域に農民が数多く残っていなくてはならず、そのためには雇用の維持、正当な収入、生産量の割り当てが必要であると主張した。[＊5]

ＡＴＴＡＣもまた、経済的グローバリゼーションに反対する運動の高まりから生まれてきた。一九九八年にルモンド・ディプロマティック紙の主導で結成されると、数年のうちに三万人の会員、二〇〇もの地域委員会を持つようになり、外国にも同様のアソシエーションがつくられた（Ancelovici 2004: 50）。ＡＴＴＡＣは「世界全体で政治的、経済的、社会的、そして文化的生活のすべての側面に金融界が行使している権力を市民が取り戻すために、情報を発信するとともにあらゆる種類の行動を促進し実行する」アソシエーションである（Rullière 2004: 154）。名称になっているように、金融取引に対する国際的課税（いわゆるトービン税）がその中心的提言であったが、彼らはより幅広く経済的グローバリゼーションがもたらす問題を提起した。企業を誘致するために各国が競い合って社会保障負担を削り、結果として国民の安全が脅かされるようになってきていること。各国が経済政策を自ら民主的に決定することが難しくなり、国際機関やEUといった超国家的な機関に主権を譲り渡してしまっていること。そして、バイオテクノロジーの研究が営利企業主導になり種苗産業において少数の企業の支配が進んでいるといった「生の商品化（marchandisation du vivant）」の問題が起こっていること（Ancelovici 2004: 51-52）。ATTACは、これらのテーマについて「民衆教育の運動」（Rullière 2004: 153）として多くの討論を組織した。

AMAPは、このように経済的グローバリゼーションについての関心が、一部の活動家だけではなくより広い人々にも共有されるようになったコンテクストにおいて生まれてきた。

2-3　AMAPの展開

フランスではじめてのAMAPは、農民総同盟のメンバーであった農民のドゥニーズとダニエル・ヴィヨン（Denise et Daniel Vuillon）の夫妻と、ATTACがジャンクフード（malbouffe）をテーマとして開催した「市民カフェ」の参加者が出会うことによって、二〇〇一年にプロヴァンス・アルプ・コート・ダジュール（PACA）地方のヴァール県において生まれた（Ripoll 2013: 170-171）。ヴィヨン夫妻はアメリカを訪れた際にコミュニティ支援農業（CSA＝Community Supported Agriculture）に触れて関心を持ち、同じような仕組みをフランスにおいて実践しようとした。ただし、AMAPの独自性は、「農民的農業」の維持を基本原則として組み込んだことである。AMAP憲章の次のような文言にそのことがはっきりと示されている。

「ＡＭＡＰとは『農民的農業維持のためのアソシエーション』のことであり、持続可能な農業、すなわち社会的に公正で環境的に健全な農民的農業として、近隣の農家が存続できるよう守っていくことを目的としている。そして、消費者がどこでどのようにそれらが生産されたかを知ったうえで自分の選んだ質の高い食料品を公正な価格で買うことができ、また持続可能な開発を尊重した地域の農業活動の保護と発展に活発に参加できるようにしていくことを目的としている」（Alliance Provence 2003: 2）。

ＡＭＡＰは、農民総同盟やＡＴＴＡＣから引き継いだグローバルな状況についての認識に基づいて、ローカルなレベルでどのように行動していくかを考えた結果として生まれてきた。ＡＭＡＰへの参加は、小規模農民を支援すると同時に近隣で生産された確かな品質の作物を入手できるという点で、グローバルな問題に対する具体的な解決策であると捉えられた。

最初のＡＭＡＰに続いて、ＰＡＣＡ地方だけでなく、フランス全土で次々とＡＭＡＰがつくられた。それらはすでにＡＴＴＡＣをはじめとする社会運動に参加していた人たちによって創設された。続いて、小規模農民支援だけでなく食の安全や地域活性化といったＡＭＡＰが取り上げる社会問題のいずれかに問題意識を持った層に広がり、さらには身近な人たちから聞いて興味を持って試してみようという層にまで広がっていった（Ripoll 2013: 172-176）。アリアンス・プロヴァンス（Alliance Provence）というＰＡＣＡ地方の地域連携を目的とするアソシエーションが、こうして生まれた多くのＡＭＡＰをネットワーク化していった。アリアンス・プロヴァンスはまた、創設の精神を守るために、二〇〇三年にＡＭＡＰのコンセプトの知的所有権を公的機関に登録した。したがって、公式にＡＭＡＰと名乗るためには、この憲章に署名してその内容を守ることが求められるようになった。ＡＭＡＰの推進者たちは、新設のＡＭＡＰを支援するとともに、本来のあり方から外れないように監督する役割も果たしていた。しかし、急激に増える

ＡＭＡＰを必ずしも管理しきることはできなかった（Ripoll 2009）。創設からわずか一〇年で、ＡＭＡＰはフランスのどこにでも見つけることができるようになった。二〇一一年のデータによると、フランス全土でおよそ一六〇〇のＡＭＡＰがあり、六万六〇〇〇家族、約二七万人の消費者がＡＭＡＰに参加しているとされる（Ripoll 2013: 162）。ＰＡＣＡ地方では、一七八のＡＭＡＰがあり、四万六〇〇〇人の消費者が加入している*6（Alliacne Provence 2011）。

2－4　政治的行為としての消費

このような歴史的経緯で発展してきたＡＭＡＰは、消費を通して人々が政治に関与する手段として理解されている（Dubuisson-Quellier et Lamine 2004）。彼ら自身の用語を使うならば、たんなる消費者ではなくて「農民的農業」を守る「消費者＝アクター（consom'acteur）」となることが参加者に期待されている。毎週決まった場所に決まった時間に受け取りにいかなければならない、期間分を前払いしなくてはならない、パニエの内容を選ぶことができない、もし予定されていた作物を受け取れなくてもそのリスクを受け入れなくてはならない、といったＡＭＡＰの「不便さ」はこの観点から理解できる。これらは、彼らが批判する経済的グローバリゼーションの一部をなしているこれまでの消費行動を見直して、異なった実践を通して「もう一つの世界」をつくろうとする試みである。

ＡＭＡＰにおける農民と消費者の関係は、これまでの農業生産物の流通と異なる両者の「連帯」として捉えられている。最初のＡＭＡＰをつくったダニエル・ヴィヨンはこの点をはっきりと述べている。彼は、従来の農業は「生産者にいつもより多く、より美しく、より安く生産することを求めるという、きりのない市場経済の病にかかっている」と批判する。それに対して「ＡＭＡＰは一つの解決策になる」。なぜなら、ＡＭＡＰの交換の仕組みでは「私たちはもはや市場経済のなかにおらず、連帯経済のなかにいるからだ。消費者のグループ、家族のグループと農家の間に連帯がある」のである（Ripoll 2013: 171-172）。ＡＭＡＰは日常的な野菜の分配の活動を通して、彼らが「市場経済」として名指すものとは異なる連帯をつくり出そうとしている。

ＡＭＡＰの仕組みはそのための仕掛けとして理解できる（Samak 2012）。長期間にわたる契約を結んで作物が収穫される前に料金を払うことで、農民に財政的な安定を与え、また市場での販売に伴う価格や売れ行きの不確実性から農民を解放しようとする。ＡＭＡＰ憲章に「生産における不測の事態に際して消費者たちが生産者と連帯すること」という条項があるように、もし何らかの要因で予定していた作物が不作であったとしても、そのリスクを消費者が引き受けることで農民は安全を確保することができる。また、パニエの価格は、生産者がまっとうに生きていくことができるように消費者と生産者が話し合って事前に決定する。ここでも、需給のバランスや売り手と買い手の駆け引きによって価格が変動する市場の論理とは異なり、まず農民の生活を保証することが考えられている。

筆者によるＰＡＣＡ地方の事例研究においても、ＡＭＡＰは市場と異なる連帯的な関係をつくっていく実践として捉えられている（中川 二〇一四ａ）。ある会員によると、「それはスーパーマーケットに行くのとは全く違う関係」なのである。消費者たちは、商品を買っているというより「（生産者の）つくる作物を分かち合っている」のだと捉えられる。だから、ある中核的メンバーがいうように「もし多くあれば、多くを分かち合うし、少なくしかなければ、それを分かち合う」のである。また、彼らは生産者と消費者の関係を「家族」のメタファーで捉え、生産者が困難に直面した時期には農作業を手助けすることもあった。

もちろん、すべての参加者が連帯の意識をもって活動に関わっているわけではない。多くの参加者は新鮮な作物を入手できれば満足する「単なる消費者」にとどまっていて「消費者＝アクター」ではない（Mundler 2007）。たとえば、作物の品質が悪いからといって退会する参加者や、また分配などの活動に参加しない参加者が多いことに対して、中核的メンバーは「ＡＭＡＰの哲学はつねに理解されているわけではない」ことを嘆いている。しかし、そうであるだけにいっそう、連帯の理想を求めようとする。

このように、ＡＭＡＰは日々の具体的な活動を通して、「グローバルなものを構築しよう」（アパドゥライ 二〇一〇：一九三）としている。それぞれはローカルな活動であるが、ミツバチが巣分かれして増えていくように増殖することで、「もう一つの世界」へと向かおうとしている。

3　農民から見ると

3－1　農民の「個人主義」

ＡＭＡＰは増加し続けているが、農民全体を見ると圧倒的な少数派にとどまっている。新しいＡＭＡＰをつくりたいという消費者の需要は相変わらず存在しているが、ＡＭＡＰを始めたいという農民の数が追いついていない。その理由として、新規の農民が農業を始めるための農地を取得するのが困難であるという点に加えて、既存の農民がＡＭＡＰへと転向する割合が非常に少ないという点があげられる（Ripoll 2013: 183）。なぜそうなのかについては多くの理由があるが、筆者が調査するＰＡＣＡ地方についていえば、地域農民のものの見方を理由の一つとして上げることができる。農民たちは、経済的危機において市民社会的というより政治社会的に行動しているのである。

筆者が他の論文でより詳細に述べているように（中川 二〇一六）、地域農民はその「個人主義（individualisme）」によって特徴づけられる。一見否定的に見えるそのような表現は、しかし、実は農民の自由を肯定する価値でもある。乱暴にまとめてしまうならば、農民たちは国家にも管理されず、仲買業者にも支配されない独立した存在であることに誇りを持っている。ローマ人の侵入を跳ね返す自由なガリア人を主人公にした漫画『アステリクス』との連想から、彼らは「ここはガリア人の村」だと誇らしげに語ったりする。

このような「個人主義」の価値は、地域農民の多くが生産物を販売してきた市場の制度に具現化されている。この市場は次のような三つの特徴を持っている。①小売りではなく、生産者市場である。つまり、生産者（農民）自身が売り手であり、仲買業者が買い手である。②セリ市ではなく、相対取引である。売り手と買い手は、生産物ごとに決められた短い時間内に、見本をもとに各自が取引量と価格を交渉する。③このような取引が毎日行われる。原理的に、多くいる仲買業者のうち誰に、どのような値段で売るのかは毎日変わっていく。このような制度的枠組みのなかで、農民たちは少しでも高い価格を得ようと商人たちと日々駆け引きを繰り広げてきた。また、農民同士はライバル関係にあり、隣人よりもうまく商品を売ろうとお互いに工夫し合う。このような環境では、より見栄えの良い生産物を、より多くより高く売ることが高く評価されてきた。「各自が自分のため（chacun pour soi）」と否定的に語られることもあるこのような仕組みは、同時に農民が独立を守ることができる「もっともよい仕組み」であると考えられている。

このように、この地域において、農民は市場を自由と独立を守る肯定的な存在として捉えている。そのため、現状の取引制度を変更してより管理を強めようとする政府の試み（協同組合の促進や長期契約を命じる政令）を、この価値を損なうものとして農民たちは激しく拒否してきた。

3−2　危機とインフォーマルな実践

しかし、農業のグローバリゼーションにともない、市場は賑わいを失ってきている。一方でスペインやモロッコといった外国産の農作物との競争にいっそうさらされ、他方でどんどん巨大化する大規模流通企業の支配力によって低価格を強いられる状況に陥っている。市場での自由な価格交渉は徐々に行われなくなり、農民たちは仲買業者に値段交渉なしに生産物を納めざるをえなくなった。*7 大規模流通企業が仲買業者に低い価格を要求し、仲買業者は農民に負担を転嫁している。この状況のなかで、よりいっそう多くの農民たちが経営の危機にさらされるようになっている。

しかし、このような状況にあって、農民たちの内側から「草の根のグローバリゼーション」のような運動は起こっていない。農民たちはむしろ、彼らの「個人主義」の精神にのっとって、それぞれが生き残りを図ろうとしている。その戦略は「下からのグローバリゼーション」になぞらえて理解できる。ヤミ取引や不法な雇用といったインフォーマルな実践を行い、それらを「グローバル化の圧力に対して国が生活を守ってくれない状況においては、違法な抜け道も正当化される」（中川 二〇一四a：四九）ものと捉えている。*8

たとえば、地域のある町営市場では、取引は「すべてがヤミで行われる」。取引は現金払いで行われ、領収書などの書類は残らない。それによって農民は記録に残らない収入を得て、課税や社会保障費を逃れようとしている。行政はこのような実践を見逃していて、それによって農民は「なんとか一息つける」のだという。また、雇用においては、季節移民労働者などに対する不法な扱いがしばしば指摘される。季節移民労働者は一年ごとの契約で、更新されるかどうかは雇い主の判断次第である。だから、「最大限のお金を稼ぎ、契約更新を得ることを気にかけているため、彼らは原則としてよく働き、従順で、労働と生活の環境について文句を言わないという資質を併せ持っている」(Morice et Michalon 2008: 12)。そのため、雇い主による労働と生活の条件について違法行為が横行しているとされる。このような状況を批判して、農民総同盟は季節移民労働者支援運動を行い、雇用条件の改善を求めている。しかし、農民の間では、ほとんどの場合季節移民労働者は本国より良い収入を得て満足しており、同時に自分たちもこのおかげで何とかやっていけているので、ある程度は許されるべきだという考え方がある。

このように、地域農民の経済的グローバリゼーションに対する反応は、「違法だが不正ではない」と彼らが考える領域をつくり出そうとする試みとして特徴づけられる。これは、先に見たAMAPの試みとは対照的である。この違いは、まさしく政治社会と市民社会、「下からのグローバリゼーション」と「草の根のグローバリゼーション」の違いに対応している。

3-3　AMAPへの転向の困難

このような、市場での独立を重視する地域農民にとって、AMAPのような市場経済から脱することを目標として掲げる市民社会の組織へと転じることは非常に難しい。転向の事例に、そのことをはっきりと見ることができる。

彼らのAMAPへの転向(conversion)の語りは、ウィリアム・ジェイムズが『宗教的経験の諸相』(ジェイムズ一九六九)において描いたような宗教的な回心(conversion)の語りにしばしば似ている。農民たちは、子どものアレルギーや親の（農薬が原因と見られる）病気、あるいは破産の危機といったことをきっかけとして、これまで自分がやってきたことは何だったのかという疑いにとらわれる。そして深い苦悩の時間を経て、いわば「生まれ変わる」。これまでの価値を捨て、新しい信念を持って進むようになる。このようなプロセスが、私がフィールドで聞いた限りでは、転向の語りの典型である。

ポール（仮名）は、代々続く農家の出身で、村の農民たちの間でも尊敬を勝ち得ている存在だった。彼は、地域の生産者市場で生産物を仲買業者に販売していた。しかし、巨大流通企業による農作物市場の支配や、農薬がもたらす問題にポールは疑問を持つようになっていた。そして、地域農業の危機的状況のなかで、彼も経営が行き詰まり破産寸前にまで追い込まれた。もういよいよ駄目だというとき、近所の山羊チーズ生産者（彼は他地域からの移住者で、農民総同盟のメンバーだった）からあるAMAPを紹介されて、訪問した。ポールは関心を持つと同時に、本当にこれで生計が成り立つのかと不安を持った。彼はその夜一睡もできなかったという。しかし、明け方になって突然、彼はAMAPを始めることを決意する。そのために、彼は周りの農民の評価を気にすることなく有機農業の認証を取得し、AMAPへと転向した。初めて会員を募集したときは、本当に人が集まるのかと不安だった。しかし、説明会の会場に溢れんばかりの人が集まったのを見て、自分は間違っていなかったと確信したという。現在彼は、なるべく多くの小規模農民が有機かつ地産地消の農業で生きていけるように熱心に活動している。しかし、それはこれまでの環境からの断絶でもあった。「ずいぶん長い間自分は一人ぼっちになった。家族からさえもだ。それはとても難しかった。市場の仲間は語るに及ばない。もし会ったとしても仕事の話はしないし、我々はもう友達ではないんだ」と彼は言う。

ポールによる劇的な転向のような事例は、逆にその考えにくさを示している。多くの農民たちにとっては、AMAPやそれが表現する世界への転向を考えるのは相当に困難である。彼らはむしろ、すでに見たように「下からのグローバリゼーション」／政治社会的な実践を通して、何とか苦境を切り抜けようとしている。

4　市民社会の外部を想像する

本章を通して見てきたように、フランスの農民をめぐっては市民社会的な想像力と政治社会的な想像力が並存している。たしかに、近年発展してきたＡＭＡＰのような農民支援のアソシエーション運動では、農民と消費者が新しい連帯をつくろうとする試みが行われている。しかし、この運動は周囲にいる多くの農民とはかけ離れている。彼らは、むしろ市場で自分の生産物を自分の力で売る独立した存在であることに誇りを持っていて、苦境にあってもなんとか自分の力で切り抜けようとする。市場を否定して互酬的な連帯をつくろうとするＡＭＡＰの考え方は、彼らにとって縁遠いものである。転向の例で見たように、一方から他方へと移行するのは簡単なことではない。[*9]

このような並存状況は、フランスの農民だけに限られるものではないだろう。もしそうならば、グローバル支援の人類学は、市民社会的な活動だけに注目してそれを描き出すのではなく、同時に政治社会的な実践にも注目する必要がある。そして、両者がどのように絡み合い、ときにコンフリクトを引き起こしているのかを見ていくべきだろう。それによって、より複雑な過程を捉えることができるのではないか。少なくとも、市民社会と政治社会という概念の対は、そのために有効なものであると言える。

そして、この概念の対を通して考えることは、市民社会の運動（ここではＡＭＡＰ）が政治社会的なもの（ここでは市場の農民たち）と和解するという実践的な可能性について考えることでもある。両者はあまりにも違っていて、結びつく余地はないように見える。しかし、もし両者がともに経済的なグローバリゼーションに対抗して何らかの公正性を求める動きであることを考えるなら、そこに結びつきを見出す余地があるかもしれない。しかし、どうやって？　そう考えるように、これらの概念はいざなうのだ。

【付記】

本章のデータは、科学研究費補助金若手研究（B）「グローバル化とフランス農民のモラル・エコノミーに関する人類学的研究」（研究代表者：中川理、課題番号：二二七二〇三二八）として実施した調査に基づいている。また本章は、筆者がこれまでの諸論文（中川 二〇一〇、二〇一二、二〇一四a、二〇一四b、二〇一六）のなかで検討したいくつかの論点を、新たなデータを加えつつ本書の意図にあわせて短く再構成したうえで、「転向」をめぐる新たな問題に取り組んだものである。それぞれの論点の詳細については、注に示した各論文を参照していただきたい。

【注】

＊1　国民国家の想像力の危機に関するより詳しい検討は、筆者による別稿（中川 二〇一四b）を参照のこと。

＊2　これらの研究についてのより詳細な分析とその含意については、筆者による別稿（中川 二〇一四b）を参照のこと。

＊3　筆者はここで、グローバリゼーションへの反応としてあらわれる社会的想像力が、これら二種類だけであると主張したいわけではない。実際には、はるかに多様な社会的想像力を見出すことが可能だろう。ただ、結論でも述べるように、市民社会と政治社会という対は、さまざまな事例を貫いてあらわれる共通の問題を発見するために有用な概念道具であると筆者は考える。

＊4　農民総同盟のより詳しい説明については、筆者の過去の論文を参照のこと（中川 二〇一〇、二〇一二）。

＊5　のちに農民的農業の原則は憲章のかたちでまとめられた。一〇原則は以下の通りである。①できるだけ多くの人が農業を営んでいけるように、生産量を分配する。②欧州全体や世界中の農民と連帯する。③自然を尊重する。④豊富な資源を有効活用し、希少な資源を節約する。⑤農産物の購入、生産、加工、販売において透明性を追求する。⑥味覚と衛生面で食品の品質を確保する。⑦農業経営において最大限の自律性を確保する。⑧農民以外の農村住民とのパートナーシップを模索する。⑨飼育する動物と栽培する作物の多様性を維持する。⑩つねに長期的な視野を持ち、グローバルに考察する（ボヴェ、デュフール 二〇〇一：二四一—二四六）。

＊6　登録されていないAMAPやAMAPを名乗らないが類似した仕組みを持つアソシエーションを加えると、その数はさらに大きくなると考えられる。

＊7　このような状況になった具体的な過程については、ここでは紙幅の関係で十分に説明できない。別稿（中川 二〇一六）を参照してほしい。

＊8　ここからの記述は、筆者の以前の論文（中川 二〇一四ａ）を短くまとめたものである。詳細は同論文を参照のこと。

＊9　しかし、政治社会的な想像力から市民社会的な想像力への集合的、個別的な変化（あるいはその逆）が今後起こらないとは言えない。社会的想像力を集団が均一に持つ不変のものとして捉えてはならないだろう。

【参考文献】

アパドゥライ、A　二〇一〇『グローバリゼーションと暴力――マイノリティーの恐怖』藤倉達郎訳、世界思想社。

ジェイムズ、W　一九六九『宗教的経験の諸相（上・下）』桝田啓三郎訳、岩波書店。

チャタジー、P　二〇一五『統治される人びとのデモクラシー――サバルタンによる民衆政治についての省察』田辺明生・新部亨子訳、世界思想社。

中川理　二〇一〇「トランスナショナルな農民運動と社会の再構想――『食料主権』と『農民的農業』」上田晶子編『食料と人間の安全保障』大阪大学グローバルコラボレーションセンター、一〇七―一二三頁。

中川理　二〇一二「意味のコンフリクト――フランス農業近代化の経験から」松野明久・中川理編『フード・セキュリティと紛争』（GLOCOLブックレット七）、大阪大学グローバルコラボレーションセンター、二七―三八頁。

中川理　二〇一四ａ「社会をとらえなおす想像力――フランス・プロヴァンス地方の農民の事例」森明子編『ヨーロッパ人類学の視座――ソシアルなるものを問い直す』世界思想社、二九―五〇頁。

中川理　二〇一四ｂ「国家の外の想像力」『社会人類学年報』四〇、三一―五六頁。

中川理　二〇一六「『反・市場』としての贈与――南フランスの青果市場の事例から」岸上伸啓編『贈与論再考――人間はなぜ他者に与えるのか』臨川書店、二八六―三一二頁。

ボヴェ、J／F・デュフール　二〇〇一『地球は売り物じゃない！――ジャンクフードと闘う農民たち』新谷淳一訳、紀伊國屋書店。

Alba Vega, C. 2011. La mondialisation par le bas et ses formes de régulation politique. *Tiers Monde* 208: 103-119.

Alba Vega, C. 2012. Local Politics and Globalization from Below: The Peddler Leaders of Mexico City's Historic Center Streets. In G. Mathews, G. L. Ribeiro and C. Alba Vega (eds.), *Globalization from Below: The World's Other Economy*. London and New York: Routledge, pp. 203-220.

Alliance Provence 2003. *Charte des AMAP.*

Alliance Provence 2011. *Rapport d'activité 2011.*

Ancelovici, M. 2004. Attac et le renouveau de l'antilibéralisme. *Raisons politiques* 16: 45-59.

Appadurai, A. 2002. Deep Democracy: Urban Governmentality and the Horizon of Politics. *Public Culture* 14 (1): 21-47.

Dubuisson-Quellier, S. et C. Lamine 2004. Faire le marché autrement: L'abonnementà un panier de fruits et de légumes comme forme d'engagement politique des consommateurs. *Sciences de la Société* 62: 144-167.

Martin, J. P. 2000. La Confédération paysanne et José Bové, des actions médiatiques au service d'un projet ? *Ruralia*, 6, [En ligne], mis en ligne le 22 janvier 2005, URL: http://ruralia. revues. org/142.（最終アクセス二〇一五年一一月二日）

Martin, J. P. 2005. *Histoire de la nouvelle gauche paysanne: Des contestations des années 1960 à la Confédération Paysanne*. Paris: La Découverte.

Mathews, G., G. L. Ribeiro and C. Alba. Vega (eds.) 2012. *Globalization from Below: The World's Other Economy*. London and New York: Routledge.

Morice, A. et B. Michalon 2008. Les Migrants dans l'agriculture: Vers une crise de main-d'oeuvre. *Études Rurales* 182: 9-28.

Mundler, P. 2007. Les Associations pour le maintien de l'agriculture paysanne (AMAP) en Rhône-Alpes, entre marché et solidarité. *Ruralia* 20: 185-215, [En ligne], 20 ¦ 2007, mis en ligne le 19 juillet 2011, URL: http://ruralia. revues. org/1702.（最終アクセス二〇一五年一一月三日）

Ripoll, F. 2009. Le concept "AMAP", *Géographie et cultures*, 72 [En ligne], mis en ligne le 07 mai 2013, URL: http://gc. revues. org/2247.（最終アクセス二〇一五年一一月七日）

Ripoll, F. 2013. Forces et faiblesses des amap et dispositifs apparentés. In B. Frère et al. (eds.), *Résister au quotidien* ?, Presses de

Sciences Po (P. F. N. S. P.), pp. 161-188.
Rullière, S. 2004. Géographies militantes d'Attac. *Hérodote* 113: 152-173.
Samak, M. 2012. Des agriculteurs contre le marché ? Itinéraire d'un mode alternatif decommercialisation des fruits et légumes. *L'Homme et la société* 183-184: 207-224.

あとがき

序論でも述べられているように、本書は国立民族学博物館（民博）で行われた共同研究「ＮＧＯ活動の現場に関する人類学的研究――グローバル支援の時代における新たな関係性への視座」（代表者：信田敏宏）の成果の一部である。共同研究の期間は二〇一一年一〇月から二〇一五年三月までの三年半で、その間に民博で計一一回の研究会が行われた。以下に各回の研究発表者の氏名と発表題目をあげておきたい。

第一回（二〇一一年一二月一八日）
　信田敏宏「趣旨説明」
第二回（二〇一二年三月九日）
　小河久志「ＮＧＯの支援活動と社会変化――タイ南部インド洋津波被災地の事例」
　子島進「ＪＦＳＡとパキスタン」
第三回（二〇一二年六月一六日）
　子島進「国際協力を地続きのものとする理念と実践――ＪＦＳＡ西村光夫さんの事例から」

第四回（二〇一二年七月二一日・二二日）
宇田川妙子「イタリアの『第三セクター』の動き」
信田敏宏「問題提起――グローバル支援とは何か？」
加藤剛「人類史からグローバル支援を考える」
鈴木紀「グローバルな互恵性と人類学的支援」
第五回（二〇一二年一二月一六日）
秋保さやか「開発とクメール農民の『革命の時』――NGO・農民関係の変容に着目して」
信田敏宏「『パブリックスケープ』という視座」
第六回（二〇一三年三月二日）
藤掛洋子「連帯から分裂へ――パラグアイ農村部における国際協力活動より（一九九三―二〇一三）」
上田直子「援助とソーシャル・キャピタル――中米シャーガス病対策でのサシガメをめぐるセンチメント」
第七回（二〇一三年五月一八日）
渡邊登「韓国における地域社会のイニシアティブ――韓国全羅北道扶安郡放射性廃棄物建設反対運動を事例として」
子島進「被災地におけるジャパン・イスラミック・トラストの活動」
第八回（二〇一三年七月二一日）
信田敏宏「グローバルとローカル」
増田和也「『まなびあい』という関わり――双方向の気づきとそれぞれの展開」
内藤直樹「『黄昏を生きる力』――徳島沿岸部における南海トラフ地震予測の影響」
第九回（二〇一四年二月八日）
福武慎太郎「ＮＧＯと社会運動の人類学は何をめざすのか――東ティモールの地域開発プロジェクトと福島第一原発

事故広域避難者支援を事例に」
清水展「応答する人類学」
第一〇回（二〇一四年一〇月五日）
白川千尋「国際協力ＮＧＯの担い手の『世代間差異』をめぐる試論」
三浦敦「市民社会論と農民支援――フィリピンとセネガルの市民社会とグローバル支援」
第一一回（二〇一四年一二月六日）
関根久雄「なぜ持続しないのか――ソロモン諸島における開発ＮＧＯの実践と矛盾」
中川理「グローバル市民社会の想像力と『国家の外』の想像力――フランス農民のケース」
綾部真雄「裂け目に分け入る――リス、『私』、そしてＮＧＯ」

一連の研究会のうち、第六回は民博の別の共同研究（「実践と感情――開発人類学の新展開」）との合同開催だった。その回の発表者の上田直子氏と第五回の発表者の秋保さやか氏には、特別講師としてご発表をお願いした。このお二方を除く各回の発表者の方々に、本書第六章の執筆者の杉田映理氏を加えた一七名が、本共同研究のメンバーである。

私見ではあるが、民博の共同研究の研究会では、発表者が六〇分内外と比較的多くの時間を使って研究発表を行った後、それを受けてディスカッションが行われるというのが一般的なスタイルである。しかし、本共同研究では、個々の研究発表については話題提供のような形で極力短い時間にとどめられる一方、ディスカッションにより多くの時間がとられた。その結果、密度の濃い議論が展開され、それを通じて、共同研究を進めて行くうえで参照すべき理論的視点や検討すべき課題などが多々明らかになった。本書では、そのようにして見定めることのできたいくつかの事柄に焦点が当てられている。

むろん、紙幅の関係などもあり、本書においてそのすべてに目配りすることはできていない。本書の射程から漏れ落ちてしまった事柄については、追って機会をあらためて取り上げることにしたい。ただし、序論で述べたように、「グローバル支援」という語を、グローバルな規模で行われている支援活動というよりも、むしろ、グローバルに認知されるようになった価値と、それに基づく支援活動として再定義したのは、本共同研究の最大の成果の一つであった。そうした支援のあり方に目を向けることの重要性・必要性は、本書で、さまざまな事例とともに明示することができたと考える。

グローバルな価値や社会問題への共感や感受性は、近年ますます大きくなり、私たちの身近な日常生活や行動にも強い影響を与え始めている。そのことを指摘する者も少なくない。たとえばサッセンもすでに、二〇〇三年のイラクへの武力行使直前に世界各地で起きた反戦デモについて興味深いエッセイを書いている。彼女は、それらのデモが、各地の人々や組織の直接的な連携なしに同時的に発生していた一方で、或る共通の感覚によって支えられていたという。それは、互いに「どのような人か人々かも知らないし、これからも知ることはないかもしれないが、（中略）私が今行っている反戦運動を、彼らも異国の地で行っているということだけはわかっている」（サッセン 二〇〇三「繰り返される蜂起」『現代思想』五、三五）という感覚であり、サッセンはこれをグローバリティと呼び、「人々がグローバルな文脈で彼ら自身の活動や可能性を解釈」（同上、三四）していると考えた。

本書はまさに、こうした感覚や動きを、とくに支援、助け合い、相互扶助という観点からより積極的に捉えていこうとするものであった。たしかに各地の現場におけるそれらの動きは、それぞれの事情や背景も異なっており、互いにばらばらのように見えるかもしれない。しかし、「グローバル支援」という言葉で共通の議論の俎上に載せるならば、いずれも人々のグローバルな価値をめぐる模索の一つとして、さらには新たな世界観・社会観の構想の試みとしても浮かび上がってくる。本書がその局面にどれだけ迫ることができたのかは読者に委ねたいが、今後も、本書を出発点、あるいはたたき台として、いっそう多くの研究者を巻き込みながら議論を継続させ、精緻化していくつもりである。そしてその研究は、人類学（者）もまた疑いなくグローバル化する世界の一員であることに気づくならば、たんに必要性が高くなるだけでなく、人類学（者）の重要な役割・貢献の一つという位置づけにもなっていくだろう。

本書の出版にあたっては、昭和堂の松井久見子さんに企画から編集の段階まで多岐にわたるご協力とご支援をいただいた。また、同じく昭和堂の亀谷隆典さんには編集の段階で多大なるお力添えをいただいた。さらに、民博より外部出版助成を受ける際、申請時に匿名の査読者の方々より多くの有益なご指摘・ご教示を受けた。編者一同、御礼申し上げます。

本書出版にあたり、館外での出版を奨励する国立民族学博物館の制度を利用した。

白川千尋・宇田川妙子

二〇一六年秋

ま　行

や　行

ら　行

わ　行

アルファベット

た　行

な　行

は　行

さ　行

索　引

あ 行

か 行

子島進（ねじま　すすむ）　　（第 7 章執筆）

東洋大学国際地域学部（2017 年 4 月より国際学部）教授。専門は文化人類学、南アジア地域研究。主な著作に『ムスリムＮＧＯ』（山川出版社、2014 年）など。

信田敏宏（のぶた　としひろ）　　（編者　序論執筆）

＊編者紹介参照。

福武慎太郎（ふくたけ　しんたろう）　　（第 4 章執筆）

上智大学総合グローバル学部教授。専門は人類学、東南アジア地域研究（特に東ティモール、インドネシア）。主な著作に『現場（フィールド）からの平和構築論――アジア地域の紛争と日本の和平関与』（共編、勁草書房、2013 年）、『国際協力ＮＧＯのフロンティア――次世代の研究と実践のために』（共編、明石書店、2007 年）など。

増田和也（ますだ　かずや）　　（第 8 章執筆）

高知大学農林海洋科学部准教授。専門は環境人類学、東南アジア地域研究。主な著作に『インドネシア　森の暮らしと開発――土地をめぐる〈つながり〉と〈せめぎあい〉の社会史』（明石書店、2012 年）、「泥炭地域の社会経済史――交易から土地開発、そして保全へ」（『熱帯バイオマス社会の再生――インドネシアの泥炭湿地から（講座生存基盤論　第 4 巻）』所収、京都大学学術出版会、2012 年）など。

三浦敦（みうら　あつし）　　（第 3 章執筆）

埼玉大学大学院人文社会科学研究科教授。専門は文化人類学、農村開発研究。主な著作に「セネガルの土地改革――経済自由化の中で残存する慣習的土地制度」（『アジア経済』57（1）、2016 年）、Sociability and Associations in Rural French Jura: Justice, Property Rights, and Moral Economy（*The Anthropology of Europe as Seen from Japan*, National Museum of Ethnology, 2013）など。

渡邊登（わたなべ　のぼる）　　（第 12 章執筆）

新潟大学人文社会・教育科学系教授。専門は社会学（社会運動論、地域社会学）。主な著作に『市民社会における政治過程の日韓比較（日韓共同研究叢書）』（共著、慶應義塾大学出版会、2006 年）、『デモクラシー・リフレクション――巻町住民投票の社会学 』（共著、リベルタ出版、2005 年）など。

■執筆者紹介（五十音順）

綾部真雄（あやべ　まさお）　（第 9 章執筆）

首都大学東京大学院人文科学研究科教授。専門は社会人類学、エスニック・セキュリティ研究。主な著作に『私と世界――6 つのテーマと 12 の視点』（編著、メディア総合研究所、2011 年）、『辺縁のアジア――〈ケガレ〉が問いかけるもの』（共編、明石書店、2007 年）など。

宇田川妙子（うだがわ　たえこ）　（編者　第 11 章執筆）

＊編者紹介参照。

小河久志（おがわ　ひさし）　（第 13 章執筆）

常葉大学社会環境学部専任講師。専門は文化人類学、東南アジア地域研究。主な著作に『「正しい」イスラームをめぐるダイナミズム――タイ南部ムスリム村落の宗教民族誌』（大阪大学出版会、2016 年）、『自然災害と社会・文化――タイのインド洋津波被災地をフィールドワーク』（風響社、2013 年）など。

加藤剛（かとう　つよし）　（第 1 章執筆）

京都大学名誉教授。専門は比較社会学、東南アジア研究。主な著作に『国境を越えた村おこし――日本と東南アジアをつなぐ』（編著、ＮＴＴ出版、2007 年）、訳書にベネディクト・アンダーソン『ヤシガラ椀の外へ』（ＮＴＴ出版、2009 年）など。

白川千尋（しらかわ　ちひろ）　（編者　第 5 章執筆）

＊編者紹介参照。

杉田映理（すぎた　えり）　（第 6 章執筆）

東洋大学国際地域学部（2017 年 4 月より国際学部）准教授。専門は開発人類学。主な著作に「エミックな視点から見えるトイレの問題――現地社会の内側からの理解とは」（『開発援助と人類学――冷戦・蜜月・パートナーシップ』所収、明石書店、2011 年）など。

鈴木紀（すずき　もとい）　（第 2 章執筆）

国立民族学博物館准教授。専門は開発人類学、ラテンアメリカ文化論。主な著作に『ワールドシネマ・スタディーズ――世界の「いま」を映画から考えよう』（共編、勉誠出版、2016 年）、『国際開発と協働――ＮＧＯの役割とジェンダーの視点』（共編、明石書店、2013 年）など。

関根久雄（せきね　ひさお）　（第 10 章執筆）

筑波大学人文社会系教授。専門は文化人類学、開発人類学。主な著作に『地域的近代を生きるソロモン諸島――紛争・開発・「自律的依存」』（筑波大学出版会、2015 年）、『実践と感情――開発人類学の新展開』（編著、春風社、2015 年）など。

中川理（なかがわ　おさむ）　（第 14 章執筆）

立教大学異文化コミュニケーション学部准教授。専門は文化人類学。主な著作に「『反－市場』としての贈与――南フランスの青果市場の事例から」（『贈与論再考――人間はなぜ他者に与えるのか』所収、臨川書店、2016 年）、「国家の外の想像力」（『社会人類学年報』40、2014 年）など。

■編者紹介

信田敏宏（のぶた　としひろ）

国立民族学博物館教授。専門は社会人類学、東南アジア研究。主な著作に『「ホーホー」の詩ができるまで――ダウン症児、こころ育ての10年』（出窓社、2015年）、『ドリアン王国探訪記――マレーシア先住民の生きる世界』（臨川書店、2013年）、『周縁を生きる人びと――オラン・アスリの開発とイスラーム化』（京都大学学術出版会、2004年）など。

白川千尋（しらかわ　ちひろ）

大阪大学大学院人間科学研究科教授。専門は文化人類学。主な著作に『多配列思考の人類学――差異と類似を読み解く』（共編、風響社、2016年）、『南太平洋の伝統医療とむきあう――マラリア対策の現場から』（臨川書店、2015年）、『テレビが映した「異文化」――メラネシアの人々の取り上げられ方』（風響社、2014年）など。

宇田川妙子（うだがわ　たえこ）

国立民族学博物館准教授。専門は文化人類学。主な著作に『仕事の人類学――労働中心主義の向こうへ』（共編、世界思想社、2016年）、『城壁内からみるイタリア――ジェンダーを問い直す』（臨川書店、2015年）、『ジェンダー人類学を読む――地域別・テーマ別基本文献レヴュー』（共編、世界思想社、2007年）など。

グローバル支援の人類学
変貌するNGO・市民活動の現場から

2017年3月31日　初版第1刷発行

編　者　信田敏宏
白川千尋
宇田川妙子

発行者　杉田啓三

〒606-8224　京都市左京区北白川京大農学部前
発行所　株式会社　昭和堂
振替口座　01060-5-9347
TEL（075）706-8818／FAX（075）706-8878
ホームページ　http://www.showado-kyoto.jp

印刷　亜細亜印刷

ISBN978-4-8122-1609-5
＊乱丁・落丁本はお取り替えいたします。
Printed in Japan